Kitas sind (keine) Inseln

Lisa Jares

Kitas sind (keine) Inseln

Das sozialräumliche Verständnis von traditionellen
Kindertageseinrichtungen und Familienzentren NRW

Waxmann 2016
Münster · New York

Diese Dissertation wurde von Lisa Jares im Fachbereich Bildungswissenschaften
der Universität Duisburg-Essen eingereicht.
Datum der mündlichen Prüfung: 22.09.2015
Gutachter: Prof. Dr. Fabian Kessl, Prof. Dr. Dagmar Kasüschke

Bibliografische Informationen der Deutschen Nationalbibliothek
Die Deutsche Nationalbibliothek verzeichnet diese Publikation in der
Deutschen Nationalbibliografie; detaillierte bibliografische Daten sind im
Internet über http://dnb.dnb.de abrufbar.

Print-ISBN 978-3-8309-3393-9
E-Book-ISBN 978-3-8309-8393-4

© Waxmann Verlag GmbH, 2016
Steinfurter Straße 555, 48159 Münster

www.waxmann.com
info@waxmann.com

Umschlaggestaltung: Inna Ponomareva, Jena
Umschlagmotiv: © Creative-idea – iStockphoto.com

Gedruckt auf alterungsbeständigem Papier, säurefrei gemäß ISO 9706

Printed in Germany

It takes a whole village to raise a child
Afrikanisches Sprichwort

Einleitung

In dieser Dissertation „„Kitas sind (keine) Inseln' – Das sozialräumliche Verständnis aus Sicht von traditionellen Kindertageseinrichtungen und Familienzentren NRW" wird der sozialpädagogische Terminus der Sozialraum(-orientierung) im Handlungsfeld der Pädagogik der frühen Kindheit (auch Frühpädagogik genannt) aufgegriffen. Die Forschungsarbeit soll einen Beitrag zur Diskussion um die Deutungsmuster und die Bedeutung der Einbeziehung des Sozialraums im Bereich der Frühpädagogik leisten.

Die Debatte um eine sozialräumliche Ausrichtung der institutionellen Kindertagesbetreuung wurde angeregt durch die gesellschaftlichen Veränderungsprozesse der letzten Jahrzehnte. Familie und Familienleben sind different geworden, was insgesamt zu einem größeren Gestaltungsrahmen für Familien führt, aber auch gleichzeitig Unsicherheiten mit sich bringt. Die familiäre Erziehung erfährt durch die veränderten Lebenslagen von Familien und Kindern und die sich somit wandelnden Bedarfe und Bedürfnisse eine intensivere Ergänzung durch eine institutionelle Erziehung. Dadurch kommt es zu einer Neujustierung des Zusammenspiels von familiärer und institutioneller Erziehung. Die Kindertageseinrichtung ist zu einer bedeutsamen Sozialisationsinstanz im Leben von Kindern geworden, wodurch die Bildung, Betreuung und die Erziehung verstärkt in die öffentliche Hand gleiten. Für Kinder beginnt die „formalisierte Bildungsbiographie" somit früher und eine „institutionalisierte Kindheit" wird zur Normalität (vgl. Rauschenbach & Borrmann 2010, S. 16f.). Dies führt wiederum dazu, dass die Institution Kindertageseinrichtung grundlegenden Veränderungsprozessen unterliegt. Einrichtungen, die anfänglich ausschließlich für die Betreuung von Kindern bestimmt waren, müssen heute komplementäre Leistungen erbringen. Sie werden zu Einrichtungen der frühkindlichen Bildung und Erziehung und wandeln sich zu Dienstleistungs- und Familienzentren, die zugängig für alle Familien im Stadtteil sein sollen. Sie werden zu „Kitas im Sozialen Raum" (vgl. Blankenburg & Rätz-Heinisch 2009, S. 165). In Bezug auf die Erfordernisse der Bildung, Betreuung und Erziehung von Kindern wird gerne auf das afrikanische Sprichwort, dass es eines ganzen Dorfes bedarf, um ein Kind zu erziehen, zurückgegriffen. Das Sprichwort impliziert den Wunsch nach einem dynamischen und anregungsreichen Umfeld für Kinder sowie nach einem Gemeinwesen, welches eingebunden ist in den Erziehungsprozess. Es braucht somit scheinbar mehr als die Familie als alleinige Erziehungsinstanz. In der modernen Gesellschaft ist die Miterziehung der Gesellschaft jedoch nicht gegeben, weshalb es neuere Formen der Einbindung der Gesellschaft in den Erziehungsprozess benötigt, um so den Erziehungsprozess des Kindes nicht isoliert, sondern im Kontext des Lebensraumes zu betrachten. Einrichtungen, die die institutionalisierte Erziehung übernehmen, sollen die Familie in ihren Lebenszusammenhängen als Ganzes in den Fokus nehmen und kinderfördernde sowie elternunterstützende Angebote vorhalten und die Funktion des verlorenen Dorfes ersetzen (vgl. Heitkötter, Rauschenbach & Diller 2008, S. 9f.). Kindertageseinrichtungen stehen somit vor der Herausforderung, auf die gesellschaftlichen Anforderungen mit einer Erweiterung des Blickes auf das gesamte System zu reagieren (vgl. Rietmann 2008, S. 39).

Bei der Verknüpfung der Thematik Sozialraum(-orientierung) und Kindertageseinrichtung wird dem Mitwirken des sozialen Umfeldes der Kinder eine bedeutsame Rolle zugeschrieben. Eltern sollen partnerschaftlich in den Alltag der Institution und den Erziehungsprozess mit eingebunden werden. Darüber hinaus geraten auch immer mehr Großeltern sowie Bewohnerinnen und Bewohner des Nahraumes in den Fokus von Kindertageseinrichtungen. Sie werden als eine Ressource für die Arbeit mit Kindern begriffen und als „aktive Gestalter des Stadtteiles" verstanden. Verstärkt richten Einrichtungen ihre Angebote auch auf diese Gruppen aus. Um dieses neue komplexe Terrain zu überblicken und den damit neuen Anforderungen professionell zu begegnen, ist ein sozialräumlicher Blick unerlässlich (vgl. Blankenburg & Rätz-Heinisch 2009, S. 165). In Nordrhein-Westfalen ist in Anlehnung an die sich wandelnden Bedürfnisse und Bedarfe von Familien sowie den damit sich verändernden Anspruch an die institutionalisierte Kindertagesbetreuung das Projekt Familienzentrum NRW entwickelt worden. Es wird sich im Rahmen der Studie neben den traditionellen Kindertageseinrichtungen auf das Modellprojekt Familienzentrum NRW bezogen, da das Projekt in Nordrhein-Westfalen als Beispielprojekt der frühkindlichen Bildung, Betreuung und Erziehung unter verstärkter Einbeziehung der Eltern, der Familie und des sozialen Umfeldes gesehen wird (vgl. MGFFI 2013). Familienzentren haben neben den traditionellen Aufgaben einer Kindertageseinrichtung zum Ziel, Familien umfassend Unterstützungsmöglichkeiten in der Bewältigung ihres Lebensalltages zu bieten. Familien sollen hier einen niederschwelligen Zugang zu weiterführenden Angeboten erhalten (vgl. Diller & Schelle 2009, S. 11). Kindertageseinrichtungen, die sich zu Familienzentren weiterentwickelt haben, werden so zum Mittelpunkt eines familienunterstützenden Netzwerkes in den Kommunen und die Förderung und Unterstützung von Familien und Kinder wird zusammen gestaltet (vgl. Syassen 2009, S. 32). Der Unterschied zwischen Familienzentren und traditionellen Kindertageseinrichtungen besteht somit in der erweiterten konzeptionellen Sichtweise auf die Trias „Kind – Eltern – Institution". Die differenten Trägerstrukturen und vielfältigen Einrichtungsprofile bedingen jedoch, dass auch traditionelle Kindertageseinrichtungen dem Angebotsprofil von Familienzentren entsprechen können beziehungsweise sich andererseits auch sehr stark davon unterscheiden (vgl. Diller & Schelle 2009, S. 8/13/16).

Paradoxerweise gibt es jedoch keine Definition für den Begriff der Sozialraumorientierung in der Pädagogik der frühen Kindheit und entsprechend dessen auch keine Handlungsanleitungen bezogen auf eine sozialräumliche Arbeitsweise. Einerseits wird somit anerkannt, dass eine sozialräumliche Ausrichtung von frühpädagogischen Betreuungseinrichtungen zwingend notwendig ist und Kinder in ihren Bildungsprozessen im Kontext ihrer Familie und ihres Lebensumfeldes betrachtet werden müssen, um auch eben diese Familien umfassend zu erreichen, andererseits jedoch werden frühpädagogische Betreuungsinstitutionen mit denen an sie gestellten Anforderungen der sozialräumlichen Ausrichtung allein gelassen. Eine Neuausrichtung der Arbeit wird gefordert, bei der inhaltliche und handlungspraktische Aspekte nicht thematisiert werden. Die sozialräumliche Orientierung ist daher derzeit eine ungefüllte Phrase in der Pädagogik der frühen Kindheit.

In der traditionellen Erzieherausbildung wird der Fokus auf das Kind und nicht auf die Familie oder auf den Sozialraum gelegt. Daher wird vermutet, dass die Fachkräfte von Kindertageseinrichtungen, und dies schließt auch die Mitarbeiterinnen und Mitarbeiter von Einrichtungen der Familienzentren in NRW mit ein, eher unerfahren in der sozialräumlich-orientierten Arbeit sind. Es bedeutet für sie, und das ist eine große professionelle neue Herausforderung, die Bedarfe des eigenen Sozialraums zu analysieren und diese anschließend konzeptionell sowie aktiv didaktisch und auch methodisch umzusetzen. Hierbei ist zu beachten, dass für die Kindertageseinrichtungen, die sich zu einem Familienzentrum NRW weiterentwickelt haben, der Sozialraumbezug ein festgelegtes Qualitätskriterium ist, welches erfüllt werden muss, um das Gütesiegel Familienzentrum NRW zu erhalten.

Eine sozialräumliche Ausrichtung im Feld der institutionellen frühpädagogischen Kindertagesbetreuung wird derzeit als etwas Neues postuliert. In der Historie der institutionellen Kleinkinderziehung zeigt sich jedoch, dass sich schon in bestehenden pädagogischen Ansätzen Bezüge zum sozialen Raum und Räumlichkeit erkennen lassen. Daher ist es in dieser Studie insbesondere von Interesse, nicht nur Expertinnen und Experten aus der Institution Familienzentrum NRW hinsichtlich ihrer sozialräumlichen Deutungsmuster zu befragen, sondern darüber hinaus auch Expertinnen und Experten aus traditionellen Kindertageseinrichtungen. Anhand einer qualitativen Befragung möchte die Dissertation die Deutungsmuster und die sich daraus entwickelnde Arbeitsweise von Sozialraumorientierung im frühpädagogischen Bereich aufzeigen. Als traditionelle Kindertageseinrichtungen werden Einrichtungen bezeichnet, die nicht das Gütesiegel Familienzentrum NRW tragen. Der Begriff „traditionell" verweist darauf, dass es sich um eine aus der Tradition entstandene Kindertageseinrichtung handelt, die den Wandel der frühen Kindheit erfahren, jedoch keine Weiterentwicklung zum Familienzentrum NRW durchlaufen hat. Mit dem Begriff der Expertin/des Experten wird den Einrichtungsleitungen von Familienzentren NRW beziehungsweise traditionellen Kindertageseinrichtungen ein besonderes Wissen über den sozialen Kontext, in dem sie agieren, zugeschrieben, inbegriffen ein spezielles Wissen über die eigenen Arbeitsprozesse (vgl. Gläser & Laudel 2010, S. 11). Auf qualitativ sprachlichem Wege sollen die Wirklichkeitsdefinitionen der Expertinnen und Experten erfasst werden (vgl. Lamnek 2010, S. 173). Im Rahmen der Befragung wird den Expertinnen und Experten kein fachliches Verständnis von „Sozialraum" vorgegeben, es ist vielmehr von Interesse, die Deutungsmuster der Befragten herauszuarbeiten. Derzeit gibt es kein anerkanntes Verständnis von Sozialraum in der institutionellen Kindertagesbetreuung, wodurch eine Beantwortung der Forschungsfrage auf dem derzeitigen Wissensstand nicht möglich ist. Daher wurde ein offener sinnverstehender Forschungszugang im Sinne der Grounded-Theory-Methodologie gewählt (vgl. Strauss 1994). Die Grounded-Theory-Methodologie wird in der Dissertation nicht nur als Auswertungsmethode angewandt, sondern ist forschungsleitend für den gesamten Forschungsprozess.

Generell steigt der Bedarf an Forschung in der Frühpädagogik im wissenschaftlichen und im institutionellen Bereich stetig (vgl. Fröhlich-Gildhoff, Nentwig-Gesemann & Haderlein 2008, S. 14). Anders und Roßbach (2013, S. 191) definieren diesen Bedarf wie folgt:

> „Der Wissensstand in Bezug darauf, was in den vorschulischen Bildungs- und Betreuungseinrichtungen passiert, ist insgesamt (ebenfalls) noch als gering einzustufen. Das ist insbesondere deshalb bedeutsam, da die frühpädagogische Praxis derzeit durch diverse Faktoren (z. B. Ausbau, Umbau zu Familienzentren, Implementierung von Bildungsplänen, Akademisierung) einem elementaren Wandel unterliegt, so dass Untersuchungen, die vor einigen Jahren durchgeführt wurden, die aktuelle Praxis kaum angemessen widerspiegeln können.“

Auch der 12. Kinder- und Jugendbericht drückt aus, dass umfassende Interventionsstudien sowie Längs- und Querschnittstudien etc. notwendig sind, um eine breitere Wissensbasis für eine qualitative Frühförderung zu erlangen (vgl. BMFSFJ 2005). Zentrales Ziel der Studie ist es somit, das sozialräumliche Verständnis in frühpädagogischen Institutionen zu erfassen. Darüber hinaus sollen die beiden differenten Organisationsformen hinsichtlich ihrer heterogenen und homogenen Sichtweisen untersucht werden. Insbesondere fehlt es der Fachdebatte um eine sozialräumliche Ausrichtung im Feld der institutionellen Kindertagesbetreuung derzeit an empirischen Ergebnissen, die für eine weiterführende Gestaltung unerlässlich sind. Diese Dissertation möchte sich diesem Forschungsdesiderat annehmen und die derzeit bestehende Forschungslücke schließen sowie neue wissenschaftliche Erkenntnisse hervorbringen.

1 Der gesellschaftliche Wandel von Kindheit und Familie

Die Gesellschaft unterliegt einem stetigen Wandel. Von diesem Wandel bleiben auch Familie und Kindheit nicht unberührt. Die Kinder- und Schülerzahl sinkt mit der gleichzeitig steigenden Anzahl an älteren Menschen. Die Familienformen werden vielfältiger, es gibt nicht mehr nur die klassische Familie. Familienleben und Familienstrukturen sind different geworden, es gibt Patchworkfamilien, Alleinerziehende, Familien mit Migrationshintergrund, Regenbogenfamilien etc. Zudem ist festzuhalten, dass auch die Anzahl von Kindern mit Zuwanderungsgeschichte zunimmt, die zusätzlich mit ganz individuellen Integrationsproblematiken konfrontiert sein können. Ebenfalls wandeln sich die traditionellen Rollenbilder von Mann und Frau, was einerseits zu Unsicherheit, aber andererseits auch zu einem größeren Gestaltungsraum führen kann. Des Weiteren wurden durch neue Medien neue Wege der Kommunikation und Bereiche der Interaktion geschaffen. Medien wie Handys, Fernsehen, Computerspiele oder Internet beeinflussen zunehmend die Entwicklung von Kindern und haben eine nicht zu unterschätzende Erziehungs- und Bildungsrelevanz. Auch die unsichere wirtschaftliche Lage – Arbeitslosigkeit, befristete Arbeitsverträge etc. – kann eine Belastungssituation für Familien darstellen. Wachsen Kinder in Armut auf, haben sie häufig immer noch nicht die gleichen Entwicklungschancen wie andere Kinder (vgl. MFKJKS & MSW 2010, S. 11). Diese Anforderungen fassen Heitkötter, Rauschenbach und Diller (2008, S. 10) wie folgt zusammen:

> „Die Dynamisierung und Vervielfältigung von Haushalts- und Familienformen, die instabiler gewordenen Parameter der Lebensführung, die gestiegene Erwerbstätigkeit von Müttern und die damit einhergehende Veränderung der Geschlechter- und Generationsverhältnisse sowie die fundamentale veränderte Erwerbswelt mit ihren gestiegenen Flexibilitätsansprüchen, Ungewissheiten und Verdichtungstendenzen kennzeichnen diesen Wandel mit Blick auf die Familien, Eltern und Kinder."

Kinder müssen hier insbesondere in ihren sozialen und kulturellen Kompetenzen bei der Entwicklung ihrer Persönlichkeit gefördert werden. Die Familie ist hierfür primär zuständig, sie prägt das Lebensumfeld des Kindes und ist für dessen Wohlergehen verantwortlich. Dies erfordert jedoch eine hohe Kompetenz zur Strukturierung und Bewältigung des Alltags von Familien. Nicht immer sind Familien in der Lage, diese Belastungssituationen zu bewältigen und sind mit der Bildung, Betreuung und Erziehung ihrer Kinder überfordert. In Einzelfällen kann dies zur Vernachlässigung des Schutzes und Wohles des Kindes führen (vgl. MFKJKS & MSW 2010, S. 10). Festzuhalten ist aber auch, dass der gesellschaftliche Wandel neue vielfältige Chancen für Kinder mit sich bringt, die wachsende kulturelle Vielfalt bietet neue Aneignungsmöglichkeiten und

Erfahrungsräume (vgl. MFKJKS & MSW 2010, S. 11). Durch diese Pluralität der Lebenslagen der Familien entstehen Bedarfe und Bedürfnisse, die vielfältig und different sind und individuelles Handeln erfordern. Dies ist eine Herausforderung für Gesellschaft und Familie (vgl. Heitkötter, Rauschenbach & Diller 2008, S. 11f.). Daher gewinnen Angebote, die Eltern im Alltag unterstützen, an Bedeutung, damit diese den Ansprüchen, die die Gesellschaft zunehmend an sie stellt, entsprechen können. Eltern sind somit aus unterschiedlichen Gründen vielfach auf Bildungs-, Erziehungs- und Beratungsangebote angewiesen und müssen hier Unterstützung erfahren (vgl. Tschöpe-Scheffler & Wirtz 2008, S. 161). Dieser Wandel der gesellschaftlichen Anforderungen an Familien führte, gestützt durch Forschung und Wissenschaft, zu maßgeblichen Veränderungen im Feld der Kindertagesbetreuung. Frühpädagogische Betreuungsinstitutionen sollen nun nicht mehr nur ausschließlich das Kind im Blick haben, sondern ihren Blick systemisch erweitern auf die Familie und den Sozialraum. Einhergehend damit muss ein integrativer und interdisziplinärer Dienstleistungsansatz geschaffen werden und das professionelle Selbstverständnis der Fachkräfte eine erweiterte Ausbildung erfahren (vgl. Rietmann 2008, S. 39).

Das Thema Bildung von Kindern und ihren Familien ist in einem breiten sozial- und gesellschaftspolitischen Rahmen eingebettet. Insbesondere die PISA-Studien[1] sowie der 7. Familienbericht und der 12. Kinder- und Jugendbericht rückten die Diskussion um die Bildungsbedeutsamkeit von Familien verstärkt in den Fokus. Der Familienbericht zeigte auf, dass ein Großteil der Familien aufgrund der durch den gesellschaftlichen Wandel bedingten steigenden Herausforderungen Unterstützungsangebote zur Bewältigung ihres Alltags benötigt. Im Kinder- und Jugendbericht wurde darauf hingewiesen, dass Familien, um diese besagten Anforderungen meistern zu können, in ihrer Kommune ein aufeinander abgestimmtes System von Bildung, Betreuung und Erziehung benötigen. Beinhalten soll dies Sprach- sowie individuelle Förderung von Kindern, Familienförderung, sozialräumliche Netzwerke der Bildung, Qualifizierung von Tagesbetreuung, flächendeckende Ganztagsangebote, pädagogische Reform, Autonomie von Schulen, erweiterte Schulträgerschaft und kommunale Bildungsplanung (vgl. Heitkötter, Rauschenbach & Diller 2008, S. 11). Dabei wird deutlich, dass es die eine Familienkindheit nicht mehr gibt und die Kindheit, die in Institutionen verlebt wird, immer mehr an Bedeutung gewinnt (vgl. Fried, Dippelhofer-Stiem, Honig & Liegle 2003, S. 7). Frühpädagogische Institutionen werden hier vor die Anforderung gestellt, multifunktional für die Familie, unter Berücksichtigung ihrer Bedarfe und Bedürfnisse, als Ganzes zu arbeiten (vgl. Tschöpe-Scheffler & Wirtz 2008, S. 160). Familie und Gesellschaft tragen beide Verantwortung für das Aufwachsen von Kindern; diese private und auch öffentliche Verantwortung wird somit als eine Aufgabe gesehen, die es gleichermaßen von beiden Seiten zu gestalten und zu ergänzen gilt (vgl. Heitkötter, Rauschenbach & Diller 2008, S. 12).

---

1   Kurz für „Programme for International Student Assessment" (Programm zur internationalen Schülerbewertung).

2 Die Kindertageseinrichtung als Ort der frühen Bildung, Betreuung und Erziehung

Im Jahr 1837 eröffnete Friedrich Fröbel, der Begründer des Kindergartens, seine erste „Anstalt für Kleinkinderpflege" (vgl. Altgeld, Krüger & Menke 2009, S. 43f.). Im Jahr 1922 wurde die Einrichtung von Kindergärten im Reichsjugendwohlfahrtsgesetz verankert (vgl. Diller 2010, S. 139). Die Funktionen von Kindertageseinrichtungen haben sich seitdem immer wieder verändert. Gleichbleibend ist, dass die Kernarbeit von Kindertageseinrichtungen in der Betreuung und ergänzend daran der Erziehung und Bildung von Kindern liegt. Der 12. Kinder- und Jugendbericht forderte den Bildungsanspruch „im Sinne eines persönlichen Rechts des Kindes als ‚Bildung von Anfang an' zu betrachten" (BMFSFJ 2005, S. 349).

Die Betreuung von Kindern ist gesetzlich durch das Kinder- und Jugendhilfegesetz beziehungsweise durch das Sozialgesetzbuch VIII geregelt. Die einzelnen Bundesländer tragen die Verantwortung für die Implementierung. Die Jugendämter sind auf kommunaler und lokaler Ebene für die Verwaltung der Betreuungsangebote zuständig. Angebote der Kinderbetreuung bieten verschiedene öffentliche und freie Träger an. Diese Vielfalt ist gewünscht und ebenfalls gesetzlich festgeschrieben (vgl. Altgeld, Krüger & Menke 2009, S. 43f.). Seit dem 1. August 2013 ist der gesetzliche Anspruch auf einen Betreuungsplatz für Kinder ab der Vollendung des ersten Lebensjahres in Kraft getreten; dieser Anspruch ist im § 24 Abs. 2 SGB VIII verankert. Vorher galt dieser Anspruch nur für Kinder mit einem besonderen Bedarf. Somit können aktuell alle Eltern ihren Anspruch auf einen Platz geltend machen. In der Realität sind jedoch in vielen Kommunen nicht ausreichend Betreuungsplätze für Kinder unter drei Jahren verfügbar. Zudem ist zu berücksichtigen, dass „der Inhalt der Leistung, also die Anforderungen an die Qualität der frühkindlichen Förderung jedoch unverändert bleibt, weil sich der bundesrechtliche Maßstab für die Ausgestaltung der frühkindlichen Förderung mit dem Inkrafttreten des Rechtsanspruches nicht verändert hat" (Wiesner, Grube & Kößler 2013, S. 2).

Die Kindertageseinrichtung ist ein pädagogischer Ort, der unter Einbeziehung der Eltern und der Familien einen institutionellen Rahmen für Kinder von null Jahren bis zum Eintritt in die Schule bildet. Dennoch hat es hier im Handlungsfeld in den vergangenen Jahren grundlegende Erweiterungen gegeben. Nach Diller (2005 zit. in Robert Bosch Stiftung 2011, S. 15) verstehen sich Kindertageseinrichtungen heute „nicht mehr primär als Betreuungseinrichtung, sondern sehen ihre anspruchsvolle Aufgabe in der familienergänzenden Bildung, Betreuung und Erziehung von Kindern. Darüber hinaus streben sie an, sich zu Familienzentren weiter zu entwickeln und ihre Sozialraumorientierung zu stärken." Einrichtungen sollen demnach partizipativ mit den Eltern zusammenarbeiten, sie demokratischer einbinden, ihre Arbeit vernetzter gestalten und diese zudem stärker am Sozialraum ausrichten. Auch ist aufgrund des demographischen Wandels eine zunehmend interkulturelle Öffnung und kultursensible pädagogische Arbeit wesentlich, um allen Kindern und Familien eine Teilhabe an den Bildungsprozessen zu ermöglichen. Durch die Einführung des bereits erwähnten Rechtsanspruches auf einen Betreuungsplatz für Kinder ab Vollendung des ersten Lebensjahres eröffnet sich auch hier ein weiteres Handlungsfeld für frühpädagogische Betreuungsinstitutionen. Von diesem Wandel ist auch die Ausbildung frühpädagogischer Fachkräfte nicht unberührt. Das Berufsbild gewinnt an Komplexität[2] (vgl. Robert Bosch Stiftung 2011, S. 15). Auch das Bild vom Kind in der Frühpädagogik ist einem Wandel unterlegen. Kinder werden nicht mehr als Objekt von Erziehung begriffen, sondern als handelnde Subjekte und aktive Ko-Konstrukteure ihrer Entwicklung (vgl. Viernickel u. a. 2011 zit. in Robert Bosch Stiftung 2011, S. 15).

Neben ihrem pädagogischen Bildungsauftrag, den Kindertageseinrichtungen zu erfüllen haben, sind sie aber auch eine institutionelle Organisationsform, die eine Dienstleistung erbringt. Kindertageseinrichtungen bewegen sich in diesem Zwiespalt. Ökonomisch gesehen ist in einem wirtschaftlichen Dienstleistungsbetrieb „Kunde derjenige, der für die Dienstleistung bezahlt" (Textor o. J.). In der Kindertagesbetreuung gestaltet sich dies jedoch etwas anders. Eltern und Kinder sind die primären Kunden, das Land, die Kommune und die Träger sind jedoch diejenigen, die in erster Linie, neben den Elternbeiträgen, die Dienstleistung finanzieren und „wie jeder Kunde haben sie Interesse, viel für wenig Geld zu bekommen" (Textor o. J.). Darauf lässt sich zurückführen, dass in Kindertageseinrichtungen formelle Dinge, wie die Betreuungszeiten erweitert wurden, aber gleichzeitig der Betreuungsschlüssel herabgesetzt wird (vgl. Textor o. J.). Fachkräfte in der Kindertagesbetreuung unterliegen gesetzlich der Aufgabe, „das Recht eines jeden jungen Menschen auf Förderung seiner Entwicklung und auf Erziehung zu einer eigenverantwortlichen und gemeinschaftsfähigen Persönlichkeit" (§ 1 Abs. 1 SGB VIII, vgl. § 22 Abs. 1 SGB VIII) zu gewährleisten sowie das Kind in seiner „individuellen und sozialen Entwicklung (zu) fördern und dazu bei(zu)tragen, Benachteiligungen zu vermeiden oder abzubauen, es vor Gefahren für sein Wohl (zu) schützen und für ihn positive Lebensbedingungen (zu) schaffen" (§ 1 Abs. 3 SGB VIII). Diese gesetzlichen Anforderungen sind jedoch keine Dienstleistungen, die sich explizit definieren und finanziell festlegen lassen. Hier steht nicht eine kurze zweckmäßige Beziehung zwischen Dienstleister und Kunde im Mittelpunkt, sondern vielmehr eine persönliche, langfristige Beziehung (vgl. Textor o. J.). Esch, Klaudy und Stöbe-Blossey (2005, S. 90) implizieren im Begriff des Dienstleistungszentrums den Anspruch, dass die Kindertageseinrichtung ein niederschwelliger Ansprechpartner für Familien im Nahraum ist. Die Institution soll vielfältige Angebote der Familienbildung sowie Unterstützung und Beratung von Familien bei Erziehungsfragen vorhalten. Im § 22 Abs. 2 Satz 2 SGB VIII

---

2   Siehe Kapitel 2.3 „Reformierung des Berufsfeldes frühpädagogischer Fachkräfte".

wird das Leistungsangebot von Kindertageseinrichtungen definiert. Darin heißt es, dass sich die Angebote „pädagogisch und organisatorisch an den Bedürfnissen der Kinder und ihrer Familien orientieren." Familien tragen unterschiedliche Bedürfnisse an die Einrichtung heran, dieser Individualisierung wird hier eine besondere Bedeutung beigemessen. Hier wird nicht nur den pädagogischen Bedürfnissen Rechnung getragen, sondern auch den organisatorischen, wie zum Beispiel der Gestaltung von Betreuungszeiten.

Zusammenfassend lässt sich festhalten, dass Kindertageseinrichtungen in einer Weiterentwicklung zu multifunktionalen Institutionen stehen. Seit in den 1970er Jahren erstmals der Ruf nach einer Reform laut wurde hat sich eine Menge getan. Im Fokus von frühpädagogischen Betreuungsinstitutionen steht nicht mehr ausschließlich die Betreuung von Kindern, sondern ein vielschichtiger Bildungsauftrag unter Einbeziehung der Familien und weiterer Institutionen im Nahraum.

2.1 Der landespolitische Anspruch an Kindertageseinrichtungen

Die institutionelle Bildung, Betreuung und Erziehung von Kindern ist gesetzlich geregelt. Basis hierfür ist das Kinder- und Jugendhilfegesetz (SGB VIII) § 22 bis § 25. Darin ist festgeschrieben, dass Tageseinrichtungen Kinder in ihrer Entwicklung zu einer eigenverantwortlichen und gemeinschaftsfähigen Person fördern sollen. Hier wird deutlich, dass bereits gesetzlich der Gemeinsinn verankert ist. Ein Kind soll nicht nur individuell gefördert werden, sondern auch ganz explizit zu einem gesellschaftsfähigen Wesen erzogen werden. Weiter legt das Gesetz fest, dass sich die Angebote von Kindertageseinrichtungen an den Bedürfnissen der Familien orientieren sollen und gemeinsam mit diesen und anderen relevanten Institutionen im Nahraum zum Wohle des Kindes zusammengearbeitet werden muss (vgl. Bundesministerium der Justiz und für Verbraucherschutz o. J.). Landespolitisch konkretisiert das Kinderbildungsgesetz den Bildungsauftrag von frühpädagogischen Institutionen, auf welches anschließend näher eingegangen wird. Die Grundsätze zur Bildungsförderung NRW, welche die konkrete Gestaltung der Bildungsförderung festlegen, werden ebenfalls näher vorgestellt.

Der zentrale Unterschied zwischen der Bildung im Elementarbereich und der Bildung im Primärbereich ist der, dass in Deutschland der Besuch einer Kindertageseinrichtung im Gegensatz zum Schulbesuch freiwillig ist. Das heißt, Eltern können eigenständig entscheiden, ob sie ihr Kind lieber privat oder institutionell betreuen lassen möchten. Zudem verfügt die Betreuung in Kindertageseinrichtungen über eine enorme Trägervielfalt. Eltern haben das Recht, frei zu entscheiden, in welcher Institution sie ihr Kind betreuen lassen möchten, ferner gilt das Prinzip der Subsidiarität[3]. Im Gegensatz dazu sind Schulen überwiegend in öffentlicher Trägerschaft und nur in Einzelfällen in freier Trägerschaft (vgl. MFKJKS & MSW 2010, S. 9).

2.1.1 Das Gesetz zur frühen Bildung und Förderung von Kindern (KiBiz)

Mit dem am 01. August 2008 in Kraft getretenem „Gesetz zur frühen Bildung und Förderung von Kindern"[4], welches das ehemals geltende „Gesetz für Tageseinrichtungen für Kinder"[5] ablöste (vgl. MFKJKS 2014), wurde von der Landesregierung Nordrhein-Westfalen das Ziel gesetzt, den Bildungsauftrag von Kindertageseinrichtungen zu stärken (vgl. MGFFI 2009, S. 1). Im Kindergartenjahr 2011/2012 folgte bereits die erste KiBiz-Revision (vgl. MFKJKS 2011) und im Kindergartenjahr 2014/2015 erfolgte die zweite KiBiz-Revision (vgl. MFKJKS 2014). Dieses neue Bildungsgesetz ist vor allem in der Praxis nicht unumstritten, insbesondere die „Pro-Kopf-Pauschale", d. h. die Verknüpfung von Personalstunden an die Gruppenform und die gebuchten Betreuungszeiten der Eltern für ihr Kind stoßen auf Kritik, da dies in der Praxis oft weniger Personal und eine steigende Anzahl an zu betreuenden Kindern bedeutet (vgl. Haas 2009, S. 7). Durch das KiBiz sollen Kinder dessen ungeachtet unabhängig von ihrer Herkunft gleiche Bildungschancen erhalten. Zudem ist die Schaffung von Betreuungsplätzen für unter Dreijährige ein zentrales Anliegen. Ebenfalls wird die Weiterentwicklung von Kindertageseinrichtungen zu Familienzentren, welche ein systematisches Unterstützungsnetzwerk für Familien bilden sollen, berücksichtigt (vgl. MGFFI 2009, S. 1). Das Gesetz gilt für die Bildung, Betreuung und Erziehung von Kindern in Kindertageseinrichtungen und in der Kindertagespflege (§ 1) (vgl. MGFFI 2009, S. 23).

Der allgemeine Grundsatz des KiBiz (festgehalten in § 2) ist es, dass jedes Kind entsprechend seiner Persönlichkeit gefördert und gebildet wird. Die primäre Verantwortung hierfür wird bei den Eltern gesehen, die Kindertageseinrichtung und Kindertagespflege somit als Ergänzung und Unterstützung der familiären Erziehung (vgl. MGFFI 2009, S. 23). Als zentrale Aufgabe von Kindertageseinrichtungen und Kindertagespflege gilt der Bildungs-, Betreuungs- und Erziehungssauftrag (vgl. MGFFI 2009, S. 23), welcher in den Grundsätzen zur Bildungsförderung NRW festgehalten ist.[6] Kinder sollen gemäß ihrer individuellen Persönlichkeit gefördert und Eltern bezüglich Bildung

---

3   Das Subsidiaritätsprinzip ist das Prinzip der Nachrangigkeit, welches in vielen Feldern der Sozialen Arbeit vorherrscht. Demnach werden Kindertageseinrichtungen zunächst von freien Trägern gestellt und erst, wenn sich kein freier Träger findet, übernimmt die Einrichtung ein öffentlicher Träger (vgl. Vogelsberger 2002, S. 21).

4   Im weiteren Verlauf der Arbeit wird das Gesetz zur frühen Bildung und Förderung von Kindern vorwiegend mit der Kurzform KiBiz benannt. KiBiz steht für Kinderbildungsgesetz.

5   Kurz GTK.

6   Siehe Kapitel 2.1.2 „Grundsätze zur Bildungsförderung NRW".

und Erziehung informiert und beraten werden (vgl. MGFFI 2009, S. 23). Die Zusammenarbeit mit den Eltern und die Elternmitwirkungsbereiche sind im § 9 des KiBiz fest verankert. Darin heißt es, dass Eltern einerseits im Rahmen einer partnerschaftlichen Zusammenarbeit regelmäßig, mindestens einmal im Jahr, einen Anspruch auf ein Gespräch mit der Einrichtung haben und anderseits aktiv im Rahmen von Mitwirkungsgremien wie Elternversammlungen und Elternbeiräten die Möglichkeit bekommen müssen, sich zu engagieren, damit die Interessen von Einrichtung und Eltern zusammengetragen werden (vgl. MGFFI 2009, S. 24). Eltern sollen somit auf Basis von vertrauensvollen Entwicklungsgesprächen betreffend ihres Kindes sowie im Rahmen von organisierter Mitbestimmung am Alltag von Kindertageseinrichtungen teilnehmen.

Im Hinblick auf die in dieser Forschungsarbeit leitende Fragestellung der Sozialraumorientierung ist insbesondere der zweite Abschnitt „Förderung in Kindertageseinrichtungen" von Interesse. Hier ist in § 13 unter Berücksichtigung der Artikel 6 und Artikel 7 der Landesverfassung Nordrhein-Westfalen festgehalten:

> „Bildung ist die aktive Auseinandersetzung des Kindes mit seiner Umgebung auf der Grundlage seiner bisherigen Lebenserfahrung. Sie ist ein konstruktiver Prozess, bei dem Selbstbildung durch unmittelbare Wahrnehmung und aktives, experimentierendes Handeln einerseits und Einfluss der Umgebung andererseits im wechselseitigen Verhältnis zueinander stehen. Bildung wirkt darauf hin, die Entwicklung des Kindes zu einer eigenständigen Persönlichkeit und den Erwerb seiner sozialen Kompetenz (...) zu fördern." (MFKJKS 2014)

Weiter heißt es in § 13 Abs. 2, dass die differenten Lebenslagen der Kinder und Familien berücksichtigt werden sollen und die Bildungsförderung von Kindern unabhängig der sozialen Situation zu sichern ist (vgl. MFKJKS 2014). In Bezug auf die Thematik der Sozialraumorientierung sollen somit die individuellen Lebenssituationen der Familien berücksichtigt werden. Auch Kinder sollen als Individuen wahrgenommen werden und ihnen sollen entsprechend ihrer Interessen und Fähigkeiten Aneignungsmöglichkeiten, zum Beispiel kultureller Art, geboten werden.

Unter § 14 „Kooperationen und Übergänge"[7] findet sich hinsichtlich auf die forschungsleitende Fragestellung ein besonders interessanter Aspekt. Hier heißt es:

> „Zur Erfüllung der Aufgaben nach diesem Gesetz und zur Sicherung eines beständigen Bildungs- und Erziehungsprozesses des Kindes sollen insbesondere das pädagogische Personal in den Tageseinrichtungen und die Tagespflegepersonen unter Berücksichtigung kleinräumiger Gebiets- und Sozialstrukturen miteinander, aber auch mit anderen Einrichtungen und Diensten, die ihren Aufgabenbereich berühren, zusammenarbeiten. Diese Zusammenarbeit soll zum Wohl des Kindes, in einem gleichberechtigten, partnerschaftlichen Verhältnis

---

7   Ehemals § 15 „Vernetzung von Kindertageseinrichtungen" (MGFFI 2009), dieser Paragraf wurde durch die KiBiz Revision 2014 aufgehoben.

und unter Beachtung des Rechts auf informationelle Selbstbestimmung der Kinder und ihrer Eltern erfolgen." (MFKJKS 2014)

Demnach wird im KiBiz darauf hingewiesen, dass Kindertageseinrichtungen sich mit ihrer Arbeit in Bezug auf Kooperationen und Vernetzungen an den Gegebenheiten des Sozialraums orientieren müssen. Ebenfalls weist dieser Paragraf darauf hin, dass Kindertageseinrichtungen mit anderen Einrichtungen zusammenarbeiten sollen, sofern diese Institutionen den Aufgabenbereich der Kindertageseinrichtung berühren. An dieser Stelle ist das KiBiz (wieder) sehr vage und schreibt keine verpflichtenden Kooperationen vor, bis auf die unter § 14 genannte Zusammenarbeit mit der Tagespflege, der Frühförderung und Komplexleistungen (§ 14a) sowie die Zusammenarbeit mit der Grundschule (§ 14b).

Darüber hinaus hieß es im ehemaligen § 15 des Kinderbildungsgesetzes: „Sie haben im Rahmen der örtlichen Jugendhilfeplanung den sozialräumlichen Bezug ihrer Arbeit sicherzustellen". Dieser Paragraf wurde durch die KiBiz-Revision 2014 aufgehoben und die Inhalte in § 14 aufgegriffen. Der Passus des sozialräumlichen Bezuges wurde dabei gestrichen (vgl. MGFFI 2009). Somit waren Kindertageseinrichtungen nach der Fassung des KiBiz 2008 per Gesetz zu einer sozialräumlichen Ausrichtung verpflichtet. Dennoch ist festzuhalten, dass das KiBiz keine klare Definition von sozialräumlicher Ausrichtung vorgab oder derzeit vorgibt.

Unter § 16 finden Familienzentren gesondert Beachtung im KiBiz. Hier werden sowohl die Aufgaben unter § 16 Abs. 1 erläutert, d. h. die Bündelung und Vernetzung von Beratungs- und Hilfsangeboten für Familien, Unterstützung bei der Vermittlung von Tagespflege, die Betreuung der Kinder außerhalb der regulären Öffnungszeiten und Sprachförderung, als auch unter § 16 Abs. 2 wird besonders betont, dass Familienzentren auf Basis eines „sozialräumlichen Gesamtkonzeptes" im Verbund tätig sein können (vgl. MGFFI 2009, S. 26). Ein expliziter sozialräumlicher Bezug wird hier jedoch nicht weiter herausgestellt.

Die erste KiBiz-Revision im Jahr 2011/12 beinhaltete einen besseren Personalschlüssel im U3-Bereich, finanzielle Entlastungen von Familien, bessere berufliche Möglichkeiten für Kinderpflegerinnen und Kinderpfleger, bessere Integration von Kindern mit Behinderungen, höhere finanzielle Förderung von Familienzentren, Sicherung von Fachkräften und Förderung des U3-Ausbau. Ebenso wurde die Bedeutsamkeit der Einbeziehung der Eltern, d. h. eine Stärkung der Erziehungspartnerschaft, verankert (vgl. MFKJKS 2011). Zum 1. August 2014 trat eine weitere Revision, das „Gesetz zur Änderung des Kinderbildungsgesetzes und weiterer Gesetze", in Kraft. Es hat zum Ziel, die Bildungschancen und die Bildungsgerechtigkeit zu fördern. Im Sinne der Inklusion soll eine gemeinsame Bildung und Erziehung aller Kinder mit Blick auf ihren individuellen Förderbedarf erfolgen. Die Sprachbildung soll nun alltagsintegriert und kontinuierlich von Beginn an in den Kindertageseinrichtungen passieren. Dafür stellt der Bund Einrichtungen, in denen sich ein besonders hoher Anteil von Kindern mit Sprachförderbedarf befindet, zusätzliche Mittel in Höhe von mindestens 5.000 € pro Kindergartenjahr zur Verfügung. In Bezug auf die Thematik der sozialräumlichen Orientierung sind die neu eingeführten „plusKitas" (§ 16a) von Interesse. Kindertageseinrichtungen, die in einem belasteten Nahraum liegen und von einem hohen Anteil von Kindern mit besonderem Unterstützungsbedarf besucht werden, erhalten eine zusätzliche Förderung von mindestens 25.000 € jährlich, welche in zusätzliche Fachkraftstunden fließt. Darüber hinaus wird in der zweiten Revision das Wunsch- und Wahlrecht der Eltern hinsichtlich der Einrichtungsform und des Betreuungsortes gestärkt (vgl. MFKJKS 2014).

In diesem Kapitel wurde aufgrund des Umfangs nicht das gesamte Kinderbildungsgesetz abgebildet, sondern es wurden nur die für die Forschungsarbeit relevanten Aspekte berücksichtigt. Zusammenfassend kann festgehalten werden, dass das KiBiz erkennbare Aspekte von Sozialraumorientierung beinhaltet, wie die individuelle, aber auch kulturelle Förderung von Kindern. Ebenso wird festgehalten, dass den Kindern die eigenständige Aneignung von Wissen und Fertigkeiten ermöglicht werden soll sowie die Zusammenarbeit mit den Eltern, die Kooperation mit der Institution Grundschule und mit anderen „relevanten" Institutionen. Ebenfalls wird direkt auf eine sozialräumliche Ausrichtung hingewiesen, welche aber nicht weiter ausgeführt wird.

2.1.2 Grundsätze zur Bildungsförderung NRW

Die Spitzenverbände der freien und öffentlichen Wohlfahrtspflege, kirchliche Trägerverbände sowie das Ministerium Schule, Jugend und Kinder[8] haben im Jahr 2003 die Bildungsvereinbarung NRW abgeschlossen. Die Bildungsvereinbarung soll mittels festgelegter Rahmenbedingungen den Bildungsauftrag von frühpädagogischen Kinderbetreuungseinrichtungen stärken (vgl. MSJK 2003, S. 4). Die Bildungsvereinbarung „Fundamente stärken und erfolgreich starten" wurde als Grundlage im Jahr 2010 durch die formulierten Bildungsgrundsätze „Mehr Chancen durch Bildung von Anfang an – Entwurf – Grundsätze zur Bildungsförderung für Kinder von null bis zehn Jahren in Kindertageseinrichtungen und Schulen im Primarbereich Nordrhein-Westfalen" weiterentwickelt (vgl. MFKJKS & MSW 2010, S. 8).

Die Grundsätze zur Bildungsförderung möchten zu einer besseren Verzahnung vom Elementar- und Primarbereich beitragen und jedem Kind eine individuelle Bildungsförderung in Kindertageseinrichtungen ermöglichen (vgl. MSJK 2003, S. 4f.). Diese ist auf Basis des Übereinkommens über die Rechte von Kindern von 1989 entstanden und stimmt mit dem Grundgedanken des Artikel 6 der Landesverfassung „Wertschätzung, Respekt und Achtung und ein daraus erwachsender gleichberechtigter Umgang ist Voraussetzung für ein soziales und demokratisches Miteinander" überein (vgl. MFKJKS & MSW 2010, S. 9). Die Grundsätze zur Bildungsförderung gehen von einem

---

8   Kurz MSJK.

kompetenten Kind aus, welches eigenständiger Akteur seiner Entwicklung ist. Kinder nehmen Teil am sozialen Miteinander und an der Umwelt. Sie eignen sich die Welt an und bilden sich selbst; „personale, räumliche und sächliche Einflussfaktoren" werden mit einbezogen. „Informelle Aneignungsprozesse werden durch nonformale Bildungsprozesse erweitert und ergänzt." Das Kind wird als ein soziales und gesellschaftliches Wesen gesehen, damit es in die sich ihm bietende kulturelle und soziale Welt hineinwächst. Dem Spiel als zentrales Ausdrucksmedium von Kindern wird hierbei eine besondere Bedeutung beigemessen (vgl. MFKJKS & MSW 2010, S. 17–20). Gesellschaftliche Teilhabe wird als Primärziel verstanden. Das Kind soll Förderung in Aneignungsprozessen erfahren; wofür müssen die sozialen Rahmenbedingungen geschaffen werden müssen (vgl. MFKJKS & MSW 2010, S. 39). Der Gestaltung einer vertrauensvollen Beziehung zwischen Kind und Fachkraft kommt eine ebenso große Bedeutung zu wie der individuellen Gestaltung von Lernprozessen. Verschiedene Lernformen sollen genutzt und differenzierte Materialen und Methoden angewendet werden. Insbesondere der Projektarbeit wird ein hoher Stellenwert beigemessen, da hier mit den Lerninhalten an der Lebenswelt der Kinder angeknüpft wird und der Zugang zu einem Thema so vielfältig wie möglich gestaltet werden kann (vgl. MFKJKS & MSW 2010, S. 22/25). Auch der Gestaltung der Räumlichkeiten wird Bedeutung beigemessen. Demnach sind „Räume der Ausgangspunkt für kindliches Entdecken und Forschen", sie sollen Lern- und Lebensraum für die Kinder sein. Ebenso ist ein strukturierter Ablauf von pädagogischen Institutionen für Kinder wichtig. Ein regelmäßiger, immer wiederkehrender Rhythmus mit festen Regeln und Ritualen hilft Kindern, sich in ihrer Welt zurechtzufinden (vgl. MFKJKS & MSW 2010, S. 23). In den Grundsätzen zur Bildungsförderung wird auch die Herausforderung mit dem Umgang von Diversität (zum Beispiel soziale Ungleichheit, kulturelle Unterschiede, Kinder mit unterschiedlichen Beeinträchtigungen oder Begabungen sowie der Geschlechterunterschied) thematisiert. Diese Vielfalt soll als Chance gesehen und konstruktiv genutzt werden. Auch wird auf die regionalen Unterschiede hingewiesen. Unterschiedliche Regionen im Land bringen unterschiedliche Chancen und Möglichkeiten mit sich. Institutionen im städtischen Bereich haben ganz andere Bildungsanregungen als Einrichtungen in ländlichen Bezirken, daher ist es „im Interesse der pädagogischen Prinzipien der Alltagsorientierung und des situativen Lernens notwendig, die Nahumwelt für die pädagogische Arbeit und die Aneignung der Außenwelt zu nutzen. Dabei ist es für Kinder – unabhängig von ihrem Lebensort – wichtig, Erfahrungen in unterschiedlichen Lebensräumen, zum Beispiel ländlichen Regionen und Ballungsgebieten, zu machen." Dieser Aspekt ist insbesondere in Bezug auf die hier leitenden Forschungsfragen von Interesse. In den Grundsätzen der Bildungsförderung ist somit die Erkundung unterschiedlicher Sozialräume verankert. Kinder sollen ihren Nahraum, aber auch differente Nahräume, kennenlernen und sich diese aneignen (vgl. MFKJKS & MSW 2010, S. 31ff.). Darüber hinaus sollen Übergänge, sei es von der Familie in die Kindertageseinrichtung oder von der Kindertageseinrichtung in die Schule, für Kinder gestaltet und begleitet werden (vgl. MFKJKS & MSW 2010, S. 34ff.).

In den Grundsätzen zur Bildungsförderung wurden zehn Bildungsbereiche definiert, die sich zwar thematisch voneinander abgrenzen lassen, in der Praxis jedoch verschwimmen. Das primäre Ziel ist die gesellschaftliche Teilhabe von Kindern, ebenso sollen sie Sach- und Methodenkompetenz, die Selbstkompetenz und die Sozialkompetenz ausbilden. Dies soll im Rahmen der Bildungsbereiche geschehen. Selbstkompetenz als Fähigkeit sich eigenständig und individuell zu entwickeln, Sozialkompetenz als Fähigkeit in der Gemeinschaft zu agieren und Sach- und Methodenkompetenz als Fähigkeit situationsentsprechend urteilen und handeln zu können. Diese Kompetenzen entfalten sich in Bildungssituationen, die Unterstützung, Begleitung, den sozialen Kontext und das selbständige Aneignen berücksichtigen. Die Bildungsbereiche sind Bewegung, Körper, Gesundheit und Ernährung, Sprache und Kommunikation, soziale, kulturelle und interkulturelle Bildung, musisch-ästhetische Bildung, Religion und Ethik, mathematische Bildung, naturwissenschaftlich-technische Bildung, ökologische Bildung und Medienbildung (vgl. MFKJKS & MSW 2010, S. 45–51). Im Folgenden sollen die zentralen Elemente der einzelnen Bildungsbereiche zusammenfassend dargestellt werden:

Bewegung

Der Bildungsbereich Bewegung trägt der Annahme Rechnung, dass sich Kinder ihre räumliche und dingliche Welt hauptsächlich mit allen Sinnen über Bewegung aneignen. Nicht nur die körperliche, sondern auch die kognitive Entwicklung von Kindern wird durch Bewegung gefördert. Damit Kinder ihren Bewegungsdrang ausleben können, müssen Einrichtungen Kindern Bewegungsräume beziehungsweise eine zur Bewegung anregende Umgebung bieten und dies nicht nur in den Räumlichkeiten der Einrichtung sondern auch außerhalb. Die Bildungsgrundsätze sprechen hier von Ausflügen in die Natur und die Stadt, damit Kinder umfassende Bewegungsreize erhalten und zudem lernen, sich zum Beispiel im Straßenverkehr angemessen zu verhalten (vgl. MFKJKS & MSW 2010, S. 52–55).

Körper, Gesundheit und Ernährung

Der Bildungsbereich Körper, Gesundheit und Ernährung ist eine Verknüpfung dreier Einzelbereiche, die im pädagogischen Alltag eng miteinander verknüpft sind. Dieser Bildungsbereich zielt auf die Entwicklung eines gesunden Körpergefühl ab. Es geht um das Wahrnehmen des eigenen Körpers und um eine Verantwortungsübernahme dessen. Die Kinder werden in ihren Sinnen geschult und benötigen hierfür eine anregende Raum- und Materialgestaltung; ebenfalls sollen sie die klassische Körperpflege erlernen und dafür Verantwortung tragen. Im Bereich Ernährung sollen sie ein gesundes Ernährungsverhalten entwickeln und zu einem nachhaltigen Umgang mit Lebensmitteln angeleitet werden (vgl. MFKJKS & MSW 2010, S. 56–60).

Sprache und Kommunikation

Sprache ist ein alltägliches, soziales Medium und wesentlich für die zwischenmenschliche Kommunikation. Daher findet sich der Bildungsbereich Sprache und Kommunikation in allen anderen Bildungsbereichen wieder. In pädagogischen Institutionen ist eine „Kultur des Dialogs und der Kommunikation wesentlich." Ebenfalls soll die Erstsprache der Kinder im Sinne der Sprachentwicklung gefördert werden (vgl. MFKJKS & MSW 2010, S. 61ff.).

Soziale, kulturelle und interkulturelle Bildung

Der Bildungsbereich soziale, kulturelle und interkulturelle Bildung berücksichtigt den gemeinschaftlichen Aspekt von pädagogischen Institutionen. Das Kind soll sich als ein Teil der Gemeinschaft erfahren und lernen in dieser zu agieren. Ein Vertrauen zu sich selbst zu entwickeln ist hierbei wesentlich, um offen gegenüber anderen Lebenswelten zu sein. Das Kind wird im Rahmen dieses Bildungsbereiches, der sich in vielen verschiedenen Bildungsprozessen vollzieht, auf die vielfältige Gesellschaft vorbereitet. Ihm sollen Erfahrungsräume, zum Beispiel im Rahmen von Kinderversammlungen, geboten werden, um Partizipation und Mitbestimmungsrecht zu erfahren (vgl. MFKJKS & MSW 2010, S. 64–67).

Musisch-ästhetische Bildung

Der Bildungsbereich musisch-ästhetische Bildung geht davon aus, dass Kinder sich durch aktive und kreative Auseinandersetzung mit ihrer Umgebung entwickeln. Dafür müssen Kindern Sinnesanregungen geboten werden, die sinnliche Wahrnehmungserfahrungen im alltäglichen Leben ermöglichen. Durch diese Wahrnehmungs-, Erkenntnis- und Selbstbildungsprozesse erschließen sich Kinder ihr subjektives Bild von der Welt (vgl. MFKJKS & MSW 2010, S. 68–71).

Religion und Ethik

Im Bildungsbereich Religion und Ethik sollen Kinder die multikulturelle und multireligiöse Lebenswelt, in der sie leben, wahrnehmen und erleben. Sie sollen die Möglichkeit bekommen, sich altersangemessen mit ihren religiösen und ethischen Fragen auseinanderzusetzen und hier zum Beispiel Feste und Rituale aus der eigenen Glaubensreligion, aber auch aus anderen Glaubensreligionen entdecken (vgl. MFKJKS & MSW 2010, S. 72ff.).

Mathematische Bildung

Im Bildungsbereich Mathematische Bildung sollen Kinder mathematische Gesetzmäßigkeiten im Rahmen ihrer Lebenswelt entdecken und erlernen. Hier geht es um das

Entdecken, Erforschen und Erklären von Beziehungen, Strukturen und Regelmäßigkeiten. Dies kann zum Beispiel im Sinne des räumlichen Denkens durch die Erstellung von Stadtplänen mit Orten, Plätzen etc., die für Kinder von Bedeutung sind, geschehen (vgl. MFKJKS & MSW 2010, S. 76ff.).

Naturwissenschaftlich-technische Bildung

Im Bildungsbereich naturwissenschaftlich-technische Bildung sollen Kinder die Möglichkeit erhalten, sich selbsttätig und forschend mit der Welt und deren Phänomenen auseinanderzusetzen, um Fragestellungen für sich zu beantworten. Selbstbildung soll hier durch die eigenständige Aneignung mit der Welt geschehen. Naturerfahrungen sind von besonderer Bedeutung (vgl. MFKJKS & MSW 2010, S. 45–51).

Ökologische Bildung

Kinder leben und lernen im natürlichen Lebenszyklus ihrer Umwelt und erfahren die Gesetzmäßigkeiten und den Nutzen der Natur. Der Bildungsbereich ökologische Bildung will Kindern einen achtsamen Umgang mit der Natur und den natürlichen Ressourcen lehren. Als mögliche Umsetzungsideen dieses Bildungsbereiches nennen die Grundsätze der Bildungsförderung unter anderem folgende Beispiele: Beteiligung an Aktionen wie „Unsere Stadt/Gemeinde soll sauberer werden", Beobachtungen in der näheren Umgebung, des Stadtteils, der Stadt/Gemeinde/des Dorfes und deren Veränderungen, Durchführung von Projekten im Jahresverlauf, Mobilität – Wie komme ich in die Kindertagesstätte- oder Kooperationen mit Partnern vor Ort, wie zum Beispiel den Umwelt- und Naturschutzverbänden (vgl. MFKJKS & MSW 2010, S. 83–86).

Medien

Der abschließende Bildungsbereich Medien beinhaltet die Auseinandersetzung von Kindern mit alten und neuen Medien wie Computer, Handy, Fernsehen, Internet etc. Die Kinder sollen Kompetenzen im Umgang mit Medien erlernen, um diese auch bei ihrer Auseinandersetzung und Aneignung der Welt mit einzubeziehen. Dafür müssen Kindern mediale Erfahrungsräume ermöglicht werden (vgl. MFKJKS & MSW 2010, S. 87ff.).

Diese Bildungsbereiche werden in enger Zusammenarbeit mit den Eltern umgesetzt. Die familiäre Lebenswelt soll berücksichtigt und es ein Transfer des Wissens und Lernens zwischen Elternhaus und Kindertagesstätte realisiert werden (vgl. MFKJKS & MSW 2010, S. 91f.). Als Basis eines regelmäßigen Austausches dienen die Beobachtungen und Dokumentationen der Fachkräfte. Sie zielen darauf ab, jedes Kind individuell und entsprechend seiner Fähigkeiten zu sehen und zu fördern (vgl. MFKJKS & MSW 2010, S. 98–101). Die Grundsätze der Bildungsförderung setzen eine stetige Fort- und Weiterbildung der Fachkräfte im Sinne des lebenslangen Lernens voraus. Des Weiteren setzen die Grundsätze zur Bildungsförderung auf die Schaffung von weiteren regionalen

Bildungsnetzwerken, denen ein ganzheitliches Bildungs- und Erziehungsverständnis zugrunde liegen soll, um im Rahmen von Kooperationen und Vernetzungen der Bildungsakteure den Kindern bessere Bedingungen und vielfältigere Gelegenheiten für Bildung bieten zu können (vgl. MFKJKS & MSW 2010, S. 94/97).

Bei der Auseinandersetzung mit den Grundsätzen zur Bildungsförderung zeigen sich vielfältige Aspekte, die für die forschungsleitenden Fragestellungen relevant und interessant sind. Kinder sollen sich im Rahmen von eigenständiger Auseinandersetzung ihre Umwelt aneignen und deren Gesetzmäßigkeiten kennenlernen. Die pädagogische Institution soll hier den Rahmen und die Anleitung, zum Beispiel im Rahmen von Stadtteilerkundungen oder unter Einbeziehung des Lebenszyklus der Natur in den pädagogischen Alltag, schaffen. Des Weiteren werden Kooperationen und hier insbesondere die kommunalen Bildungslandschaften thematisiert, die die Bildung von Kindern im Nahraum fördern und verbessern sollen.

2.2 Das Projekt Familienzentrum NRW

Familienzentren in NRW sind eine Angebotsform von familienunterstützenden Institutionen, die in den letzten Jahren in NRW an Beachtung und Bedeutung gewann. Als im Jahr 2004 im Rahmen eines familienpolitischen Gesamtkonzeptes der Gedanke der Weiterentwicklung von Kindertageseinrichtungen zu Familienzentren, zur Förderung von Familien angestoßen wurde, förderten mehrere Bundesländer eine solche Weiterentwicklung unter Bezeichnungen wie „Eltern-Kind-Zentren“, „Elternkompetenzzentren“, „Häuser für Kinder und Eltern“, „Kinder- und Familienzentren“ sowie in Nordrhein-Westfalen die Familienzentren NRW. Alle Konzepte haben das Anliegen, Unterstützungsangebote für Familien kooperativ und gebündelt anzubieten. Familienzentren in NRW sind somit weiterentwickelte Kindertageseinrichtungen, die die Antwort auf den gesellschaftlichen Wandel und die damit einhergehenden veränderten Anforderungen an Familien darstellen (vgl. Diller & Schelle 2009, S. 8/13), denn die Bildungsmöglichkeiten für Kinder werden heute nicht mehr ausschließlich im familiären Kontext gesehen. Immer mehr wird hier die öffentliche Verantwortung gestärkt, „dabei ist die zentrale Zielrichtung die Gestaltung eines kommunal abgestimmten Systems von Bildung, Betreuung und Erziehung, das ein lebensweltlich orientiertes Netzwerk an Unterstützung, an Bildungsförderung und frühen Hilfen für Familien bietet“ (Maykus 2008, S. 71). Vor ca. 30 Jahren herrschte in Deutschland noch die Annahme vor, dass Eltern generell in der Lage sind, ihre Kinder im Vorschulalter ohne institutionelle Unterstützung zu erziehen. Aufgrund des gesellschaftlichen Wandels, der u. a. Aspekte wie berufliche Flexibilität, die die Organisation und Vereinbarkeit von Familienleben und Beruf erschwert, die steigende Anzahl von Familien in prekären Lebenslagen, zum Beispiel ohne gesicherten Arbeitsplatz, oder die Vielfalt von Familienformen mit sich brachte, steigt die Bedeutung von institutioneller Kinderbetreuung (vgl. Diller & Schelle 2009, S. 9 in Bezugnahme auf den siebten Familienbericht 2005). Gestützt wurden diese Erkenntnisse des Weiteren durch die repräsentative Studie „Eltern unter Druck – Selbstverständnisse, Befindlichkeiten und Bedürfnisse von Eltern in verschiedenen Lebenswelten." Zentral war in dieser Untersuchung die Frage, wie es Eltern in Deutschland geht und was sie gegebenenfalls benötigen. Die Studie kam zu der Erkenntnis, dass sich die Anforderungen an Eltern verändert haben und Eltern sich hier vielfach überfordert und nicht ausreichend unterstützt fühlen (vgl. Diller & Schelle 2009, S. 9f.).

In Anlehnung an diese Erkenntnisse entstand in Nordrhein-Westfalen der Gedanke, dass das Bundesland NRW zum kinder- und familienfreundlichsten Land in Deutschland werden sollte. Daraus ist das Landesprojekt Familienzentrum NRW entstanden. Die Pilotphase des Projektes lief von 2006 bis 2007; in dieser Zeit entwickelten sich 257 Kindertageseinrichtungen zu Familienzentren weiter. Zudem schlossen sich einige Kindertageseinrichtungen zu einem sogenannten Verbundfamilienzentrum zusammen, so dass im Oktober 2007 261 Einrichtungen das Gütesiegel Familienzentrum NRW trugen. Im Rahmen einer formativen Evaluation konnten während der Pilotphase erste Erkenntnisse in den laufenden Entwicklungsprozess mit eingebracht werden. Somit gab es im Herbst 2007 bereits einen ersten Bericht über die Erfahrungen der Piloteinrichtungen sowie erste Ergebnisse aus empirischen Befragungen dieser und einer Vergleichsgruppe von Kindertageseinrichtungen, die kein Familienzentrum werden wollten (vgl. Meyer-Ullrich, Schilling & Stöbe-Blossey 2008 zit. in Tietze, Lee & Schreiber 2008, S. 4). Zwischenergebnisse dieser Art wurden regelmäßig bei Veranstaltungen und Gremien vorgestellt. Diese Ergebnisse wurden dann wiederum genutzt, um Fragestellungen weiterzuentwickeln und Ergebnisse neu zu interpretieren (vgl. Tietze, Lee & Schreiber 2008, S. 4). Im Kindergartenjahr 2012/2013 waren insgesamt 2950 Familienzentren geschaffen.

Familienzentren sollen verstärkt in sozial benachteiligten Regionen geschaffen werden; hier wird der Bedarf nach solch einer Institution als besonders hoch eingestuft (vgl. MGFFI 2013, S. 3). Kindertageseinrichtungen haben einen besonderen Stellenwert als familienunterstützende Institution und eignen sich daher für den Ausbau zu Familienzentren:

- Kindertageseinrichtungen sind umfangreich in allen Regionen verbreitet und befinden sich meist in unmittelbarer Wohnortnähe der Familien. Insgesamt besuchen ca. 90 % (Zahlenspiegel des Deutschen Jugendinstitut 2007) der Kinder im Alter von drei bis sechs Jahren eine Kindertageseinrichtung. Somit nutzen viele Eltern dieses freiwillige Angebot, woraus sich eine hohe Akzeptanz schließen lässt. Ebenso können daher viele Familien, so auch Familien mit Belastungen und Nöten, erreicht werden.

- Im Regelfall besuchen Kinder ca. mindestens drei Jahre lang eine Kindertageseinrichtung, somit entsteht eine intensive Beziehung zwischen der Familie und der Institution. Die Einrichtung wird zu einem Ort der Begegnung und nah-räumliche Kontakte werden aufgebaut.

- Kindertageseinrichtungen als Orte der sozialen Integration fördern den Kontakt und die Kommunikation von Familien aus differenten Lebenslagen und unterschiedlicher Nationalitäten.

- Eine umfassende Verbreitung und professionelle Gestaltung des Angebotes bieten Anknüpfungsmöglichkeiten für Kooperationen mit anderen Institutionen im Nahraum.

Familien sollen hier über Kindertageseinrichtungen, die sich zu Familienzentren weiterentwickeln, niederschwellig einen Zugang zu weiterführenden Angeboten erhalten (vgl. Diller & Schelle 2009, S. 11).

2.2.1 Zielsetzung

Das Projekt Familienzentrum NRW hat zum Ziel, dass die Kindertageseinrichtungen neben ihren Aufgaben der Bildung, Betreuung und Erziehung von Kindern, den Familien umfassende Unterstützungsmöglichkeiten anbieten. Sie sollen Familien die Möglichkeit der Beratung, Bildung, Information, Hilfe und des Austausches bieten. Die Förderung und Unterstützung von Familien und Kindern wird somit zusammen gestaltet (vgl. Syassen 2009, S. 32). Kindertageseinrichtungen werden zum Knotenpunkt eines familienunterstützenden Netzwerkes in den Kommunen. Kindertageseinrichtungen sind dazu in besonderer Weise geeignet, da sie die erste Bildungsinstanz sind, mit der Kind und Familie in Berührung kommen. Damit sind sie in der Lage, einen möglichen Unterstützungs- und Förderbedarf frühzeitig zu erkennen und zu realisieren, um hierdurch möglichen defizitären Entwicklungen entgegenzuwirken. Die Angebote des Familienzentrums sind wohnortnah und niederschwellig angelegt, orientieren sich an den Lebenslagen und dem Sozialraum der Familien und bieten „Unterstützung aus einer Hand" (vgl. Lindner, Sprenger & Rietmann 2008, S. 279). Durch diese strukturelle Verbindung sollen Sprachdefizite bei Kindern früher erkannt und durch eine passgenaue Förderung abgebaut werden, Eltern erfahren frühzeitig Beratungsangebote. Ebenso sollen Eltern in ihrer Erziehungskompetenz Stärkung erfahren und bei Alltagskonflikten niederschwellig Hilfe und Unterstützung erhalten, die Erreichung von Familien mit Migrationshintergrund und Familien aus bildungsfernen Schichten ist ein gesetztes Ziel. Darüber hinaus wird die Vereinbarkeit von Familie und Beruf gefördert. Einhergehend damit wird eine Variabilität in den Öffnungszeiten angestrebt. Des Weiteren wird den Eltern Unterstützung bei der Vermittlung von Tagesmüttern und -vätern geboten (vgl. MGFFI 2013, S. 7). Unter Berücksichtigung all dieser Aspekte wandeln sich Kindertageseinrichtungen zu multifunktionalen Institutionen. „Synergieeffekte sollen durch die Zusammenführung familienorientierter Angebote im Stadtteil erzielt werden" (Kasüschke & Fröhlich-Gildhoff 2008, S. 161).

2.2.2 Organisatorische Grundlagen

Unter Berücksichtigung der Vernetzungs- und Kooperationsstrukturen mit anderen Institutionen arbeiten Familienzentren im Rahmen unterschiedlicher Organisationsmodelle. Diese Modelle nennen sich „Unter einem Dach", „Lotse" und „Galerie" (vgl. MGFFI 2013, S. 10–15).

Familienzentren, die als Modell „Unter einem Dach" agieren, bieten alle Hilfs- und Beratungsleistungen, wie zum Beispiel Familienberatung, Familienbildung, Erziehungsberatung etc. von einem Träger unter einem Dach in einer Einrichtung an. Das bedeutet, dass sich alle Angebote in der Kindertageseinrichtung befinden und von der Leitungskraft organisiert werden. Bei dem Modell „Lotse" werden die Angebote im Rahmen eines Kooperationsverbundes von unterschiedlichen Institutionen, meistens in den Räumen der Kindertageseinrichtung, erbracht. Die Verantwortung für die einzelnen Angebote obliegt dem jeweiligen Fachpersonal, d. h. die Dienste sind im Verbund miteinander organisiert und arbeiten jeweils eigenständig. Das Galeriemodell stellt eine Mischform der anderen beiden Modelle dar. Hier werden die Angebote zwar in den Räumlichkeiten der Kindertageseinrichtung, jedoch von unterschiedlichen Trägern, denen die Verantwortung und Zuständigkeit für ihre Angebote obliegt, angeboten. In der Praxis ist das Modell „Unter einem Dach" kaum vertreten. Überwiegend arbeiten die Familienzentren nach dem Lotsenmodell, wo Angebote in Kooperation ausgebracht werden. Dies ist nicht verwunderlich, da die umfassenden Angebote, die ein Familienzentrum erbringen soll, über die Aufgaben von traditionellen Kindertageseinrichtungen hinausgehen und viele Kindertageseinrichtungen auch die strukturellen Gegebenheiten für dieses Modell nicht bieten können. Zudem kam man während der Pilotphase zu der Erkenntnis, dass es sinnvoll ist, wenn sich mehrere Kindertageseinrichtungen zu einem sogenannten „Verbundfamilienzentrum" zusammenschließen und mit weiteren Trägern kooperieren (vgl. MGFFI 2013, S. 17). Ein Verbund ist ein Zusammenschluss von maximal fünf Kindertageseinrichtungen, die maximal drei Kilometer auseinanderliegen. Die Verbundfamilienzentren kooperieren mit weiteren Trägern. Die Angebote von Kooperationspartnern müssen innerhalb von 1,5 Kilometern erreicht werden können. Ausnahmen werden hier in ländlichen Regionen gemacht. Diese Regelungen wurden getroffen, damit noch ein sozialräumlicher Bezug bei den Einrichtungen gegeben ist und die Familien die Wege zwischen den Angebotsträgern überwinden können. Die Verbundeinrichtungen müssen gewisse Grundleistungen erfüllen, damit die Kernfunktionen eines Familienzentrums verfügbar sind; darüber hinaus werden weitere Angebote über verschiedene Träger angeboten. Es wird verbindlich schriftlich festgehalten, wer welche Leistungen im Verbund erbringt (vgl. MGFFI 2013, S. 10–17).

Kindertageseinrichtungen, die den Zusatz Familienzentrum NRW tragen, erhalten eine zusätzliche gesetzlich festgelegte finanzielle Förderung. Diese wurde durch das erste KiBiz-Änderungsgesetz gestärkt. Ursprünglich lag die Förderung bei 12.000 € jährlich für ein Familienzentrum, welche auf 13.000 € erhöht wurde. Familienzentren, die sich in sogenannten „belasteten Gebieten" befinden, erhalten einen Zuschlag und werden mit insgesamt 14.000 € gefördert. Diese Landesmittel können flexibel vom Träger beziehungsweise der Einrichtung genutzt werden und zum Beispiel für zusätzliche Personalkosten der Koordinierungs- und Managementaufgaben oder der Gestaltung von Angeboten aufgewendet werden. Daneben sollen Familienzentren sich bemühen, weitere Finanzierungsquellen, zum Beispiel durch Stiftungen, Spenden oder der Aktivierung kommunaler Mittel, zu schaffen (vgl. MGFFI 2013, S. 44).

Durch die zusätzlichen Aufgabenbereiche, die ein Familienzentrum übernehmen soll, erweitert sich insbesondere das Handlungsfeld der Leitungskräfte. Die Leitungskraft muss das Konzept und das Profil der Einrichtung in enger Absprache mit dem Träger, dem Team, den Eltern sowie auch den weiteren Kooperationspartnern abstimmen. Hier eignet sich die Initiierung einer Steuerungsgruppe. Daneben müssen bisherige Abläufe und methodische Ansätze der Personalführung überprüft werden. Die Leitung trägt die Verantwortung für die Planung und Durchführung neuer Angebote. Hier muss auch die organisatorische Planung und Abstimmung mit den Kooperationspartnern u. a. auch bezüglich der Räume bedacht werden. Zentrales Element der Familienzentren ist die Öffnung zum Sozialraum, auch hierfür ist die Leitungskraft verantwortlich. Insbesondere der Öffentlichkeitsarbeit wird hier ein hoher Stellenwert beigemessen, damit auch Familien, die keine Kinder in der Einrichtung zur Betreuung haben, Angebote des Familienzentrums in Anspruch nehmen. Familienzentren verfolgen eine intensive Zusammenarbeit mit den Eltern im Sinne einer Erziehungspartnerschaft, hierfür müssen die Rahmenbedingungen geschaffen werden (vgl. MGFFI 2013, S. 30–33).

2.2.3 Das Gütesiegel „Familienzentrum NRW"

Kindertageseinrichtungen, die am Landesprojekt Familienzentrum NRW teilnehmen, müssen ihre Qualität im Rahmen eines differenzierten Zertifizierungsprozesses dokumentieren. Von dem unabhängigen Forschungs- und Entwicklungsinstitut PädQUIS[9] wird das Gütesiegel Familienzentrum NRW verliehen. Das Ministerium für Generation, Familie, Frauen und Integration NRW[10] hat PädQUIS, beziehungsweise Dr. Sybille Stöbe-Blossey, Mareike Strotmann und Prof. Dr. Wolfgang Tietze, den Auftrag gegeben, neben der wissenschaftlichen Begleitung des Projektes Familienzentrum NRW einen Gütesiegelkriterienkatalog, der als Leitfaden zur Zertifizierung von Einrichtungen dienen soll, zu erstellen (vgl. MFKJKS 2011). Das Gütesiegel ist ein konzeptgebundenes System, mit dem die Qualität der Einrichtungen geprüft (vgl. Stöbe-Blossey 2008 zit. in Tietze, Lee & Schreiber 2008, S. 3) und ein bestimmtes Qualitätsniveau bescheinigt wird. Hierbei ist zu berücksichtigen, dass das Gütesiegel sich ausschließlich auf konzeptionelle Aspekte fokussiert und keine Aussagen über die pädagogische Qualität

---

9   Abkürzung für Pädagogische Qualitätsinformationssysteme gGmbH, Kooperationsinstitut der Freien Universität Berlin. Nähere Informationen dazu unter: www.paedquis.de.

10   Kurz MGFFI.

der Einrichtung trifft (vgl. Tietze, Lee & Schreiber 2008, S. 3). Der Gütesiegelkriterienkatalog beinhaltet Leistungen und Strukturen, die für die Unterstützung und Förderung von Kindern und Familien wesentlich sind. Diese gehen über die zentralen Aufgaben der Bildung, Betreuung und Erziehung hinaus. Der Katalog umfasst Kriterien, die dokumentieren, dass es sich um ein niederschwelliges, leicht zugängliches Angebot zur Förderung und Unterstützung von Familien und Kindern handelt. Das Gütesiegel gliedert sich in vier Leistungs- und vier Strukturbereiche auf. Die Leistungsbereiche beziehen sich auf die Inhalte der Angebote des Familienzentrums. Die Strukturbereiche beziehen sich auf die Ausrichtung des Familienzentrums, d. h. wie die Einrichtung die Voraussetzungen für ein Angebot schafft, wie sie die Angebote im Kontext zu den örtlichen Verhältnissen gestaltet, wie sie die Angebote bekannt macht und wie die Angebote kontinuierlich weiterentwickelt werden. Diese Leistungs- und Strukturbereiche bestehen aus Basis- und Aufbaukriterien, für die Punkte vergeben werden. Die Basiskriterien stehen für grundlegende Qualitätsaspekte und die Aufbaukriterien für zusätzliche Merkmale. Jeder Leistungsbereich unterteilt sich in acht Basisleistungen und in sieben bis acht Aufbauleistungen. Die vier Strukturbereiche unterteilen sich in vier Basissowie vier Aufbaustrukturen. In den vier Leistungsbereichen müssen mindestens fünf Basisleistungen und in den vier Strukturbereichen mindestens drei Basisstrukturen erlangt werden, damit der jeweilige Bereich gütesiegelfähig ist. Erlangt eine Einrichtung diese Punkte nicht, gibt es die Möglichkeit, fehlende Punkte durch eine erhöhte Punktzahl in anderen Bereichen auszugleichen.[11] Die Aufbauleistungen und -strukturen werden nur gewertet, wenn im jeweiligen Bereich die Punktzahlen der Basisleistungen beziehungsweise -strukturen erreicht werden. Für den Erhalt des Gütesiegels Familienzentrum NRW muss die (Verbund-)Einrichtung somit eine bestimmte Mindestanzahl von Punkten erlangen. Nach einer Prüfung durch PädQUIS wird das Siegel anschließend für einen Zeitraum von vier Jahren verliehen, anschließend müssen die Einrichtungen sich erneut dem Kriterienkatalog stellen und sich re-zertifizieren lassen. Die Re-Zertifizierung ist etwas vereinfacht, indem hier standardmäßig die Basisleistungen und -strukturen überprüft werden, die Einrichtungen müssen einen Leistungs- und einen Strukturbereich auswählen, in dem die Aufbaukriterien ebenfalls mit einbezogen werden. Einrichtungen, die sich als Verbund zertifizieren lassen, müssen alle Basisleistungen und Basisstrukturen, d. h. sogenannte Einrichtungsleistungen/-strukturen, in ihren Einrichtungen nachweisen können. Ausnahmeregelungen gibt es hier bei Angeboten, die sich auf eine kleine Zielgruppe fokussieren oder außerhalb der regulären Öffnungszeiten stattfinden. Dies sind dann sogenannte Verbundleistungen/-strukturen. Daneben gibt es noch die Gemeinschaftsleistungen/-strukturen, die im Verbund von den Einrichtungen getragen werden, das betrifft in besonderer Weise die Konzeptionsentwicklung und die Kooperationsvereinbarung des Familienzentrums. An das Gütesiegel ist die jährliche Förderung gebunden (vgl. MGFFI 2011). Im Folgenden werden die Leistungsbereiche und die Strukturbereiche zusammenfassend dargestellt. Aufgrund der umfassenden Kriterien kann nicht auf jede einzelne Leistung mit ihren Basis- und Auf-

---

11   Für die jeweiligen Ausgleichsbestimmungen von Punkten siehe MFKJKS 2011.

bauleistungen sowie auf jeden einzelnen Strukturbereich mit seinen Basis- und Aufbaustrukturen eingegangen werden.[12]

2.2.3.1 Die Leistungsbereiche

Die Leistungen des Familienzentrums sollen die Familie als Ganzes ansprechen „und einen Lebensraum sowohl für Kinder als auch für die gesamte Familie bieten" (MGFFI 2011). Zentraler Punkt ist ein familienorientierter Ansatz, der sich an alle Familien richtet und nicht auf bestimmte Zielgruppen fokussiert ist. Der Kriterienkatalog für das Gütesiegel Familienzentrum NRW umfasst, wie bereits erwähnt, vier Leistungsbereiche mit Basis- und Aufbauleistungen, die ein Familienzentrum abdecken muss.

> *Bereithaltung von Beratungs- und Unterstützungsangeboten für Kinder und Familien*

Hinsichtlich der Beratungs- und Unterstützungsangebote sollen Familienzentren niederschwellige, möglichst interkulturell ausgerichtete Angebote aufbringen. Alle Familien sollen sich von den Angeboten angesprochen fühlen und sich hier mit ihren Bedürfnissen wiederfinden.

> *Förderung von Familienbildung und Erziehungspartnerschaft*

Familienzentren sind als Ort für die Familie als Ganzes zu verstehen. Eltern sollen daher in eine aktive Einbindung in den Erziehungsprozess ihres Kindes im Sinne einer Erziehungspartnerschaft erfahren. Daneben soll den Eltern ein breitgefächertes Angebot von Familienbildungsangeboten zur Verfügung gestellt werden. Die unterschiedlichen Bedürfnisse von Familien, insbesondere auch der Familien mit Zuwanderungsgeschichte, sollen berücksichtigt werden.

> *Unterstützung bei der Vermittlung und Nutzung der Kindertagespflege*

Familien sollen bei der Vermittlung von Kindertagespflege vonseiten des Familienzentrums unterstützt und beraten werden. Das Familienzentrum verfügt hier beispielsweise über Kontakte zu Tageseltern, an welche sie die Familien weiterleiten kann.

> *Verbesserung der Vereinbarkeit von Beruf und Familie*

Familienzentren sollen durch ein individuelles, flexibles Betreuungsangebot Familien bei der Vereinbarkeit von Familien- und Berufsleben unterstützen. Bei der Gestaltung

---

12 Für eine umfassende Darstellung der Basis- und Aufbauleistungen sowie der Basis- und Aufbaustrukturen siehe die Publikation „Gütesiegel Familienzentrum Nordrhein-Westfalen" 2011 des MFKJKS.

der Öffnungszeiten sollen die Bedürfnisse der Eltern berücksichtigt werden und den Eltern Möglichkeiten eröffnen ihr Kind auch außerhalb der Öffnungszeiten gut betreut zu wissen, zum Beispiel im Rahmen von Notfallbetreuung oder Babysittern. Bei der flexiblen Bedürfnisbefriedigung soll der Grundgedanke der Bildung, Betreuung und Erziehung von Kindern Berücksichtigung erfahren (vgl. MGFFI 2011).

2.2.3.2 Die Strukturbereiche

Neben den vier Leistungsbereichen müssen für das Gütesiegel Leistungen in den vier Strukturbereichen (Basis- und Aufbaustrukturen) erbracht werden.

> *Ausrichtung des Angebotes am Sozialraum*

Der Sozialraumbezug als ein Strukturbereich ist ein grundlegender Punkt bei dem Projekt Familienzentrum NRW. Die Angebote, die ein Familienzentrum erbringt, sollen niederschwellig, wohnortnah und auf die Bedürfnisse der Bewohnerinnen und Bewohner des Nahraumes individuell zugeschnitten sein. Das heißt, jedes Familienzentrum muss hier ein individuelles, auf den Sozialraum zugeschnittenes Profil entwickeln. Die Kriterien der Basis- und Aufbaustrukturen beinhalten, dass sich das Familienzentrum mit den Gegebenheiten des Sozialraumes auseinandersetzt, sich mit Hilfe des Jugendamtes und des Trägers Daten und qualitative Informationen besorgt und die Angebote auf dieser Basis plant und ausbringt.[13]

Basisstrukturen
Das Familienzentrum   5.1 verfügt über aktuelle qualitative Informationen über sein Umfeld (soziale Lage, Wirtschaftsstruktur, Art der Wohnbebauung, Freiflächen/Spielflächen, besondere Stärken und Schwächen, ...). (Verbund: Einrichtungsstruktur oder Gemeinschaftsstruktur)   5.2 organisiert einen Teil seiner Leistungen für Familien im Umfeld, die keine Kinder in Tageseinrichtungen haben. (Verbund: Einrichtungsstruktur oder Verbundstruktur)   5.3 verfügt über Belege/Begründungen, dass sein Angebot zu den Bedingungen des Umfeldes passt. (Verbund: Einrichtungsstruktur oder Gemeinschaftsstruktur)   5.4 kooperiert mit einer Grundschule (oder mehreren Grundschulen) im Umfeld, so dass Familien mit Grundschulkindern Angebote des Familienzentrums nutzen können. (Verbund: Verbundstruktur)

Abbildung 1: Ausrichtung des Angebotes am Sozialraum – Basisstrukturen (vgl. MGFFI 2011)

---

13 Da dieser Punkt besonderes interessant im Hinblick auf die Forschungsfrage ist, werden hier die Basis- und Aufbaustrukturen bildlich dargestellt.

<table>
<tr><td>Aufbaustrukturen</td></tr>
<tr><td>

Das Familienzentrum

5.5 verfügt über Daten zur sozialen Lage in seinem Umfeld (bspw. Bevölkerungsdaten, Einkommen, Anteil von Familien mit Zuwanderungsgeschickte, von Hartz-IV-Empfängerinnen und -Empfängern, ...). (Verbund: Einrichtungsstruktur oder Gemeinschaftsstruktur)

5.6 kooperiert mit einer Senioreneinrichtung oder Gruppen von Seniorinnen und Senioren um Umfeld und organisiert mit ihr gemeinsame Angebote mit Kindern, Seniorinnen und Senioren (mindestens einmal pro Kindergartenhalbjahr). (Verbund: Verbundstruktur)

5.7 kooperiert mit einem Ortsteilarbeitskreis (oder einem ähnlichen sozialraumbezogenen Gremium) (Treffen mindestens zweimal jährlich). (Verbund: Verbundstruktur)

5.8 sorgt dafür, dass sein Angebot regelmäßig im Hinblick auf den Bedarf des Umfeldes überprüft wird (mindestens einmal im Kindergartenjahr). (Verbund: Gemeinschaftsstruktur)

</td></tr>
</table>

Abbildung 2: Ausrichtung des Angebotes am Sozialraum – Aufbaustrukturen (vgl. MGFFI 2011)

> ➤ *Aufbau einer verbindlichen Zusammenarbeit mit Einrichtungen und Diensten, deren Tätigkeit den Aufgabenbereich des Familienzentrums berührt*

Familienzentren können ihre Leistungen einerseits durch eigene Ressourcen sowie andererseits durch Kooperationen mit anderen Kindertageseinrichtungen (Verbundfamilienzentren) und Trägern erbringen. Hierfür müssen Kooperations- und Vernetzungsstrukturen mit festgelegten Verbindlichkeiten und Zuständigkeitsbereichen geknüpft werden.

> ➤ *Bekanntmachung des Angebotes durch zielgruppenorientierte Kommunikation*

Die Angebote des Familienzentrums müssen auf unterschiedlichen Kommunikationswegen (Aushang, Internet, Broschüren etc.) zielgruppendifferenziert beziehungsweise zielgruppenspezifisch bekannt gemacht werden.

> ➤ *Sicherung der Qualität des Angebotes durch Leistungsentwicklung und Selbstevaluation*

Der abschließende Strukturbereich beinhaltet die Leistungsentwicklung und Selbstevaluation von Familienzentren. Familienzentren sollen familienorientiert agieren. Dafür ist es wesentlich, die eigenen Leistungen sowie das Konzept, die Qualität der Einrichtung und der Arbeit, stetig zu hinterfragen, zu evaluieren und dementsprechend weiter zu entwickeln (vgl. MGFFI 2011).

2.2.4 Kritische Reflexion des Projektes Familienzentrum NRW

Das Landesprojekt Familienzentrum NRW ist ein ambitioniertes Projekt, um die früh-kindliche Bildung, Betreuung und Erziehung von Kindern nachhaltiger und effektiver unter stärkerem Einbezug der Eltern und des Sozialraumes niederschwellig zu gestalten. Die Weiterentwicklung wird als eine Top-down-Strategie, d. h. hierarchisch von oben nach unten, durch die Landesregierung in NRW durchgeführt. Es handelt sich um eine organisatorische Strategie, die sich nicht auf pädagogische Inhalte fokussiert. Die Ein-richtungen müssen ihre Arbeit durch das Gütesiegel im Sinne des Sammelns von Punk-ten nachweisen, ob hier letztendlich ein sozialräumliches Denken bei den Fachkräften stattfindet wird nicht geprüft. Generell stellt sich die Frage, wie und ob die Fachkräfte, und das schließt nicht nur die Leitung, sondern auch das Team mit ein, auf die „neuen" Aufgaben vorbereitet werden (vgl. Kasüschke & Jares 2010, S. 261f.). Tietze, Lee und Schreiber (2008, S. 25f.) kommen hinsichtlich der Frage nach der pädagogischen Quali-tät zu folgendem Schluss: „Die Frage, ob sich die Entwicklung zum Familienzentrum negativ auf die pädagogische Qualität auswirkt, (...) lässt sich eindeutig mit ‚Nein' be-antworten. Aber auch eine positive Korrelation lässt sich nicht feststellen." Fokussiert werden Familienzentren in erster Linie in sozial benachteiligten Regionen, weil hier der Bedarf einer solchen Institution als besonders hoch eingestuft wird (vgl. MGFFI 2013). Dies konterkariert in gewisser Form die Zielsetzung des Projektes ein Anlaufpunkt für alle Familien zu sein und verdeutlicht nochmals die politische Stellung und Brisanz der Thematik. Es impliziert quasi einen Ansatz, wonach Familien in sozial benachteiligten Regionen generell förder- und unterstützungsbedürftiger sind als Familien in gut situier-ten Sozialräumen.

2.3 Reformierung des Berufsfeldes frühpädagogischer Fachkräfte

Vom Wandel im Feld der Betreuung von Kleinst- und Kleinkindern ist auch das Be-rufsbild des frühpädagogischen Fachpersonals nicht unberührt. Bereits Max Adler (1926) erkannte Mitte der 1920er Jahre an, dass die Arbeit mit Kindern ein gründliches und allseitiges Wissen verlangt. „Erziehung ist ein Beruf und noch dazu einer der schwierigsten." (Thole & Cloos 2006, S. 70)

In den vergangenen Jahren wurde immer mehr Kritik am Ausbildungssystem frühpäda-gogischer Fachkräfte laut. Der Deutsche Bildungsrat formulierte bereits 1970 die Forde-rung, dass die Ausbildung von Fachkräften in Kindertageseinrichtungen in die Lehrer-ausbildung eingegliedert werden sollte, zumindest für Leitungskräfte von Kindertages-einrichtungen (vgl. Deutscher Bildungsrat 1973, S. 118f.). Dies lässt sich begründen mit der steigenden Bedeutsamkeit der institutionellen Bildung, Betreuung und Erziehung. Kindertageseinrichtungen sind nicht mehr vordergründig Betreuungsinstitutionen, son-dern Bildungsinstitutionen. Damit diesem Bildungsauftrag Rechnung getragen werden kann, wurde die Fachschulausbildung reformiert und zusätzlich eine Akademisierung des Berufes durch die Schaffung von kindheitspädagogischen Bachelor- und Master-Studiengängen in Gang gesetzt. Aktuell gibt es ca. 83 Studiengänge, die im engeren Sinne frühpädagogisch ausgerichtet sind und darüber hinaus weitere Studiengänge, die sich mit frühpädagogischen Inhalten auseinandersetzen. Aufgrund der differenten Ausbildungsmöglichkeiten ist das Feld der Ausbildungslandschaft für frühpädagogische Fachkräfte sehr heterogen. Folgende Qualifikationen können erworben werden:

- Die Fortbildungen für Kindertagespflegepersonen,

- die berufliche Erstausbildung zur Kinderpflegerin/zum Kinderpfleger beziehungsweise zur Sozialassistentin/ zum Sozialassistenten,

- die Ausbildung zur Erzieherin/zum Erzieher an Fachschulen für Sozialpädagogik,

- die Weiterbildung von Trägern und anderen Institutionen,

- die frühpädagogische Hochschulweiterbildung mit Zertifizierung,

- die grundständigen und weiterbildenden Studiengänge an Berufsakademien, Fachhochschulen, Pädagogischen Hochschulen und Universitäten.

Erzieherinnen und Erzieher mit Fachschulabschluss sind mit ca. 70 % als Berufsgruppe am häufigsten in Kindertageseinrichtungen vertreten. Durch die fortschreitende Akademisierung des Berufes besteht jedoch jetzt zusätzlich die Möglichkeit, sich an einer Hochschule[14] für das Berufsfeld zu qualifizieren. Es geht hierbei nicht darum, die Ausbildung an den Fachschulen abzuschaffen, vielmehr soll durch die Akademisierung die Qualität im Feld gesteigert werden, um frühpädagogischen Fachkräften erweiterte Qualifikationsmöglichkeiten zu eröffnen. Was in der gewünschten Konsequenz zu einer steigenden gesellschaftlichen Anerkennung in dem Beruf führt und somit gegebenenfalls auch mehr Männer gewillt sind, in diesem doch immer noch sehr frauendominierten Berufsfeld Fuß zu fassen. Die Akademisierung frühpädagogischer Fachkräfte ist in anderen europäischen Ländern schon etabliert. Im Rahmen eines Studiums sollen die Fachkräfte durch die Verknüpfung von Forschung, Lehre und Praxis auf ihre beruflichen Aufgaben vorbereitet werden (vgl. Robert Bosch Stiftung 2011, S. 9/16/21f.). Die Reform strebt eine Professionalisierung des Berufsprofils an (vgl. Rauschenbach 2006, S. 30). Der Professionalisierungsdebatte geht die Annahme voraus, dass die Qualität der frühpädagogischen Arbeit in Abhängigkeit zur Ausbildung der Fachkräfte steht (vgl. Diller & Rauschenbach 2006/Thole & Cloos 2006 & Schöler 2009 zit. in Karner 2013, S. 67). Im Jahr 2010 wurden im überarbeiteten Qualifikationsrahmen für früh-

---

14 Hochschule wird hier synonym für Fachhochschule, Pädagogische Hochschule und Hochschule verwandt.

pädagogische Ausbildungsinstitutionen die Bestandteile einer grundlegenden Qualifikation festgelegt. Dieser Qualifikationsrahmen wurde von der Jugend- und Familienministerkonferenz sowie der Kultusministerkonferenz vorgelegt. Dieser unterscheidet jedoch nicht die unterschiedlichen Ausbildungsebenen.

Das Aufgabenfeld frühpädagogischer Fachkräfte reicht von der Kernaufgabe der Bildung, Betreuung und Erziehung von Kindern bis hin zur fachlichen Betreuungs-, Anleitungs-, Leitungs- und Managementfunktion (vgl. Robert Bosch Stiftung 2011, S. 14). Die beruflichen Anforderungen an frühpädagogisches Fachpersonal sind, wie die folgende Abbildung zeigt, somit sehr komplex.

Anforderungen an das professionelle Handeln frühpädagogischen Fachpersonals im Arbeitsfeld Kindertageseinrichtungen	
- Spezialisten für öffentliches Kinderleben in Erziehungsinstitutionen - Experten für das einzelne Kind und die Gruppe - Begleiter und Förderer frühkindlicher Lern- und Bildungsprozesse - „Sozialpolitiker" vor Ort - Spezialisten für das kulturelle Miteinander - Inklusionsfachkräfte - Partizipationsstrategen - Dienstleister, Bedarfsplaner, Konzeptentwickler - Medienexperte	- Experten für Familienarbeit - Netzwerkarbeiter - Verbindungsglieder zur infrastrukturellen Umwelt - Gemeinwesenarbeiter und Interessenvertreter - Innovationsexperten - Spezialist für Qualitätsfragen und Qualitätsentwicklung - Experten für ökonomisches und unternehmerisches Denken - Strategen für Genderfragen - Wegbereiter einer gelingenden Zukunft der Kinder - Praxisforscher und Evaluatoren

Abbildung 3: Berufliche Anforderungen an frühpädagogisches Fachpersonal in Kindertageseinrichtungen (vgl. Robert Bosch Stiftung 2011, S. 16 in Anlehnung an Beher 2006, S. 88)

Durch die Professionalisierung des Berufsfeldes soll diese Vielfalt an Erwartungen an frühpädagogischen Fachkräften in ein einheitliches Gesamtkonzept münden (vgl. Beher 2006, S. 88f.). Diese Professionalisierung erfolgt somit einerseits in der Reform der Fachschulausbildung für Erzieherinnen und Erzieher sowie andererseits durch eine Akademisierung des Berufsfeldes durch frühpädagogische Studiengänge. In weiterer Instanz soll hier eine Durchlässigkeit zwischen Fachschule und Hochschule geschaffen werden, die derzeit in der Fachwissenschaft diskutiert wird (vgl. Cloos, Oehlmann & Hundertmark 2013, S. 21f.). Diese Durchlässigkeit soll auch die bisher eher geringen Weiterqualifizierungs- und Aufstiegschancen von Fachkräften im Feld der Frühpädagogik erhöhen (vgl. Pasternack & Strittmatter 2013, S. 127).

3 Sozialraumorientierung als sozialpädagogisches Konzept

Die (sozialpädagogische) Rede von Sozialraumorientierung hat ihren Ursprung in Bezugsdisziplinen der Sozialpädagogik. Vorab muss festgehalten werden, dass es sich bei dem „Konzept" der Sozialraumorientierung nicht um ein einheitliches, grundlegendes, handlungsleitendes Konzept handelt, sondern vielmehr um einen Handlungsansatz.

Als „Vorreiter" sozialraumorientierter Konzepte in Deutschland gelten nach Hinte (2002, S. 92) die Gemeinwesenarbeit sowie die stadtteilbezogene Soziale Arbeit. Grundlegende Beiträge zur Auseinandersetzung mit Raum und Räumlichkeit finden sich aber bereits im 20. Jahrhundert. So zum Beispiel bei Elisabeth Konau, Henri Lefebvre und Georg Simmel (vgl. Kessl & Reutlinger 2010, S. 22). Konau entwickelte die Theorie, dass die materielle Verfasstheit von Räumlichkeiten die Wahrnehmung und auch das Verhalten von städtischen Akteuren prägt (vgl. Konau 1977 zit. in Muri & Friedrich 2009, S. 135). Lefebvre (2005, Erstveröffentlichung 1974) sieht Räume als gesellschaftliche Produkte an. Über die Analyse von Räumen rekonstruiert und kritisiert er die Gesellschaft (vgl. Macher 2007, S. 30). Diese gesellschaftliche Produktion von Raum versteht er als ein dialektisches Zusammenwirken von drei Faktoren. Raum entsteht durch die räumliche Praxis, d. h. so wie er im Alltag konstruiert wird, die Repräsentation des Raumes, das meint Raum wie er kognitiv entwickelt wird, und Räume der Repräsentation meinen komplexe Symbolisierungen und Imaginationsräume (vgl. Löw & Sturm 2005, S. 36f.). Nach Simmel (1992) war die Vorstellung, Räume als unabhängig von sozialen Strukturen, Interaktionen und deren Interpretationen zu sehen, ebenfalls nicht haltbar. Im Fokus steht für ihn das Verhältnis zwischen sozialen Beziehungen und Raum, welches er durch die Rede von Raumqualität und Raumgebilden hervorhebt (vgl. Ahrens 2008, S. 79/89).

In der Literatur treten dahingehend immer wieder zwei konkurrierende Raumbilder auf, der absolute Raum und der relative Raum. Die Vorstellung des „absoluten Raumes" sieht den Raum als Container an. Als etwas, was immer gleich und unbeweglich bleibt. Die gegensätzliche Vorstellung von Raum ist die Vorstellung vom „relativen Raum". Hier wird davon ausgegangen, dass Räume nicht unabhängig von denen sie bildenden Körpern bestehen können (vgl. Kessl & Reutlinger 2010, S. 22). Das Raumverständnis des „relativen Raumes" schließt an das umfassende räumliche Verständnis des französischen Soziologen Pierre Bourdieu an. Bourdieu bezeichnet nicht einzelne Wohnareale, Stadtviertel oder Straßenzüge als einen Sozialraum, er sieht Gesamtgesellschaften als „soziale Räume" an. Sein Konzept des sozialen Raumes ist ein Zusammendenken von objektiven Strukturen und subjektiver Wahrnehmung sowie von Lebensführung. Konstruiert wird der Raum durch drei Grunddimensionen, das Kapitalvolumen, die Kapitalstruktur und die zeitliche Entwicklung dieser beiden Dimensionen (vgl. Manderscheid 2008, S. 156). Es zeigt sich jedoch, dass sowohl ein absolutes Raumverständnis sowie auch ein relatives Raumverständnis verkürzt erscheinen. Daher ist es sinnvoll, einen relationalen Raumbegriff aufzugreifen, der die Aspekte der beiden Raumbilder zusammenführt. Der relationale Raumbegriff verbindet konstruktivistische und materialistische Raumtheorien. In konstruktivistischen Raumtheorien stehen die Konstruktionsprozesse von Räumlichkeit im Mittelpunkt. Im Sinne dieser Theorie tragen alle Mitglieder einer Gesellschaft zu der Konstruktion von Räumen bei. Ungleichen Möglichkeiten, die hier einen Einfluss haben könnten, wird keine Beachtung geschenkt. Die materialistischen Raumtheorien setzen bei der räumlichen Ordnung an und stellen den Einfluss dieser auf soziale Zusammenhänge in den Mittelpunkt der Betrachtung (vgl. Kessl & Reutlinger 2010, S. 27ff.). Der relationalen Raumtheorie nach sind „Soziale Räume (...) keine fertig vorgegebenen ‚Container‘, sondern relationale Anordnungen von Lebewesen und sozialen Gütern und Strukturen an sozialen Orten, die dynamisch und interaktiv veränderbar sind" (Löw 2001 zit. in Spatscheck 2009, S. 34). Der Ort als solcher wird somit als ein sozialer Handlungskontext verstanden und nicht auf seine Materialität reduziert (vgl. Marquard 2009). Was Raum impliziert ist somit immer abhängig von den jeweiligen Bedingungen (vgl. Kessl & Reutlinger 2010, S. 29f.).

Der Begriff der Sozialraumorientierung taucht derzeit vielfältig in Konzeptionen und Projektbeschreibungen in der Sozialen Arbeit auf. Durch eben diese wird immer unklarer was der Begriff überhaupt impliziert. Kessl und Reutlinger (2010, S. 42) verstehen Sozialraumorientierung „als ein Arbeitsprinzip der kleinräumigen Neujustierung fachlichen Handelns zur Verbesserung der Angebote der Sozialen Arbeit". Der Begriff der Sozialraumorientierung impliziert den Begriff „Sozialraum", dieser Begriff wurde maßgeblich von der Chicagoer Schule (Robert E. Park u. a.) geprägt. In den 1920er Jahren führte die Chicagoer Schule systematisch raumbezogene Analysen in den durch die Industrialisierung schnell wachsenden Städten durch. Es gab zwar bereits solche raumbezogene Analysen, die Chicagoer Schule war jedoch die erste Forschergruppe, die ihren Blick auf typische Entwicklungs- und Verteilungsmuster legte und aufbauend darauf Methoden und Modelle entwickelte (vgl. Riege & Schubert 2005, S. 11). Im Rahmen dieser sozialökologischen Untersuchungen entstand der Begriff der „Social Areas", der als Vorläufer des Begriffes „Sozialraum" gilt. Robert E. Park (1925), ein wesentlicher Vertreter der Chicagoer Schule, sprach metaphorisch von „Mosaiks kleiner Welten". Somit kann die Stadt als ein Gebilde verstanden werden, welche in viele kleine und größere Gebietseinheiten beziehungsweise „Social-Areas", sprich Sozialräume, unterteilt wird und anhand dieser Unterteilung entsprechend vermessen werden kann. Eben diese Vorstellung von Sozialraum ist vorherrschend bei vielen Autorinnen und Autoren (vgl. Kessl & Reutlinger 2010, S. 40). Ein Sozialraum umschließt somit den gesellschaftlichen Raum, den Lebensraum von Menschen sowie die Stadt mit ihren einzelnen Stadtteilen. Soziale Räume werden als Lebensräume von Menschen mit differenten Strukturen und funktionalen Verflechtungen und nicht ausschließlich als administrative Einheiten begriffen (vgl. Riege & Schubert 2005, S. 7). Dies soll jedoch nicht zu der Annahme verleiten, dass städtische Sozialräume fest eingegrenzte Territorien sind, eher sind städtische Sozialräume als vielfältige, heterogene soziale Felder zu verstehen, welche sich untereinander manifestieren (vgl. Kessl & Reutlinger 2007, S. 40). Die Chicagoer Schule fokussierte sich in ihren Untersuchungen auf die Verteilung von sozialen Gruppen in mannigfaltigen Sozialräumen im städtischen Raum. Insbesondere Segregationsprozesse bezogen auf Armut, Migration und daran angrenzende Felder sowie deren Auswirkungen auf die Sozialräume wurden in den Analysen in den Blick genommen. Aus diesem Blickwinkel heraus wurde der Begriff „Sozialraum" empirisch aus einer räumlich eingegrenzten Sozialstruktur entwickelt (vgl. Riege & Schubert 2005, S. 11).

In Anlehnung an die eben beschriebene Sichtweise des französischen Soziologen Pierre Bourdieu beziehen die Autoren Kessl und Reutlinger (2010, S. 121) noch eine weitere bedeutende Sichtweise von „Sozialraum" mit ein. Diese sozialräumliche Sichtweise hat nicht ausschließlich die physisch-materiellen Objekte, sprich das, was wir alltagssprachlich als Raum, Ort, Platz etc. begreifen, im Blick, sondern sie bezieht auch die von Menschen geschaffenen Räume mit ein und stellt die zwischenmenschlichen Beziehungen, Interaktionen und soziale Verhältnisse in den Fokus der Betrachtung. Angeregt durch die Erweiterung des Blickwinkels und diese differenzierte Sichtweise auf den Sozialraum führten Kessl und Reutlinger (2007, S. 122) den Begriff der „Sozialraumarbeit" ein. Dieser Begriff verdeutlicht, „dass sich eine solche raumbezogene soziale Arbeit nicht nur als stadtteil- und quartiersbezogene, sondern immer als (sozial-)politische Aktivität versteht. Sozialraumarbeit begreift den Bezug auf soziale Räume insofern immer im Bourdieu'schen Sinne als Bezug auf die eingeschriebenen Macht- und Herrschaftsverhältnisse, in die sie eingewoben ist und die sie damit unweigerlich mit formt". Im Zentrum einer solchen Sozialraumarbeit steht die Ausbildung der Fachkräfte im Sinne einer reflexiven räumlichen Haltung, um eine reflexive Professionalität hinsichtlich raumbezogener Vorgehensweisen anzuwenden. Des Weiteren muss eine solche Sozialraumarbeit durch Trägerorganisationen und politische Verantwortungsträger ermöglicht werden (vgl. Kessl & Reutlinger 2007, S. 122).

Die Diskussionen in Bezug auf soziale Stadterneuerung, Jugendhilfeplanung und der Neuausrichtung von sozialen Dienstleistungen am sozialen Raum gewinnen seit den 1990er Jahren steigend an Beachtung. Im Kinder- und Jugendhilfegesetz werden Aufträge an Leistungsangebote hinsichtlich einer sozialräumlich ausgerichteten Analyse, Planung sowie Organisation gestellt (vgl. Riege & Schubert 2005, S. 7). Diese Handlungsmaximen setzen an bereits bestehende sozialpädagogische Konzeptionen wie zum Beispiel dem Konzept der Lebensweltorientierung, welches maßgeblich von Hans Thiersch geprägt wurde, dem Konzept der Lebensbewältigung von Böhnisch, Schefold und Münchmeier sowie dem Konzept der Dienstleistungsorientierung von Otto, Flößer, Schaarschuch, Bauer und Olk an. Diesen Konzeptionen sind eine Präventions-, Nutzer-, Effizienz- sowie Effektivitätsorientierung und eine Ressourcenorientierung in Bezug auf die Nutzerinnen und Nutzer gemeinsam. Zudem spiegeln sich diese Aspekte in allen sozialraumorientierten Handlungsansätzen wider (vgl. Kessl & Reutlinger 2010, S. 17). Insbesondere das von Hans Thiersch geprägte Konzept der Lebensweltorientierung, welches den Begriff der Alltagsorientierung ablöste, findet in der Sozialen Arbeit und in der Debatte um „Sozialraumorientierung" große Beachtung. Unter Lebenswelt wird ein „strukturiertes Gefüge ganzheitlicher, räumlicher, zeitlicher und sozialer Bezüge" begriffen (Thiersch 1993 zit. in Hamburger 2008, S. 137). Dieses bestimmt sich durch seine Struktur als Handlungsfeld mit Kompetenzen und Ressourcen. Der Begriff der Lebenswelt ist subjektbezogen. Das Individuum bildet die Lebenswelt, welche eingespannt ist in sozialstrukturelle Lebenslagen sowie durch die eigenen Empfindungen mit der wahrgenommenen Umwelt (vgl. Hamburger 2008, S. 137f.). „Die Frage nach der Lebenswelt zielt auf Deutungs- und Handlungsmuster, in denen Menschen sich vorfinden und in denen sie agieren; sie zielt demnach auf Subjektivität" (Thiersch 1998, S. 84). Es steht demnach der Einzelne mit seinen räumlichen und sozialen Bezügen im Fokus der Betrachtung. Unter der Berücksichtigung, dass Lebenswelten immer individuell sind, müssen diese auch räumlich flexibel aufgefasst werden. Die Wohnregion ist aufgrund möglicher Mobilität vom Individuum nicht zwingend als die zentrale Lebenswelt zu verstehen. Sie kann auch nur einen sozialen und zeitlich geringen Anteil in der Lebenswelt einnehmen. Bei einer geringen Mobilität wiederum „können Lebenswelt und Sozialraum tendenziell stärker in Übereinstimmung stehen" (Merchel 2001 zit. in Deinet 2002, S. 32). Die lebensweltorientierte Soziale Arbeit hat hier zum Ziel, Individuen unter der Berücksichtigung ihrer lebensweltlichen Einbindung zu stärken (vgl. Hamburger 2008, S. 137). Der Begriff der Lebenswelt beschreibt somit einen anderen Zugang als der Sozialraum-Begriff (vgl. Merchel 2001 zit. in Deinet 2002, S. 33). Sozialraum impliziert, wie bereits erwähnt, einerseits den gesellschaftlichen Raum, das bedeutet den konkretisierten Ort in Form von Objekten, sowie darüber hinaus den menschlichen Handlungsraum, also den Raum, der von Menschen geschaffen wird. Jedes Mitglied der Gesellschaft trägt in unterschiedlicher Intensität zur Konstituierung von Räumen bei, wonach „Raum" immer als Ergebnis menschlichen Handelns zu verstehen ist. „Räume sind keine absoluten Einheiten, sondern ständig (re)produzierte Gewebe sozialer Praktiken" (Kessl & Reutlinger 2007, S. 19). Soziale Räume werden somit durch Menschen geschaffen und entstehen erst durch diese (vgl. Löw 2001, S. 228). Die Lebensbedingungen von Menschen oder bestimmten Gruppen sollen durch die Erschließung von Sozialräumen (positiv) verändert werden (vgl. Krisch 2002, S. 262f.). Als Leitprinzip wird ein niederschwelliger Zugang zu einer gut vernetzten und sozialen Infrastruktur postuliert. Kontextbedingungen die zu eventuellen Problemen führen werden somit systematischer und bewusster in den Fokus gerückt, dadurch treten die Ressourcen des Sozialraumes stärker hervor und können für Problemlösungsstrategien herangezogen werden (vgl. Hamburger & Müller 2006, S. 17).

3.1 Sozialraumorientierung in der Kinder- und Jugendhilfe

Die Jugendhilfe als ein Feld der „öffentlich organisierten Erziehungs- und Sozialisationsform" ist im SGB VIII, dem Kinder- und Jugendhilfegesetz, rechtlich verankert (vgl. Bock 2002 zit. in Schöning 2008, S. 173). Im Rahmen dieser Gesetzgebung werden die Hilfen zur Erziehung, die Betreuung von Kindern sowie die offene Arbeit mit Kindern und Jugendlichen als verpflichtende oder freiwillige Leistungen der Kommunen festgelegt (vgl. Schöning 2008, S. 173). Sozialraumorientierung in der Jugendhilfe hat ihre rechtliche Grundlage im § 1 Abs. 3, Satz 1 SGB VIII, worin es heißt: „junge Menschen in ihrer individuellen und sozialen Entwicklung fördern und dazu beitragen, Benachteiligungen zu vermeiden und abzubauen" sowie in Satz 4 „dazu beitragen, positive Lebensbedingungen für junge Menschen und ihre Familien sowie eine kinder- und familienfreundliche Umwelt zu erhalten oder zu schaffen" (Schipmann 2002, S. 132). Des Weiteren werden im 8. Jugendbericht der Bundesregierung die Strukturmaximen Prävention, Lebensweltorientierung, Dezentralisierung, Regionalisierung, Alltagsorientierung, Partizipation, Freiwilligkeit sowie Einmischung formuliert. Diese Maximen sollen eine Orientierung für die Gestaltung von Angeboten geben (vgl. Münder 2001 zit. in Schipmann 2002, S. 132).

In der Expertise zum 8. Kinder- und Jugendbericht (2004) des Landes Nordrhein- Westfalen unter dem Titel „Bildungsprozesse im sozialen Kontext unter dem Aspekt der Bedeutung des Sozialraums für das Aufwachsen von Kindern und Jugendlichen" werden die Aufgaben von einer „sozialraumsensiblen Bildungsinstanz" für die Kinder- und Jugendhilfe formuliert. Die Teilhabemöglichkeiten von Kindern und Jugendlichen werden in einem starken Maße von ihrer sozialen Herkunft und ihrer sozialräumlichen Lebenswelt bestimmt. Diese Faktoren führen bei einem Großteil der Kinder und Jugendlichen zu sozialer Ausgrenzung. Die Autoren Kessl, Kutscher, Otto und Ziegler (2004, S. 6) sehen die politische Einflussnahme an zweierlei Stellen: „durch eine Verbesserung der materiellen Ressourcen und der Nutzungsmöglichkeiten sozialer Infrastruktur für Kinder und Jugendliche (Sozialpolitik) einerseits und eine Verbesserung ihrer Bildungsteilhabe (Bildungspolitik) andererseits". Bildungsteilhabe wird somit zu einer Möglichkeit, die soziale Ausgrenzung zu durchbrechen. Nach Hampe-Grosser (2004 zit. in Schöning 2008, S. 173) ist Sozialraumorientierung für die Jugendhilfe so interessant, weil sie (auch im Hinblick auf die Sozialraumbudgetierung) „unterschiedliche Aspekte moderner Managementverfahren, die ohnehin zunehmend auf die Jugendhilfe einwirken, kanalisieren und einordnen kann. Sozialraumorientierung bietet sowohl die Chance, die für den Klienten maßgeschneiderte Hilfe anzubieten, als auch diesen Prozess verwaltungsseitig an die Strukturen des Sozialraums zu koppeln". Daneben hat die Sozialraumorientierung in die Kinder- und Jugendarbeit, insbesondere in Bezug auf Präventionsangebote, Einzug erhalten. In vielen Bundesländern der Bundesrepublik sind Präventionsprojekte zwischen Jugendhilfe, Polizei und Schule sowie anderen Partnern aufgrund von Problematiken im öffentlichen Raum entstanden. Dem geht häufig ein defizitäres Verständnis vom öffentlichen Raum, somit auch von Sozialraum voraus. Deinet (2007, S. 46) spricht angelehnt daran von der „gefährlichen Straße" für Kinder und Jugendliche, die einen negativen Gefahrenraum impliziert. Sozialraumorientierung wird so in der Kinder- und Jugendhilfe häufig verkürzt in ein sozialgeographisches Muster von Wohngebiet, eingegrenztem Sozialraum, Planungsraum etc. gepresst. Hier fehlt die subjektorientierte, sozialräumliche Sichtweise auf den Sozialraum als Aneignungs- und Bildungsräume. Diese Sichtweise auf den Sozialraum muss noch stärker in die aktuelle Debatte um Sozialraumorientierung in der Kinder- und Jugendarbeit Einfluss erhalten (vgl. Deinet 2007, S. 46ff.). Im Rahmen der Kinder- und Jugendhilfe gibt es jedoch kein einheitliches, festgelegtes Verständnis von Sozialraum und somit auch kein ausgearbeitetes Konzept. Vielmehr wird der Begriff der Sozialraumorientierung gerade in diesem Feld der Sozialen Arbeit sehr inflationär und wenig reflektiert verwendet (vgl. Schipmann 2002, S. 132f.). Vielleicht ist dies darauf zurückzuführen, dass die Jugendhilfe hier eine Art Vorreiterfunktion übernommen hat (vgl. Schöning 2008, S. 173).

Sozialraumorientierung ist in der Kinder- und Jugendhilfe somit ein aktuelles Thema. Das Deutsche Jugendinstitut[15] befragte im Rahmen des Programms „Entwicklung und Chancen junger Menschen in sozialen Brennpunkten"[16] Jugendamtsleiterinnen und Jugendamtsleiter in allen E & C-Programmgebieten (insgesamt 250) hinsichtlich der sozialräumlichen Ansätze und Arbeitsformen des Jugendamtes. Nach den Ergebnissen dieser Studie arbeiten insgesamt 83 % der Befragten mit sozialräumlichen Ansätzen und Konzepten. Teilt man die Zahl auf und schaut in die einzelnen Bereiche arbeiten 90 % im Bereich der Jugendarbeit mit sozialräumlichen Ansätzen, in der Kinderbetreuung sind es 70 %, bei den Hilfen zur Erziehung ebenfalls 70 %, in der Jugendsozialarbeit sind es 65 % und im Bereich der Förderung der Erziehung in der Familie sind es 52 %. In Bezug auf die Forschungsarbeit ist insbesondere der Bereich der Kinderbetreuung von Interesse. Hier ergab die Studie mit den befragten Jugendämtern, dass zu einem sehr hohen Anteil (70 %) in diesem Bereich mit sozialräumlichen Ansätzen und Konzepten gearbeitet wird. Die Untersuchung gibt jedoch keinen Aufschluss darüber, was die Befragten genau unter sozialräumlichen Ansätzen, Konzepten und Arbeitsformen verstehen. In Gesprächen zeigte sich lediglich, dass die Auffassungen sehr heterogen sind. Die Auffassungen reichen von pädagogischen Strategien, über politische Strategien bis hin zu neuen Formen der Verwaltungsfinanzierung oder vereinzelt auch zu neuen Beteiligungsformen von Kindern und Jugendlichen. Aufgrund dieses differenten Verständnisses werden auch bei der Umsetzung von Sozialraumorientierung in den Kommunen unterschiedliche Aspekte fokussiert. In einigen Modellen soll die Zuständigkeit bei einem Träger alleine liegen, bei anderen wird auf Trägervielfalt gesetzt. Bei wieder anderen Modellen steht eine Verknüpfung verschiedener Leistungsbereiche, um mögliche Synergieeffekte nutzen zu können, im Zentrum des Interesses. Teilweise geht

---

15   Dem Deutschen Jugendinstitut, kurz DJI, oblag hier die wissenschaftliche Begleitung des benannten Bund-Länder-Programms.

16   Kurz E & C.

es den Akteuren um die Ausgestaltung einer besseren sozialen Infrastruktur, oder es soll sich möglichst genau in dem Lebensumfeld von Jugendlichen orientiert werden (vgl. Reutlinger 2006, S. 26ff.).

Im Rahmen der Kinder- und Jugendhilfe wird das Thema der Sozialraumorientierung auch mit Finanzierungsformen beziehungsweise mit „Sozialraumbudgetierung" oder „Sozialraumbudget" verbunden. Grundsätzlich ist bei der Debatte um Sozialraumbudgetierung zu beachten, dass diese lediglich ein Instrument ist, welches Sozialraumorientierung unterstützen kann und nicht eine Sozialraumorientierung als fachliche Blickrichtung ersetzt (vgl. Hinte 2002, S. 91). Insbesondere im Arbeitsfeld der Hilfen zur Erziehung sollen ebendiese in der Lebenswelt der Adressatinnen und Adressaten verankert werden und durch eine sozialräumliche Finanzierungsform an Effektivität gewinnen. Die Finanzierung soll somit nicht mehr an den Einzelfällen ausgerichtet sein, sondern von den Belastungsindikatoren im jeweiligen Sozialraum abhängen. Die Diskussion der Sozialraumbudgetierung reicht bis dahin, dass alle Leistungsangebote der Kinder- und Jugendhilfe in einem Sozialraumbudget zusammengefasst werden sollen. Im Rahmen des Bundesmodellprojekts „INTEGRA", welches von der internationalen Gesellschaft für erzieherische Hilfen von 1998 bis 2003 durchgeführt wurde, wurde eine ebensolche Neugestaltung der Erziehungshilfen erprobt. Jugendarbeit und Hilfen zur Erziehung sollten beiderseits ihre Sichtweisen und Methoden mit einbringen. Das Modellprojekt legte den Fokus nicht auf einzelne Einrichtungen, sondern auf Sozialräume (vgl. Deinet 2002a, S. 16f.). Die sozialräumlich orientierten Hilfen sollten durch Wohnortnähe, Kooperations- und Vernetzungsstrukturen eine konsequente Orientierung an den Ressourcen des Gemeinwesens, eine Stärkung der Regeleinrichtung sowie der Erprobung neugestalteter Finanzierungsmodelle realisiert werden (vgl. Koch u. a. 2002 zit. in Deinet 2002a, S. 16).

In der Kinder- und Jugendhilfe führt die Debatte einer sozialräumlich orientierten Arbeit zu einem Paradigmenwechsel vom „Fall zum Feld" (vgl. Hinte 2002, S. 95) und somit zu einer Abwendung von einem ausschließlich auf den Einzelfall bezogenen Blickwinkel. Zwischen dem Einzelfallbezug und der Sozialraumorientierung steht noch die Zielgruppenorientierung. Diese drei differenten Orientierungen sind jedoch nicht als festgelegte Muster zu verstehen, die sich gegenseitig ausschließen, vielmehr sind sie alle drei „unterschiedliche und nach wie vor existente und berechtigte Ansatzpunkte sozialer Arbeit, die mit den klassischen Methoden von case-, group- und communitywork korrespondieren" (Deinet 2002a, S. 25). Um noch einmal einen Bezug zu dem „INTEGRA"-Bundesmodellprojekt herzustellen, bei dem eine Neugestaltung der Erziehungshilfen erprobt wurde: insbesondere die Hilfen zur Erziehung stellen ein klassisches Feld der Einzelfallorientierung dar, d. h. ein Bereich wo individuelle Problemlagen im Fokus der Betrachtung stehen. Aufgrund des sich in den letzten Jahren vollziehenden Paradigmenwechsels und der Erkenntnis, „dass ein Großteil sich individuell abbildender Probleme durch die jeweiligen Bedingungen und gesellschaftlichen Bedingungen im sozialen Umfeld verursacht werden", rückt in der Kinder- und Jugendhilfe immer stärker die Sozialraumorientierung in den Vordergrund. Die Einzelfall- und die Zielgruppenorientierung werden zu bedeutenden ergänzenden Interventionsformen. In diesem Sinne wird der Sozialraum als eine Ressource begriffen, welche sich die Jugendhilfe zunutze macht (vgl. Deinet 2002a, S. 26f.).

Insgesamt zeigt sich bei der Beschäftigung mit der Thematik der sozialräumlichen Kinder- und Jugendhilfe, dass hier schwerpunktmäßig der Fokus auf der Jugendarbeit und hier auf der offenen Jugendarbeit liegt. Ausschließlich bei den Hilfen zur Erziehung, die auch im Hinblick auf Kinder relevant sind, scheint das Präfix „Kinder" hinsichtlich der sozialräumlich orientierten Kinder- und Jugendhilfe zusammenhangslos beigefügt zu sein, weil eben gemeinhin von der „Kinder- und Jugendhilfe" gesprochen wird und das, obwohl der Bereich der Kindertagesstätten gefolgt von dem Bereich der Hilfen zur Erziehung im Feld der Kinder- und Jugendhilfe den größten Bereich, u. a. in Bezug auf die Finanzierung, darstellt (vgl. Deinet 2002a, S. 16). Dennoch zeigt sich, dass insbesondere für das Feld der Jugendarbeit „differenziert und auf breiter Ebene herausgearbeitet (wird), welche konzeptionellen Implikationen eine am Sozialraum orientierte Jugendarbeit haben muss und hat" (Koch & Wolff 2005, S. 378[17]). Der Grundsatz in Bezug auf die Jugendarbeit lautet, dass diese immer auf einer Pädagogik des „Jugendraums" fußt (vgl. Böhnisch & Münchmeier 1987 zit. in Koch & Wolff 2005, S. 378).

3.1.1 Räumliche Aneignung von Kindern und Jugendlichen

Traditionelle sozialräumliche Konzepte in der Kinder- und Jugendarbeit blicken verstärkt darauf, Kinder und Jugendliche als handelnde Subjekte ihrer Lebenswelt zu betrachten. Sozialökologische Ansätze (Baacke 1984/Zeiher 1983) rücken die räumliche Lebenswelt ins Zentrum der Betrachtung und beschreiben die strukturellen Gegebenheiten kindlicher und jugendlicher Lebenswelten unter Berücksichtigung der Veränderungsprozesse. Die Qualität von Räumen spielt hier nur eine untergeordnete Rolle unter Bezugnahme der Struktur. Bei der Aneignung von Räumen geht es jedoch nicht nur um strukturelle Gegebenheiten, sondern wesentlich ist die Qualität von Räumen, denn Räume werden erst durch die eigenen Möglichkeiten zu sozialen Räumen (vgl. Deinet 2007, S. 48). Bei sozialräumlich orientierten Verfahren der Kinder- und Jugendarbeit sollten somit im Mittelpunkt der Betrachtung insbesondere die Deutungen, Interpretationen, Handlungen und Tätigkeiten von Kindern und Jugendlichen im Prozess ihrer Aneignung von Räumen stehen (vgl. Deinet 2011, S. 293f.).

Mit dem Konzept der Aneignung ist es möglich, die subjektiven Handlungsmöglichkeiten besser in die Planung und Gestaltung von Bildungsprozessen von Kindern mit einzubeziehen. Der Ursprung des Konzeptes der Aneignung geht auf Alexei Nikolaje-

---

17   Im vergleichenden Bezug auf Böhnisch & Münchmeier 1987/Deinet 1998/1999 sowie Deinet & Krisch 2002.

witsch Leontjew (1973), die kulturhistorische Schule der sowjetischen Psychologie, zurück. Die kulturhistorische Schule versteht „die Entwicklung des Menschen als tätige Auseinandersetzung mit seiner Umwelt und als Aneignung der gegenständlichen und symbolischen Kultur" (Deinet 2011, S. 295). Der Begriff der sozialräumlichen Aneignung stellt dabei das handelnde Subjekt in den Mittelpunkt (vgl. Deinet 2002b, S. 159). Diese Raumaneignung kann im Konflikt mit gesellschaftlichen Veränderungsprozessen stehen. Raumaneignung umschließt somit das räumliche Erleben von Subjekten unter Berücksichtigung stattfindender Veränderungen in der Lebenswelt sowie der Qualität der Räume, mit denen das Individuum in Berührung kommt (vgl. Deinet 2010, S. 37). In der Auseinandersetzung mit der Umwelt durchlaufen Heranwachsende wichtige Entwicklungs- und Erkenntnisprozesse. Ausschlaggebend für diese Prozesse sind die Aneignungs- und Entfaltungsoptionen, die ihnen die sozialräumliche Umwelt bietet (vgl. Blankenburg & Rätz-Heinisch 2009, S. 166).

> „Durch die Erweiterung ihres Handlungsraumes erschließen sie sich Räume und deren Bedeutung und erweitern damit ihren Horizont; durch den tätigen Umgang mit Gegenständen, Material und Werkzeug, durch Einüben und Wiederholen erweitern sie ihre motorischen Fähigkeiten; durch die Veränderung von Situationen entwickeln sie eine spezifische Form von Eigentätigkeit." (Deinet 1999, S. 28)

Auf die wesentlichen Aspekte reduziert meint Aneignung zusammenfassend die eigene Auseinandersetzung mit der Umwelt, die Verortung im öffentlichen Raum, die Erweiterung des Handlungsraumes, die Veränderung von bestehenden Situationen sowie die Erweiterung motorischer, gegenständlicher, kreativer und medialer Kompetenzen (vgl. Braun 1994 zit. in Deinet 2007, S. 60).

> „Die Aneignung ihrer jeweiligen Lebenswelt als schöpferischer Prozess der eigentätigen Auseinandersetzung mit der gegenständlichen und symbolischen Kultur, der Gestaltung und Veränderung von Räumen und Situationen – sozusagen der Bildung des Subjektes im sozialen Raum – wird wesentlich beeinflusst, gefördert oder eingeschränkt durch die sozialstrukturellen Bedingungen von Dörfern, Wohnquartieren, Stadtteilen, Regionen." (Deinet & Reutlinger 2004, S. 9)

Unter Berücksichtigung des eben angeführten relationalen Raumverständnisses lässt sich darlegen, mit welchen Raumvorstellungen Kinder und Jugendliche heute leben. Löw (2001 zit. in Deinet 2010, S. 38) beschreibt dies mit dem Prozess des „Spacing" und dem Prozess der „Syntheseleistung". Spacing legt den Fokus auf das „Errichten, Bauen oder Positionieren" in Bezug auf andere Positionierungen. Syntheseleistung meint, dass für die Konstituierung von Raum über „Wahrnehmungs-, Vorstellungs- oder Erinnerungsprozesse" Individuen und Objekte zusammengefasst werden. Hinzu impliziert Aneignung vor dem Hintergrund der sich verändernden Raumordnungen das eigentätige Schaffen von Räumen sowie das Verbinden so genannter „verinselter" Räume der Lebenswelt. Deinet (2010, S. 38) führt dazu aus: „Die von Kindern und Jugendlichen geleistete Verbindung unterschiedlicher (auch virtueller und symbolischer) Räume kann im Aneignungsbegriff als aktive prozesshafte Form eingebunden werden". Sich seine Lebenswelt anzueignen bedeutet somit, sich nicht ausschließlich die gegebenen Räume anzueignen, sondern sich auch Räume zu schaffen (durch Spacing und Syntheseleistung). Insbesondere der öffentliche Raum bietet hier vielfältige Aneignungsmöglichkeiten auch außerhalb von Institutionen. Diese informellen Bildungsorte können die Bildungsprozesse von Kindern und Jugendlichen in einem entscheidenden Maße mitprägen (vgl. Deinet 2010, S. 38).

Bei Aneignungsprozessen von Kindern und Jugendlichen ist die Herausarbeitung der individuellen Perspektive wesentlich. „Dabei spielt, wie schon von Leontjew betont, die Umwelt des Kindes als der Bereich der dominanten Tätigkeit des Spiels, eine große Rolle" (Deinet 2007, S. 50). Die Prozesse der Aneignung sind in den räumlichen Raum der Gesellschaft eingebunden, dementsprechend in die strukturellen Gegebenheiten derselben. Aneignungsräume sind nach Deinet (2007, S. 51) nur in Teilen „mit dem jeweiligen Sozialraum als Verwaltungsbezirk deckungsgleich".

Kinder und Jugendliche werden durch die Verplanung und Funktionalisierung von Flächen immer stärker aus dem öffentlichen Raum verbannt. Doch insbesondere Jugendliche eignen sich auch heute noch (illegal) Räume an, als Beispiel ist hier die Jugendkultur der „Graffiti-Sprayer" zu nennen. Somit sind auch die Aneignungsprozesse der jeweiligen Lebenswelten im Sinne von einer Erweiterung des Handlungsraumes sowie der Veränderung und Gestaltung von Räumlichkeiten und Situationen von Kindern und Jugendlichen eingeschränkter. Hinzu kommt die Erweiterung der Lebenswelt durch virtuelle Räume (vgl. Deinet 2007, S. 48). Böhnisch (1996, S. 71) bezeichnet virtuelle Räume als parasozial:

> „Je enger die soziale und kulturelle Umwelt für die Jugendlichen wird, je weniger selbstständiges Aneignungsverhalten möglich ist, desto mehr verbreitet sich die Tendenz, sich in mediale parasoziale Räume begeben zu müssen, vielleicht sich sogar ihnen auszuliefern, vor allem dann, wenn man nicht mehr sozial eingebettet ist, keinen alltäglich-konkreten ‚sozialräumlichen Rückhalt' hat."

Durch den Wandel der Gesellschaft wird der vielschichtige „soziale" Aneignungsprozess schwieriger. Verbindlichkeiten intersubjektiver Art lösen sich zugunsten der Individualisierung auf und „soziale Bedeutungsverallgemeinerungen" werden aufgrund der vielfältigen Lebenswelten zweifelhaft. Der Gebrauchswert bedeutsamer Alltagsgegenstände wird fraglich und soziale Symbole, die die Zugehörigkeit zu einer bestimmten Gruppe ausstrahlen, werden komplexer, ebenso wie die „Habitualisierung sozialer Interaktionsprozesse" (vgl. Deinet 2007, S. 54).

Um die Bedeutung von Kindertageseinrichtungen als ein Bestandteil der Lebenswelt von Kindern nachvollziehen zu können, bieten sich die sozialökologischen Ansätze an, da sie nach Deinet (2011, S. 292) „den Zusammenhang zwischen Räumen, in denen Kinder leben, und deren Entwicklung und Aneignungsprozesse thematisieren". In der Verknüpfung von Aneignung und Raum kann die Vorstellung vom absoluten Raum restlos abgelegt werden, da erst die Handlungen und Wechselwirkungen der Akteure die sozialen Räume bilden. Kindertageseinrichtungen sollten daher mit Blick auf das Konzept der Aneignung, einerseits Kenntnisse über den Sozialraum der Einrichtung und dessen Aneignungsmöglichkeiten haben sowie andererseits über Wissen in Bezug auf die kindlichen Formen der Aneignung verfügen (vgl. Deinet 2011, S. 299).

Der hier dargestellte Prozess der Aneignung räumlicher Lebenswelten von Kindern und Jugendlichen verdeutlicht noch einmal, dass hier kein verkürztes Verständnis von Sozialraum greifen kann. Kinder und Jugendliche müssen durch ihre Aneignungsprozesse ihren individuellen Handlungs- und Erfahrungsraum erweitern und bewusst „Grenzen" eines Sozialraumes überschreiten. Hierfür ist eine „sozialräumlich-, aneignungs- und bildungsorientierte" Arbeit mit Kindern sowie Jugendlichen förderlich, welche sich einsetzt für eine „Revitalisierung öffentlicher Räume" sowie der Initiierung jungendkultureller Räume. Die Übernahme einer solchen „Mandatsfunktion" kann die Kinder- und Jugendarbeit nur mit einem erweiterten Blickwinkel auf den Sozialraum erfüllen (vgl. Deinet 2007, S. 61).

3.1.2 Das Konzept der Bildungslandschaften

Der Begriff der Bildungslandschaften beschreibt eine sozialräumliche Perspektive in der Kinder- und Jugendbildungsdiskussion (vgl. Mack 2009, S. 58). Dabei wird zwischen lokalen, kommunalen und regionalen Bildungslandschaften differenziert. Das Konzept der Bildungslandschaften fand in Deutschland im Jahr 2007 Verbreitung im „Diskussionspapier des Deutschen Vereins zum Aufbau Kommunaler Bildungslandschaften", in der „Aachener Erklärung" des Deutschen Städtetags, ebenfalls im Jahr 2007 sowie im 12. Kinder- und Jugendbericht der deutschen Bundesregierung bereits im Jahr 2005 (vgl. Reutlinger 2010). Bollweg und Otto (2011, S. 20) sehen in dem Begriff der Bildungslandschaft die (Wieder-)Entdeckung von kommunaler Verantwortung für Bildung im Nahraum. Der Landschaftsbegriff impliziert in einem territorial abgegrenzten Gebiet ein Zusammenkommen von „Orten der Bildung" (vgl. Braun 1997 zit. in Reutlinger 2011, S. 54), in dem die Akteure der Institutionen konfliktfrei miteinander agieren. Durch die Ergänzung des Zusatzes „Bildung" entsteht der Begriff der „Bildungslandschaft" (vgl. Reutlinger 2011, S. 54). Reutlinger (2009 zit. in Deinet & Icking 2011, S. 72) kritisiert die Harmonie, die mit dem Raumbegriff der Landschaft einhergeht, demnach verbindet man mit dem Begriff der Landschaft etwas Schönes, Ganzheitliches, wodurch der Begriff der Bildungslandschaft unkritisch und unhinterfragt aufgenommen wird.

Bei dem Begriff Bildungslandschaften kann jedoch nicht von einem grundständigen, einheitlichen Programm gesprochen werden. Vielmehr gibt es unterschiedliche Blickwinkel. Wissenschaftler wie Thomas Coelen und Hans-Uwe Otto geben informellen und nichtformellen Bildungsbereichen im Nahraum eine Bedeutung (vgl. Coelen 2007 zit. in Kessl 2011, S. 91), wohingegen das Nordrhein-Westfälische Ministerium für Schule, Wissenschaft und Forschung oder die Bertelsmann Stiftung mit ihrem Projekt „Selbstständige Schule" eher auf eine Verbesserung der formalen Bildungs- und Lernorte, wie zum Beispiel der Schule, durch den Einbezug anderer Bildungs- und Lernorte abzielen. Hier wird das Konzept der Bildungslandschaften vom Standpunkt der Schule aus gedacht. Unabhängig dieser Differenzen ist der grundständige Gedanke einer Bildungslandschaft, die unterschiedlichen Bildungsorte in einem kooperativen Sinne miteinander zu verknüpfen (vgl. Kessl 2011, S. 91).

Um sich mit der Thematik der Bildungslandschaften differenzierter auseinandersetzen zu können, muss man zunächst die unterschiedlichen Bildungsfelder betrachten. Als informelle Bildung wird ungeplanter Kompetenzerwerb im Alltag verstanden, formelle Bildung findet in erster Linie in geplanten Settings, also vornehmlich für junge Menschen in der Schule statt. Als nichtformelle Bildungsbereiche werden Bildungsfelder der Kinder- und Jugendhilfe verstanden, die Bildungsprozesse professionell, jedoch meist auf freiwilliger Basis gestalten und sich stärker an Individuen als an vorgegebenen Lerninhalten orientieren. Der Gedanke, je formalisierter der Bildungsprozess, desto wesentlicher, ist zunehmend umstritten. Vielmehr wird der informellen Bildung und den nichtformellen Bildungsorten derweil eine größere Funktion bei Bildungsprozessen zugeschrieben. Das Bildungsverständnis der „Ganztagsbildung" berücksichtigt alle drei Bildungsformen gleichermaßen (vgl. Böllert 2011, S. 117).

Bildungslandschaften beziehen sich zudem immer auf den sozialen und geographischen Raum und sehen eine stärkere Vernetzung von Jugendhilfe und Schule als einen zentralen Bestandteil (vgl. Berse 2011, S. 40). Doch es steht die Frage im Raum, ob Bildungslandschaften den „schulischen" formellen Blick des Lernens überwinden können, denn Bildung ist mehr als schulisches Lernen. Vielmehr müssen kognitives, soziales sowie emotionales Lernen miteinander verknüpft werden (vgl. Hebborn 2011, S. 141). Schäfer (2009, S. 245) sieht insbesondere den Ausbau von Ganztagsschulen als einen wesentlichen Schritt an. Durch Bildungslandschaften soll die Trennung von Bildung, Betreuung und Erziehung für Kinder und Jugendliche aufgehoben werden. Dies implizieren auch die Kindertageseinrichtungen, die einen klaren Bildungsauftrag verfolgen (vgl. Deinet 2010a). Der Nahraum hat einen nachhaltigen Einfluss auf die Lern- und Bildungsbiographien junger Menschen (vgl. Bollweg & Otto 2011, S. 22).

Dem Konzept der Bildungslandschaften legt ein umfassender, ganzheitlicher, lebensphasenübergreifender Bildungsbegriff zugrunde. Der Deutsche Verein für öffentliche und private Fürsorge e. V. (2009, S. 1) hebt in seiner Definition die Bedeutsamkeit insbesondere von informellen Bildungsorten hervor:

„Bildung ist ein wesentlicher Faktor bei der wirtschaftlichen und sozialen Entwicklung von
Städten, Landkreisen und Gemeinden. Eine gut ausgebaute, konzeptionell aufeinander bezo-
gene und verlässlich miteinander verknüpfte Bildungsinfrastruktur, die über die formalen
Bildungsinstitutionen des Lernens hinaus (zum Beispiel Kindertageseinrichtung, Schule,
Ausbildung, Universität etc.) auch die Familie, Cliquen, Jugendclubs, den Umgang mit neu-
en Medien, freiwilliges Engagement in Vereinen und Verbänden, Weiterbildungsangebote,
Musikschulen, Bibliotheken, Jugendkunstschulen, Museen als Orte kultureller Bildung etc.
einbezieht kann zur gesellschaftlichen Teilhabe der BürgerInnen eines Gemeinwesens und zu
mehr Chancengerechtigkeit beitragen.“

Die Bildungs- und Lernprozesse von Kindern und Jugendlichen sollen an den alters-
spezifischen Phasen ansetzen und sich an der Lebenswelt und den Bildungsorten orientieren. Bildung wird hier nicht ausschließlich auf den Erwerb schulischer Kompetenzen
bezogen, sondern bezieht auch soziale sowie emotionale Kompetenzen mit ein (vgl.
Deutscher Verein 2009, S. 20). Das Erlernen dieser Kompetenzen soll verknüpft werden, um eine optimale Entwicklungsförderung für Kinder und Jugendliche zu gewährleisten. Die Kommune wird hier als der zentrale Ort für diese Bildungsprozesse angesehen. Es bedarf jedoch einer zentralen Steuerung und Vernetzung der relevanten Akteure, um die örtlichen Ressourcen auszuschöpfen. Auch die Familien dürfen hier nicht
außer Acht gelassen werden (vgl. Deutscher Verein 2007, S. 2). Daneben bietet die
Kinder- und Jugendhilfe mit ihren Freizeit- und Kulturangeboten an Kinder und Jugendliche bedeutsame Gelegenheiten für Bildungsprozesse (vgl. Mack 2009, S. 59). Der 12.
Kinder- und Jugendbericht der Bundesregierung fasst die Bildungsprozesse von Kindern und Jugendlichen wie folgt zusammen:

„In bildungsbiographischer Perspektive bildet sich das Subjekt in einem Wechsel von formalen und informellen Bildungsprozessen. Dieser subjektbezogene Blick auf Bildungsprozesse
im Lebenslauf relativiert die Bedeutung formaler Bildungsinstitutionen und öffnet ihn für
neue und andere Lernorte und Bildungsgelegenheiten. Bildung von Kindern und Jugendlichen hat deshalb keinen exklusiven Ort, es kommt vielmehr zu einer Entgrenzung von Bildungsorten und -gelegenheiten.“ (BMFSFJ 2005, S. 333)

Die Akteure, die die Lebensumwelt von jungen Menschen bilden, sollen im Sinne einer
Bildungslandschaft die gemeinsame Verantwortung für das Aufwachsen der Kinder und
Jugendlichen übernehmen (vgl. Vreugdenhil 2009, S. 153). Bildung wird in diesem
Kontext als ein unabgeschlossener Prozess begriffen, der einen lebensweltlichen Bezug
haben muss und nicht ausschließlich auf einen Ort begrenzt sein kann (vgl. Mack 2009,
S. 58). Vielmehr muss die Vielfalt der Bildungsorte genutzt und mit einbezogen werden
(vgl. Deutscher Verein 2009, S. 1). Einerseits geht es somit bei der Schaffung von Bildungslandschaften um eine systematische Vernetzung aller relevanten Akteure sowie
andererseits um die Bedeutsamkeit des öffentlichen Raums als Bildungsort. Daher können hier Institutionen wie Schule oder Kindergarten nicht mehr nur als einzige und
ausschließliche Orte der Bildung begriffen werden, sondern darüber hinaus müssen bei

Kooperationen und Vernetzungen im Nahraum auch nicht formelle Bildungsorte berücksichtigt werden (vgl. Olk & Stimpel 2011, S. 170f.). Des Weiteren liegt dieser Annahme der Aneignung von Bildung ein differentes Raumverständnis zugrunde. Der Raum wird nicht mehr ausschließlich als ein territoriales Gebiet begriffen, welches durch politische Strukturen von anderen Räumen abgegrenzt ist, vielmehr wird dem Raum hier eine soziale Dimension beigemessen. Soziale Handlungen und soziale Bedeutungszuschreibungen von Akteuren erhalten Bedeutsamkeit (vgl. Olk & Stimpel 2011, S. 171). Der Nahraum, die Stadt wird als ein Raum begriffen, der Kindern und Jugendlichen Aneignungsmöglichkeiten für Bildung schafft (vgl. Mack 2008, S. 743 zit. in Olk & Stimpel 2011, S. 171).

In dieser Diskussion rückt der öffentliche Raum als Bildungsraum ins Zentrum des Interesses. Orte der informellen Bildung prägen nach Deinet (2010) die intentionalen Bildungsprozesse wesentlich mit. Das Kind beziehungsweise der Jugendliche soll Handlungsfähigkeit für alle Lebensbereiche erlangen. Nach Mack (2009, S. 59) sind Gesellschaften „darauf angewiesen, dass ihre Mitglieder kritisch, solidarisch zu ihrer Weiterentwicklung beitragen". Damit ein Mensch sich selbstbestimmt bilden kann, benötigt er immer die Auseinandersetzung mit weltlichen Gegebenheiten. Die Umwelt muss vielfältige Aneignungsmöglichkeiten bieten (vgl. Mack 2009, S. 59), für junge Menschen ist dies in erster Linie der städtische Nahraum, der für sie subjektiv bedeutsam ist und in dem sie persönlich wichtige Erfahrungen machen. Nicht alle Nahräume bieten jedoch optimale Bedingungen für Aneignungsprozesse, hier ist vor allem an sozial benachteiligte Regionen zu denken (vgl. Mack 2009, S. 61). Da es diese differenten Regionen und Kommunen in Deutschland gibt, hat dies wiederum Auswirkung auf die Strukturen der Bildungslandschaften und somit auf die Bildung junger Menschen. Bildungslandschaften beruhen nach Luthe (2009, S. 27) auf dem Gedanken, dass der Wohlstand und der soziale Zusammenhalt einer Gesellschaft in besonderem Maße von dem Niveau der Bildung abhängt. Es lässt sich festhalten: „Bildung ist in ökonomischer Hinsicht ein Standortfaktor, in sozialer Hinsicht eine wesentliche Bedingung für die gesellschaftliche Integration der Bevölkerungskreise und in politischer Hinsicht eine Grundvoraussetzung für gelebte Demokratie" (Luthe 2009, S. 27). Bildung kann als ein Zugang zur sozialen Teilhabe gesehen werden. Menschen, die von Armut, Arbeitslosigkeit oder Ausgrenzung betroffen sind, weisen jedoch häufig parallel auch Bildungsdefizite auf. Somit kann das Konzept der Bildungslandschaften auch nicht als ein statisches Konzept gesehen werden, sondern als ein Konzept, welches sich immer an die jeweiligen Gegebenheiten vor Ort anpassen muss. Mit dem Konzept der Bildungslandschaften soll ein kohärentes Gesamtsystem von Bildung, Betreuung und Erziehung geschaffen werden. Dem geht, wie bereits erwähnt, der Gedanke voraus, dass sich junge Menschen in ihrem Nahraum, in dem sie aufwachsen, bilden und lernen (vgl. Luthe 2009, S. 7/29/47).

Dieses umfassende Verständnis von Bildung wirft die Frage auf, wie bei der Konzeption und Planung von Bildungslandschaften die informellen Lernorte mit einbezogen werden können. Wo formelle Bildung wie beispielsweise in der Schule planbar ist, ist informelle Bildung hingegen nicht planbar. Hier stößt man daher auf einen Widerspruch im Konzept der Bildungslandschaften. Auf der einen Seite wird die Bedeutung von informellen und nichtformellen Lernorten anerkannt, diese sollen mit Bedacht einbezogen werden bei der Konzipierung und Planung solcher Bildungslandschaften, auf der anderen Seite hingegen können informelle Lernorte nicht geplant und strukturiert werden, da sie sonst keine Orte der informellen Bildung mehr wären. Um die informellen Bildungsorte dennoch zu berücksichtigen, können sie im Rahmen von Bildungslandschaften lediglich geschaffen und gestaltet werden (vgl. Deinet 2010a), wobei es hier aber nicht darum geht, den kompletten Lebensalltag von jungen Menschen im Sinne von Bildung zu verplanen, vielmehr soll der örtliche Raum im Sinne von Bildungslandschaften umfassend genutzt und gestaltet werden, um eine abwechslungsreiche Lern- und Lebensumgebung auch für informelle Lernprozesse zu schaffen (vgl. Deutscher Verein 2009, S. 16). Im informellen Bildungsraum sollen also „bildungsfördernde Settings" geschaffen werden, um eben solche Bildungs- und Lernprozesse zu unterstützen. Der Ansatz des „Settings" kommt aus dem Feld der Gesundheitsförderung und beschreibt Wege und Möglichkeiten, wie die Lebensumwelt von Menschen so gestaltet werden kann, dass sie sich gesundheitsfördernd auf den Menschen auswirkt unter Berücksichtigung der Verknüpfung von Individuen und umweltbezogenen Maßnahmen, wie zum Beispiel Freiräumen in städtischen Wohngebieten (vgl. Altgeld 2004, S. 27 zit. in Deinet 2010a). Nimmt man den Grundgedanken dieses Ansatzes, können öffentliche Räume unter der Prämisse, dass sie informelle Bildungsmöglichkeiten schaffen sollen, in den Blick genommen und gestaltet werden (vgl. Deinet 2010a).

Bildungslandschaften implizieren somit einen dynamischen Raumbegriff und beschränken sich nicht ausschließlich auf die Vernetzung von Institutionen im Nahraum. Differente Bildungsorte rücken ins Zentrum und fordern einen interdisziplinären Blick. Insbesondere bei der Berücksichtigung von informellen Lern- und Bildungsorten kommt der Stadtentwicklung eine bedeutsame Rolle, so zum Beispiel bei der Planung von informellen Bildungsorten wie Spielplätzen etc., zu (vgl. Deinet 2010a). Der dynamische Raumbegriff geht insbesondere auf Löw (2001, S. 264) zurück, die die Trennung von Akteur und Raum aufhebt und die Entstehung des Raumes an der sozialen Interaktion festmacht:

> „Meine These ist, dass nur, wenn nicht länger zwei verschiedene Realitäten – auf der einen Seite der Raum, auf der anderen die sozialen Güter, Menschen und ihr Handeln – unterstellt werden, sondern stattdessen Raum aus der Struktur der Menschen und sozialen Güter heraus abgeleitet wird, nur dann können Veränderungen der Raumphänomene erfasst werden."

Im Sinne der Bildungslandschaften ist es hierbei wesentlich, Kenntnis darüber zu haben, in welchen Formen junge Menschen den „Raum" nutzen und wie sie sich diesen aneignen, um diese Prozesse unterstützen zu können (vgl. Deinet 2010a).

In Deutschland werden in den Kommunen immer mehr Bildungslandschaften geschaffen und so die Orte der informellen Bildung anerkannt. Die bisher nebeneinanderher agierenden Institutionen der Jugendhilfe und Schule sowie Orte der informellen Bildung erfahren eine Verknüpfung miteinander (vgl. Schäfer 2011, S. 160f.). Das Konzept der Bildungslandschaften ist jedoch nicht unumstritten. Kessl (2011, S. 96) betitelt die Diskussion um die Bildungslandschaften als ein „paradoxes Grenzziehungsprojekt", wo auf der einen Seite eine Öffnung von Grenzen zwischen non-formellen und formellen Lernorten postuliert wird und auf der anderen Seite sich non-formelle Bildungsorte beispielsweise der Sozialen Arbeit dadurch deutlicher selbst positionieren und Grenzen zu anderen Akteuren zum Beispiel der Schule ziehen. Kessl und Maurer (2010 zit. in Kessl 2011, S. 96) fordern hier „Grenzbearbeitungsstrategien", um sich so bewusst und kritisch mit den Grenzen auseinanderzusetzen, um diese zu versetzen, zu umwandern oder gänzlich zu unterwandern, damit pädagogische Orte geschaffen und geöffnet werden. Kritik am Konzept der Bildungslandschaften gibt es zudem hinsichtlich des genutzten Raumbegriffes, welcher nach Reutlinger (2011, S. 58) verkürzt verstanden wird. Raum wird im Sinne der Bildungslandschaften „als Ort, an dem Bildungssubjekte beziehungsweise Bildungseinrichtungen aktiv sind und an dem verschiedene Bildungsprozesse" geschehen, verstanden. Hierbei läuft das Konzept der Bildungslandschaften Gefahr, dass Raum als etwas territorial, verortbares und abgeschlossenes interpretiert wird. Räume werden als etwas Statisches und Unflexibles definiert. Bei dem Gedanken der Zusammenführung der unterschiedlichen Bildungsorte wird zudem nicht berücksichtigt, dass diese sich territorial unterscheiden und hierarchisch unterschiedlich verortet sein können. Reutlinger (2009 zit. in Deinet 2010a) bemängelt, dass die Institution Schule noch immer im Zentrum steht, wohingegen die anderen Institutionen zum Beispiel die Jugendhilfe gegebenenfalls auf eine „Zulieferfunktion" reduziert werden. Ein passendes flexibles Raumverständnis, welches die sozialen Gegebenheiten aufnimmt, fehlt an dieser Stelle. Bei einem Raumverständnis, welches die soziale Konstruktion mit aufgreift, müssen auch die unterschiedlichen Raumqualitäten mit ihren differenten Ressourcen und Gegebenheiten berücksichtigt werden (vgl. Deinet 2010a).

Festhalten lässt sich, dass das Konzept der Bildungslandschaften Bildungsprozesse von jungen Menschen im Nahraum stärker zu verknüpfen und zu optimieren versucht. Die Orte, in denen sie sich bilden, sollen sich gegenseitig systematisieren. Bildungslandschaften sollen dazu beitragen, dass Kinder und Jugendliche gleichberechtigte Chancen auf Bildung haben. Die Schaffung von ebensolchen Landschaften liegt jedoch nicht nur auf Akteurs-Ebene, sondern vor allem auf politischer (vgl. Schäfer 2011, S. 165f.). Nach der Aachener Erklärung (Deutscher Verein 2007) muss die Verantwortlichkeit der Städte in Bezug auf die Bildung junger Menschen gestärkt werden, sie sind die Verantwortlichen für die Steuerung der Zusammenarbeit in den Kommunen. Dies erfordert ein umfassendes Bildungsmonitoring. Hier müssen insbesondere nicht nur die pädagogisch inszenierten Orte gestaltet werden, sondern darüber hinaus in besonderer Weise die Stadt als Ort der Bildung Beachtung finden, so zum Beispiel bei der Stadtentwicklung. Öffentlicher Raum muss so gestaltet werden, dass ihn junge Menschen gerne nutzen und er vielfältige Aneignungsmöglichkeiten bietet, hier gilt es Kinder und Jugendliche aktiv mit einzubinden (vgl. Mack 2009, S. 61). In Diskussionen der Öffentlichkeit wird die Verantwortung für Bildung häufig bei den Ländern gesehen, doch gerade die Städte übernehmen wesentliche Aufgaben im Bereich der Bildung, so zum Beispiel bei der Förderung von Kindern im Vorschulalter im Rahmen von Kindertagesbetreuung oder im Rahmen der Unterstützung und Förderung von Jugendarbeit und weiteren (kulturellen) Bildungseinrichtungen (vgl. Hebborn 2009, S. 221).

3.1.3 Sozialräumlich orientierte Modellprojekte im Feld der frühen Kindheit

Die Familienzentren NRW setzen sich zum Ziel, in der frühpädagogischen institutionellen Arbeit den Sozialraum aktiv in die Arbeit mit einzubinden. Die Bedeutsamkeit des Sozialraumes mit all seinen Institutionen sowie Kooperations- und Vernetzungsstrukturen für das Aufwachsen von Kindern und für Familien wurde in den letzten Jahren in verschiedenen kommunal orientierten Projekten herausgestellt.

In den Jahren von 1991 bis 1994 führte das Deutsche Jugendinstitut das handlungsorientierte Modellprojekt „Orte für Kinder" durch. Das Projekt hatte zum Ziel, regionale Angebotsformen für Kinder und Familien als Teil der sozialen Infrastruktur weiter zu entwickeln, um hier Anregungen für eine Neujustierung von institutioneller Kindertagesbetreuung zu entwickeln und zu erproben. Es sollte dadurch einerseits das Betreuungsangebot für Kinder von null bis zwölf Jahren erweitert und andererseits das Betreuungsangebot auf die Bedarfe des gesellschaftlichen Wandels passgenauer gestaltet werden. Hierfür wurden die Bereiche der Familienhilfe und der Kindertagesbetreuung, die bisher eher nebeneinanderher agierten, miteinander verknüpft (vgl. Ledig, Schneider & Zehnbauer 1996, S. 349). Ziel des Projektes war ein Ausbau der kommunal bestehenden Angebote für Kinder und ihre Familien. Die Schwerpunkte wurden hier in der Öffnung von Einrichtungen von innen nach außen gesetzt sowie bei der Vernetzung von Familienselbsthilfe und anderen Institutionen. Das Ziel der Öffnung nach außen beinhaltete die Angebotserweiterung für alle Altersgruppen, insbesondere derer, welche bisher wenig bis gar nicht berücksichtigt wurden. Dies beinhaltete eine grundlegende Veränderung der bisher bestehenden Konzepte, da der bisherige Fokus sich veränderte. Neben der Erweiterung der Altersgruppe waren die Entwicklung neuer Formen der Zusammenarbeit mit Eltern und Familien sowie Kooperationen und Vernetzungen mit relevanten Institutionen aus dem Stadtteil ein gesetztes Ziel. Bei dem Schwerpunkt der Vernetzung von Familienselbsthilfe und Institutionen stand im Zentrum die auf Familien ausgerichtete bedarfsorientierte Schaffung und der Ausbau neuer Kinderbetreuungsangebote in Mütterzentren und Familientreffs (vgl. Ledig & Zehnbauer 1994, S. 19). Das Projekt ist ein Vorreiterprojekt, welches bereits Anfang der 90er Jahre unter Berücksichtigung der regionalen Voraussetzungen zum Ziel hatte, eine bedarfsgerechte Infrastruktur für Kinder und Familien zu schaffen und hierfür den Ausgangspunkt Kindertageseinrichtung nutzte. Das Projekt hat auch heute noch Beispielcharakter im

Feld der institutionellen frühkindlichen Betreuung (vgl. Ledig, Schneider & Zehnbauer 1996, S. 360).

Gute zehn Jahre später, in den Jahren von 2005 bis 2007, wurde das Projekt „Kind und Ko" welches von der Bertelsmann sowie der Heinz Nixdorf Stiftung gefördert wurde, in den Kommunen Chemnitz und Paderborn initiiert (vgl. Bock-Famulla, Langness, Schöne & Stieve 2008, S. 13). Zentrales Ziel des Projektes „Kind und Ko" ist der Aufbau eines Netzwerkes, welches Kinder in ihrer Entwicklung sowie in ihren Bildungsprozessen präventiv, kontinuierlich und nachhaltig begleitet (vgl. Stieve 2009, S. 2), um im Rahmen der Kommunen die Bildungs- und Entwicklungschancen von Kindern zu fördern. Eine zentrale Prämisse des Projektes lautet: „Kooperation und Vernetzung sind kein Selbstzweck" (vgl. Bock-Famulla, Langness & Schöne 2008, S. 211/Bock-Famulla, Langness, Schöne & Stieve 2008, S. 13). Nach Stieve (2009, S. 2) orientieren sich alle Maßnahmen des Projektes „an gemeinsam entwickelten Zielen und an verschiedenen Schwellen im Lebenslauf von Kindern und Familien". Zentral sollen die Akteure in der Lebenswelt von Kindern und ihren Familien, und das schließt Bildungsorte mit ein, stärker kommunal vernetzt werden (vgl. Bock-Famulla, Langness & Schöne 2008, S. 213). Ziel ist eine Governance der frühkindlichen Bildung (vgl. Stieve 2009, S. 1). Kinder und Familien sollen eine individuelle Förderung, Unterstützung und Begleitung erfahren. Dafür müssen Kindertageseinrichtungen in ihrem Bildungsauftrag gestärkt werden und die bestehende Erziehungs- und Bildungspartnerschaft zwischen Kindertageseinrichtung und Eltern bedarf eines weiteren Ausbaus (vgl. Bock-Famulla, Langness & Schöne 2008, S. 213). Das Projekt „Kind und Ko" versteht Bildung als einen ganzheitlichen Prozess, der sich nicht ausschließlich an formellen Lernorten wie den Bildungsinstitutionen Kindertageseinrichtung und Schule vollzieht, sondern bereits mit der Geburt beginnt und auch in non-formellen Settings stattfindet (vgl. Bock-Famulla, Langness & Schöne 2008, S. 212). Auch wenn die Handlungsempfehlungen, Maßnahmen und Projekte, die im Rahmen von „Kind und Ko" entstanden sind, nicht von Grund auf neu sind, zeichnet dieses Projekt insbesondere der umfassende Partizipations- und Entwicklungsprozess im Rahmen der Kommunen aus, an dem unterschiedliche Akteure mit einbezogen und beteiligt worden sind.

Um Kinder stärker als bisher vor Vernachlässigung und Misshandlung zu schützen, wurde vom Bundesministerium für Familie, Senioren, Frauen und Jugend[18] 2007 im Rahmen des Aktionsprogramms „Frühe Hilfen für Eltern und Kinder und soziale Frühwarnsysteme" das Nationale Zentrum Frühe Hilfen[19] gegründet, um den Aus- und Aufbau von Unterstützungssystemen von Jugendhilfe und Gesundheitswesen für werdende Eltern sowie Eltern von Säuglingen und Kleinkindern zu unterstützen. Das NZFH wird getragen von der Bundeszentrale für gesundheitliche Aufklärung und dem Deutschen Jugendinstitut (vgl. Sann & Schäfer 2008, S. 103). Wesentlicher Ansatzpunkt für das

---

18   Kurz BMFSFJ.
19   Kurz NZFH.

Programm war der Koalitionsvertrag der damals regierungsbildenden Parteien, in dem formuliert wurde:

> „Kinder mit sozialen und gesundheitlichen Risiken brauchen Förderung von Anfang an. Dazu müssen Hilfen für sozial benachteiligte und betroffene Familien früher, verlässlicher und vernetzter in der Lebenswelt bzw. dem Stadtteil verankert werden." (Sann & Schäfer 2008, S. 111f.)

Das Programm „Frühe Hilfen für Eltern und Kinder und soziale Frühwarnsysteme" hat daher zum Ziel, „lokale und regionale Unterstützungssysteme mit koordinierten Hilfeangeboten für Eltern und Kinder ab Beginn der Schwangerschaft und in den ersten Lebensjahren mit einem Schwerpunkt auf der Altersgruppe der 0–3 Jährigen" aus- und aufzubauen (Pott & Rauschenbach o. J., S. 14). Die Unterstützungssysteme sollen niederschwellig und lokal angelegt sein, damit sie für die Familien leicht zugänglich sind (vgl. Correll, Hiemenz & Lepperhoff 2012). Die unterschiedlichen Akteure erreichen die Familien und Kinder in ihren mannigfaltigen Lebensphasen und verfügen über spezifische Kompetenzen (vgl. Sann & Schäfer 2008, S. 112). Im Rahmen der Initiative „Frühe Hilfen für Eltern und Kinder und soziale Frühwarnsysteme" gibt es mittlerweile einige unterschiedliche kommunale Modellprojekte die vom NZFH unterstützt und evaluiert werden. Auch wenn der Fokus auf werdenden Familien oder Familien mit Säuglingen und Kleinkindern liegt, hat das Projekt Modellcharakter für den Aus- und Aufbau von regionalen Netzwerken in der Frühpädagogik. Im Zentrum steht immer die Verbesserung der Entwicklungsmöglichkeiten von Kindern und Familien. Hierfür sind multiprofessionelle, kommunale Vernetzungsstrukturen wesentlich, deren Auf- und Ausbau vom NZFH unterstützt werden.

Die hier dargestellten Modellprojekte haben alle einen differenten Ursprung sowie eine unterschiedliche Vorgehensweise. Ihnen ist jedoch gemeinsam, dass sie, um Kindern und Familien Unterstützung anzubieten, eine wohnortnah sozialräumliche Ausrichtung verfolgen und an dem Lebensraum der Adressatinnen und Adressaten ansetzen.

3.2 Eine räumliche Haltung als Element sozialräumlicher Vorgehensweisen

Wie bereits dargelegt gibt es unterschiedliche sozialpädagogische Sozialraumorientierungsprogramme. Als wesentliche Handlungsprinzipien einer sozialräumlichen Neujustierung in der Sozialen Arbeit werden immer wieder die Ressourcenorientierung und -aktivierung, d. h. die Berücksichtigung und Nutzung der Ressourcen sowie die Initiierung sozialer Netzwerke, d. h. die Vernetzung betont. Diese bringen jedoch auch zentrale Dilemmata mit sich, so das Homogenisierungsdilemma, das Dilemma der Prävention, das Vernetzungsdilemma und das Dilemma der Milieus. In Bezug auf raumbezogenes Vorgehen läuft man als Fachkraft Gefahr, bestehende Homogenitätsunterstellungen zu reproduzieren und somit den Ausschluss von Bevölkerungsgruppen zu verlängern, statt diesem entgegenzuwirken. Das Präventionsdilemma impliziert durch den Gedanken der Prävention bereits mögliche Gefahren und stellt Bevölkerungsgruppen unter besondere Beobachtung beziehungsweise unter „Generalverdacht". Durch Kooperations- und Vernetzungsstrukturen sollen Ressourcen im Sozialraum gebündelt werden, im Sinne des Vernetzungsdilemmas steht man hier vor der Gefahr, bereits bestehende Netzwerkstrukturen immer wieder zu reproduzieren und somit Akteure, die dort nicht beteiligt sind, auszuschließen und einen Eintritt zu erschweren. Das Milieudilemma verweist darauf, dass auch innerhalb gleicher Milieus eine ungleiche Verteilung von Ressourcen besteht. Häufig sind es dieselben Bewohnerinnen und Bewohner, die bereits Nutzerinnen und Nutzer sind, welche erreicht werden. Den hier dargestellten Dilemmata wird man in der raumbezogenen Sozialen Arbeit immer wieder begegnen, da sie im Sinne der Macht- und Herrschaftsverhältnisse ein Teil davon sind. Um sich diesen bewusst zu stellen, ist eine reflexive räumliche Haltung, die bewusst und planend mit den Dilemmata umgeht, hilfreich (vgl. Kessl & Reutlinger 2010, S. 126–130). Angeregt durch diese Sichtweise auf raumbezogene Vorgehensweisen führten Kessl und Reutlinger (2010 S. 126) wie bereits erwähnt den Begriff der Sozialraumarbeit ein.[20] Im Zentrum steht hier die Ausbildung von Fachkräften zu einer reflexiven räumlichen Haltung. Es soll eine reflexive Professionalität in Bezug auf raumbezogene Vorgehensweise entwickelt werden. Des Weiteren müssen hier auch Träger und politische Verantwortungsträger eine solche Sozialraumarbeit ermöglichen. Eine solche Haltung muss sich den Bedingungen anpassen und kann nicht allgemeingültig Handlungsanweisungen formulieren, sie muss sich jedoch immer fachlich und politisch konkret verorten. Das Verständnis einer solchen Sozialraumarbeit greift hier auch auf ein reflexives Methodenverständnis zurück, welches davon ausgeht, dass Fachkräfte auf eine Vielfalt von Methoden zurückgreifen können und diese situationsbedingt reflektiert mit Blick auf die Nutzerin/den Nutzer einsetzen. Demzufolge gibt es in Ansätzen der Sozialraumarbeit keine Methoden, die eine generelle Gültigkeit haben, es bedarf immer einer Analyse der Situation und der Wahl einer reflektierten für die Situation passenden Methode. Eine reflexiv eingenommene Haltung impliziert somit einen systematischen und möglichst allumfassenden Blick auf den Handlungsraum, insbesondere auch unter der Berücksichtigung der vorherrschenden Macht- und Herrschaftskonstellationen. Des Weiteren fordert eine solche Haltung im Sinne einer Sozialraumarbeit eine bewusste Positionierung auch in politischen Aspekten. Eine sozialräumliche Vorgehensweise muss immer situationsbedingt, reflektiert und legitimiert angewandt werden. Sie muss begründen können, „warum eine öffentliche Unterstützungs- und Beeinflussungsinstanz menschlicher Lebensführung sinnvoll und notwendig ist". Eine solche Haltung kann nicht nur konzeptionell verankert oder von nur einer, zum Beispiel der leitenden Fachkraft, umgesetzt werden. Zu einer solchen Realisierung müssen die (politischen) Verantwortungsträger beitragen. Eine Sozialraumarbeit bietet mittels einer räumlich reflexiven Haltung einen Rahmen für Reflexion in Bezug auf raumbezogene Vorgehensweisen, sie ist jedoch

---

20   Siehe Kapitel 3. „Sozialraumorientierung als sozialpädagogisches Konzept".

nicht als ein handlungsfertiges Konzept zu verstehen (vgl. Kessl & Reutlinger 2010, S. 126ff.).

Die Autorinnen Blankenburg und Rätz-Heinisch (2009, S. 165f.) sprechen von einem sozialräumlichen Blick und gehen davon aus, dass dieser in der Kindertagesbetreuung erlernbar ist. Die Fachkräfte müssen einen sensiblen und kritischen Blick auf die Lebensverhältnisse und Aneignungsprozesse der Menschen im Sozialraum anwenden und die Bewohnerinnen und Bewohner zu Eigenaktivität und Selbstentfaltung anregen. Sozialräumliches Handeln impliziert eine Erweiterung des Blickes: „Weg von dem Einzelfall hin zu den komplexen Lebenssituationen und Lebenswelten von Kindern und Familien und deren umgebenden räumlichen Bedingungen". Kinder eignen sich in ihrer tätigen Auseinandersetzung mit ihrer alltäglichen Welt durch wertvolle Entwicklungs- und Erkenntnisprozesse die Welt an, diese Prozesse sind jedoch davon abhängig, wie und in welcher Form solche Aneignungsprozesse in der sozialräumlichen Umwelt ermöglicht werden. Ein Blick auf die Stadtplanung, Politik und Verwaltung der vorhandenen Umwelt ist unerlässlich, um solche Prozesse zu gestalten. Für das Erlangen eines sozialräumlichen Blicks, kann es sinnvoll sein, zunächst die Rolle eines teilnehmenden Beobachters einzunehmen. Man begibt sich somit als „Entdecker des Unbekannten" in das soziale Feld und versucht sich dieses vorurteilsfrei und ohne Wertung zu erschließen. Mit einer offenen Grundhaltung erlangt man somit einen vielschichtigen Einblick in andere Lebenswelten, Lebenslagen und die räumlichen Gegebenheiten (vgl. Blankenburg & Rätz-Heinisch 2009, S. 165f.).

Es ergibt sich daher, dass im Rahmen einer sozialräumlich ausgerichteten Arbeit in der institutionellen Kindertagesbetreuung insbesondere die Fachkräfte eine veränderte räumliche Haltung einnehmen müssen, um eine gelingende Sozialraumarbeit zu leisten. Die (politischen) Verantwortungsträger müssen aber in einem hohen Maße dazu beitragen, indem sie die Rahmenbedingungen dafür schaffen.

4 Sozialräumliche Orientierung in der institutionellen Kindertagesbetreuung

Es stellt sich die Frage, warum das Thema der sozialräumlichen Ausrichtung von institutioneller Kindertagesbetreuung an Beachtung gewinnt und zunehmend in Konzepten von Kindertageseinrichtungen Einzug hält. Die Autorinnen Blankenburg und Rätz-Heinisch (2009, S. 187) sehen diese Erweiterung als nicht so umfangreich an, für sie bedarf es „nur weniger Schritte auf dem Weg von der Kindertageseinrichtung zu einem sozialräumlichen Kinder- und Familienzentrum". Der eingangs beschriebene Wandel der Gesellschaft und damit einhergehend auch der Wandel der frühkindlichen Betreuung weist auf die steigende Bedeutsamkeit hin. Neben der didaktisch-methodischen Arbeit am Kind geraten immer mehr die Eltern im Sinne einer Erziehungspartnerschaft sowie die Bewohnerinnen und Bewohner des Nahraumes in den Blick von Kindertageseinrichtungen. Das soziale Umfeld von Familien wird als eine mögliche Ressource für die Arbeit am Kind gesehen. Laut Blankenburg und Rätz-Heinisch (2009, S. 165) zeigt sich in der Entwicklung von Kindertageseinrichtungen, dass sie sich gegenüber Eltern und Familien und dem Stadtteil öffnen und zu „Kitas im Sozialen Raum" werden. Woran sie diese Entwicklung festmachen und worauf sie sich hier beziehen, wird an dieser Stelle nicht deutlich. Für sie impliziert eine sozialräumliche Arbeit in Kindertageseinrichtungen „eine Verbindung zu schaffen, zwischen sozialpädagogisch unterstützten Aneignungsprozessen, Angeboten sozialer Dienstleistungen sowie Formen von Gemeinwesenarbeit".

Festzustellen ist, dass die sozialräumliche Ausrichtung von Kinderbetreuungseinrichtungen über den bisherigen Fokus der Kinderbetreuung und der daran angrenzenden Arbeit mit den Eltern hinausgeht. Es stellt eine Erweiterung des Handlungsfeldes dar, welches sich als hoch komplex erweisen kann. Im Folgenden wird auf historische Vorläufer einer sozialräumlichen Orientierung in der institutionellen Kindertagesbetreuung sowie, daran anschließend, auf die aktuelle Debatte eingegangen, um sich dieser Thematik anzunähern.

4.1 Ansätze von sozialräumlicher Orientierung in der institutionellen Kindertagesbetreuung

Bei Entstehung der institutionellen Kleinkinderziehung spielte die Öffnung zum Sozialraum der Einrichtung, wie wir sie heute kennen, keine tragende Rolle. Dennoch lassen sich Bezüge bei Pädagogen, in pädagogischen Konzepten oder in jahresgeschichtlichen Zeiten zum sozialen Raum und Räumlichkeit erkennen.

Die institutionelle Kleinkinderziehung besteht seit ca. 200 Jahren. In ihren Anfängen hatte sie für die Familien der unteren Schichten die gesellschaftliche Funktion, die Erziehungsaufgabe der Eltern zu übernehmen. Für den gesellschaftlich vorherrschenden Adel hingegen sollte sie den allgemeinen Erziehungs- und Bildungsauftrag erfüllen (vgl. Aden-Grossmann 2002, S. 21). Der Schriftsteller, Philosoph und Pädagoge Jean-Jacques Rousseau (1712–1778), der als ein wichtiger Wegbereiter der französischen Revolution gilt, hat, inspiriert durch seine Erfahrungen als Hauslehrer, eine pädagogische Schrift verfasst, wie seiner Ansicht nach ein Mensch aufwachsen und erzogen werden soll, damit er zu einem gesellschaftsfähigen Menschen wird. Rousseau beschreibt in seinem pädagogischen Hauptwerk „Emile" (1762) das für ihn wichtigste Erziehungsziel: „der Bürger, der an den öffentlichen Angelegenheiten des demokratischen Staates teilnimmt". Er deutet auf die Notwendigkeit einer gemeinschaftlichen Erziehung aller Kinder hin, da dies in seinem Sinne der Gleichheit aller Bürger förderlich wäre. Für Rousseau war die Erziehung nicht allein Aufgabe der Familie, sondern vor allem auch Aufgabe des Staates (vgl. Aden-Grossmann 2002, S. 20). Gleichzeitig soll das Kind diese Erziehung aber fernab der gesellschaftlichen Einflüsse erfahren, um von diesen nicht negativ geprägt zu werden. Ausgangspunkt seines Denkens ist die Abscheu vor der vorherrschenden Gesellschaft (vgl. von der Burg & Hülshoff 1979, S. 16f.). Er schrieb großen Gesellschaften im städtischen Raum einen negativen Einfluss und ländlichen Regionen einen positiven Einfluss auf die Entwicklung des Kindes zu. Johann Heinrich Pestalozzi (1746–1827), ebenfalls ein Pädagoge der Aufklärung, wies Räumen ebenso positive und negative Einflüsse hinsichtlich der menschlichen Entwicklung zu. Rousseau sowie auch Pestalozzi sahen zudem den sozialen Stand und die soziale Ordnung in der Gesellschaft als Dimensionen von menschlichem Handeln (vgl. Kessl & Reutlinger 2010, S. 8). Pestalozzi führte das Konzept der familienähnlichen Erziehung im Rahmen seiner „Wohnstuben" ein, für ihn stand die Familie über allem. Daher musste auch die institutionelle Erziehung der Kinder möglichst in einem familienähnlichen Rahmen geschehen (vgl. von der Burg & Hülshoff 1979, S. 26–31). Robert Owen (1771–1858) sah die Kinderziehung in seiner „Infants-school" als gesellschaftliche Aufgabe an. Er sprach den Eltern eine unzureichende Erziehungskompetenz zu (vgl. Aden-Grossmann 2002, S. 23). Julius Fölsing (1818–1882), Gründer und Leiter von Kleinkindschulen, sah die Funktion seiner Einrichtung darin, einerseits Proletariatskinder vor der Verwahrlosung zu bewahren und pädagogisch zu fördern sowie andererseits Kindern des Bürgertums als eine ergänzende pädagogische Einrichtung zu dienen (vgl. Aden-Grossmann 2002, S. 27). Als einer der bedeutendsten Pädagogen der institutionellen Kleinkindbetreuung gilt Friedrich Fröbel (1782–1852). Er gründete den ersten Kindergarten. Fröbel sah seine Einrichtung für Kinder als unterste Stufe und als Einstieg ins Bildungssystem an. Sein Ziel war es, die Kinder durch angemessene Beschäftigungen und durch eigens entwickelte Spielmethoden zu fördern, um sie somit auf die Schule und die weiteren Lebensstufen vorzubereiten (vgl. Aden-Grossmann 2002, S. 39). Im Gegensatz zu Fröbel, der nicht auf die Lebenssituationen der Kinder einging und dessen Einrichtung auch nur den Kindern wohlhabender Eltern zugänglich war, entwickelte seine Schülerin und Nichte Bertha von Marenholtz-Bülow (1810–1893), die sich für die gemeinsame Erziehung aller Kinder einsetzte, das Konzept der Volks-kindergärten. Die Volkskindergärten sollten ein gemeinsamer Ort der Erziehung sein. Dabei wurden die Erziehungsziele sowie die Erziehungsmethoden an den realen Lebenssituationen der Kinder ausgerichtet (vgl. Aden-Grossmann 2002, S. 48).

Im Folgenden wird auf Pädagogika der Vergangenheit und der Gegenwart, die vertieft Ansätze von sozialräumlichem Denken implizieren, näher eingegangen. Angefangen bei Henriette Schrader-Breymann und dem Pestalozzi-Fröbel-Haus, über die Erziehung in der Deutschen Demokratischen Republik, bei der kein Bezug zu einem Pädagogen hergestellt werden kann, bis zum bis heute bestehenden Situationsansatz, der maßgeblich von Jürgen Zimmer geprägt wurde, dem Early Excellence Ansatz nach Margy Whalley aus England, dem pädagogischen Ansatz von Reggio Emilia nach Loris Malaguzzi und dem pädagogischen Ansatz der Freinet Pädagogik nach Célestin Freinet. Die Ansätze werden hier nicht in ihrer Gänze dargestellt, sondern der Fokus liegt auf der für diese Forschungsarbeit relevanten Thematik des sozialräumlichen Denkens. Zudem besteht hier an dieser Stelle kein Anspruch auf Vollständigkeit, vielmehr soll ein Einblick in Konzepte der Frühpädagogik unter der Reflexionsfolie der Forschungsfrage gegeben werden.

4.1.1 Die Pädagogik des Pestalozzi-Fröbel-Hauses nach Henriette Schrader-Breymann

Henriette Schrader-Breymann entwickelte den pädagogischen Gedanken von Friedrich Fröbel weiter und übernahm ab 1880 einen Volkskindergarten, den sie später in das bis heute bestehende Pestalozzi-Fröbel-Haus in Berlin umwandelte. Schrader-Breymann verband Fröbels Pädagogik mit Pestalozzis Konzept der „familienähnlichen Wohnstube". Sie führte einen Kindergarten, eine Vermittlungsklasse, eine Elementarklasse, einen Hort, ein Kindergärtnerinnen-Seminar und ein Mädchenheim zusammen und entwickelte damit eine sozialpädagogische Modelleinrichtung (vgl. Berger 1999, S. 56f.). Das Pestalozzi-Fröbel-Haus wurde hauptsächlich von in der Großstadt lebenden Kindern des Proletariats besucht. Das Wohn- und Lebensumfeld dieser Kinder bot wenig Anregung für die Bildungs-, Lern- und Entwicklungsbedürfnisse der Kinder. Schrader-Breymann erlebte die Kinder als losgelöst von den alltäglichen Lebenszusammenhängen ihres familiären Umfeldes (vgl. Kasüschke & Fröhlich-Gildhoff 2008, S. 26f.). Das Pestalozzi-Fröbel-Haus entwickelte sich schnell zu einer großen Erziehungs- und Bildungseinrichtung. Die Kinder wurden bewusst in Gruppen mit acht bis zwölf Kindern unterschiedlichen Alters betreut, um einen familienähnlichen Betreuungscharakter herzustellen. Daher hatten auch die Gruppenräume eine wohnraumähnliche Gestaltung. Sie hatten zum Beispiel eine Küche und einen Gartenbereich. Dadurch sollte der Tätigkeitstrieb angeregt und das solidarische Handeln sowie das Gemeinschaftsgefühl gefördert werden (vgl. Berger 1999, S. 56f.). Schrader-Breymanns Konzept wird als Vorläufer des altersgemischten Gruppenkonzeptes gesehen. Ein weiteres zentrales Element von Schrader-Breymann war die Einführung des Monatsgegenstandes. Dieser sollte eine natürliche Anknüpfung an die Lebenssituationen der Kinder ermöglichen. Mit dem Monatsgegenstand wollte sie:

> „(...) dem Kind eine Welt schaffen, in der es geistig mitten drin stehen konnte, und wollte es alle die Dinge erleben lassen, die kindlichem Verständnis wirklich zugänglich sind, und da bot sich ihr die ländliche Welt und die verhältnismäßig einfachen Verrichtungen, die die Menschen da noch ausführten, Frühling und Herbst mit Saat und Ernte, der verschneite Winter mit den Weihnachtsliedern, dem Weihnachtsbacken und mit dem Spinnen, das Brotbacken und das Buttern und das Leben der Tiere." (Blochmann 1968, S. 336)

Die Pädagogin Elisabeth Blochmann (1892–1972) kritisierte an Schrader-Breymanns Konzept des Monatsgegenstandes, dass dieser sich eben nicht auf die Lebenssituation der Kinder beziehen würde, da die Kinder des Proletariats, die schwerpunktmäßig die Einrichtung besuchten, keinen Bezug zum landwirtschaftlichen Leben hätten. Blochmann führte weiter aus, dass der Ansatz von Schrader-Breymann weiterentwickelt und den Kindern Erlebnisinhalte, die an ihre Lebenssituation anknüpften, geboten werden müssten. Dies erfordere jedoch eine hohe Flexibilität der pädagogischen Fachkräfte. Die Theorie des Monatsgegenstandes von Schrader-Breymann ist dennoch zu einem zentralen Element in der Frühpädagogik geworden, welches heute noch praktiziert wird (vgl. Kasüschke & Fröhlich-Gildhoff 2008, S. 27). Der Situationsansatz, der im Kapitel 4.1.3 noch näher dargestellt wird, knüpft u. a. an Schrader-Breymanns pädagogischen Gedanken an.

Bei der Pädagogin Henriette Schrader-Breymann lassen sich insbesondere im Konzept des Monatsgegenstandes, mittels welchem ein Lernen an realen Lebenssituationen stattfinden soll, Bezüge zu Raum und Räumlichkeit feststellen.

4.1.2 Die Pädagogik der Deutschen Demokratischen Republik

Durch den Fall des Dritten Reiches und die differenten gesellschaftlichen Orientierungen der Besatzungsmächte entwickelte sich die institutionelle Kinderbetreuung in Ost- und Westdeutschland sehr unterschiedlich. In Westdeutschland blieb der Kindergarten Teil der Jugendhilfe, wohingegen er in Ostdeutschland in das Bildungssystem integriert wurde. Die frühkindliche institutionelle Erziehung und Betreuung von Kindern in der Deutschen Demokratischen Republik[21] hatte einen starken gesellschaftlichen Auftrag. Nach dem Ende der nationalistischen Diktatur sollte die alte Erziehungsideologie durch starke Einflussnahme auf das Bildungs- und Erziehungswesen überwunden werden. Die zentrale Aufgabe des Kindergartens sollte „die Erziehung von Kindern nach demokratischen Prinzipien, frei von allen faschistischen, rassischen, militaristischen und anderen reaktionären Ideen und Tendenzen" sein (Höltershinken u. a. 1997, S. 269 zit. in Aden-Grossmann 2002, S. 248). Diese Pädagogik ist nicht wie andere

---

21   Kurz DDR.

Ansätze maßgeblich von einem Pädagogen geprägt worden, sondern von der Ideologie einer Gesellschaft. Die Erziehung der Kinder sollte einen Beitrag zum Aufbau einer sozialistischen Gesellschaft leisten und war somit stark politisch geprägt. Die Kinder sollten mit Liebe für ihr sozialistisches Vaterland und dessen Verbündete aufwachsen. Insbesondere Kleinkinder wurden als formbar und leicht zu beeinflussen gesehen. Durch die Notwendigkeit für die Mütter einem Beruf nachzugehen, waren die Kinder ganztägig im Kindergarten untergebracht Aufgrund der langen Betreuungszeit sollte die Erziehung „heimisch" orientiert sein, dazu gehörte auch eine gute Zusammenarbeit mit den Eltern. Eltern wurden durch Aktivitäten in die Einrichtung mit eingebunden. Die Kinder wurden in altershomogenen Gruppen betreut. Im „Programm für die Bildungs- und Erziehungsarbeit im Kindergarten" (1985) wurden unter dem Punkt „Gestaltung des Lebens im Kindergarten" Programmpunkte festgehalten, die darauf abzielten, das Kind einerseits durch das Herausbilden kollektiver Beziehungen in die Kindergemein- schaft zu integrieren, sowie andererseits die Integration des Kindes in die Gesamtgesell- schaft durch Begegnungen mit Werktätigen, Soldaten, Sportlern etc. sowie durch Na- turerfahrungen und die Vermittlung zum Beispiel über Kenntnisse der sozialistischen Länder voranzutreiben (vgl. Aden-Grossmann 2002, S. 248–261). Unter den bildungs- politischen Vorgaben für staatliche Kindergärten wurden vom Ministerium für Volks- bildung auch das „Bekanntmachen mit dem gesellschaftlichen Leben" (1967) gefasst. Hier wurde festgehalten, dass die Kinder lernen sollten, sich in ihrer Umwelt zu orien- tieren und ihr Leben in den verschiedenen Bereichen, wie zum Beispiel Kindergarten und Familie, zu gestalten und weiterzuentwickeln.

> „Es ist notwendig, die von den Kindern im Bereich der gesellschaftlichen Umwelt gesam- melten Kenntnisse und Erfahrungen weiter zu systematisieren, die Kinder mit für sie neuen Seiten ihrer gesellschaftlichen Umwelt bekanntzumachen und ihre Aufgeschlossenheit, ihre Interessen, ihren Beobachtungsdrang und ihre Meinungsbildung wachzuhalten und zu ent- wickeln." (Ministerium für Volksbildung DDR 1976)

Die Kinder sollten ihren Lebensraum kennenlernen und Heimatliebe zu ihrem sozial- istischen Vaterland empfinden, dazu wurden kulturelle und staatliche Institutionen be- sucht. Begegnungen mit Arbeitern führten ihnen die Wichtigkeit des Kollektivs vor Augen. Durch diese Begegnungen wurden Parallelen zu eigenen Tätigkeiten, die sie in der Kindertageseinrichtung erlernt hatten, gezogen. Durch vielseitige Tätigkeiten und Aktivitäten sollten sie sich mit ihrer Umwelt auseinandersetzen und sich diese aneignen. Es wurde interessenorientiert vorgegangen. Die Kinder sollten sprichwörtlich in die Gesellschaft eindringen. Weitere Inhalte der Bekanntmachung mit dem gesellschaft- lichen Leben sind das Kennenlernen und Mitwirken an Festen und Feiern (vgl. Minis- terium für Volksbildung DDR 1976, S. 228–245).

Bei der Auseinandersetzung mit der institutionellen Kinderbetreuung in der DDR zeigt sich, dass dem Nahraum in dieser pädagogischen Epoche eine starke Bedeutsamkeit beigemessen wurde. Die Kinder sollten ihren Nahraum kennenlernen und sich diesen aneignen. Dahinter verbarg sich die Absicht, die Kinder von Beginn an in das bestehende politische System hinein zu erziehen.

4.1.3 Die Pädagogik des Situationsansatzes nach Jürgen Zimmer

Der Situationsansatz ist kein aus der Theorie abgeleitetes Konzept. Er könnte vielmehr als Ko-Konstruktion vieler beteiligter Akteure bezeichnet werden. Insbesondere der Pädagoge Jürgen Zimmer hat den Situationsansatz geprägt. Seinen Ursprung hat der Ansatz in den 1970er Jahren. Zu dieser Zeit fand die erste Reform des Kindergartens der Bundesrepublik Deutschland statt (vgl. Preissing 2003, S. 11). Der Situationsansatz ist im Zentralen in Anlehnung an die „Pädagogik der Befreiung" von Paulo Freire und an das „Strukturkonzept für Curriculumentwicklung" von Saul B. Robinsohn, entstanden (vgl. Gerstacker & Zimmer 1978, S. 191). Mit den gesellschaftlichen Veränderungen hat sich auch der Situationsansatz weiterentwickelt. Dieser wurde aktualisiert, Neues wurde aufgenommen und aktuelle Wissens- und Erfahrungsbestände wurden berücksichtigt (vgl. Preissing 2003, S. 11). Der Situationsansatz sieht die Bildung, Betreuung und Erziehung als gesellschaftliche Aufgabe an. Kindertageseinrichtungen sollen demnach für Kinder und Familien ein bedarfsgerechtes qualitatives sowie quantitatives Angebot unter Berücksichtigung der unterschiedlichen Lebensformen bilden (vgl. Preissing 2003, S. 13).

Zentraler Punkt des Situationsansatzes ist das Kind mit seinem Erleben und Verhalten. Die pädagogische Arbeit fokussiert sich auf das Wahr- und Aufnehmen der Themen, die die Kinder mit in die Kindertageseinrichtung bringen, die sich dort durch verschiedene Formen aktualisieren, sowie Themen, die sich im gemeinschaftlichen Alltag und im Miteinander ergeben (vgl. Stoll 1995, S. 21). Im Situationsansatz ist „soziales Lernen" somit nicht ein Lernbereich. Soziales Lernen wird vielmehr als „das zentrale Element" gesehen, in welches andere Lernbereiche einfließen und integriert werden (vgl. Gerstacker & Zimmer 1978, S. 189). Von der pädagogischen Fachkraft fordert das ein Einlassen auf das Erleben und Verhalten der Kinder, ein aufmerksames Wahrnehmen sowie in Gemeinschaft „mit dem Kind" und nicht „für das Kind" zu arbeiten (vgl. Stoll 1995, S. 21). Die Entwicklungsbedürfnisse der Kinder müssen verstanden werden, um Kinder in ihren Fähigkeiten fachgerecht zu unterstützen. Durch die Anerkennung, die die Kinder durch die pädagogische Fachkraft erleben, sollen diese ermutigt werden, sich an gesellschaftlichen Prozessen zu beteiligen und diese aktiv mitzugestalten. „Eigensinn und Gemeinsinn gehören zusammen." (Preissing 2003, S. 13) Pädagogische Ziele im Situationsansatz sind Autonomie, Solidarität und Kompetenz, diese sind angelehnt an die demokratischen Grundwerte und die gesellschaftlichen Entwicklungen. Diese Ziele bestimmen das Handeln der pädagogischen Fachkräfte (vgl. Preissing 2003, S. 13). Gerstacker und Zimmer (1978, S. 189) fassen den Kernpunkt des Situationsansatzes wie folgt zusammen:

„Ausgehend von ihren bisherigen, je besonderen, lebensgeschichtlichen Entwicklungen, sollen Kinder die Chance erhalten, solche Erfahrungen zu machen, solche Handlungsmöglichkeiten zu erwerben und Reflexionen anzustellen, die dazu beitragen, daß sie ihre Lebensfragen (auch Unsicherheiten, Ängste und Konflikte) zunehmend selbst angehen und autonom und kompetent bewältigen können, daß sie Schwierigkeiten überwinden lernen und eine Bereicherung ihres Lebens erfahren."

Verschiedene „Mit-Konstrukteure" des Ansatzes umschreiben die Leitziele des Situationsansatzes unterschiedlich, verstärkt durchgesetzt hat sich jedoch die Zusammenfassung der Leitziele von Jürgen Zimmer (vgl. Gerstacker & Zimmer 1978, S. 194ff./Stoll 1995, S. 51ff.):

- Die Orientierung des Lernens an Lebenssituationen von Kindern meint den Bezug der pädagogischen Arbeit auf „Situationsanlässe", d. h. das Wahrnehmen, Aufnehmen und Eingehen auf Situationen, in denen das Kind sich gerade befindet oder in die es in naher Zukunft geraten könnte.

- Die Verbindung von sozialem und sachbezogenem Lernen macht deutlich, dass im Situationsansatz keine Trennung zwischen verschiedenen Lernbereichen gemacht wird. Da der Situationsansatz einen Anspruch auf Selbstbestimmung hat, müssen soziales und instrumentelles Lernen aufeinander bezogen und miteinander verknüpft werden.

- Altersgemischte Gruppen haben den Vorteil, dass Kinder selbstbestimmt voneinander lernen. Es entstehen vielfältige Situationen und Herausforderungen, die umfangreiche Lern- und Erlebnismöglichkeiten bieten.

- Pädagogische Mitwirkung von Eltern und anderen Erwachsenen. Die Eltern werden im Situationsansatz als Partner verstanden und aktiv in den Erziehungs- und Bildungsprozess ihres Kindes mit einbezogen.

- Generationsübergreifendes Lernen ist nicht beschränkt auf einzelne Generationen zu verstehen, sondern als konsequente Weiterführung des Verständnisses von Altersmischung in Kindergruppen und des Elterneinbezugs.

- Dialogisches Verhältnis von Lehrenden und Lernenden. Im Situationsansatz wird im Lernprozess auf hierarchische Strukturen verzichtet. Pädagogische Fachkraft, Eltern und Kinder bringen sich in den Lernprozess mit ihren Fähigkeiten und Kompetenzen gleichberechtigt ein.

- Gemeinwesenorientierte Arbeit meint eine engere Verbindung zwischen Kindergarten und Gemeinwesen. Der Kindergarten öffnet sich, Erfahrungsprozesse sollen auch außerhalb der Einrichtung Raum finden und soziales Leben soll in den Kindergarten hinein geholt werden.

- Offene Planung sowie die Ausgestaltung des Kindergartens als Lebensraum impliziert die Orientierung am „Hier und Jetzt". Die pädagogische Arbeit wird auf die Ereignisse und Bedürfnisse der Kinder zugeschnitten. Die offene Planung „erfolgt im Wechselspiel mit Situationsanalysen, pädagogischen Aktionen und Reflexion des Geschehens in der Gruppe" (Colberg-Schrader, Krug & Pelzer 1991, S. 112).

Die hier erörterten Leitziele verdeutlichen, dass situationsorientiertes Arbeiten immer auch einen Bezug zum „sozialräumlichen" Denken darstellt.

4.1.4 Die Pädagogik der Early Excellence Einrichtungen nach Margy Whalley

In Deutschland sind die Diskussionen um eine bessere frühe Förderung von Kindern sowie die Weiterentwicklung von Kindertagesstätten zu multifunktionalen Kindertagesstätten für Familien im Gemeinwesen erst in den letzten Jahren entbrannt. Im Rahmen der EPPE[22]-Längsschnittstudie, welche von 1997 bis 2003 in England mit ca. 2.800 Kindern in 141 Einrichtungen durchgeführt wurde, zeigte sich, dass Kinder, welche eine qualitativ hochwertige Kindertagesstätte besuchten, sich kognitiv und sozial bedeutend positiver entwickelten im Vergleich zu Kindern, welche eine qualitativ minderwertige Kindertageseinrichtung besuchten. Zudem wies die Studie auf, dass es sich positiv auf Kinder auswirkt, wenn Eltern zum Beispiel durch familienbildende Angebote enger in den Alltag und die Arbeit der Kindertageseinrichtung einbezogen werden (vgl. Eichrodt 2008, S. 61). Der in den achtziger Jahren von Margy Whalley entwickelte Early Excellence-Ansatz verband schon damals Angebote für Eltern und Kinder in einer pädagogischen Institution (vgl. Hebenstreit-Müller & Lepenies 2007, S. 7). Der Name „Early Excellence" verweist nicht darauf, dass es sich um eine Einrichtung für hochbegabte oder besser gestellte Kinder handelt, vielmehr impliziert der Name den Anspruch einer qualitativ hochwertigen Förderung von Kindern (vgl. Hebenstreit-Müller 2008, S. 239).

Das erste Early Excellence Centre[23] wurde von Whalley noch unter dem Namen Pen Green in England in der Stadt Corby auf Basis ihrer Erfahrungen in den brasilianischen Favelas und Neu-Guinea gegründet. In Corby herrschte damals eine hohe Arbeitslosigkeit, 43 % der Männer waren ohne feste Beschäftigung, da der Hauptarbeitgeber, ein Stahlwerk, geschlossen worden war. Diese Situation führte zu einem wirtschaftlichen und sozialen Notstand in der Stadt. Schlechte Ernährung, missliche Wohnverhältnisse sowie hohe Kindersterblichkeit prägten das Leben in der Stadt. Da es nur ungenügende

---

22   Kurz für „Effective Provision of Preschool Education".
23   Kurz EEC.

Angebote für Familien und ihre Kinder im Bereich Bildung, Unterstützung, Förderung und Betreuung gab, gründete Whalley die Einrichtung „Pen Green" (vgl. Lepenies 2008, S. 9). Im Rahmen einer Regierungsinitiative wurde Pen Green als erste Einrichtung als „Centre of Excellence" anerkannt und finanziell beim Ausbau zu einem Zentrum für die Familie als Ganzes unterstützt (vgl. Whalley 2008, S. 27). Es folgten bis zum Jahr 2004 107 weitere Einrichtungen, bis die Regierung beschloss, das Programm in ein größeres Projekt mit dem Namen „Children Centres" auszubauen. Dieses Projekt verfolgt das Ziel, ein Fünftel aller Kindertageseinrichtungen in Stadtteilen mit besonderem Förderungsbedarf zu Children Centres auszugestalten. Diese sollen ein Netzwerk zur Unterstützung und Förderung von Familien und ihren Kindern darstellen (vgl. Wehinger 2007, S. 7).

Der Ansatz ist geprägt von drei Grundannahmen. Zunächst gilt die Exzellenz-Vermutung, d. h. es wird davon ausgegangen, dass jedes Kind über ein reiches Potenzial an Kompetenzen verfügt. Mit diesen steht es im Mittelpunkt der Betrachtung und soll bestmögliche Förderung erhalten. Daneben sind die Eltern die ersten Erzieher und Experten ihres Kindes, daher wird insbesondere der Zusammenarbeit mit Eltern ein hoher Stellenwert beigemessen, „Involving Parents in their Children's Learning" lautet die Prämisse. Der dritte Grundpfeiler des Early Excellence-Konzepts ist die Öffnung zum Nahraum. Die Einrichtung soll sich dem Sozialraum öffnen und so ein Zentrum für die Familie als Ganzes werden (vgl. Lepenies 2008, S. 7). Die Eltern sollen in ihrer Erziehungskompetenz gestärkt und in die Bildungsprozesse ihrer Kinder eingebunden werden. Gerade Eltern, die mit vielfältigen Problemlagen wie Armut, Arbeitslosigkeit oder sozialer Isoliertheit konfrontiert sind, sollen Wertschätzung, Anerkennung, Entlastung und Unterstützung in der Betreuung ihrer Kinder erfahren, ohne dabei ausgeschlossen zu werden. Um dies in der Praxis umzusetzen, sind unterschiedliche Unterstützungsangebote für Familien und Kinder in Early Excellence Centres integriert. Dies sind u. a. Angebote frühkindlicher Bildung und Betreuung, familienunterstützende Angebote, Erwachsenenbildungs- und arbeitsmarktbezogene Angebote, Fort- und Weiterbildung sowie lokale Gesundheitsdienste und Forschungseinrichtungen, damit das pädagogische Konzept auf dem neuesten Stand bleibt. Diese Angebote werden im Verbund mit Kooperationspartnern angeboten, um ein möglichst breites, vielfältiges Netz an Unterstützungs- und Fördermöglichkeiten für Familien zu schaffen. Abhängig von den Gegebenheiten im Stadtteil gibt es vier verschiedene Modelle der Kooperation und Vernetzung, das integrierte-, das koordinierte-, das koalitions- sowie das Misch-Modell. Im integrierten Modell werden alle Angebote von einer einzigen Einrichtung angeboten, bei dem koordinierten Modell kooperieren verschiedene Einrichtungen eng miteinander, um die Angebote aufzustellen und bei dem Koalitionsmodell besteht ein Bündnis verschiedener Einrichtungen, die unabhängig voneinander, aber unter enger Abstimmung arbeiten. Das sogenannte Misch-Modell ist eine Mischung aus den bereits beschriebenen Modellen (vgl. Hebenstreit-Müller 2008, S. 239f.).

Die Weiterentwicklung von Kindertagesstätten zu Early Excellence Centres bringt auch eine Veränderung des Berufsbildes der Erzieherinnen/des Erziehers mit sich. Sie sind nun nicht mehr ausschließlich für die Erziehung und Betreuung von Kindern zuständig, sondern müssen komplementäre Aufgaben wahrnehmen. Die Kindertageseinrichtung, die als multifunktionales Dienstleistungszentrum zu verstehen ist, setzt bei den Fachkräften die Zusammenarbeit mit Laien und Fachexperten, die Organisation von Angeboten für Kinder, die die Einrichtung nur sporadisch besuchen sowie die Organisation von Diskussionsgruppen, Beschäftigungs- und Qualifizierungschancen für Eltern voraus. Neue Formen der Zusammenarbeit mit den Eltern zeichnen den Early Excellence-Ansatz aus. Eltern werden aktiv in den Alltag der Kindertageseinrichtung mit eingebunden und als Partner verstanden. Das Fachpersonal muss hier mit Eltern in unterschiedlichsten Lebenslagen kooperieren sowie partizipieren, um einen wirksamen Dialog herzustellen. Ebenso müssen sich die Fachkräfte an der Qualitätsentwicklung der Einrichtung und dem Stadtteil beteiligen. Sie müssen sich mit den verschiedenen Ansätzen der Qualitätsentwicklung und Evaluation auseinandersetzen, d. h. Mitwirken in regionalen Planungsprozessen, aufgabenbezogene Kooperation mit anderen Trägern, Reflexion und Weiterentwicklung der Angebote und deren Qualität, Ressourcenverwaltung sowie Entwicklung einer einrichtungsspezifischen Konzeption. Da die Einrichtung als Innovationszentrum verstanden wird, wird von den Fachkräften zusätzlich gefordert, ihre Einrichtung als Qualifizierungsort zu verstehen. Dazu zählt die Entwicklung eines einrichtungsspezifischen Profils, Öffentlichkeitsarbeit, Planung, Dokumentation sowie Evaluation von Ansätzen, die Entwicklung kollegialer Einzel- und Teamberatung sowie die Verbreitung von „guter Praxis", zum Beispiel durch Mitwirkung bei Fortbildungen. Bei der Darlegung des Aufgabenbereiches wird deutlich, dass das Kompetenzprofil der neuen Erzieherinnen/des neuen Erziehers weit über den Gruppenalltag mit den Kindern hinausgeht und sie sich zunehmend als Experten für die Lebenslagen von Kindern und Familien im Stadtteil verstehen (vgl. Colberg-Schrader & Oberhuemer 2000, S. 91f.). Damit die pädagogischen Fachkräfte diesen neuen Anforderungen gewachsen sind, bilden sie sich fachlich weiter und haben zudem regelmäßige Supervisionssitzungen, um ihr Verhalten im Umgang mit den Kindern zu reflektieren und um sich mit anderen Teammitgliedern zu besprechen. Early Excellence Centres verstehen sich als „offene Institution", in der Fachkräfte aus verschiedenen Berufsfeldern und Disziplinen zusammenarbeiten (vgl. Lepenies 2008, S. 15).

Wie bereits kurz angerissen ist die Zusammenarbeit mit den Eltern ein zentrales Element im Konzept Early Excellence. Zwei wesentliche Leitsätze des Ansatzes sind: „Eltern sind die Experten ihrer Kinder" und „starke Kinder brauchen starke Eltern" (vgl. Burdorf-Schulz & Müller 2004, S. 20). Zwischen Fachkräften und Eltern besteht eine Erziehungspartnerschaft. Auf der einen Seite stehen die Eltern mit ihrem Wissen über ihr Kind und auf der anderen Seite die Fachkräfte mit dem fachlichen Know-how über kindliche Entwicklungsprozesse, die Anregung und Unterstützung für die Eltern bieten. Durch die Anerkennung und den Nutzen, die sich durch die gegenseitigen Stärken und Kompetenzen der Erziehungspartnerschaft erzielen lassen, kann eine individuelle und intensive Förderung für das Kind erfolgen. Der Austausch zwischen Fachkräften und Eltern orientiert sich an dem „Pen Green Loop". Dies ist ein Kommunikationsmodell, welches absichern soll, dass ein kontinuierlicher Austausch über das Kind stattfindet und die Kompetenzen der jeweiligen Parteien eingebunden werden (vgl. Hebenstreit-Müller 2008, S. 246f.). Der Pen Green Loop beinhaltet ein weiteres zentrales Merkmal des Early Excellence-Ansatzes, das „Beobachten und Dokumentieren". Sinn und Zweck hierbei ist es, dass sowohl die Eltern im Alltag als auch die pädagogischen Fachkräfte im Alltag der Kindertageseinrichtung ihre Erfahrungen mit dem Kind beobachten und mittels Fotoapparat, Videokamera und Tagebuchaufzeichnungen dokumentieren. Die Ergebnisse dieser Dokumentationen dienen als Basis für den Informationsaustausch zwischen Fachkräften und Eltern, um so eine individuelle Förderung des Kindes zu gewährleisten (vgl. Burdorf-Schulz & Müller 2004, S. 18f.).

In Deutschland ist mit Unterstützung der Heinz und Heide Dürr Stiftung, die kulturelle und soziale Projekte fördert, das Pestalozzi-Fröbel-Haus in Berlin in Kooperation und nach dem Vorbild des Pen Green Centre in Corby entstanden. Die Einrichtung steht für eine fortschrittliche Kleinkindpädagogik in Deutschland. Sie verbindet integrative Elternarbeit und Bildungsarbeit. Das Konzept von Pen Green sollte dabei dem Pestalozzi-Fröbel-Haus nicht einfach übergestülpt werden, vielmehr wurden hier diejenigen Elemente aus dem Konzept entnommen, welche zur Ausrichtung, zum Stadtteil und zur Elternschaft des Pestalozzi-Fröbel-Hauses passten. Leitziele bei der Übertragung des Pen Green-Konzeptes sind die Verbesserung der Bildungs- und Betreuungsqualität für Kinder, die Entwicklung neuer Formen der Zusammenarbeit mit den Eltern, der Aufbau einer integrativen Familienarbeit und eines Familiennetzwerkes sowie die Qualifizierung von Fachkräften für diese Arbeit. Die Planung für das Modellprojekt begann Anfang 2000, Mitte/Ende 2000 begann bereits die Umsetzung. Die Mitarbeiterinnen und Mitarbeiter, die größtenteils aus dem alten Team der Kindertageseinrichtung stammten, bekamen umfangreiche Fortbildungen und die Räumlichkeiten wurden entsprechend eines familienoffenen Konzeptes umgebaut (vgl. Burdorf-Schulz & Müller 2006 S. 15ff.).

Bei der Vorstellung des Konzeptes der Early Excellence wird deutlich, dass hier der Fokus über das Kind hinausgeht. Insbesondere die Eltern und der Nahraum mit seinen Lebensumständen und Institutionen, die für Kooperationen und Netzwerke genutzt werden, stehen neben dem Kind im Mittelpunkt der Betrachtung. Es lassen sich zudem inhaltliche Parallelen zum Projekt Familienzentrum NRW[24] feststellen.

4.1.5 Die Reggio-Pädagogik nach Loris Malaguzzi

Die Reggio-Pädagogik ist eine in der Stadt Reggio Emilia in Norditalien entwickelte Pädagogik. Maßgeblich geprägt hat sie seit 1963 der Pädagoge Loris Malaguzzi (vgl.

---

24   Siehe Kapitel 2.2 „Das Projekt Familienzentrum NRW".

Krieg 2004, S. 6). Malaguzzi hat nach dem Zweiten Weltkrieg gemeinsam mit den dort wohnhaften Eltern in der zerstörten Stadt Reggio Emilia einen Kindergarten gegründet, auf den in der Kommune ca. 35 weitere Krippen und Kindergärten folgten. Die Bewohnerinnen und Bewohner von Reggio Emilia strebten eine Erziehung zu Humanität und Gewaltfreiheit an (vgl. Ullrich & Brockschnieder 2009, S. 11f.). Reggio Emilia umfasst ca. 140.000 Einwohner und ist politisch links geprägt. Die institutionelle Kindertagesbetreuung ist in die politische Kultur der Stadt integriert, daher sind dort nicht ausschließlich die Eltern und Mitarbeiterinnen und Mitarbeiter der pädagogischen Einrichtungen in die Pädagogik mit eingebunden, sondern ebenso die Bürgerinnen und Bürger der Stadt sowie die politischen Entscheidungsträger. Eine Reggio-Einrichtung versteht sich als eine lernende Organisation. Grundlage in der pädagogischen Arbeit ist der Dialog zwischen allen Beteiligten (vgl. Krieg 2004, S. 6f.). Das Kind mit all seinen Fähigkeiten und seinen Rechten steht in der Reggio-Pädagogik im Mittelpunkt der Betrachtung. Gesteht man Kindern Rechte zu, sind sie nicht mehr Objekt der Erziehung, sondern eigenständige Subjekte. Das Kind wird als ein kompetentes Kind gesehen, welches eigenständiger Akteur seiner Lern- und Gestaltungsprozesse ist. Pädagogische Fachkräfte werden nicht als allwissend verstanden, sondern sie begeben sich mit dem Kind auf die Suche nach Beantwortung der aufkommenden Fragen. Ein Leitsatz in der Reggio-Pädagogik lautet „Das Kind ist reich, es hat hundert Sprachen", das impliziert, dass ein Kind Hunderte von verschiedenen, individuellen Möglichkeiten hat, sich die Welt zu erschließen, zu verstehen und die Beziehung zu dieser und zu den Mitmenschen zu gestalten. Diese vielfältigen Interpretationen bieten wiederum Hunderte von Wahrnehmungs- und Erfahrungsmöglichkeiten. Das Kind ist eigener Konstrukteur seiner Welt und ko-konstruiert diese in Beziehung und Kommunikation mit anderen. Die eigene Identität, sprich die Selbstbildung, entwickelt sich daher immer erst im Austausch mit anderen. Dialog und Beziehung, also auch Konflikte, werden zu einer zentralen Entwicklungsgrundlage. Das Kind konstruiert in solchen Auseinandersetzungen das eigene Weltbild und die eigene Identität (vgl. Stenger 2010, S. 114–119).

Erziehung und Bildung werden in der Reggio-Pädagogik als eine gesellschaftliche und politische Aufgabe aufgefasst. Dies beinhaltet, dass es Aufgabe von Erziehung ist, mitzuwirken an einer menschenwürdigen Gesellschaft. Ebenso müssen in der pädagogischen Erziehungsarbeit die gesellschaftlichen Bedingungen und insbesondere auch deren Veränderungen berücksichtigt und aufgegriffen werden. Aufgabe der Gesellschaft wiederum ist es, die Erziehung zu unterstützen. „Erziehung muss gerichtet sein auf ein Mehr an Humanität, Demokratie, Solidarität und Frieden. Pädagogik darf sich dieser Aufgabe nicht entziehen und muss so gestaltet werden, dass ein positiver gesellschaftlicher Effekt entsteht" (Ullrich & Brockschnieder 2009, S. 17f.). Hier wird deutlich, dass der Gesellschaft in der Reggio-Pädagogik ein hoher Stellenwert beigemessen wird. Pädagogik ist nicht etwas, das unberührt in Institutionen stattfindet, sondern etwas, das unter starkem Einfluss von außen steht und auch wiederum einen starken Einfluss auf die äußeren Geschehnisse hat, da die Kinder in den frühpädagogischen Institutionen die künftige Gesellschaft bilden. Daher ist es in der Reggio-Pädagogik wichtig, dass sich in der Erziehungsarbeit verschiedene gesellschaftliche Gruppen begegnen, nur so können sich Formen von politischer und sozialer Solidarität bilden, welche wiederum für eine gesellschaftliche und kulturelle Sicherheit stehen (vgl. Dreier 1994, S. 209 zit. in Ullrich & Brockschnieder 2009, S. 18).

Wie bereits beschrieben ist der Dialog ein zentrales Element in der pädagogischen Arbeit nach Reggio, das impliziert auch in besonderer Weise die Arbeit mit den Eltern. Die Reggio-Einrichtung versteht sich jedoch nicht als ein Zentrum für die Familie als Ganzes, vielmehr steht hier ausschließlich das Kind im Fokus der Betrachtung. Die Einrichtungen sollen Begegnungsstätten im Gemeinwesen sein. Die Eltern werden mit ihren Kompetenzen in den Erziehungsprozess mit eingebunden und sind unerlässlich, da sie als die Fachleute für ihr Kind angesehen werden (vgl. Dreier 1994, S. 155f. zit. in Lingenauber 2007, S. 44ff.). Mit Kompetenzen sind die elterlichen Kompetenzen gemeint, die Eltern zu Fachleuten ihrer Kinder machen. Sie verfügen über spezifisches Wissen über ihr Kind, welches die Fachkräfte wertschätzend in Elterngesprächen erfragen und in die pädagogische Arbeit der Institution mit einbinden (vgl. Lingenauber 2007, S. 44ff.).

Die Öffnung der Institution nach außen zeigt sich einerseits in der architektonischen Bauweise der Einrichtungen, die sehr offen und einladend gestaltet sind und andererseits in der Offenheit der Mitarbeiterinnen und Mitarbeiter. Die Einrichtungen sollen Begegnungen im Gemeinwesen ermöglichen und die Aufmerksamkeit auf die Kindertagesstätten und deren Arbeit lenken. Kooperationen und Vernetzungen zwischen Eltern, Fachkräften und Institutionen, wie zum Beispiel der Fachberatung oder Künstlerinnen und Künstler, sollen dem gemeinsamen, gesellschaftlichen Erziehen Ausdruck verleihen. Erziehung wird somit zu einer gemeinsamen Angelegenheit, die von den Ideen der verschiedenen Mitwirkenden gespeist wird. Pädagogik als eine Art der Bürgerbewegung, die Bürger bewegen und die Bürger bewegt. Erziehung also als etwas, an dem das Gemeinwesen mitwirken kann, für das es aber auch eine Mitverantwortung trägt (vgl. Ullrich & Brockschnieder 2009, S. 19f./47).

Insbesondere auch die Lebensbedingungen der Familien, die die Einrichtung besuchen, sollen in der Arbeit berücksichtigt werden. Bei prekären Lebenssituationen hat die Reggio-Pädagogik das Ziel, diese Bedingungen zu verändern, hier kommt wieder dem gesellschaftlichen Erziehungsgedanken Bedeutung zu:

> „Die Erziehung von Kindern ist eine Sache der Familien, der öffentlichen Einrichtungen und der Gesellschaft. Als solche erfordert sie Solidarität und gemeinschaftliche Antworten, die über rein individuelle hinausgehen." (Malaguzzi 1984, S. 9 zit. nach Dreier 2006, S. 63)

Eltern werden jedoch nicht als Adressaten von Elternarbeit verstanden, sondern partizipatorisch als Mitwirkende gesehen (vgl. Ullrich & Brockschnieder 2009, S. 19f.).

Die Umgebung der Institution wird in den pädagogischen Alltag mit einbezogen. Die Kinder sollen sich ihre Umwelt mit allen Sinnen aneignen. Nach Malaguzzi (zit. nach Göhlich 1993, S. 173 zit. in Ullrich & Brockschnieder 2009, S. 18) ist es absurd, dass sich Kinder in einer von der Gesellschaft getrennten Institution sozial und positiv entwickeln sollen. Daher ist der Nahraum ein unerlässlicher und wichtiger Lern- und Aneignungsraum. Der Raum wird in der Reggio-Pädagogik auch der dritte Erzieher genannt. Damit soll seine Bedeutsamkeit und Wirkung betont werden. Insbesondere der Raum- und Materialgestaltung in den Einrichtungen kommt daher eine wichtige Rolle zu. Die Räumlichkeiten sollen Aneignungs- und Entfaltungsmöglichkeiten für die Kinder bieten. Die Materialien verfolgen kein klares didaktisches Ziel, wie es zum Beispiel die Montessori-Materialien tun, vielmehr sollen sie hier zum Experimentieren anregen. Sie werden auch „intelligente Materialien" genannt. Die Einrichtungen sind offen und transparent gestaltet. Im Eingangsbereich von Reggio-Einrichtungen gibt es eine weitläufige „Piazza", die ein Begegnungsort sein soll, und neben den Gruppenräumen, die zumeist altershomogene Gruppen beherbergen, stellen die Ateliers, die an die Gruppenräume angeschlossen sind, und welche Kinder zum freien Experimentieren einladen sollen, ein zentrales räumliches Element dar. Hier wird überwiegend mit Materialien aus der „Remida" gearbeitet, das sind Abfallmaterialien aus regionalen Betrieben (vgl. Stenger 2010, S. 124ff.). Die Projektarbeit ist ein wesentliches Element der didaktischen Arbeit in Reggio-Einrichtungen. Projektarbeit ist eine Methode, die es Kindern ermöglichen soll, unter hoher Selbstbeteiligung einer eigenen Fragestellung nachzugehen. Projektthemen orientieren sich einerseits an Fragen, denen Kindern im Alltag begegnen und beinhaltet häufig ganz alltägliche Fragestellungen, wie zum Beispiel „Woher kommt der Schnee?". Andererseits können auch Themen an die Kinder zum Beispiel durch die Kommune herangetragen werden, wie zum Beispiel das Projekt „Wie Kinder unsere Stadt sehen". Die Fachkräfte geben hier nicht Antwort auf die Fragen der Kinder, sondern geben den Kindern einen Rahmen und unterstützen sie dabei durch generative Fragen und Aufgabenstellungen, sich die Frage eigenständig zu beantworten. Dabei wird der nächste Projektschritt immer vom vorherigen bestimmt. Hierbei ist eine kontinuierliche Beobachtung und Dokumentation der Kinder vonseiten der Fachkräfte wichtig. Die Kinder sind im Rahmen von Projektarbeiten die Hauptakteure des Geschehens (vgl. Stenger 2010, S. 135ff.).

Bei der Darstellung der Reggio-Pädagogik zeigt sich, dass das Kind im Fokus der Betrachtung steht. Erziehung wird hier aber nicht als Aufgabe einer frühpädagogischen Institution begriffen, sondern als etwas in welches das Gemeinwesen aktiv mit eingebunden ist. Erziehung als eine gesellschaftliche Aufgabe lautet die Prämisse.

4.1.6 Die Freinet-Pädagogik nach Célestin Freinet

Der Franzose Célestin Freinet (1896–1966) ist der Begründer der Freinet-Pädagogik. Seine Pädagogik bezog sich auf Kinder in der Schule. Nach seinem Tod wurde diese zunächst auf den Hort und anschließend auch auf die Kindertageseinrichtung übertragen. Dennoch ist sie in der institutionellen Kindertagesbetreuung noch vergleichsweise unterrepräsentiert. Insbesondere die Ehefrau von Freinet, Elise Freinet sowie der Pädagoge Paul Le Bohec haben zu der Freinet-Bewegung beigetragen. Da Freinet die Ansätze seiner Pädagogik aber nicht dogmatisch festlegte und niederschrieb, kann man heute nicht von „der" Freinet-Pädagogik sprechen, da sie von vielen Pädagogen und Pädagoginnen aufgegriffen, weiterentwickelt und weitergetragen wurde. Dies gilt insbesondere für die Übertragung auf das Feld der Kindertagesbetreuung, hier wurden die Methoden der Freinet-Pädagogik aufgegriffen und überarbeitet (vgl. Henneberg, Klein & Vogt 2010, S. 144–147).

Freinet wollte eine Schule, die für alle Lehrer, Kinder und Eltern aller politischen Richtungen offen ist. Die Schule sollte einen Rahmen bieten, um sich optimal zu entfalten. Er forderte dazu auf, dass alle gesellschaftlichen Kräfte mobilisiert werden sollten, um zur freien Entfaltung der kindlichen Persönlichkeit beizutragen (vgl. Jörg 2007, S. 96). In der Freinet-Pädagogik wird das Kind als eigenständig handelndes Subjekt wahrgenommen. Es wird als Konstrukteur seines Selbst gesehen. Der Umwelt wird zwar ein nicht unerheblicher Einfluss beigemessen, dennoch entwickelt sich das Kind eigenaktiv und selbstständig. Es reagiert als Subjekt mit seinem Handeln auf die äußeren Umstände und auf das, was der Erwachsene ihm anbietet. Kinder sind sich ihres Handelns nicht immer unbedingt bewusst, sie sind aber von ihrem Innenleben geleitet. Ein Kind ist nach Freinet von sich aus zum Lernen motiviert und möchte sich Dinge eigenständig erschließen. Eine Motivation der Kinder ist nur notwendig, wenn das Leben des Kindes ihm zu wenig Anregung zur Aneignung bietet (vgl. Henneberg, Klein & Vogt 2010, S. 144–147).

Dem Begriff des Lebens kommt in der Freinet-Pädagogik eine maßgebliche Bedeutung zu. In vielen seiner Schriften betont Freinet, wie wesentlich es sei „das Leben in die Schule hinein zu holen, die Schule dem Leben zu öffnen und die Kinder am Leben teilnehmen zu lassen." Die Kinder sollen nicht in einer künstlichen Umgebung lernen, sondern an den Dingen, die das Leben ihnen bietet (vgl. Teigler 2007, S. 115). Kinder lernen somit in ihrem Leben für das gegenwärtige Leben, das Leben setzt sich also im Lernen fort und andersherum. Für Kinder unterscheidet sich Leben und Lernen nicht voneinander, für sie ist es nach der Freinet-Pädagogik eins. Es gibt keine Situationen oder Dinge im Leben, die dem Kind begegnen, aus denen es nicht lernt (vgl. Henneberg, Klein & Vogt 2010, S. 149). Freinet war einer der ersten Pädagogen, der die Partizipation von Kindern befürwortete. Die Kinder können sich über ihren „freien Ausdruck" mitteilen sowie im Kontext mit anderen ihre Meinung kundtun und ihr Recht auf Mitbestimmung geltend machen (vgl. Henneberg, Klein & Vogt 2010, S. 160).

Freinet postulierte eine naturnahe Erziehung mit natürlichen Methoden. Hierfür wird den Kindern eine natürlich vorbereitete Umgebung geschaffen, so zum Beispiel in Form von Werkstätten oder Schulgärten (vgl. Jörg 2007, S. 96). Er versuchte immer das reale Leben der Kinder und das, was die Kinder bewegt, in den institutionellen Alltag zu holen. Hier sprach er auch von der „méthode naturelle", also der natürlichen Methode. Für ihn lernt ein Mensch am besten an solchen Situationen. Lebensfernes Lernen ist für ihn sinnlos (vgl. Henneberg, Klein & Vogt 2010, S. 153). Am anregungsreichsten war für ihn die natürliche Umgebung der Natur: „Das Milieu, das (dem Kind allerdings) am besten entspricht, ist die Natur. Daher stellen wir ihm die Natur zur Verfügung" (Freinet 1979, S. 27 zit. in Henneberg, Klein & Vogt 2010, S. 165). Zu Beginn seiner Lehrtätigkeit führte Freinet die sogenannte „Spaziergangsklasse" ein, im Rahmen dieser verließ er mit den Kindern die Schule und suchte ohne konkretes Ziel und Plan den Nahraum Natur auf (vgl. Henneberg, Klein & Vogt 2010, S. 157). Die Natur beinhaltete für ihn alle Anregungen, die ein Kind für die Entwicklung benötigt, daher sollte diese ihm, zum Teil vorbereitet, durch zum Beispiel einen Garten oder ein Aquarium, zur Verfügung gestellt werden. Im Hinblick auf die innerräumliche Gestaltung war ihm wesentlich, dass keine Stagnation vorherrscht, sondern die Räume sich immer mit den Bedürfnissen wandeln (vgl. Henneberg, Klein & Vogt 2010, S. 165f.).

Im Zuge der Darstellung der Freinet-Pädagogik zeigen sich Bezüge zu Raum und Räumlichkeit im Sinne dessen, dass der Lebensraum der Kinder zum Lernraum gemacht wird. Ein Lernen an realen Lebenssituationen wird fokussiert. Insbesondere dem naturnahen Nahraum wird eine tragende Bedeutung beigemessen.

4.2 Darstellung der sozialräumlichen Debatte in der institutionellen Kindertagesbetreuung

Es zeigt sich, dass in der Fachwissenschaft sozialräumliche Aspekte in der Frühpädagogik bisher kaum diskutiert wurden. In vielen Bereichen wird sich mit Sozialraum und Jugendarbeit auseinandergesetzt, doch die frühe Kindheit, und hier insbesondere die Verknüpfung zu frühpädagogischen Betreuungsinstitutionen, bleiben weitgehend unberührt. Gleichwohl sich bereits im achten Jugendbericht (vgl. BMJFFG 1990, S. 102) erste Anleihen von sozialräumlichen Gedankenansätzen für die institutionelle Kindertagesbetreuung finden lassen. Hier werden Kindergärten als Bestandteil der regionalen Infrastruktur begriffen und es werden Aufgaben formuliert, die über den tatsächlichen Aufgabenbereich von institutioneller Kindertagesbetreuung hinausgehen, so zum Beispiel, dass „Kindergärten als Nachbarschaftszentren mit breit gestreuten Angeboten und Unterstützungsleistungen (...) (als) ein richtungsweisendes Konzept dafür [haben], Verbindungen zwischen professionellen sozialen Dienstleistungen und nachbarschaftlichen anzubahnen (...)." Im acht Jahre später folgenden 10. Kinder- und Jugendbericht werden unter dem Aspekt der Weiterentwicklung der Gemeinwesenorientierung konkrete Aufgaben dazu aufgeführt, wie zum Beispiel die individuelle Beratung und Unterstützung von Familien, Vernetzung mit der sozialen Infrastruktur, Mitwirkung an einer Verbesserung der Lebensbedingungen im Lebensumfeld sowie die Wahrnehmung politischer Anwaltsfunktionen (vgl. BMFSFJ 1998, S. 193).

In der pädagogischen Tradition von institutioneller Kindertagesbetreuung wurde von Elisabeth Blochmann der Außenraum des Kindergartens, d. h. das sogenannte „Straßenleben", als etwas Negatives angesehen, von dem es galt, die Kinder fern zu halten, weil es sich negativ auf die Entwicklung der Kinder auswirken könne. Sie sieht zwar, dass das Spielen im Nahraum die sozialen Kontakte zu anderen Kindern fördert und der eigene Lebensbereich erweitert wird, dennoch betont sie, dass dieses Spielfeld insbesondere für kleine Kinder nicht förderlich sei. Dem Bezug zur Lebenswelt und dem Sozialraum der Kinder wird hier keine Bedeutung beigemessen. Jürgen Zinnecker widerspricht (1997, S. 38) dieser Gedankentradition und misst dem „Straßenleben" einen besonderen Erlebnisgehalt bei und sieht es als besonderen gesellschaftlichen Handlungsraum für Kinder. Er stellt sich damit gegen die verhäuslichte Kindheit und stellt den öffentlichen Raum, welcher immer weniger verfügbar ist, in den Mittelpunkt der pädagogischen Diskussion. Die Bedeutung des städtischen Nahraumes für Kinder wurde auch in der Tübinger Erklärung (1995) „Kinder brauchen Stadt" gestützt. Ein unreflektierter Sozialraumbezug war damals häufig allein dadurch gegeben, dass die Kindergärtnerinnen in einer Dienstwohnung angeschlossen an den Kindergarten lebten. Dadurch waren sie nah am Leben der Familien, kannten ihre sozialen Lebensbedingungen und wussten um die sozialräumlichen Bezüge. Des Weiteren gehörten auch damals Ausflüge in die nähere Umgebung der Einrichtung schon zum Alltag von Kindertagesbetreuung (vgl. Thiersch & Thiersch 2001, S. 142). Renate und Hans Thiersch (2001, S. 151) beleuchteten, angeregt durch diese Debatte, als eine der ersten die Aspekte von Sozialraumorientierung in der pädagogischen Arbeit von Kindertageseinrichtungen. Für sie kann „Sozialraumorientierung für Kindertageseinrichtungen (…) nur bedeuten, dass sie sich in ihren spezifischen Aufgaben den Aufgaben der Erziehung, Bildung und Betreuung von Kindern und der Zusammenarbeit mit Familien im Kontext des Sozialraumes verstehen und daß sie einen Beitrag leisten zu sozialen, gerechten, ‚gelingenderen' Lebensverhältnissen." Als Sozialraum begreifen die Autoren den Raum, in dem Kinder ihren Alltag erleben und in dem sie einen Teil ihrer Erfahrungen machen. Die differenten Räume mit ihren differenten Strukturen bedingen unterschiedliche Lebenserfahrungen und -lagen von Kindern und ihren Familien. In der pädagogischen Arbeit von Kindertageseinrichtungen gilt es, diese Erfahrungen reflektiert mit einzubeziehen und nutzbar zu machen. Hierfür unterscheiden die Autoren verschiedene Dimensionen, die Sozialraumanalyse als sozialräumliches Aufgabenprofil, die Sozialraumpädagogik, sprich die institutionell und pädagogisch-inhaltlichen Konsequenzen, die Zusammenarbeit mit den Eltern als Serviceleistungen sowie die Sozialraumpolitik. Renate Thiersch (2002, S. 252–257) führt diese Dimensionen weiter aus. Die Sozialraumanalyse als sozialräumliches Aufgabenprofil berücksichtigt demnach die unterschiedlichen Erfahrungen der individuellen Personengruppen im Nahraum. „Kinder erleben etwas anders in ihrem Stadtteil als ihre Mütter und ihre Väter". Die unterschiedlichen Erfahrungen sollen berücksichtigt und in die pädagogische Arbeit der Einrichtung mit eingebunden werden. Der Sozialraum soll durch Gespräche mit den Beteiligten und durch Stadtteilbegehungen (mit und ohne Kinder) analysiert und erschlossen werden. Daneben soll eine Auseinandersetzung mit den sozialstatistischen Daten der Sozial- und Jugendhilfeplanung und den räumlichen Bedingungen sowie der sozialen Infrastruktur stattfinden. Durch eine solch vielschichtige Analyse ergibt sich ein spezifisches Profil der Einrichtung. Übergeordnet gedacht könnten so verschiedene sozialräumliche Typologien von Kindertageseinrichtungen mit spezifischen Aufgabenprofilen entwickelt werden. Der Begriff Sozialraumpädagogik impliziert bei R. Thiersch (2002) die institutionellen und pädagogisch-inhaltlichen Konsequenzen. Einerseits sind hier organisatorische Rahmenbedingungen, wie zum Beispiel Öffnungszeiten oder variable Betreuungszeiten, inbegriffen. Es soll der konkrete Bedarf im Stadtteil erfragt und dementsprechend darauf handelnd reagiert werden, um einen gelingenden Alltag für Familien zu gestalten. Andererseits wird hier aber auch die konkrete inhaltliche didaktische Arbeit berücksichtigt. Hier soll die Gestaltung von Lernarrangements für Kinder auf die sozialräumlichen Bedingungen und deren Defizite abgestimmt werden. So zum Beispiel Angebote der Bewegungsförderung in innerstädtischen Quartieren, die Kinder sonst eher wenig Anregung zur Bewegung bieten, die Ermöglichung von Naturerfahrungen in städtischen Gebieten, Sprachförderung in multikulturellen Nahräumen sowie soziale Erfahrungsräume für Kinder die vereinzelt, d. h. nur mit wenig Kontakt zu anderen Kindern, aufwachsen. Hier verweist die Autorin auf den Situationsansatz, der eine Verknüpfung der kindlichen Erfahrungswelt und der pädagogischen Arbeit im Sinne von Lernprojekten aufzeigt. Im Sinne einer sozialräumlichen Pädagogik geht es erweitert darum, die Vermittlungsaufgabe didaktisch-methodisch zu reflektieren und die sozialräumlichen Aspekte in das Bildungskonzept zu integrieren. Des Weiteren sollen die Kinder in der Erkundung ihres Lebensraumes begleitet und hier in ihrer Aneignung unterstützt werden. Die Dimension Zusammenarbeit mit den Eltern berücksichtigt die Einbeziehung der Eltern in den Erziehungsprozess. R. Thiersch (2002) verweist hier auf das Konzept der Reggio-Pädagogik und der Elterninitiativen. Eltern sollen mit ihren Kompetenzen und sozialräumlichen Erfahrungen als wertvolle Mitgestalter in der Erziehung verstanden werden. Darüber hinaus sollen bei einem nachweisbaren Bedarf den Eltern weitere ergänzende Angebote gemacht werden, die über die pädagogische Arbeit am Kind hinausgehen, so zum Beispiel extern durchgeführte Sprachkurse oder Elterncafés, die häufig in Eigenregie der Eltern entstehen. Solche Angebote sollen nicht „als Ausweis von moderner Kundenorientierung und Dienstleistungsgesinnung quasi gratis eingefordert werden" (Thiersch, R. 2002, S. 252–257). Der letzte Aspekt der Sozialraumpolitik bezieht sich auf die politischen Aufgaben von Kindertageseinrichtungen im Sozialraum. Die Institution soll mitwirken und partizipieren an der sozialen und pädagogischen Infrastruktur im Stadtteil, um sich für eine Verbesserung der Lebensqualität von Familien im Nahraum einzusetzen, wodurch wiederum die Bildungsprozesse von Kindern erfolgreicher gelingen. Zudem sollen Kooperationen von für Familien relevanten Akteuren gefördert und indiziert werden. Bei der Darstellung der sozialräumlichen Dimensionen von R. Thiersch (2002) zeigt sich, dass hier insbesondere die Bildungsprozesse von Kindern im Fokus stehen. Die entwickelten Dimensionen basieren laut der Autorin auf „autobiographischen Notizen" (Thiersch, R. 2002, S. 257) und sind nicht empirisch belegt.

Neben R. Thiersch (2002) beschäftigen sich auch Deinet (2011) sowie Blankenburg und Rätz-Heinisch (2009) mit der Thematik von Sozialraum und Kindertageseinrichtung. Deinet (2011) stellt hier weniger die Kindertageseinrichtung als solche in den Fokus der Betrachtung, als die sozialräumliche Entwicklung von Kindern. Er fokussiert sich auf die Bedeutung des Nahraumes für das Aufwachsen von Kindern. In Bezug auf die institutionelle Ebene überträgt er unterschiedliche Ebenen einer Sozialraumarbeit von der Jugendarbeit auf die Kindertageseinrichtungen, welche von Blankenburg und Rätz-Heinisch (2009) erprobt und weiter ausgeführt werden. Deinet (2011) stützt sich hier auf den von Kessl und Reutlinger (2007) geprägten Begriff der Sozialraumarbeit, welche sich vielmehr als eine Haltung versteht. Mittels Analyse- und Beteiligungsmethoden soll ein Einblick in die differenten Lebenswelten und Sozialräume geschaffen werden. Methoden einer Lebensweltanalyse sind die Stadtteilbegehung mit Kindern, die Nadelmethode, das Cliquenraster, die strukturierte Stadtteilbegehung, die Autofotografie, die subjektiven Landkarten sowie die Zeitbudgets (vgl. Deinet & Krisch 2002 zit. in Deinet 2011, S. 299). Diese Methoden sollen helfen, „Lebenswelten von Kindern besser zu erfassen und die in der Praxis immer noch vorhandene Einrichtungsbezogenheit zu überwinden." Deinet (2011, S. 309) sieht in der sozialräumlichen Entwicklung von Kindertageseinrichtungen durch die Schaffung einer Kinder- und familienfreundlichen Atmosphäre einen präventiven Charakter.

Blankenburg und Rätz-Heinisch (2009, S. 168) entwickelten drei verschiedene Dimensionen sozialräumlichen Handels, um sich das komplexe Feld des sozialen Raumes von Kindertageseinrichtungen zu erschließen.

- Sozialstrukturelle Analyse des sozialen Raums unter der Perspektive sozialer Ungleichheit,

- Aneignung von Räumen als ein subjektorientierter Zugang,

- bürgerschaftliches Engagement zur wechselseitigen Erschließung des Potenzials sowie der Ressourcen der Stadtteilbewohner und der Einrichtung zur Gestaltung des sozialen Raumes sowie der Organisation sozialer Unterstützung.

Diese Dimensionen spiegeln sich teilweise in den Aspekten von R. Thiersch (2002) wider, so zum Beispiel der Punkt der Sozialraumanalyse, und greifen zudem auch die sozialräumliche Entwicklung von Kindern im Sinne von Aneignungsprozessen von Deinet (2011) auf. Blankenburg und Rätz-Heinisch (2009, S. 168) ergänzen zusammengefasst die Dimension der Ressourcenorientierung. Des Weiteren verweisen sie auf die sozialen Dienstleistungsangebote von Kindertageseinrichtungen, wie die Betreuung der Kinder, Elternberatung und Elternbildung und darüber hinaus auf regionale Vernetzungsstrukturen im Rahmen von Fachrunden. Diesen „Raum" bezeichnen sie als einen sozialen Raum, der von Politik, Verwaltung und Planung vorstrukturiert wird.

Kasüschke und die Autorin dieser Arbeit setzen sich ausgehend von dieser Debatte mit der Thematik auseinander und stellen sie in Beiträgen in den Mittelpunkt der Diskussion (vgl. Kasüschke & Jares 2010/Kasüschke & Jares 2013). Sie greifen auf, dass das Konzept der Sozialraumorientierung bis dato keinen systematischen Eingang in die Pädagogik der frühen Kindheit gefunden hat, es sich jedoch Konzepte „sozialräumlichen Denkens" zeigen, so beziehen sie sich hier einerseits im Sinne einer Perspektive nach innen auf didaktische Elemente wie den Situationsansatz sowie insbesondere auf die altersgemischten Gruppenkonzepte und das Konzept des „offenen Kindergartens". Darüber hinaus verweisen sie auf die Kindertageseinrichtung als einen Teil des sozialen Nahraumes bei dem sie auf das Projekt Familienzentrum NRW und die Early Excellence-Einrichtungen verweisen (vgl. Kasüschke & Jares 2010, S. 225f.). Diese Konzepte werden auch ausführlich in Kapitel 4.1 „Ansätze von sozialräumlicher Orientierung in der institutionellen Kindertagesbetreuung" dieser Arbeit beschrieben. Die Autorinnen unterscheiden vier Ebenen sozialräumlichen Handelns, so zunächst die Ebene der Erwachsenen-Kind-Interaktion, welche im Fokus von pädagogischen Konzepten steht und die Ebene des didaktischen Handelns impliziert. Als zweite Ebene wird der Innenraum der Kindertageseinrichtung mit Bezug auf Honigs Instituetik (2002)[25] bezeichnet. Die dritte Ebene ist die Perspektive der Einrichtung auf das soziale Umfeld und die vierte Ebene impliziert den Blick von außen auf die Kindertageseinrichtung. Sie stellen fest, dass insbesondere die dritte und die vierte Ebene überwiegend Gegenstand sozialpädagogischer Beiträge sind (vgl. Kasüschke & Jares 2013, S. 129/132). Die Autorinnen verweisen darauf, dass sich frühpädagogische Diskurse stark auf der konzeptionellen Ebene bewegen, wodurch die verschiedenen Perspektiven „in dem eng umschriebenen didaktischen Rahmen des Bildungsangebotes verhaftet bleiben". Auf Basis ihrer theoretischen Ausführungen stellen sie fest, dass es zu wenig empirische Forschung zu dieser Thematik gibt (vgl. Kasüschke & Jares 2013, S. 138). Diesem Desiderat wird sich in der vorliegenden Arbeit angenommen.

Bei der Darlegung von sozialräumlichen Aspekten institutioneller Kindertagesbetreuung zeigt sich, dass sich in Ansätzen bereits Autoren theoretisch mit dem Feld auseinandergesetzt haben. Es wird dargelegt, welche Perspektiven Institutionen einnehmen könnten, um sozialräumlich zu agieren. Diese sind jedoch alles Konstrukte, die aus der Theorie und nicht aus der tatsächlichen Praxis abgeleitet wurden. Sie basieren lediglich auf Annahmen und sind nicht empirisch belegt. Daher bedarf es hier einer empirisch belegten theoretischen Konstruktion, die das sozialräumliche Verständnis aus Sicht der in den Institutionen tätigen Fachkräfte und nicht aus einer wünschenswerten Theoriesicht darstellt.

---

25   Siehe Kapitel 4.2.2 „Die Instituetik von Kindertageseinrichtung als sozialer Ort".

4.2.1 Lebensweltorientierung in der institutionellen Kindertagesbetreuung

Wo Kindertageseinrichtungen bisher nur in wenigen Beiträgen Gegenstand sozialräumlich orientierter Reflexion sind, finden sich zu dem Konzept der Lebensweltorientierung weitaus mehr Bezugspunkte. Der Begriff der Lebensweltorientierung, der den Begriff der Alltagsorientierung ablöste, wurde maßgeblich von Hans Thiersch in den späten 1960er Jahren ausgearbeitet und diskutiert. Lebenswelt wird als „ein strukturiertes Gefüge ganzheitlicher, räumlicher, zeitlicher und sozialer Bezüge" verstanden (Thiersch 1993 zit. in Hamburger 2008, S. 137), welches sich in seinen Strukturierungen als Handlungsfeld mit Kompetenzen und Ressourcen bestimmt. Das Individuum bildet die Lebenswelt, die eingespannt ist in sozialstrukturelle Lebenslagen und durch die eigenen Empfindungen mit der wahrgenommenen Umwelt interagiert. Soziale Arbeit hat hier das Ziel, die Lebensbewältigung von Individuen zu stärken, ohne dabei die individuelle Lebensführung zu missachten (vgl. Hamburger 2008, S. 137f.). Der Mensch wird somit immer in seinen Verhältnissen, mit seinen Ressourcen, den vorenthaltenen Partizipationschancen und den Schwierigkeiten in der alltäglichen Lebenswelt betrachtet. Die Lebenswelt wird dabei immer vom Individuum selbst, d. h. durch die individuellen Empfindungen und Wahrnehmungen, gebildet (vgl. Grunwald & Thiersch 2004, S. 5). Eine lebensweltorientierte Soziale Arbeit rückt somit die Alltagserfahrungen der Adressatinnen und Adressaten in das Blickfeld. Dies impliziert auch die Selbstdeutungen und die Handlungsmuster derselben. Für Thiersch ist hierbei die Zuständig- sowie die Eigenständigkeit der Menschen in Bezug auf die Bewältigung der Aufgaben wesentlich (vgl. Grunwald & Thiersch 2005, S. 1136 zit. in Giener-Grün & Karber 2013, S. 137). Der Alltag der Adressatinnen und Adressaten steht immer auch im Zusammenhang mit gesellschaftlichen und strukturellen Entwicklungen und ist somit nicht unabhängig von politischen, ökonomischen und institutionellen Bedingungen. Dieser Zusammenhang zwischen der Lebenswelt des Individuums und den gesellschaftlichen Bedingungen ist Reflexionsgegenstand von Sozialer Arbeit (vgl. Giener-Grün & Karber 2013, S. 137f.). Die Struktur- und Handlungsmaximen des Konzeptes der Lebensweltorientierung lauten Prävention, Alltagsnähe, Dezentralisierung und Regionalisierung sowie Integration und Partizipation. Prävention impliziert die Schaffung einer unterstützenden Infrastruktur sowie die Herausbildung lebensbewältigender Kompetenzen bei den Adressatinnen und Adressaten. Die Unterstützungsangebote sollen niederschwellig für die Adressatinnen und Adressaten im Alltag erreichbar sein, dies meint die Maxime der Alltagsnähe. Daran anknüpfend impliziert Dezentralisierung und Regionalisierung, dass die Unterstützungs- und Hilfsangebote regional verfügbar und miteinander vernetzt sind. Integration meint die Anerkennung von Heterogenität. Räume für ein gemeinsames Miteinander sollen geschaffen und Ausgrenzung abgeschafft werden. Die letzte Maxime, Partizipation, soll den Adressatinnen und Adressaten die Mitbestimmung und Teilhabe ermöglichen (vgl. Thiersch, Grunwald & Köngeter 2010, S. 188f. zit. in Giener-Grün & Karber 2013, S. 139f.). Thiersch fasst sein Konzept als ein Rahmenkonzept auf, welches auf unterschiedliche Arbeitsfelder angewandt werden kann, dafür bedarf es jedoch einer individuellen Ausarbeitung der Maxime auf das jeweilige Handlungsfeld (vgl. Grunwald & Thiersch 2004, S. 5).

Die Kindertagesbetreuung ist ein institutionalisiertes, außerfamiliäres Angebot, daher muss geklärt werden, welche Ausgestaltung lebensweltorientiertes Handeln hier impliziert. Einerseits orientiert sich Soziale Arbeit an der Lebenswelt der Adressatinnen und Adressaten und andererseits stellt die Soziale Arbeit im Rahmen ihrer Institutionen eigene Lebenswelten, orientiert an den Lebenswelten der Adressatinnen und Adressaten, dar. Die Institution Kindertagesbetreuung ist somit als eine eigenständige Lebenswelt zu verstehen (vgl. Füssenhäuser 2005, S. 214). Renate Thiersch (2002, S. 212) formuliert es in Bezug auf den Kindergarten folgendermaßen:

> „Der Kindergarten öffnet sich im Zeichen der Lebensweltorientierung in die Stadtteile und dessen räumliche und soziale Angebotsstruktur; er sucht Kontakt zu den Eltern und Vereinen und gestaltet den Übergang zur Schule mit. Der Umgang mit den Kindern in der Kindergruppe aber, die Gestaltung eines attraktiven, vergnüglichen, sozialen Lebensraums für die Kinder bleibt seine zentrale Aufgabe.“

Die institutionelle Kindertagesbetreuung wird somit als ein sozialer Lebensraum an sich begriffen, der Bezug nimmt auf die Lebenswelten der Kinder, die ihn besuchen. Greift man an dieser Stelle noch mal auf die Handlungsmaximen zurück, die eben dargestellt wurden, zeigt sich, dass sie in Bezug auf die institutionalisierte Kindertagesbetreuung zugeschnitten werden müssen. Beginnend bei der Maxime der Prävention steht man vor dem Dilemma, dass Hans Thiersch (1992 zit. in Giener-Grün & Karber 2013, S. 142) von einem Präventionskonzept in dem Arbeitsfeld „Kindergarten“ absieht, er führt aus, dass sich ein solches Konzept in Kindergärten nicht unterordnen lasse. Dennoch könnte die Maxime der Prävention übertragen auf das Feld der Kindertagesbetreuung auf eine Zusammenarbeit mit den Eltern abzielen. Eine Zusammenarbeit mit Eltern auf Augenhöhe könnte es für Eltern erleichtern, die Institution Kindertagesbetreuung auch in besonderen Lebenslagen anzusteuern und sich mit Problemen an diese zu wenden, um adäquate Hilfe und Unterstützung zu bekommen. Vonseiten der Kindertagesbetreuung würde dies eine Vernetzung mit weiteren Akteuren der Sozialen Arbeit voraussetzen, dies auch im Sinne der folgenden Maxime, der Dezentralisierung und der Regionalisierung. Angebote sollen für Eltern in erreichbarer Nähe sein und nach ihren Bedürfnissen ausgerichtet werden (vgl. Giener-Grün & Karber 2013, S. 141ff.). Dies setzt eine Reflexion über die Lebensräume der Adressatinnen und Adressaten sowie eine „systematische(n) Aufarbeitung der Lebensbedingungen als Bezugspunkt für die Arbeit in Kindertageseinrichtung(en)“ voraus (Thiersch, R. 2002, S. 251). Die Maxime der Alltagsorientierung übertragen auf die institutionelle Kindertagesbetreuung impliziert neben der niederschwelligen Erreichbarkeit von Angeboten für die Adressatinnen und Adressaten die Orientierung an den alltäglichen Erfahrungen der Adressatinnen und Adressaten. Dafür müssen diese jedoch bekannt sein, wofür sich die Methode der Beobachtung und Dokumentation eignet. Hier stehen die Fachkräfte jedoch vor der Gefahr, die Adressatinnen und Adressaten einer zu starken sozialen Kontrolle zu unterziehen. Daher wird hier ein hohes Maß an Reflexivität von den Fachkräften gefordert. Daneben sollten die Fachkräfte Vertrauen in die Adressatinnen und Adressaten setzen und daran glauben, dass diese ihre Handlungsentscheidung abhängig und sinnvoll in Bezug auf ihre lebensweltlichen Erfahrungen fällen. Die Maxime der Integration fordert, Unterstützungsmöglichkeiten für Kinder und ihre Familien in „entwicklungsgefährdenden Lebenslagen" im Rahmen der Kindertagesbetreuung anzubieten. Es soll „Hilfe und Unterstützung in Normalität" angeboten werden. Die letzte Maxime, die Maxime der Partizipation, unterteilt sich in die Arbeit mit den Eltern, welche durch Aushandlungsprozesse und auf Augenhöhe im Rahmen der Mitbestimmung in Planungsprozesse der Einrichtung mit einbezogen werden sollen sowie die Arbeit mit den Kindern. In Bezug auf die Arbeit mit den Kindern sollen auch diese partizipativ an Entscheidungsprozessen mitwirken. Dafür müssen pädagogische Settings geschaffen werden, die dies ermöglichen. Ein lebensweltorientierter Ansatz in der institutionellen Kindertagesbetreuung greift somit zusammenfassend über die Aufgabe der Bildung, Betreuung und Erziehung von Kindern hinaus, die „Perspektiven, Sichtweisen, Bedürfnisse und Bedarfe" von Kindern und Familien in der Arbeit mit auf und macht sie zum Gegenstand weiterer Entwicklungen (vgl. Giener-Grün & Karber 2013, S. 143–146).

4.2.2 Die Instituetik von Kindertageseinrichtung als sozialer Ort

Kindertageseinrichtungen sind als soziale Orte zu begreifen. Sie sind eine institutionelle Einrichtung mit eigener Ethik und ein Ort, an dem Bildungsprozesse durch Interaktion, Kommunikation und soziale Beziehungen stattfinden.

> „Eine Theorie pädagogischer Felder muss den Kindergarten als Ort institutionalisierter Generationsbeziehungen und einer Kultur der Gleichaltrigen zugleich in sich aufnehmen. Das im Kindergarten institutionalisierte Lebenslaufregime schafft dabei Aufgaben und Gelegenheitsstrukturen, welche die Lern- und Entwicklungschancen von Kindern rahmen und zwar nicht nur im Sinne der inhaltlichen Differenzierung eines sozialen Ortes im Sinne Bernfelds, die in der Logik pädagogischer Absichten und Deutungen unreflektiert bleiben." (Honig 2002, S. 193)

Bernfeld (1925/1967, S. 27 zit. in Honig 2002, S. 181) hat das Prinzip der Instituetik entwickelt und in seinem Buch „Sisyphos oder die Grenzen der Erziehung" ausgearbeitet. Die Instituetik denkt die Struktur der Kindertageseinrichtung von den Kindern aus. Die Kindertageseinrichtung hat eine Normierungsfunktion in Bezug auf die frühe Kindheit, während die Akteure, sprich die Kinder, gleichzeitig die soziale Wirklichkeit der Einrichtung gestalten. Pädagogik wird somit nicht nur vom erziehenden Akteur aus gedacht (vgl. Honig 2002, S. 187). Das Konzept der Instituetik verweist hier einerseits auf die Grenzen der pädagogischen Beziehung sowie andererseits auf die „Überdetermination pädagogischer Effekte" (vgl. Honig 2012, S. 116f.). Die Kindheit als eine eigenständige Lebensphase wird von der institutionellen Kindertagesbetreuung unweigerlich mit geformt. Sie stellt einen institutionellen Rahmen dar und schafft Voraussetzungen für Erfahrungen, welche Kinder im Laufe ihres Aufwachsens machen. Die institutionelle Kindertagesbetreuung gibt Kindern somit zudem einen gesellschaftlichen Raum, verknüpft mit einer „Rolle", die Kinder in der Institution ausfüllen:

> „(...) dabei agieren sie nicht autonom, sondern als Moment eines strukturellen und kulturellen Wandels, der die ‚Verfassung' von Kindheit berührt. Wandel u. a. bezogen sich darauf, dass Kinder nicht mehr als Objekt von Erziehung angesehen werden, sondern sie aktive Akteure mit aktivem Einfluss auf zum Beispiel Beziehungen sind und somit selbst zu ‚Voraussetzung von Erziehung werden'."

Zusammengefasst umfasst das Konzept der Instituetik die gesellschaftliche Funktion von Kindertageseinrichtungen mit den Interaktionsstrukturen unter Berücksichtigung der Grenzen erzieherischen Handelns (vgl. Honig 2002, S. 187).

Burkhard Müller (2002) versucht das Integrieren „nicht-pädagogischer Voraussetzungen" in „pädagogisches Handeln" mit der Unterscheidung zwischen sozialen Orten und pädagogischen Orten zu erklären (vgl. Honig 2002, S. 187f.). Als pädagogische Orte werden Handlungsräume, in denen pädagogisch gelingende oder scheiternde Aktivitäten am Kind stattfinden, bezeichnet (vgl. Müller 2002, S. 157f.). Treptow (2002 zit. in Honig 2002, S. 188) begreift Instituetik als eine kritische Instanz hinsichtlich der Veränderbarkeit von Institutionen.

> „Instituetik lässt sich also gleichsam als reflexive Verflüssigung von institutionellen Praktiken begreifen, als pädagogisch reflektierte Gestaltung von Sinnzusammenhängen an sozialen Orten, die auf das Verhältnis von Institutionen zu nicht-institutionalisierbaren Lebensbereichen rekurriert." (Honig 2002, S. 188)

Institutionalisierung beinhaltet Prozesse hinsichtlich der Verschiebung sozialer Ordnungen. Ordnungen sind eine rationale Form von Beziehungen, die sich an Regeln orientieren. Hinsichtlich dieses Blickwinkels sind pädagogische Orte „dynamische soziale Ordnungen", die ihre Grundsätze in einem Prozess der Auseinandersetzung mit den strukturellen Gegebenheiten gestalten. „Als pädagogische Orte repräsentieren sie generationale Ordnungen" (Honig 2002, S. 188ff.).

Bernfeld (1929/1996, S. 268 zit. in Müller 2002, S. 164) hat den sozialen Ort u. a. unter der Fragestellung der Beschaffenheitsbedingungen von pädagogischer Wirksamkeit beleuchtet. Hier stand für ihn die Diskussion um die Unterschiede zwischen einem pädagogischen Handeln, welches die sozialen Herkunftsorte von Kindern nur reproduziert und einem pädagogischen Handeln, welches einen einflussreichen sozialen Ort schafft, im Mittelpunkt. Bei Kindern aus schwachen Sozialstrukturen spielen für Bernfeld neben organisationsbezogenen Veränderungen insbesondere emotionale Beziehungen zwischen Professionellen und Kindern eine bedeutsame Rolle, um „die Macht der Herkunftsorte zu brechen". Eine Pädagogik, die soziale Orte verändern möchte, muss sich selbst als einen Ort erfahrbarer „Lebens- und Wirkungsmöglichkeiten" begreifen und sich dementsprechend ausrichten. Hier ist es nicht ausreichend, nur eine dienstleistungsorientierte Alternative zum „Herkunftsmilieu" zu sein, hier gilt es vielmehr auch, von diesem anerkannt zu werden.

5 Forschungszugang nach der Grounded-Theory-Methodologie

In der Studie wird eine qualitative Vorgehensweise nach der Methode der Grounded-Theory-Methodologie[26] gewählt, da das Thema sehr vielfältig ist und eine quantitative Untersuchung die Komplexität des Themas nicht ausreichend darstellen könnte. Die Vielfältigkeit der Forschungsarbeit ergibt sich aus der Rekonstruktion von Deutungsmustern verschiedener Expertinnen und Experten hinsichtlich der Thematik der Sozialraumorientierung. Diese Arbeit ist als Fallstudie angelegt, die die Einstellungen und Erfahrungen dieser Expertinnen und Experten, die eine Leitungs- oder Koordinierungsaufgabe in einem Familienzentrum NRW oder einer traditionellen Kindertageseinrichtung haben, exemplarisch im Rahmen ihrer Institutionen betrachten. Als traditionelle Kindertageseinrichtungen werden zusammenfassend alle Kindertageseinrichtungen bezeichnet, die sich nicht zu einem Familienzentrum NRW weiterentwickelt haben. Mit dem Begriff der Expertin/des Experten wird den Personen ein besonderes Wissen über den sozialen Kontext, in dem sie agieren, zugeschrieben, inbegriffen ein spezielles Wissen über die eigenen Arbeitsprozesse (vgl. Gläser & Laudel 2010, S. 11).

Mittels der qualitativen Expertenbefragungen sollen auf sprachlichem Wege die Bedeutungsmuster der Befragten erfasst werden. Insbesondere im qualitativen Interview hat die/der Interviewte die Möglichkeit, der Interviewerin/dem Interviewer seine/ihre Wirklichkeitsdefinitionen mitzuteilen (vgl. Lamnek 2010, S. 173). Das Experteninterview ist eine Form eines nichtstandardisierten Interviews. Die Interviewerin/der Interviewer geht mit einem vorbereiteten Leitfaden als Grundlage in das Gespräch (vgl. Gläser & Laudel 2010, S. 111).

Die Grounded Theory ist forschungsleitend für den gesamten Forschungsprozess (vgl. Mey & Mruck 2010, S. 617). Ein heuristischer und somit ein offener, sinnverstehender Zugang erscheint nicht nur sinnvoll, sondern auch absolut notwendig, da die Beantwortung der Forschungsfragen auf der Grundlage des gegenwärtigen Wissensstandes nicht möglich ist. Es geht in dieser Studie also nicht um das Bestätigen oder Widerlegen von bereits bekannten Theorien oder dem theoretischen Wissensstand, sondern um die Suche nach etwas Neuem. In der Fachwissenschaft finden sich derzeit keine empirischen und nur vereinzelt theoretische Ansätze hinsichtlich der Verknüpfung des Ansatzes der

---

26   Im weiteren Verlauf wird auf den Zusatz „Methodologie" verzichtet, da in der Fachliteratur ebenfalls verstärkt von der „Grounded Theory" gesprochen wird. Die Kurzform lautet GTM.

Sozialraumraumorientierung im Feld der Pädagogik der frühen Kindheit.[27] Die Studie will diese Lücke der fehlenden wissenschaftlichen Erkenntnisse schließen. Somit ergibt sich auch die Methode aus der bestehenden Forschungslücke. Die Grounded Theory als forschungsleitende Methode eignet sich für dieses Forschungsvorhaben in außerordentlicher Weise, da diese Methode es zulässt, ohne theoretische Vorkonstruktion und mit einem offenen Blick an das Feld heranzutreten. Demzufolge fällt auch die Ausführung des theoretischen Rahmens, in dem sich die Arbeit bewegt, begrenzt aus, da hier nicht auf einen bestehenden Diskurs zurückgegriffen werden kann. Insgesamt drängt das Untersuchungsfeld hier auf eine Theoriegenerierung.

Die Grounded Theory wurde von Barney G. Glaser und Anselm L. Strauss entwickelt. Im Jahr 1967 erschien das von ihnen veröffentlichte Buch „The Discovery of Grounded Theory: Strategies for Qualitative Research" im Rahmen dessen sie anhand einer Studie die Grounded Theory entwickelten. Die Grounded Theory ist daher eine Forschungsmethode, die ihren Ursprung in einer Praxisarbeit hat (vgl. Mey & Mruck 2010, S. 614). Ganz nach dem Leitsatz von Glaser (2001, S. 145) „all is data" ist das Forschungsvorgehen nach der Grounded Theory nicht auf bestimmte Erhebungsinstrumente beschränkt (vgl. Przyborski & Wohlrab-Sahr 2010, S. 189). Bei der Grounded Theory handelt es sich nicht, wie man missverständlich verstehen könnte, um eine eigenständige Theorie, sondern vielmehr ist es ein theoriegenerierendes Verfahren. Daher kann man die Grounded Theory nach Strübing (2008, S. 14) als „Forschungsstil zur Erarbeitung von in empirischen Daten begründeten Theorien" bezeichnen. Da die Gründungsväter der Grounded Theory Barney G. Glaser und Anselm L. Strauss unterschiedliche Weiterentwicklungen der Forschungsmethode verfolgten, ist es wichtig dazulegen, dass sich bei dieser Forschungsarbeit auf die Weiterentwicklung nach Strauss und seiner Kollegin Juliet M. Corbin bezogen wird. Der wesentliche Unterschied der beiden Stränge liegt im Kodierparadigma nach Strauss. Das Kodierparadigma bezieht sich auf den fortwährenden Vergleich der Datenerhebung, der Kodes und der Memos sowie den Fragen, die die Forscherin/ der Forscher an das Datenmaterial stellt. Strauss misst dem Kontextwissen der Forscherin/ des Forschers insbesondere für das Theoretical Sampling eine wichtige Bedeutung bei (vgl. Strauss 1994, S. 36f.). Das Vorwissen soll für die Generierung der Theorie genutzt werden (vgl. Strübing 2008, S. 68f.). Bei Strauss und Corbin findet man die „Betonung vor- und nachgängiger Theoriebezüge (als zusätzlich zu reflektierende ‚sensibilisierende Konzepte') und Hinweise auf eine Relativierung des ‚induktiven Vorgehens'" (Mey & Mruck 2010, S. 618). Des Weiteren lassen Strauss und Corbin der Forscherin/dem Forscher die Freiheit, das Vorgehen an den individuellen Forschungskontext und die individuellen Forschungsintentionen anzupassen (vgl. Mey & Mruck 2010, S. 617).

---

27   Siehe Kapitel 4.2 „Darstellung der sozialräumlichen Debatte in der institutionellen Kindertagesbetreuung".

Das Ziel dieser Forschungsarbeit ist es, anhand einer qualitativen Expertenbefragung Informationen zusammenzutragen, mit denen die folgenden forschungsleitenden Fragen beantwortet werden sollen:

> ➤ Welche Deutungsmuster von Sozialraumorientierung haben Expertinnen und Experten, die im frühpädagogischen Bereich (Kindertageseinrichtung) arbeiten?
>
>> ▪ Wie schlagen sich diese in der Arbeitsweise nieder?
>
> o Trägt das Gütesiegel Familienzentrum NRW zu einem veränderten Verständnis von Sozialraumorientierung bei (historische Entwicklung) und wenn ja, zu welchem Verständnis?
>
>> ▪ Und welche Konsequenzen hat dieses Verständnis wiederum für die praktische Umsetzung?
>
> o Arbeiten Kindertageseinrichtungen unter dem Gütesiegel Familienzentrum NRW (unter Berücksichtigung der konzeptionell festgelegten Aspekte) anders in Bezug auf Sozialraumorientierung als traditionelle Kindertageseinrichtungen?

Primäres Ziel der Studie ist es, Antworten auf die forschungsleitenden Fragen zu erhalten. Neben dem angestrebten Grundziel der Grounded Theory, eine aus den Daten basierende Theorie zu entwickeln (vgl. Lamnek 2005, S. 105), soll in dieser Arbeit auch der Vergleich der unterschiedlichen Sichtweisen der Untersuchungsgruppen Beachtung finden. Hierbei ist dann nicht nur die Generierung der Theorie wesentlich, sondern gleichzeitig auch die Verifikation derselben. Bereits während der Generierung der Theorie findet eine Überprüfung dieser statt (vgl. Lamnek 2005, S. 105).

5.1 Vorgehen bei der Datenerhebung

Bei der durchgeführten qualitativen Expertenbefragung geht es darum, ein Phänomen und das Spektrum dessen Ausprägung zu erfassen. Im Sinne des Theoretical Sampling wurde die Fallauswahl der Studie nach theoretischen Gesichtspunkten, die sich im Verlauf der empirischen Analyse zeigten, zusammengestellt (vgl. Przyborski & Wohlrab-Sahr 2009, S. 176f.). Bei dieser Studie war aufgrund der Forschungsfrage deutlich, dass einerseits Expertinnen und Experten aus dem Feld der Familienzentren NRW und andererseits Expertinnen und Experten aus dem Feld der traditionellen Kindertageseinrichtungen befragt werden sollen. Die ersten Interviewpartnerinnen und Interviewpartner wurden somit hinsichtlich der forschungsleitenden Fragestellung ausgesucht. Erst im Forschungsprozess wurden theoretische Kategorien entwickelt, die die Auswahl der nächsten Untersuchungseinheiten leiteten (vgl. Przyborski & Wohlrab-Sahr 2009, S. 176). Insgesamt war das Theoretical Sampling aufgrund der Forschungsfragen jedoch in gewisser Hinsicht vorgegeben. Es folgten insgesamt vier Feldphasen bis zur theoretischen Sättigung (vgl. Strauss 1991, S. 21/23/26/35). Die Fallauswahl erfolgte wie folgt: fünf Interviews mit Leitungskräften von Familienzentren NRW > fünf Interviews mit Leitungskräften von traditionellen Kindertageseinrichtungen > fünf Interviews mit Leitungskräften von Familienzentren NRW > fünf Interviews mit Leitungskräften von traditionellen Kindertageseinrichtungen. Insgesamt wurde versucht, bei den befragten Familienzentren NRW und den traditionellen Kindertageseinrichtungen eine Mischung der Träger der interviewten Einrichtung und der Standorte (Stadt/Kleinstadt/Land) herzustellen, um sich nicht zu fokussieren, sondern ein möglichst breites Feld abzudecken. Ebenfalls wurde versucht, möglichst Interviewpartner beider Geschlechter zu interviewen, was sich in einem sehr frauenlastigen Berufsfeld als Herausforderung erwies, die jedoch gemeistert werden konnte. Bei den befragten Familienzentren NRW war es zudem von Relevanz, dass diese sich seit mindestens einem Jahr in der Leistungserbringung für die Zertifizierung des Gütesiegels befinden, damit sie genügend Erfahrungen als Familienzentrum NRW sammeln konnten. Die Zusammensetzung der Fälle ist wesentlich, um daraus letztendlich zu theoretisch relevanten Kategorien, die zur Beantwortung der Forschungsfragen führen, zu kommen. Daher orientierte sich die Fallauswahl am Interesse der Forschungsfragen, beziehungsweise der zu erstellenden Theorie. „Demzufolge wird dieser Prozess der Datenerhebung durch die sich entwickelnde Theorie kontrolliert." (Strauss 1991, S. 71)

Alle Befragten leiten eine Kinderbetreuungseinrichtung, d. h. ein Familienzentrum NRW oder eine traditionelle Kindertageseinrichtung, so dass sie von ihrem Arbeitsfeld her vergleichbar sind. Allerdings arbeiten sie in unterschiedlichen Trägerstrukturen, haben teilweise unterschiedliche Professionen sowie gegebenenfalls unterschiedliche methodische Ansätze. Dies wird in der Studie aber nicht näher berücksichtigt, da der Schwerpunkt auf den Erfahrungen und dem Wissen sowie auf den Einstellungen liegt, die die Expertinnen und Experten aus ihrer individuellen Arbeit mitbringen. Ebenso wurden nur Leitungsfachkräfte aus dem Bundesland Nordrhein-Westfalen befragt, da hier das Projekt der Familienzentren NRW etabliert ist und davon auszugehen ist, dass auch die Kindertageseinrichtungen, die kein Familienzentrum NRW sind, ebenfalls dieses Konzept kennen. Die Auswahl der Interviewpartnerinnen und Interviewpartner ist maßgeblich entscheidend für die Art und die Qualität der Informationen. Die Interviewpartnerinnen und Interviewpartner wurden unter dem Aspekt ausgewählt, dass sie über für die angestrebte Rekonstruktion wertvolle Informationen verfügen. Hier wurde auf Akteure aus unterschiedlichen Stellungen (Familienzentrum NRW und traditioneller Kindertageseinrichtung) zurückgegriffen, da sie auf unterschiedliches Wissen und differente Erfahrungen zurückgreifen. Da davon auszugehen ist, dass die Interviewpartnerinnen und Interviewpartner mit gleicher Stellung ebenfalls über unterschiedliche Informationen verfügen und jede Interviewpartnerin/jeder Interviewpartner zudem noch die eigene Perspektive mit einbringt, wurden in der ersten Feldphase pro Untersuchungs-

gruppe (ohne Pretest) fünf Interviews und in der zweiten Feldphase pro Untersuchungsgruppe ebenfalls (ohne Pretest) fünf Interviews geführt. Die Interviewpartnerinnen und
Interviewpartner wurden zunächst per E-Mail angefragt und durch Zuspruch von Kompetenzen zur Kooperation motiviert und gefragt, ob sie Interesse hätten beziehungsweise sich bereit erklären würden, an einem Interview zum Thema „Wandel in der Kindertagesbetreuung" teilzunehmen. Dabei wurde der Begriff der Sozialraumorientierung
bewusst vermieden, um den Interviewten keine Vorformulierungen in den Mund zu
legen. Insgesamt kann von einer hohen Bereitschaft vonseiten der Fachkräfte gesprochen werden.

In dieser Arbeit fand die Datenerhebung, d. h. die Durchführung der Interviews, parallel
zur Datenauswertung statt. In der Grounded Theory wird dies als Methode des constant
comparison betitelt. Hierbei werden die aus den erhobenen Daten entwickelten Kodes,
Kategorien und die Fallauswahl einem fortwährenden Vergleichsprozess unterzogen
(vgl. Mey & Mruck 2010, S. 616).

„Entgegen einem traditionell sequenziellen Vorgehen, bei dem Planung, Datenerhebung, Datenanalyse und Theoriebildung aufeinanderfolgende und voneinander getrennte Arbeitspha-
sen darstellen, sieht die Grounded Theory vor, dass die Forschungsarbeit in einem ständigen
Wechsel zwischen Feldarbeit (Datenerhebung) und Reflexion (Datenanalyse) und Reflexion
(Datenanalyse und Theoriebildung) erfolgt." (Mey & Mruck 2010, S. 616)

Die geführten Interviews sowie die Pretests wurden nach der Durchführung transkribiert. Die Gespräche wurden aus Gründen und entgegen der üblichen Praxis, bei
denen meist nur selektiv transkribiert wird (vgl. Meuser & Nagel 1991, S. 455), komplett transkribiert, um einen umfassenden Einblick in das Material zu bekommen.

<table>
<tr><td>..</td><td>kurze Pause</td></tr>
<tr><td>...</td><td>längere Pause</td></tr>
<tr><td>-</td><td>bei Wortabbruch (Beispielsweise: Interviewpartnerin/Interviewpartner spricht das Wort nicht zu Ende „Es gibt eine Menge Angeb- nein Kurse")</td></tr>
<tr><td><u>Betonung</u></td><td>Wenn ein Wort besonders betont wurde, wurde dies durch unterstreichen gekennzeichnet.</td></tr>
<tr><td>A u s p r a c h e</td><td>Wenn ein Wort extrem langsam ausgesprochen wurde, wurde dies dadurch gekennzeichnet, dass immer ein Leerzeichen zwischen den Buchstaben ist.</td></tr>
<tr><td>( )</td><td>Wenn etwas unverständlich ist</td></tr>
<tr><td>(( ))</td><td>Damit werden Regungen beschrieben, wie zum Beispiel lachen oder aber Störun-gen, wenn zum Beispiel ein Mitarbeiter/eine Mitarbeiterin den Raum betritt, das Tele-fon klingelt etc.</td></tr>
</table>

Die Transkriptionsregeln sind angelehnt an Hoffmann-Riem (1984 zit. in Kuckartz 2005, S. 47).

Den Interviewpartnerinnen und Interviewpartnern wurden entsprechend der Erhebungsphase folgende Synonyme zugeordnet. Die Abkürzung „FZ" steht für Familienzentrum NRW die Abkürzung „Kita" steht für traditionelle Kindertageseinrichtung.

-   FZ-A (Pretest I)

-   FZ-B; FZ-C; FZ-D; FZ-E; FZ-F (1. Erhebungsphase Familienzentrum NRW)

-   Kita-A; Kita-B; Kita-C; Kita-D; Kita-E (1. Erhebungsphase Traditionelle Kindertageseinrichtung)

-   FZ-G (Pretest II)

-   FZ-H; FZ-I; FZ-J; FZ-K ; FZ-L (2. Erhebungsphase Familienzentrum NRW)

-   Kita-F; Kita-G; Kita-H; Kita-I; Kita-J (2. Erhebungsphase Traditionelle Kindertageseinrichtung)

5.2 Kodierprozess nach der Grounded-Theory-Methodologie

Das Kernelement der Grounded Theory ist das „Konzept-Indikator Modell" (Mey & Mruck 2010, S. 619).

> „Die Grounded Theory basiert auf einem Konzept-Indikator Modell, mit dessen Hilfe eine Reihe von empirischen Indikatoren nach Konzepten kodiert werden kann. Empirische Indikatoren sind konkrete Daten wie Verhaltensweisen und Ereignisse, die in Dokumenten und Interviewtexten beobachtet oder beschrieben werden." (Strauss 1994, S. 54)

Den erhobenen Daten, in diesem Fall den Interviewtransskripten, werden spezifische Bezeichnungen, sogenannte Kodes, zugeordnet. Mittels dieser Kodezuweisungen werden die Daten zu Indikatoren für die dahinterstehenden Konzepte. In einem folgenden Schritt werden die Kodes dann zu ebensolchen theoretisch bedeutsamen Konzepten zusammengeführt, die sich im weiteren Forschungsverlauf zu Kategorien weiterentwickeln können. Am Schluss der Kodierung werden eine oder mehrere Schlüsselkategorien herausgebildet, die in Beziehung zu den anderen Kategorien stehen. Aus dieser Schlüsselkategorie und den Zusammenhängen zu den anderen Kategorien entsteht dann im Idealfall eine Theorie (vgl. Strauss 1994, S. 54f.).

In dieser Studie wird, wie bereits erwähnt, nach der Weiterentwicklung der Grounded Theory nach Strauss und Corbin gearbeitet. Strauss und Corbin unterscheiden drei Kodierschritte. Das „offene", das „axiale" und das „selektive" Kodieren. Diese Kodierphasen sind nicht klar voneinander abzugrenzen (vgl. Mey & Mruck 2010, S. 623). Sie sollten „weder als klar voneinander trennbare Vorgehensweisen noch als zeitlich eindeutig getrennte Phasen des Prozesses (miss-) verstanden werden. Sie stellen vielmehr verschiedene Umgangsweisen mit textuellem Material dar, zwischen denen der Forscher bei Bedarf hin und her springt und die er miteinander kombiniert" (Flick 2002, S. 258f.). Bei dem offenen Kodieren wird die Fülle an Material zunächst aufgebrochen, dazu hilft es die „W-Fragen" an das Material zu stellen (vgl. Böhm 2000 zit. in Mey & Mruck 2010, S. 621). Das Material wird mit Kodes, mit theoretisch relevanten Merkmalsausprägungen versehen, um anschließend in Kategorien zusammengeführt zu werden. Im Verfahren des axialen Kodierens wird versucht, Zusammenhänge zwischen den Kategorien herzustellen. Die Kategorien werden gemäß dem Kodierparadigma in ein Handlungsmodell eingegliedert, das bedeutet, es wird der Zusammenhang zwischen ursächlichen Bedingungen, Kontext, intervenierenden Bedingungen, Strategien und Konsequenzen dargestellt und gruppiert (vgl. Mey & Mruck 2010, S. 622). Im letzten Schritt, dem selektiven Kodieren, werden die Ergebnisse des axialen Kodierens ausgearbeitet. Die Ergebnisse werden unter einer, beziehungsweise mehreren Schlüsselkategorien zusammengefasst, aus welcher/welchen dann die Theorie abgeleitet werden soll (Mey & Mruck 2010, S. 622). „Der Kodiervorgang bringt die gewünschte konzeptuelle Dichte, d. h. die Zusammenhänge zwischen den Kodes und die Entwicklung jedes einzelnen Kodes" (Glaser 1978, S. 55–82). Aus Konzepten, die sich auf identische Phänomene beziehen, entwickeln sich also höherwertigere und abstraktere Kategorien. Kategorien erfassen die Zusammenhänge zwischen den Konzepten (vgl. Przyborski & Wohlrab-Sahr 2009, S. 195). Corbin und Strauss erläutern die Weiterentwicklung von Konzept zu Kategorie wie folgt: „To achieve that status (...) the more abstract concept must be developed in terms of its properties and dimensions, the conditions which give rise to it, the action/interaction by which it is expressed, and the consequences that result" (Corbin & Strauss 1990, S. 420). Das Kodierparadigma nach Strauss (vgl. 1994, S. 57) bildet hierbei den Kern der Auswertung. Es weist darauf hin, die Daten aus dem Material hinsichtlich ihrer Bedeutung für das Phänomen der Kategorie zu analysieren und zwar nach:

- den ursächlichen Bedingungen,

- dem Kontext,

- den intervenierenden Bedingungen,

- den Strategien sowie

- den Konsequenzen.

90

Ziel des Kodierparadigmas ist es, die Kategorien in einen zusammenhängenden Kontext zu bringen und die Einflussfaktoren und Bedingungen zu identifizieren. Somit kann anhand dessen die Antwort aus dem Datenmaterial auf die Forschungsfrage gegeben werden (vgl. Strauss 1994, S. 54f.).

Die verschiedenen Phasen sind somit im Forschungsprozess nicht klar voneinander abzugrenzen, sie gingen fließend ineinander über, beziehungsweise wurde an vielen Stellen des axialen oder auch des selektiven Kodierens wieder zurück zum Ausgangsmaterial gegangen und gegebenenfalls noch einmal offen „nachkodiert". Insbesondere der ständige Wechsel zwischen Datenerhebung, Datenanalyse und Theoriebildung erwies sich mit Blick auf das Forschungsziel als äußerst wertvoll. Nur so konnten Aspekte aus der Analyse in der folgenden Feldphase aufgegriffen und vertieft thematisiert werden. Bereits während der Erstellung der Theorie wurde diese somit wieder überprüft. Das Datenmaterial wurde einem fortwährenden Vergleichsprozess unterzogen.

Im Rahmen der Entwicklung einer Grounded Theory werden „theoretische, vom beobachteten Geschehen abstrahierte Aussagen darüber entwickelt, wie ein Phänomen in der Praxis ‚funktioniert' – d. h., darüber, was die Akteure im Feld tun und warum sie es gerade so tun" (Unterkofler 2012, S. 114f.). Es folgt somit eine Konzeptualisierung der erhobenen empirischen Daten (vgl. Strauss 1998, S. 54). In der Studie werden auf Basis der empirisch erhobenen Daten theoretische Aussagen getroffen, die im Folgenden mit bestehenden wissenschaftlichen Theorien verglichen werden. Dementsprechend werden die Erkenntnisse aus dem empirischen Material mit den theoretischen Aussagen der Wissenschaften auf Gemeinsamkeiten und Unterschiede hin untersucht. Einerseits wird hier inhaltlich verglichen, d. h. es wird herausgearbeitet welche Handlungs- und Deutungsmuster die Fachkräfte in der Praxis haben und unter Bezugnahme entsprechender Theorien analysiert wie sich diese in bestehende Theorien einordnen lassen. So beispielsweise bei dem Punkt „Kooperation und Vernetzung"[28]. Hier werden die verschiedenen Kooperationsweisen der Fachkräfte unter Bezugnahme der theoretischen Erkenntnisse bezüglich Netzwerkbildung eingeordnet. Andererseits wird insbesondere im Hinblick auf die intervenierenden Bedingungen analysiert, warum die Fachkräfte so handeln wie sie es tun, das heißt von welchen Motiven ihr Handeln geleitet wird und in welcher Form sie diese „subjektiven Motive" auch als ihre Beweggründe benennen. Daraus wird abgeleitet, weshalb eine Einordnung in bestimmte fachwissenschaftliche theoretische Bezüge nicht erfolgt, weil sie hier für die Praxis keine Deutungs- und Lösungsmöglichkeiten anbieten.

Die Methode der Grounded Theory bewegt sich in einem Spannungsfeld zwischen „Unvoreingenommenheit bzw. Offenheit für den Untersuchungsgegenstand und bestimmten sog. sensibilisierenden Konzepten" (Schwarz 2014, S. 31). Die sensibilisierenden Konzepte, sprich das Vorwissen über bestehende Theorien, wurde im theoreti-

---

28   Siehe Kapitel 6.2.4.4.2 „Kooperation und Vernetzung mit anderen Institutionen".

schen Rahmenkonzept eingehend dargelegt. Dieses Vorwissen dient dazu, die theoretische Sensibilität der Forscherin zu erhöhen (vgl. Strauss 1991, S. 50). Die Auswahl der sensibilisierenden Konzepte ist immer auch das Ergebnis eines Auswahlprozesses, welcher nicht unfehlbar ist (vgl. Schwarz 2014, S. 31). Im Rahmen der Analyse entstand quasi ein „Theorie-Vergleich". Differente und homogene Aussagen werden so einander gegenübergestellt (vgl. Unterkofler 2012, S. 115). Das theoretische Vorwissen wird in der vorliegenden Studie somit als „vages Konzept" verstanden, um den Begriff von Strauss (1998) aufzugreifen, hilft das theoretische Vorwissen im Hinblick auf das empirische Material zu „sensibilisieren". In Bezug auf die Studie bedeutet dies, dass das theoretische Vorwissen der Forscherin unter Berücksichtigung der empirischen Erkenntnisse konkretisiert, modifiziert und auch in Teilen verworfen wurde (vgl. Blumer 1954 zit. Unterkofler 2012, S. 115).

6 Theoretische Konstruktion von Sozialraumorientierung in der institutionellen Frühpädagogik

Ausgehend vom Kodierparadigma nach Strauss (1994) wurde anhand der Analyse des Datenmaterials eine Theorie des sozialräumlichen Verständnisses in der Frühpädagogik aufgestellt, welche das zentrale Phänomen „Kitas sind (keine) Inseln" mit den dazugehörigen Schlüsselkategorien „Kita als Sozialraum" und „Kita im Sozialraum" in den Mittelpunkt der Betrachtung stellt. Die Ausgangssituationen der differenten Untersuchungsgruppen wurden vorangestellt und ein auf zwei Ebenen agierendes Kodierparadigma um das Phänomen herum gebildet.

Als zentrales Phänomen ließ sich die Metapher „Kitas sind (keine) Inseln" als das Verständnis der Institution im sozialräumlichen Kontext identifizieren. Das Phänomen wird in dem Kapitel 6.2 „Das Phänomen ‚Kitas sind (keine) Inseln'" detailliert vorgestellt.

Bei der Analyse zeigte sich, dass, wenn man die Institution traditionelle Kindertageseinrichtung und die Institution Familienzentrum NRW als sozialraumbezogenes Handlungsfeld betrachtet, sich zwei verschiedene Ebenen von sozialräumlichem Denken und Handeln herausstellen. Einerseits ist dies die Innenperspektive auf die Institution, also die Einrichtung traditionelle Kindertageseinrichtung/Familienzentrum NRW als ein Sozialraum für sich sowie andererseits die Außenperspektive, dies impliziert die Verortung der traditionellen Kindertageseinrichtung/des Familienzentrums NRW im Sozialraum. Beide Schlüsselkategorien beziehungsweise Handlungsebenen werden durch unterschiedliche Bedingungen beeinflusst und sind in einen differenten Kontext eingebunden. Die Innen- und Außenperspektive sind eng miteinander verwoben. Nach Baecker (2005, S. 81f.) ist ein Raum immer auch ein Teil eines größeren Raumes in dem er besteht. Die „Kita als Sozialraum" ist in der Ebene die „Kita im Sozialraum" verankert. Sie bildet im bestehenden Sozialraum einen kleineren, institutionsbezogenen Sozialraum.

In der Abbildung „Ausgangssituation, die zum Phänomen führt" werden die differenten Ausgangssituationen der beiden Untersuchungsgruppen berücksichtigt, das unterschiedliche Begriffsverständnis und das homogene inhaltliche Verständnis von Sozialraum und Sozialraumorientierung werden deutlich und es wird aufgezeigt, wie dies wiederum zu dem identifizierten Phänomen „Kitas sind (keine) Inseln" führt. Diese Abbildung bildet somit die Grundlage für die darauf folgende Abbildung, bei welcher das zentrale Phänomen im Mittelpunkt steht.

In der Abbildung „Kodierparadigma des Phänomen" steht das identifizierte Phänomen „Kitas sind (keine) Inseln" im Zentrum. Hier werden zwei wesentliche Merkmalsunterscheidungen des Phänomens anhand von Schlüsselkategorien differenziert, so einerseits die „Kita als Sozialraum"[29] sowie andererseits die „Kita im Sozialraum".[30] Hinsichtlich dieser Unterscheidung werden die Ergebnisse der Untersuchung mittels des Kodierparadigmas (ursächliche Bedingungen, Kontext, intervenierende Bedingungen, Strategien, Konsequenzen) um das Phänomen herum geschlossen. Darüber hinaus gibt es einen übergeordneten Kontext und übergeordnete Ursachen, die beide Ebenen gleichermaßen bedingen sowie übergeordnete Konsequenzen, die aus beiden Ebenen folgen. Das Kodierparadigma ist als ein Kreislauf zu verstehen, in dem wiederum die zusammenlaufenden Konsequenzen die ursächlichen Bedingungen und den Kontext beeinflussen.

Im Folgenden werden die Untersuchungsergebnisse, d. h. die Kategorien, je nach Ausprägung im Material, unterschiedlich stark unter Bezugnahme theoretischer Wissensbestände dargestellt. Es wird eine vom Material ausgehende Fokussierung vorgenommen.

---

29   Abkürzung in der Grafik K. a. S.
30   Abkürzung in der Grafik K. i. S.

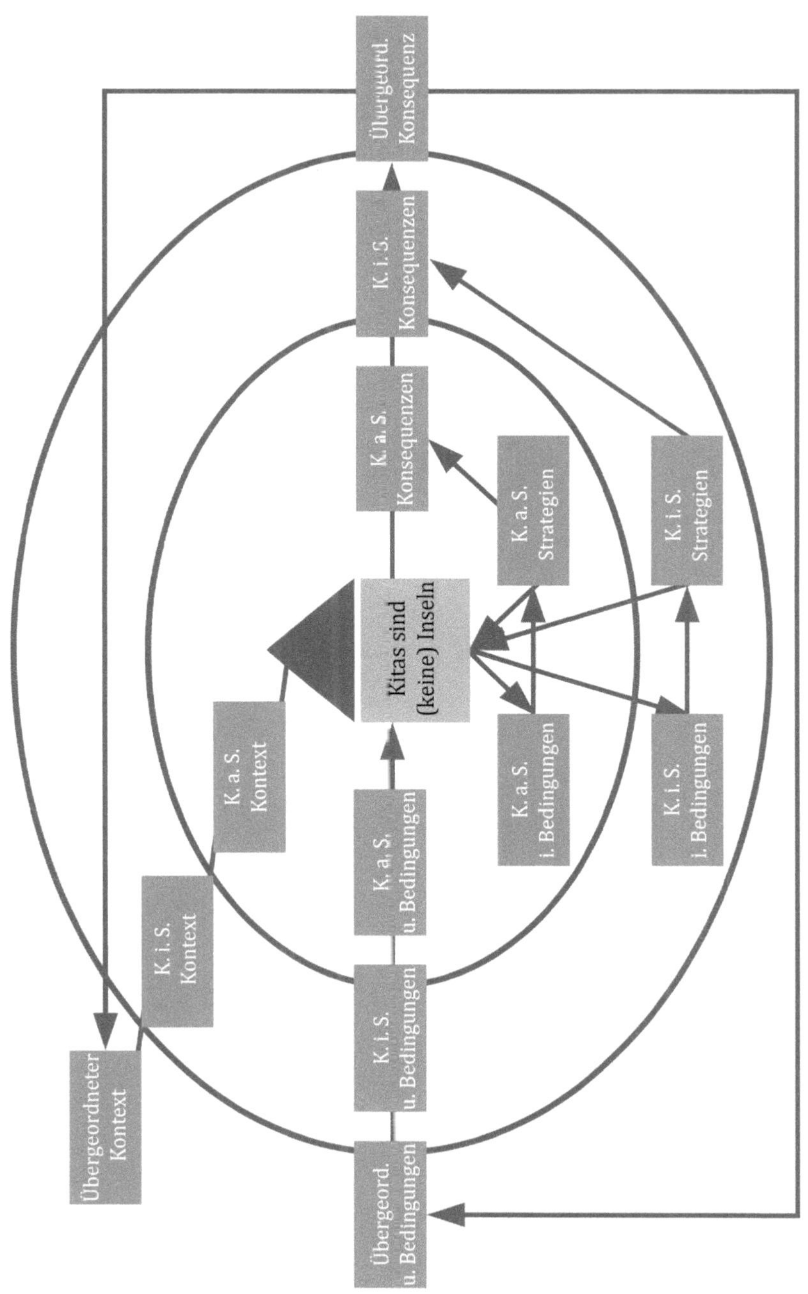

Abbildung 4: Ausgangssituation, die zum Phänomen führt

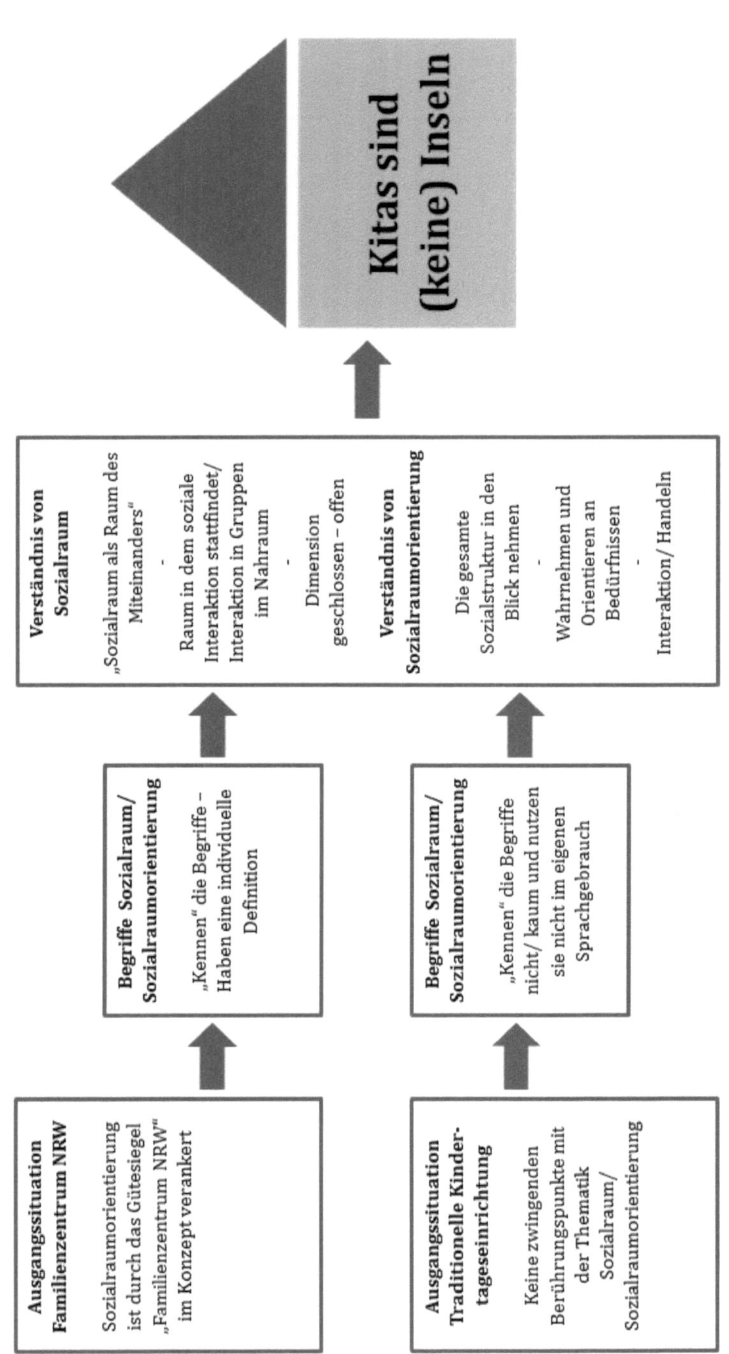

Abbildung 5: Kodierparadigma des Phänomen

6.1 Deutungsmuster von Sozialraumorientierung in der Frühpädagogik von traditionellen Kindertageseinrichtungen und Familienzentren NRW

Die im Rahmen der Untersuchung untergeordneten forschungsleitenden Fragestellungen[31] dienen einer vergleichenden Betrachtung der beiden Institutionen. Neben der zentralen forschungsleitenden Fragestellung nach den Deutungsmustern von Sozialraumorientierung von Expertinnen und Experten im frühpädagogischen Bereich, ist somit ein Vergleich der beiden Institutionen von Interesse.

In der Analyse des Datenmaterials zeigt sich, dass es durchaus Differenzen bei den beiden Untersuchungsgruppen hinsichtlich der Deutungsmuster von Sozialraumorientierung gibt, diese sich aber nicht ausschließlich an den institutionellen Bedingungen festmachen lassen.

6.1.1 Differente Ausgangssituationen der Untersuchungsgruppen

Die beiden untersuchten Institutionsformen haben unterschiedliche Ausgangsvoraussetzungen. Ursprünglich sind beide eine Kindertageseinrichtung. Die PISA-Studie, der 7. Familienbericht und der 12. Kinder- und Jugendbericht initiieren derzeit einen Wandel von Kindertageseinrichtungen, indem sie der frühen Bildung, Betreuung und Erziehung insbesondere in institutionellen Kontexten eine steigende Bedeutung beimessen (vgl. Heitkötter, Rauschenbach & Diller 2008, S. 11). Auf diesen Wandel reagiert NRW mit den Familienzentren, die Kindertageseinrichtungen zu Orten für die Familie als Ganzes weiterentwickeln möchten.[32]

Für die Fallauswahl in der Untersuchungsgruppe der Familienzentren NRW war es wesentlich, dass die befragten Einrichtungen sich seit mindestens einem Jahr in der Leistungserbringung für die Zertifizierung befinden, da so davon auszugehen war, dass sie das Konzept Familienzentrum NRW bereits aktiv umsetzten. Auch die traditionellen Kindertageseinrichtungen nehmen die Veränderungen im Feld, d. h. die Weiterentwicklung von traditionellen Kindertageseinrichtungen zu Familienzentren, wahr. Hier zeigte sich im Datenmaterial, dass es Einrichtungen gibt, die sich bewusst dagegen entschieden haben, sich zu einem Familienzentrum weiterzuentwickeln, und dass es Einrichtungen gibt, die sich gerne zu einem Familienzentrum weiterentwickeln möchten, dies aber aufgrund von Trägerstrukturen nicht tun können (vgl. Kita-I, S. 20, Z. 16 – S. 21, Z. 5/Kita-F, S. 16, Z. 31–34).

---

31   Siehe Kapitel 5. „Begründung des gewählten Forschungszugangs nach der Grounded-Theory-Methodologie".

32   Siehe Kapitel 2. „Die Kindertageseinrichtung als Ort der frühen Bildung, Betreuung und Erziehung".

Einrichtungen, die mit dem Gütesiegel Familienzentrum NRW zertifiziert sind, haben zusätzlich neben den Auflagen des Gesetzes zur frühen Bildung und Förderung von Kindern[33] und den Grundsätzen der Bildungsförderung NRW[34] noch die Richtlinien des Gütesiegelkriterienkataloges der Familienzentren NRW zu erfüllen. Wie eingangs bereits erwähnt, impliziert dies auch den Punkt „Ausrichtung der Angebote am Sozialraum der Einrichtung".[35] Hierin liegt der zentrale differente vorgegebene Strukturaspekt der beiden Untersuchungsgruppen.

6.1.2 Differentes Verständnis von den Begrifflichkeiten Sozialraum und Sozialraumorientierung

Im dritten und vierten Feldzugang wurde den Untersuchungsgruppen der Begriff der Sozialraumorientierung im Rahmen folgender Fragestellung vorgegeben:

- *Was verstehen Sie unter dem Begriff der „Sozialraumorientierung", der derzeit vielfach verwendet wird?*

Die Frage nach dem Verständnis vom Begriff Sozialraumorientierung hatte das Ziel herauszufinden, ob die Fachkräfte mit dieser Begrifflichkeit in der Praxis arbeiten, beziehungsweise sie diesen Begriff gebrauchen. Es erwies sich als wertvoll, dass der Begriff erst in der dritten und vierten Feldphase von der Interviewerin vorgegeben wurde, denn so konnte festgestellt werden, dass die Fachkräfte der Untersuchungsgruppe der traditionellen Kindertageseinrichtungen die Begrifflichkeiten Sozialraum und Sozialraumorientierung nicht von sich aus nutzten, wohingegen sie im Sprachgebrauch von Fachkräften der Familienzentren NRW vertreten waren.

Bei den Antworten zeigten sich hinsichtlich der Untersuchungsgruppen starke Differenzen. Die Fachkräfte der Familienzentren NRW nahmen den Begriff als selbstverständlich auf und führten aus, was sie unter einem Sozialraum verstehen und was infolgedessen Sozialraumorientierung für sie bedeutet.

„Also Sozialraum ist ja für mich oder für uns eigentlich wichtig die Familien, die Elternschaft ... ja wir sind hier angesiedelt wie sind die Familien strukturiert, wo können wir auch unterstützen ne das ist so für uns noch mal wichtig und was können wir für Hilfestellungen anbieten um einfach auch die, ja Familien besser aufzustellen, da wäre für uns jetzt so unser Schwerpunkt auch ne. Ich glaube nicht, dass es unbedingt auch, ja ist vielleicht hängt das auch ein Stück noch mit der Wohnqualität zusammen, natürlich und mit, mit auch den Freizeitmöglichkeiten die die Familien hier haben (...)." (FZ-L, S. 19, Z. 1–7)

---

33   Siehe Kapitel 2.1.1 „Das Gesetz zur frühen Bildung und Förderung von Kindern (KiBiz)".
34   Siehe Kapitel 2.1.2 „Grundsätze zur Bildungsförderung NRW".
35   Siehe Kapitel 2.2 „Das Projekt Familienzentrum NRW".

Bei den Fachkräften der traditionellen Kindertageseinrichtungen hingegen zeigte sich, dass die Fachkräfte zum Großteil kein Verständnis von diesem Begriff hatten. Sie griffen den Begriff Sozialraum teilweise noch auf, den Begriff Sozialraumorientierung nutzten sie aber nicht.

„Das ist in meinem Sprachgebrauch nicht " (Kita-I, S. 24, Z. 14)

Der Begriff ist ihnen in ihrer Arbeit entweder bisher noch nicht begegnet oder sie haben ihn schon mal gehört, haben aber keine Vorstellung davon, was er bedeutet, beziehungsweise fangen an über den Begriff zu philosophieren und nehmen ihn so sprachlich auseinander.

„Aber Sozial muss ja drin vorkommen, dann könnte man schon fast wieder sagen es muss auch mit Menschen zu tun, muss- (...) Ob es dann gesunde Menschen, kranke Menschen kann man auch noch mal unterscheiden- (...) Kinder, Alte, Jugendliche .. Männer, Frauen vielleicht auch noch, dass man noch mal so Unterteilungen passieren können." (Kita-I, S. 25, Z. 23–34)

Insbesondere dieses „Philosophieren" über die Begriffe stellte sich in der Auswertung des Datenmaterials als besonders spannend heraus, da sich diese Studie nicht an den Begrifflichkeiten festhält, sondern es um die Deutungsmuster der Fachkräfte in frühpädagogischen Institutionen hinsichtlich Sozialraum und Sozialraumorientierung geht. Das tiefergehende Verständnis in Bezug auf die Thematik und die sich daraus ergebenden Arbeitsweisen stehen im Zentrum des Forschungsinteresses.

Die Differenzen hinsichtlich der Kenntnis der Begriffe Sozialraum und Sozialraumorientierung lassen sich darauf zurückführen, dass im Gütesiegelkriterienkatalog der Familienzentren NRW der Sozialraumbezug ein Kriterium ist und den Fachkräften die Begriffe daher schon einmal begegnet sein müssten. Zwar wurde auch im KiBiz 2008 auf eine sozialräumliche Ausgestaltung hingewiesen, jedoch ohne einen konkreten Umsetzungsgedanken (vgl. MFKJKS 2011).

Infolgedessen lässt sich hier der Eigenschaft „Kennen/Bewusstsein der Begrifflichkeiten Sozialraum/Sozialraumorientierung" die Dimension von stark bis gering zuordnen.

Eigenschaft	Dimension
Kennen/Bewusstsein der Begrifflichkeiten Sozialraum/Sozialraumorientierung	stark – gering

Wenn man aber nicht die Begrifflichkeiten in den Fokus rückt, sondern das Verständnis, welches dahinter steht, sind die Differenzen der Institutionen, wie sich in der folgenden theoretischen Konstruktion zeigt, kaum mehr ausschlaggebend. Der abhängige Faktor für Differenzen ist somit nur in Ansätzen die Institutionsform.

6.1.3 Homogene Auffassung von Sozialraum und Sozialraumorientierung

Die Differenzen der beiden Untersuchungsgruppen sind nicht so stark, als sie es erlauben würden, einen grundlegenden Vergleich aufzumachen. Vielmehr unterscheiden sich übergeordnet einheitliche Aspekte im Umfang ihres Verständnisses oder der Intensität ihrer Ausführung. Grundlegend haben die beiden Untersuchungsgruppen ein einheitliches Verständnis von dem, was ein Sozialraum ist und was Sozialraumorientierung impliziert.

Der Sozialraum wird von den Untersuchungsgruppen als ein Raum begriffen, in dem Menschen aufeinandertreffen und miteinander agieren. Ein Sozialraum lebt somit von der Interaktion von Menschen. Ohne Menschen bleibt ein Sozialraum nur ein Raum (vgl. Kita-I, S. 25, Z. 11f.). Sozialräume werden von Menschen geschaffen, als Beispiel lässt sich hier die aus dem Bedarf heraus eingerichtete Übermittagsbetreuung für Schulkinder nennen. Die Kirchengemeinde hat hier einen Bedarf aufgedeckt und daran anschließend den Sozialraum Nachmittagsbetreuung für Schulkinder geschaffen (vgl. Kita-J, S. 13, Z. 7–26). Dieses Verständnis deckt sich mit der Definition von Kessl und Reutlinger (2010, S. 25) aus der Fachwissenschaft, die dazu ausführen:

> „Während nämlich der Begriff des Raumes allzu leicht eine gegebene, also unwiderrufliche Tatsache suggerieren könnte, weist der Begriff des Sozialraums auf das Phänomen hin, dass Raum immer das Ergebnis menschlichen Handelns darstellt (...). Mit Sozialraum werden somit der gesellschaftliche Raum und der menschliche Handlungsraum bezeichnet, das heißt der von den handelnden Akteuren (Subjekten) konstituierte Raum und nicht nur der verdinglichte Ort (Objekte)."

Die Autoren vertreten die Grundannahme, dass Räume nicht als etwas Absolutes verstanden werden können, sondern dass sie „ständig (re)produzierte Gewebe sozialer Praktiken" sind (Kessl & Reutlinger 2010, S. 21). Somit wird sich abgewendet von einer absoluten Raumvorstellung und hingewendet zu einem relativen Raumverständnis. Die absolute Raumvorstellung hat zur Grundannahme, dass der Raum aufgrund seiner natürlichen Gegebenheit ohne Menschen existiert und immer gleich und stetig bleibt (vgl. Newton 1687 zit. nach Löw 2001, S. 25). Ein relatives Raumverständnis hingegen hat zur Annahme, dass Räume nicht unabhängig von den beteiligten Körpern bestehen können. Beide Annahmen scheinen jedoch etwas verkürzt, so dass ein relationaler Raumbegriff hilfreich ist, der die Aspekte dieser beiden Raumverständnisse miteinander verknüpft (vgl. Kessl & Reutlinger 2010, S. 22).[36]

---

36   Siehe Kapitel 3. „Sozialraumorientierung als sozialpädagogisches Konzept".

Vonseiten der Untersuchungsgruppe der traditionellen Kindertageseinrichtungen wird ein Sozialraum als etwas „Geschlossenes" begriffen. Es gibt verschiedene Sozialräume, in denen Menschen agieren, so zum Beispiel die Einrichtung als Ganzes oder die einzelnen Kindergruppen als eigenständige Sozialräume. Wenn Kinder nach Abschluss ihrer Zeit in der Einrichtung den Sozialraum „Kita" verlassen, treten sie in den für sie noch neuen, aber bereits bestehenden Sozialraum Schule ein.

„Oder Sportverein, oder … na Sportverein ist noch mal, also ich denke so ein Sozialraum ist immer auch so ein abgeschlossener Raum, ist bestimmt nicht offen .. also offen wäre ja zum Beispiel ein Spielplatz- (...) Das ist ja kein, keine Gruppe in dem Sinne, aber ich würde ein Sozialraum immer definieren, wenn ich das so dürfte als ne Gruppe. Vielleicht auch Geburtsvorbereitungskurs ist ne geschlossenen, an die Eltern vielleicht auch die in der Krabbelgruppe sind, Spielgruppe, Spielkreis, dann Kindergarten .. und man kann es noch mal unterteilen." (Kita-I, S. 24, Z. 31 – S. 25, Z. 7)

Hier lässt sich Sozialraum die Dimensionen von offen bis geschlossen zuordnen:

Eigenschaft	Dimension
Sozialraum	offen – geschlossen

Die Auffassung von geschlossenen Sozialräumen, die betreten und wieder verlassen werden, stützt die Vorstellung des Inselmodells, d. h. der Kindertageseinrichtung als verinseltem Sozialraum, welcher betreten und verlassen wird. Baecker (2005, S. 81f.) führt hierzu aus, dass Raum erst entsteht, wenn Unterscheidungen getroffen werden. Der Raum ist die Abgrenzung und gleichzeitig Voraussetzung dieser. Gleichzeitig ist ein Raum, wie bereits erwähnt, aber auch immer Teil eines größeren Raumes, in dem er besteht. Erschließen kann man sich einen Raum nur aus selbigem heraus. Zudem wird das Verständnis in Bezug auf Sozialraum im Datenmaterial als ein festgelegter Nahraum, der sich durch seine soziale und bauliche Struktur zu anderen Sozialräumen abgrenzt, gelegt.

Exkurs: Der Begriff Nahraum ist bisher in der Fachwissenschaft ein unbesetzter Begriff, er wird vielfach verwendet, ist aber nicht klar definiert. In der vorliegenden Studie impliziert Nahraum die unmittelbare Umgebung vom Ausgangspunkt der Institution beziehungsweise vom Ausgangspunkt der Akteure aus gesehen. Das heißt, das was sich konkret im nahen Umkreis um die traditionelle Kindertageseinrichtung beziehungsweise das Familienzentrum NRW oder aber auch um den Wohnort der Akteure herum befindet. Diese Definition vom Begriff Nahraum ergibt sich aus dem vorliegenden Datenmaterial und impliziert das Verständnis von Nahraum der befragten Fachkräfte.

Insbesondere weniger gut situierten Nahräumen wird mit einer solchen Festlegung mehr Beachtung beigemessen. Die Definition von Sozialraum als ein ebensolcher festgelegter Nahraum wird insbesondere im Datenmaterial der Untersuchungsgruppe der Familienzentren NRW deutlich. Ein Sozialraum wird von der Stadt anhand für die Fachkräfte undurchsichtiger Kriterien definiert und festgelegt. Die Stadt wird in mehrere Sozialräume unterteilt und dient somit den städtischen Verantwortungsträgern als administrative, politische Planungsgröße (vgl. FZ-H, S. 24, Z. 29ff./FZ-I, S. 4, Z. 29 – 34).[37] Es zeigt sich im Datenmaterial, dass zwischen gut und schlecht situierten Sozialräumen differenziert wird. Daher kann Sozialraum hier die Dimensionen von schlecht situiert bis gut situiert zugeordnet werden.

Eigenschaft	Dimension
Sozialraum	schlecht situiert – gut situiert

Je mannigfaltiger die Problemlagen in einem Sozialraum sind, desto stärker machen sich diese in der Institution bemerkbar und es muss von den Fachkräften entsprechend darauf reagiert werden (vgl. Kita-H, S. 21, Z. 1ff.). Daraus ergibt sich, dass Familienzentren verstärkt in Sozialräumen etabliert sind, die eine hohe Problembelastung aufweisen, damit sie so Familien vielfältige Unterstützungsmöglichkeiten anbieten können (vgl. FZ-I, S. 24, Z. 33 – S. 25, Z. 3/FZ-J, S. 33, Z. 32 – S. 34, Z. 2).

Das Verständnis der Fachkräfte von Sozialraum als ein nach Kriterien festgelegtes Gebiet stützt die Fachwissenschaft, die die Stadt als ein Gebilde, welches sich in eine Vielzahl solcher Sozialräume unterteilt und anhand derer vermessen werden kann, versteht. Raumordnungen sind nicht von der Natur vorgegeben, sondern sie stellen bedeutende Verdinglichungen von sozialen Prozessen dar (vgl. Kessl & Reutlinger 2010, S. 36/40). Kessl und Reutlinger (2010, S. 40) verweisen hier im Sinne eines relationalen Sozialraumbegriffes auf ein erweitertes Verständnis:

„Doch städtische Sozialräume sind nicht als dauerhaft räumlich fixierte und klar begrenzte Territorien zu begreifen, sondern als gegenseitig durchwobene, konflikthafte und heterogene soziale Zusammenhänge (soziale Felder), die sich räumlich manifestieren und damit den Stadtraum zu einem mehrdimensionalen und widersprüchlichen sozialen Raum machen.“

Die Ergebnisse aus dem Datenmaterial weisen auf ein erweitertes relationales Raumverständnis hin. Ausgehend von diesem Verständnis von Sozialraum impliziert Sozialraumorientierung anhand des Datenmaterials, dass die gesamte Sozialstruktur des Nahraumes in den Blick genommen werden muss, um dementsprechend zu agieren (vgl. Kita-F, S. 22, Z. 31–34). Das heißt, es muss ein Bewusstsein über die Angebote, die das eigene Angebot im Sinne von Hilfs- und Unterstützungsmöglichkeiten ergänzen, vorhanden sein (vgl. FZ-E, S. 23, Z. 9–12/Kita-H, S. 20, Z. 25–31). Ebenso müssen Konflikt- und Problemfelder erkannt werden und entsprechende Handlungen nach sich ziehen. Insbesondere wird unter einem sozialräumlichen Blickwinkel den Eltern, Kindern und Familien, die nicht immer in unmittelbarer Umgebung zur Einrichtung wohnen,

---

37   Siehe Kapitel 6.2.4.1.1 „Administrative Beeinflussung der Sozialraumdefinition“.

eine besondere Beachtung beigemessen. Wesentlich sind im Sozialraum somit die Familien und wie diese angesiedelt und strukturiert sind, damit die Institution sieht, wie sie hier Unterstützung und Hilfestellung bieten kann (vgl. FZ-L, S. 19, Z. 1–5).

> „Ja .. dass man in seiner Arbeit oder dass wir in unserer Arbeit versuchen uns an den Bedürfnissen der Eltern eben zu orientieren ne und die Eltern sind ja der Sozialraum. Was eben hier nötig ist und wichtig ist ne das versuchen wir anzubieten ne." (FZ-J, S. 11, Z. 17ff.)

Eltern werden hier als „der" Sozialraum verstanden, somit als der Maßstab, an dem es sich zu orientieren gilt. Die Bedürfnisse der Eltern gelten als zentral für die Ausrichtung und Ausgestaltung der sozialräumlichen Orientierung. Dies setzt ein weites Verständnis von Sozialraum voraus, wenn die Eltern nicht in der unmittelbaren Umgebung der Einrichtung wohnen. Die Probleme des Nahraumes werden durch einen sozialräumlichen Blick wahrgenommen und entsprechende Handlungen können folgen (vgl. FZ-L, S. 19, Z. 1–10/FZ-K, S. 29, Z. 17–31).

Das sozialräumliche Verständnis der Sozialen Arbeit, auf welches an dieser Stelle zurückgegriffen wird, versteht die Orientierung am Sozialraum als ein Vorgehen, welches den Fokus nicht auf den Einzelfall legt, sondern selbigen erweitert auf das Lebensumfeld der Adressatinnen und Adressaten. Hierdurch sollen Unterstützungssysteme und Netzwerke mobilisiert sowie ressourcenmäßig genutzt und eingebunden werden. Die Probleme des Nahraumes werden durch einen sozialräumlichen Blick wahrgenommen und entsprechende Handlungen können folgen (vgl. FZ-L, S. 19, Z. 1–10/FZ-K, S. 29, Z. 17–31). Der sozialräumliche Blick nimmt hier nicht die politisch-gesetzliche Perspektive ein, sondern schaut aus Sicht der Betroffenen. Somit werden Angebote für die Nutzerinnen und Nutzer unter ihrer Einbindung passgenauer und ortsbezogen gestaltet (vgl. Kessl & Reutlinger 2010, S. 44).

Mit der Aussage:

> „Ich bin da nicht der Experte." (FZ-I, S. 4, Z. 29)

in Bezug auf Sozialraum und Sozialraumorientierung wird sich von den Fachkräften hinsichtlich der sozialräumlichen Orientierung distanziert. Es stellt die Frage in den Raum, wer der Experte für diese Thematik ist und warum Fachkräfte von frühpädagogischen Institutionen sich nicht als die Experten verstehen.

Die Einbeziehung des Sozialraumes in die Arbeit der Kindertageseinrichtung fand bereits vor der Weiterentwicklung zum Familienzentrum statt. Sozialraumorientierung wird somit nicht als eine Erneuerung empfunden. Als zeitliche Dimension wird sich hier auf den Punkt der Zertifizierung der Einrichtung zum Familienzentrum bezogen. Daher lässt sich festhalten, dass es eine Zeit vor der Zertifizierung als Kindertageseinrichtung gab und eine aktuelle Zeit nach der Zertifizierung als Kindertageseinrichtung mit dem

Gütesiegel Familienzentrum NRW (vgl. FZ-B, S. 7, Z. 3–21). Dennoch zeigt sich im Datenmaterial auch, dass Einrichtungen durch die Weiterentwicklung zum Familienzentrum offener gegenüber ihren Sozialräumen geworden sind, beziehungsweise offener gegenüber Kooperationen und Vernetzungen mit anderen Institutionen.

> „Also wir sind auch sehr viel offener geworden auch für Kooperationspartner natürlich, also das hat sich ja, das war ja .. als reine Tageseinrichtung hatten wir das eigentlich gar nicht, gut da haben wir mit Institutionen zusammengearbeitet, mit Beratungsstellen zusammengearbeitet, aber dass man jetzt wirklich jemand hatte, mit dem man <u>gemeinsam</u> überlegt, wie wollen wir ein Angebot organisieren, was habt ihr davon, was haben wir davon, das hat sich natürlich total verändert mit der Familienzentrumsarbeit." (FZ-D, S. 11, Z. 8–14)

In der obigen Ausführung wurde das allgemeine Verständnis von Sozialraum und Sozialraumorientierung anhand des Datenmaterials in Auseinandersetzung mit der aktuellen fachwissenschaftlichen Literatur erläutert.

Zusammenfassend lässt sich festhalten, dass ausgehend vom Datenmaterial Sozialraum als ein Raum verstanden wird, der von Menschen geschaffen und durch diese belebt wird. Ein Sozialraum kann offen oder geschlossen sein und grenzt sich anhand von gewissen Kriterien zu anderen Sozialräumen ab. Ein Sozialraum ist immer in einen größeren Kontext, einen größeren Sozialraum eingebunden. Ausgehend von diesem Verständnis von Sozialraum impliziert Sozialraumorientierung, dass die gesamte Sozialstruktur eines Stadtteils in den Blick genommen werden muss. Das wiederum impliziert die Bedürfnisse und Lebenslagen der Familien, ebenso wie mögliche Vernetzungsstrukturen hinsichtlich Unterstützungsmöglichkeiten zu kennen, um das eigene Angebot für die Zielgruppe zu ergänzen. Unter Berücksichtigung eines erweiterten Einzugsgebietes greift ein erweitertes Verständnis von Sozialraumorientierung, welches sich nicht ausschließlich auf den Nahraum, sondern in besonderer Weise auf die Lebenslagen der Familien fokussiert. Im Sinne dieses Verständnisses von Sozialraum und Sozialraumorientierung zeigen sich Parallelen zu den Erkenntnissen der Fachwissenschaft.

Anhand des folgenden theoretischen Konstrukts soll über das Verständnis von Sozialraum und Sozialraumorientierung hinaus der eigentliche Gegenstand, die Markierungen sowie Bestimmungsgrößen dargestellt und erläutert werden sowie die zentrale forschungsleitende Frage, die nach den Deutungsmustern von Sozialraumorientierung der Expertinnen und Experten fragt und wie diese sich wiederum in der Arbeitsweise niederschlagen, beantwortet werden.

6.2 Das Phänomen „Kitas sind (keine) Inseln"

Das Phänomen, welches sich aus der Analyse ergeben hat, lautet „Kitas sind (keine) Inseln". Diese Aussage ist eine Metapher für das Verständnis über die Institution im sozialräumlichen Kontext. Das Phänomen hat sich während des selektiven Kodierens herausgestellt und ist ein In-Vivo Kode (als In-Vivo Kode werden den Interviews entnommene Begriffe und Bezeichnungen benannt), der sich aus der folgenden Interviewpassage ergibt:

„Also wir haben ja auch den Gedanken Kitas sind keine Inseln." (FZ-B, S. 25, Z. 25)

Der Kode wurde ergänzt, indem um das Wort „keine" Klammern gesetzt wurden, diese Ergänzung ergab sich aus folgender Interviewpassage:

„(...) legen sehr viel Wert darauf mit der Kinder rauszugehen uns auch wegzubegeben von der Insel Kita (...)." (Kita-G, S. 11, Z. 8ff.)

Hierbei zeigen sich deutliche Kontrastierungen hinsichtlich der Auffassung über die eigene Institution.

Insgesamt wird der Begriff der „Insel" dreimal in Interviews von den befragten Fachkräften aufgegriffen und immer in einen anderen Kontext gesetzt. Hierbei ist zu beachten, dass der Begriff der „Insel" von der Interviewerin nicht, zum Beispiel im Rahmen von Fragestellungen oder ähnlichen Äußerungen, vorgegeben wurde.

Nutzung des Inselbegriffes im Datenmaterial		
„(...) ne, dass wir da weg kommen von diesen Inseln irgendwie wo man da von außen quasi kaum reinkommt und das spiegelt sich natürlich auch ein Stück weit in der Kita wider, ne also das ist genau das, was hier stattfindet ne weg von, von nur Kindern aus diesem Haus dort drüben oder nur Kindern aus der Straße gegenüber so viel mehr zu einer Durchmischung von Kindern die gleich aus dem ganzen Stadtteil kommen das ist schon so das was da ist." (Kita-B, S. 15, Z. 22–27)	„Also wir haben auch den Gedanken Kitas sind keine Inseln und gerade die älteren Kinder nutzen den Sozialraum viel und auch darüber hinaus, also das so ist dieser S-Bahnhof (Name des Stadtteils) ist eine Möglichkeit wirklich das Stadtgebiet breit zu bereisen." (FZ-B, S. 25, Z. 25ff.)	„(...) legen sehr viel Wert darauf mit den Kinder rauszugehen uns auch wegzubegeben von der Insel Kita, mal in den Wald zu gehen, in den nahe gelegenen Park zu gehen, weil wir da auch feststellen, dass den Kindern, den fehlt das häufig das ganz normale Spazierengehen das müssen die oft erlernen." (Kita-G, S. 11, Z. 8–12)

In der ersten Aussage wird „Insel" als der Stadtteil, beziehungsweise ein eingegrenzter Nahraum bezeichnet, welcher von außen nur schwer zu erreichen ist. Diese Eingrenzung wird erzeugt durch die homogene Bewohnerstruktur. Die „Ghettoisierung" (Kita-B, S. 15, Z. 12ff.) von Personen, beziehungsweise von homogenen Sozialstrukturen in Stadtteilen, soll überwunden werden. Es herrscht der Wunsch nach einer stärkeren Mischung der gesellschaftlichen Schichten vor. Die Bewohnerinnen und Bewohner sollen sich aus ihren starren Strukturen lösen und sich gegenüber anderen Nahräumen und Gesellschaftsschichten öffnen. Diese „Verinselung" überträgt sich auf die Institutionen, auch hier zeigen sich überwiegend homogene Strukturen bei den Kindern und Familien, die die Einrichtung nutzen. Die „Insel" wird hier somit über die Menschen definiert, Menschen gleicher sozialer Schichten leben homogen zusammen und grenzen sich durch ihre „Gemeinsamkeiten" von anderen angrenzenden Bewohnerinnen und Bewohnern ab. Der Begriff der „Insel" kann an dieser Stelle auch versuchshalber durch den Begriff „Sozialraum" ersetzt werden: Der Sozialraum wird durch die in ihm lebenden Menschen geschaffen. Dieser Sozialraum grenzt sich wiederum von anderen Sozialräumen durch seine individuellen Merkmale, welche die gesellschaftlichen Strukturen der Bewohnerinnen und Bewohner betreffen, ab. Die daraus resultierende „Verinselung" von Sozialräumen soll aufgebrochen werden.

In der zweiten Aussage einer Fachkraft eines Familienzentrums NRW wird darauf hingewiesen, dass die Kita (die Bezeichnung Kita wird hier von der Fachkraft synonym für Familienzentrum NRW genutzt) definitiv nicht als eine Insel begriffen wird, da die Fachkraft die Einrichtung als intensiv eingewoben in den Kontext sieht. Vielmehr wird hier die Institution scheinbar als etwas begriffen, was Teil von etwas „Größerem" ist, was selbstverständlich genutzt wird. Der Begriff Sozialraum wird hier direkt im Anschluss an den Begriff der „Insel" verwendet unter Bezugnahme, dass dieser aktiv erobert wird und es im Sozialraum eine Möglichkeit gibt (die S-Bahn-Station) das weitere Stadtgebiet zu bereisen. Die Kindertageseinrichtung wird hier als ein Teil des Sozialraumes verstanden und der Sozialraum wiederum als ein Teil eines übergeordneten Sozialraumes, dem Stadtgebiet.

In der Aussage der Fachkraft Kita-G hingegen wird die Kita als eine Insel verstanden. Die Kita ist eine Insel, die mit den Kindern verlassen werden soll, um weitere Dinge/Räume/Inseln etc. zu erkunden und kennenzulernen. Die „Insel Kita" bietet somit nicht alle bedeutsamen Erfahrungsräume; ein Verlassen dieser wird als wesentlich angesehen. Durch die Ergänzung der Fachkraft, dass Kinder das normale Spazierengehen häufig nicht mehr kennen, lässt sich interpretieren, dass die Kinder ihr „Insel-Zuhause" gegebenenfalls nicht verlassen, um um diese „Insel" herum weitere Erfahrungen zu sammeln. Der Inselcharakter soll hier überwunden werden.

Insgesamt zeigt sich, dass die Fachkräfte scheinbar eine ähnliche Definition von „Insel" verfolgen, die Institution Kindertageseinrichtung beziehungsweise Familienzentrum jedoch unterschiedlich im Rahmen dieses Begriffes verorten. Auf der einen Seite wird der Nahraum als eine Insel verstanden, dessen Struktur sich in der Institution widerspiegelt. Hiervon will sich gelöst werden, daneben wird die Institution von dem Begriff „Insel" stark distanziert und wiederum wird die Kita als eine Insel begriffen, die man verlassen muss.

Setzt man sich mit dem Begriff der „Insel" zunächst sprachlich auseinander, so ist die Definition laut Duden „ringsum vom Wasser eines Meeres, Sees, Flusses umgebenes Stück Land". Als Beispiele dafür werden unter anderem genannt „eine einsame, bewaldete, felsige Insel", „kontinentale, ozeanische Inseln", „die Schiffbrüchigen konnten sich auf eine Insel retten" oder in übertragender Bedeutung „die kleine Stadt war eine Insel des Friedens". Etymologisch leitet sich der Begriff vom lateinischen „insula" ab und bedeutet „die im (Salz)Meer Gelegene" (Bibliographisches Institut 2014).

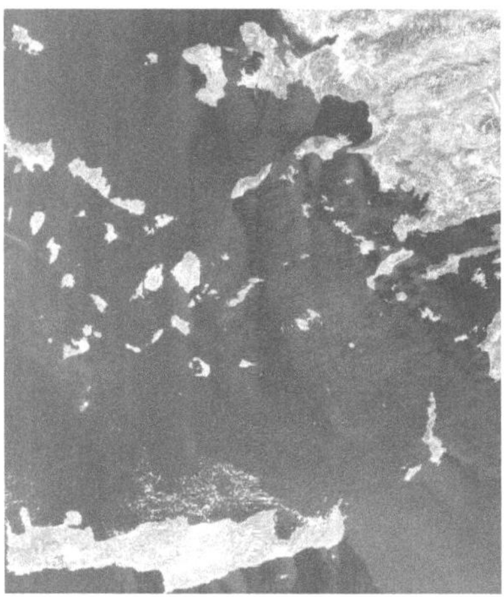

Abbildung 6: Dem Festland vorgelagerte Inseln (Bibliographisches Institut 2004)

Die Abbildung zeigt eine Darstellung von „Inseln" die einem Festland vorgelagert sind. Sie zeigt, dass Inseln somit erst einmal etwas in sich Abgeschlossenes mit einer klaren Grenze sind. Eine Insel geht nie direkt in andere „Inseln" über, sondern es gilt etwas zu überwinden. Eine Insel ist von außen nicht niederschwellig begehbar, kann daher aber auch nicht ohne Umstände verlassen werden. Dies bekräftigt auch die Interviewaussage:

> „(...) ne, dass wir da weg kommen von diesen Inseln irgendwie wo man da von außen quasi kaum reinkommt." (Kita-B, S. 15, Z. 22ff.)

Hier wird ebenfalls beschrieben, dass es schwierig ist, diese Inseln von außen zu erreichen. Andersherum gesehen kann eine Insel aber auch sichere Strukturen und Beständigkeit aufgrund ihrer Geschlossenheit bieten.

Nicht nur sprachlich, sondern vor allem auch wissenschaftlich gesehen, ist der Insel-Begriff ein sehr interessanter und aussagekräftiger. Insbesondere findet er Beachtung im

1983 entwickelten „Inselmodell" von Helga Zeiher. Dem Inselmodell von Zeiher (1983) liegt die Theorie zugrunde, dass sich der Handlungsraum von Kindern nicht kontinuierlich erweitert, wie bei dem Zonenmodell von Baacke (1984) in Anlehnung an Bronfenbrenner (1981), sondern der/die Heranwachsende einen unzusammenhängenden Lebensraum, der sich in viele kleine Segmente unterteilt, erlebt.

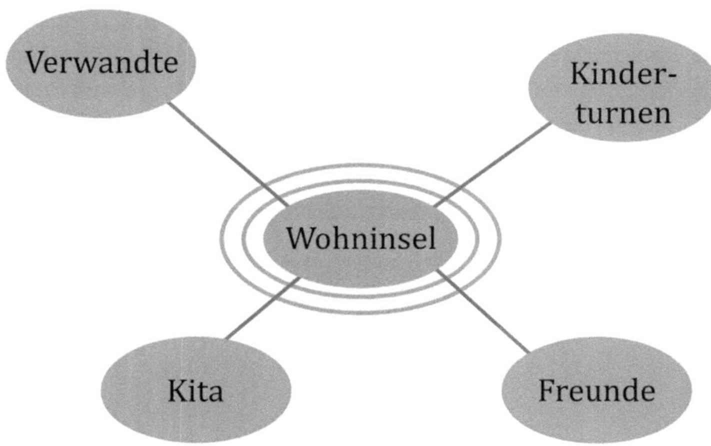

Abbildung 7: Das Inselmodell in Anlehnung an Helga Zeiher (1983)

Entgegen der Vorstellung, dass sich ein Kind mit steigendem Alter die Umwelt mehr und mehr erschließt, ist hier die Annahme, dass verschiedene Räume für verschiedene Altersklassen spezialisiert sind. Die einzelnen Segmente sind wie kleine Inseln zu verstehen, die der/die Heranwachsende sich, ausgehend von seinem ökologischen Zentrum, seiner Wohnsinsel aus, erschließt. Jede dieser Inseln, wie zum Beispiel das Zuhause, die Wohnungen von Verwandten und Freunden, die Kindertageseinrichtung etc. hat eine feststehende Begrenzung. Kinder werden bereits in diese verinselte Lebenswelt hineingeboren.

> „Der Lebensraum ist nicht ein Segment der realen räumlichen Welt, sondern besteht aus einzelnen separaten Stücken, die wie Inseln verstreut in einem größer gewordenen Gesamtraum liegen, der als ganzer unbekannt oder zumindest bedeutungslos ist." (Sachs 1981 zit. in Zeiher 1983, S. 187)

Es werden somit nur Teilräume erlebt, die lediglich durch den Tagesablauf der Person oder durch Kommunikationsstränge miteinander verbunden sind, aus ökonomisch bedingten Zeitgründen werden die Zwischenräume hier nicht mehr wahrgenommen. Zudem erfolgt durch Medien wie Fernsehen oder Telefon, die eine Verbindung zu anderen Räumlichkeiten herstellen oder andere Räume ohne Distanz vermitteln, eine Verschränkung von Nähe und Ferne. Zeiher (1983, S. 188) spricht in diesem Zusammenhang von einer „Entsinnlichung des Lebensraumzusammenhangs". Im untersuchten Datenmaterial wird dieser Aspekt durch folgende Aussage gestützt:

> „(...) den fehlt das häufig das ganz normale Spazierengehen das müssen die oft erlernen (...) Weil die werden ja mit dem Auto gebracht, mit dem Auto wieder abgeholt." (Kita-G, S. 11, Z. 11–16)

Hier beschreibt die interviewte Fachkraft, dass die Wege zwischen Zuhause und Kindertageseinrichtungen für Kinder mit dem Auto dadurch, dass sie immer gefahren werden, übersprungen werden und Kinder diese Zwischenräume somit nicht kennenlernen. Ebenso wenig lernen sie dadurch ihren unmittelbaren Nahraum kennen, vielmehr kennen sie nur einzelne „Inseln".

> „Im verinselten Lebensraum gehört der Einzelne nirgends mit seiner ganzen Person hin, sondern immer nur mit Teilbereichen davon. Mit einem verinselten Lebensraum kann man nicht in gleicherweise ‚verwachsen' wie mit einem einheitlichen Lebensraum." (Zeiher 1983, S. 189)

Dies schließt auch die Beziehungen zu anderen Menschen mit ein. Wo in der Vorstellung eines einheitlichen Lebensraums die Menschen gemeinsam leben, stellt ein verinselter Lebensraum, der aus „organisatorisch zusammenhängenden Spezialräumen besteht", für jedes Individuum eine individuelle „Inselzusammenstellung" und „Inselrouten" dar. Es kommt somit auch zu einer Verinselung von Beziehungen: Sozialer Kontakt muss geplant werden. Diese I(n)solation kann man nur überwinden, indem man aktiv zu organisierten Veranstaltungen geht oder eigenständig eben zu solchen anregt. Es wird also ein aktives Vorgehen gefordert. Für Kinder bedeutet das, dass sie aus Räumen herausgerissen und in andere hineinversetzt werden (vgl. Zeiher 1983, S. 189/194).

Blankenburg und Rätz-Heinisch (2009, S. 187) sprechen ebenfalls von der Kindertageseinrichtung als Insel, die diesen sogenannten „Inselcharakter" jedoch für eine offene sozialräumliche Kindertageseinrichtung aufgeben sollte:

> „Die Entscheidung darüber, ob eine Kindertageseinrichtung ihren gewohnten Inselcharakter zugunsten einer offenen sozialräumlichen Kindertageseinrichtung aufgeben möchte, kann nicht ohne vorherige Untersuchung und Prüfung des gegebenen Potenzials der Einrichtung getroffen werden."

Sie machen eine sozialräumliche Öffnung somit auch ganz deutlich vom Potenzial der Einrichtung abhängig. Distanziert man sich davon und sieht die Kindertageseinrichtung nicht als eine Insel an, sondern als einen Teil von etwas Größerem, lässt sich hier auf das Zonenmodell von Baacke zurückgreifen. Baacke (1984 zit. in Deinet 2009) überträgt das ökologische Entwicklungsmodell von Bronfenbrenner (1981) auf den Handlungs- und Erfahrungszusammenhang von Heranwachsenden.

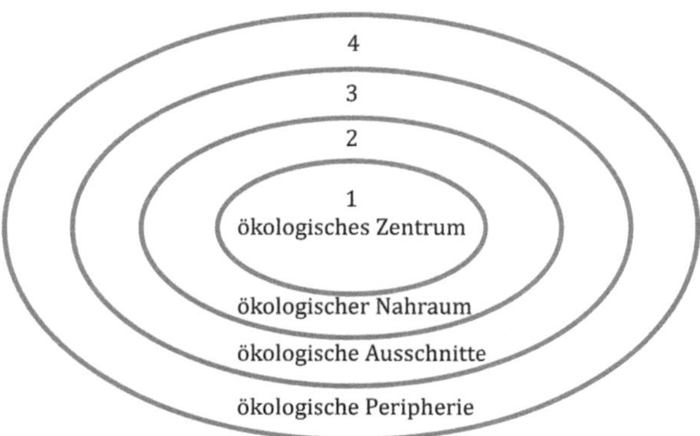

Abbildung 8: Das Zonenmodell von Dieter Baacke (1984 zit. in Deinet 2009)

Das Zonenmodell beschreibt vier ökologische Zonen, die der Heranwachsende nacheinander betritt und legt die Annahme zugrunde, dass sich der Handlungsraum im Laufe der Entwicklung qualitativ und quantitativ vergrößert. Bei den vier ökologischen Zonen, von innen nach außen betrachtet, steht zunächst das Zentrum, dieses impliziert die Familie, das Zuhause des Kindes im Mittelpunkt. Daran schließt sich der Kreis des ökologischen Nahraumes, dies ist die Nachbarschaft, der Stadtteil etc. an. In einem weiteren Kreis befinden sich die ökologischen Ausschnitte, dies sind Orte, an denen ein funktionsspezifischer Umgang gelehrt wird, wie zum Beispiel die Schule. Der äußerste Kreis ist die ökologische Peripherie, dieser Kreis umschließt gelegentliche Kontakte, oder das Bewegen in unbekannten Räumlichkeiten. Das Zonenmodell ist dynamisch zu verstehen. Die einzelnen Zonen bieten dem Kind verschiedene Erfahrungs- und Erlebnismöglichkeiten und bringen unterschiedliche Anforderungen mit sich, welches die verschiedenen Bereiche der Lebenswelt von Heranwachsenden zu erfassen versucht. Es gibt kein striktes Altersmuster wonach die jeweiligen Zonen, die verschiedene Erfahrungs- und Aneignungsmöglichkeiten für Kinder bieten, erschlossen werden. Kindertageseinrichtungen befinden sich häufig im unmittelbaren Lebensumfeld und sind somit ein bedeutender Bereich des ökologischen Nahraumes. Liegt die Kindertageseinrichtung nicht im unmittelbaren Umfeld der Kinder, gehört sie zu den ökologischen Ausschnitten. Durch den Besuch verlassen die Kinder ihren Nahraum und erobern neue Räume und eignen sich diese an (vgl. Deinet 2011, S. 293f.).

Die dargestellten Modelle von Baacke (1984) und Zeiher (1983) beschreiben die sozialräumliche Entwicklung von Kindern und Jugendlichen. Auch wenn den beiden Modellen eine unterschiedliche Theorie zugrunde liegt, weisen beide auf die Vergrößerung des Handlungsraumes im Laufe der Entwicklung hin und messen dem Nahraum eine besondere Bedeutung bei. Sie stellen die Verbindung von subjektivem Raumerleben der Heranwachsenden und deren realer Umwelt heraus (vgl. Deinet 2005, S. 42ff./Deinet 2011, S. 292ff.).

Um wieder das Phänomen „Kitas sind (keine) Inseln" aufzugreifen, lässt sich feststellen, dass diese beiden hier beispielhaft vorgestellten sozialökologischen Modelle Extremformen darstellen. Im Verständnis der Kita als Insel kann man sich die Kita als eine von vielen Inseln vorstellen, diese Insel soll jedoch bewusst verlassen werden, um sich neue Erfahrungs- und Handlungsräume zu erschließen. Die Vorstellung von Sozialräumen als Inseln impliziert eine Ghettoisierung von eben diesen. Der Begriff Ghettoisierung ist ein In-Vivo Kode.

> „(...) mit anderen Gesellschaftsschichten, so dass da irgendwie eine Durchmischung stattfindet und dass wir das hinkriegen, dass wir wegkommen von dieser Ghettoisierung (...)." (Kita-B, S. 15, Z. 12ff.)

Diese Ghettoisierung soll überwunden und die Verinselung aufgehoben werden.

In den nachfolgenden Kapiteln wird das Phänomen „Kitas sind (keine) Insel" ins Zentrum des Interesses gestellt. Mittels des Kodierparadigmas werden die Innenperspektive „Kita als Sozialraum" sowie die Außenperspektive „Kita im Sozialraum" unter Bezugnahme des aktuellen Fachdiskurses dargestellt und diskutiert. Es wird, wie bereits erwähnt, der Begriff Kindertageseinrichtung synonym für Familienzentrum NRW und traditionelle Kindertageseinrichtung verwandt, da die Institutionsform nachkommend nicht mehr im Fokus steht. Gibt es Differenzen, die auf die Institutionsform zurückzuführen sind, wird explizit darauf hingewiesen. Bei der Darstellung werden in besonderer Weise die Aspekte detailliert und ausführlich darlegt, bei denen sich im Material eine besondere Relevanz zeigte.

6.2.1 Übergeordnete Ursachen

Es gibt ursächliche Bedingungen, die die Innenperspektive „Kita als Sozialraum" und die Außenperspektive „Kita im Sozialraum" gleichermaßen beeinflussen. Folgende übergeordnete Ursachen lassen sich identifizieren:

- gesellschaftlicher Wandel

- Trennung von Kindertageseinrichtung und Familienzentrum NRW

Im Datenmaterial zeigte sich, dass insbesondere dem gesellschaftlichen Wandel von Kindheit und Familie eine tragende Bedeutung hinsichtlich der zu untersuchenden Forschungsfragen beigemessen wird.

6.2.1.1 Gesellschaftlicher Wandel

Der gesellschaftliche Wandel, insbesondere in Bezug auf Kindheit und Familie, beeinflusst die Innenperspektive „Kita als Sozialraum" und die Außenperspektive die „Kita im Sozialraum" gleichermaßen. Der gesellschaftliche Wandel beeinflusst die Arbeit und die Struktur von frühpädagogischen Betreuungseinrichtungen. Das Projekt Familienzentrum NRW ist aufgrund des gesellschaftlichen Wandels von Kindheit und Familie ins Leben gerufen worden. Mit der Weiterentwicklung von Kindertageseinrichtungen zu Familienzentren sollte ein Angebot geschaffen werden, welches den vielschichtigen Herausforderungen des gesellschaftlichen Wandels gerecht werden kann (vgl. MFKJKS 2013, S. 5/FZ-C, S. 30, Z. 7–11). Durch die Veröffentlichung der PISA-Ergebnisse geriet die institutionelle Kleinkinderziehung in den Fokus von Politik und Gesellschaft. Der damalige so genannte „PISA-Schock" im Jahr 2001 führte zum vermehrten Diskurs darüber, wie Bildung stärker auch schon im vorschulischen Bereich etabliert werden kann. Kindertageseinrichtungen gewannen im Eiltempo an steigender, gesellschaftlicher Bedeutung (vgl. Rauschenbach & Borrmann 2010, S. 11/17). Durch den Wandel haben sich die Anforderungen an Familien verändert. Die Lebensformen sind vielfältiger geworden und die Lebensführung unsicherer, des Weiteren ändern sich Geschlechter- und Generationenverhältnisse (vgl. Heitkötter, Rauschenbach & Diller 2008, S. 10). Somit stellen Familien auch andere Anforderungen an die Gesellschaft. Dem Bedürfnis nach einer früheren Betreuung von Kindern ist durch die Einführung des Rechtsanspruches auf einen Betreuungsplatz für Kinder ab Vollendung des ersten Lebensjahres Rechnung getragen worden. Darüber hinaus haben sich die Öffnungszeiten von Kindertageseinrichtungen gewandelt, diese sind flexibler geworden und werden auf die Bedarfe von Familien im Sozialraum ausgerichtet (vgl. Kita-F, S. 11, Z. 27–31). Hier bedarf es jedoch nach Klinkhammer (2008, S. 242f.) einer noch viel weitergehenden Flexibilität, die sich an das Erwerbsleben der Familien anpasst. Trotz politischer Bemühungen zeigt sich somit, dass es immer noch starke Differenzen zwischen den bestehenden Angeboten der Kinderbetreuung und dem Bedarf von Eltern gibt. Angelehnt daran erfahren (Kleinst-) Kinder heute eine andere Sozialisation. Sie besuchen früher institutionelle Settings wie die Kindertageseinrichtung und auch davor erleben sie schon soziale Gruppen, zum Teil ohne ihre Bezugspersonen, wie beispielsweise im Rahmen der Kindertagespflege oder im Rahmen von Spiel- und Krabbelgruppen (vgl. Kita-G, S. 15, Z. 1–4). Es wird versucht, dem steigenden Bedarf nach Betreuungsplätzen, durch den am 1. August 2013 in Kraft getretenen Rechtsanspruch auf einen Betreuungsplatz für Kinder unter dem dritten Lebensjahr, durch einen von Bund, Ländern und Kommunen geförderten Ausbau nachzukommen (vgl. BMFSFJ 2008).

Verstärkt wird in der Fachwissenschaft von der „Institutionenkindheit" gesprochen. Kinder verbringen einen bedeutsamen Teil ihres Tages in frühpädagogischen Institutionen (vgl. BMFSFJ 2005, S. 25). Eltern geben hier nach Ansicht der Fachkräfte früher die Verantwortung für die Betreuung ihrer Kinder ab, wodurch wiederum auch die Ansprüche an frühpädagogische Betreuungsinstitutionen und somit auch an die gesellschaftlichen Systeme von seiten der Eltern steigen.

> „Ich glaube, dass Eltern früher die Verantwortung für ihre Kinder abgeben, leider Klammer zu, mit nem dicken Ausrufezeichen dahinter. Ich denke, dass es nicht immer auch dann gelingt in Familien selber noch sehr stark das, das Leben der eigenen Kinder zu begleiten, bei uns heißt das ja ganz konkret hier wird unter Umständen ein Kind morgens um sieben gebracht und nachmittags um halb fünf geholt. Bei einem zwei- oder ein- oder zweijährigen oder auch noch bei den, den dreijährigen Kindern bedeutet das die Eltern haben ihre Kinder eigentlich nur noch während der Schlafphase und nur noch eine ganz, ganz, ganz, ganz kurze und geringe Familienphase, das heißt unsere Verantwortung wird größer und die Ansprüche der Eltern, die sie dadurch auch an uns stellen werden ja, auch das ist ja natürlich berechtigt auch immer größer durch diese, durch diese strukturellen Veränderungen. Wir haben zum Beispiel Situationen, dass wir morgens Wickelkinder gebracht bekamen und die Eltern uns das Kind mit dem Satz in die Hand oder auf den Arm drückten, müssen sie direkt wickeln das ist noch die Nachtwindel. Das heißt also selbst diese pflegerische Dinge passieren unter Umständen gar nicht mehr zuhause oder nur noch in einem sehr geringen Maß, das heißt zunehmend wird Verantwortung und Zuständigkeit delegiert in den institutionalisierten Bereich einer Tageseinrichtung das sind sicherlich nicht, das ist nicht die Majorität der Eltern aber wir erleben es immer häufiger, wir erleben immer häufiger, dass dadurch auch sehr viel an Rückfragen kommt, dass das das Bedürfnis uns in unserer Arbeit zu kontrollieren und wirklich differenziert und detailliert abzufragen größer wird, das heißt also der Schwerpunkt der Arbeit verschiebt sich auch da in einer unheimlich wichtigen und hoffentlich guten Kommunikation zwischen professioneller Erziehungsarbeit hier in der Tageseinrichtung und der Teilhabe der Eltern an diesem Prozess, das heißt, das erfordert ein Höchstmaß an guter Kommunikation." (Kita-F, S. 12, Z. 5–28)

Die Zeiten der Familienphasen werden geringer (vgl. FZ-H, S. 26, Z. 26–33) und die Zeiten in frühpädagogischen Betreuungsinstitutionen verlängern sich, was wiederum dazu führt, dass hier die Institutionen reagieren und ihre Konzepte anpassen müssen (vgl. Kita-J, S. 2, Z. 20–26), wie es auch das Bundesministerium für Familie, Senioren, Frauen und Jugend (2005, S. 130) formuliert:

> „Vor dem Hintergrund der Erkenntnisse und Befunde zu Entwicklungs- und Bildungsprozessen in früher Kindheit sowie den Erfordernissen, die sich aufgrund gesellschaftlicher Wandlungsprozesse ergeben, muss die Entwicklung von Kindern mehr denn je sowohl als eine

Angelegenheit der Eltern als auch der Gesellschaft insgesamt betrachtet werden (...). Da die Entwicklungs- und Bildungsprozesse der Kinder weitgehend von den Umwelten abhängig sind, in die sie hineingewachsen – sei es die Familie, die Tagespflege oder die Kindertagesbetreuung-, ergibt sich als große gesellschaftliche Herausforderung, die Qualität der Bildungswelt der Familien ebenso wie die der Bildungsorte Tagespflege und Kindertageseinrichtungen sowie sonstiger bildungsrelevanter Erfahrungsräume und Lernwelten zu schaffen. Es liegt im öffentlichen Interesse, dass die Kinder sich gesund und ihre Möglichkeiten ausschöpfend entwickeln können, damit sie an der Gesellschaft umfassend teilhaben können."

Die steigende Doppelberufstätigkeit führt zudem zu einem erhöhten Bedarf an Kinderbetreuung und hat gleichzeitig Auswirkung darauf, dass Eltern weniger Zeit für eine Einbindung in frühpädagogische Institutionen haben (vgl. FZ-B, S. 19, Z. 6ff./Kita-H, S. 9, Z. 8–15). Frauen spielten früher im Erwerbsleben nur eine geringfügige Rolle, doch durch den „unaufhaltsamen Aufstieg des weiblichen Geschlechtes im Bildungssystem" sind Frauen zunehmend gut ausgebildet und verstärkt erwerbsorientiert, was wiederum dazu führt, dass Kinderbetreuung nicht mehr ausschließlich im Rahmen der Familie stattfindet (vgl. Rauschenbach & Borrmann 2010, S. 19). Hier stieg die öffentliche Verantwortung und das Aufwachsen von Kindern wird als eine gesamtgesellschaftliche Aufgabe betrachtet (vgl. BMFSFJ 2002 zit. in Rauschenbach & Borrmann 2010, S. 19). Die Fachkräfte erleben in ihrem beruflichen Alltag, dass die Vereinbarkeit von Beruf und Familie Familien vor Herausforderungen stellt, was viele Familien als Druck erleben (vgl. FZ-E, S. 17, Z. 18ff.). Gleichzeitig werden jedoch auch die Leistungsansprüche, die an Kinder gestellt werden, als steigend erlebt (vgl. FZ-E, S. 18, Z. 5f.). Die veränderten Lebensformen von Familien führen insgesamt nach Ansicht der Fachwissenschaft dazu, dass ein breites öffentliches Unterstützungssystem notwendig ist. Den beruflichen Alltag und die Betreuung von Kindern im Privaten zu gestalten, fordert einen enormen Aufwand (vgl. Rauschenbach & Borrmann 2010, S. 20).

Durch den Wandel des 21. Jahrhunderts eröffnen sich für Familien vielfältige Möglichkeiten Familie zu leben und zu gestalten.

„Mit der Vermehrung von Handlungsoptionen, der Erosion milieuspezifischer Lebensstile und Erziehungspraktiken, der Abschwächung intergenerativer Hierarchien sowie einer Demokratisierung von Eltern-Kind-Beziehungen – das Stichwort hierzu lautet ‚vom Befehlszum Verhandlungshaushalt' – geht auch ein Verlust an klaren Regeln, rollenspezifischen Eindeutigkeiten, an verbindlichen Wertorientierungen, an standardisierten Lebensstilen einher, gehen eben auch erziehungsbezogene Sicherheiten verloren." (Rauschenbach & Borrmann 2010, S. 21)

Der gesellschaftliche Wandel zeigt, dass Eltern häufig nicht mehr dazu in der Lage sind, die Erziehungsaufgaben in Bezug auf ihre Kinder eigenständig zu erfüllen. Der gesellschaftliche Druck auf Eltern hinsichtlich der Bildung, Betreuung und Erziehung ihrer Kinder steigt enorm an (vgl. FZ-E, S. 19, Z. 12–14/FZ-B, S. 19, Z. 15f.). Familien verfügen vielfach nicht mehr über eigenständige Unterstützungssysteme und benötigen Unterstützungsmöglichkeiten in der Bewältigung ihrer Erziehungsaufgaben, was dazu führt, dass sich die Elternarbeit in Kindertageseinrichtungen intensiviert hat (vgl. Kita-F, S. 13, Z. 8–16/Kita-F, S. 25, Z. 9ff./FZ-D, S. 11, Z. 28f.). Insbesondere Familien aus bildungsfernen Schichten benötigen hier Hilfestellungen. Familien, die eher bildungsorientiert sind, können den Auftrag der Gesellschaft in Bezug auf die Erziehung und Bildung ihrer Kinder, nach Meinung der Fachkräfte, besser erfüllen. Die benötigte Unterstützung von Familien wird hier eng an den jeweiligen Bildungsstand dieser gekoppelt (vgl. Kita-G, S. 27, Z. 26–30).

Kinder entwickeln sich im Kontext ihrer Familie und ihrer soziokulturellen Lebensbedingungen, welche einen Einfluss auf den Faktor Bildung haben. Insbesondere problembelastete Familien fühlen sich nach Lorenz (2008, S. 91) häufig mit der Erziehung ihrer Kinder überlastet. Ihnen fehlen nach Ansicht der befragten Fachkräfte verstärkt Erziehungskompetenzen, um den Erziehungsanforderungen gerecht zu werden, was wiederum dazu führt, dass die Kindertageseinrichtung dies auffangen muss. Kindertageseinrichtungen haben sich somit in den letzten Jahren nach Aussage der Fachkräfte von der Betreuungseinrichtung hin zu einer Einrichtung der Bildung, Betreuung und Erziehung, unter Berücksichtigung der Familie als Ganzem, gewandelt (vgl. Kita-F, S. 25, Z. 17–26). Rauschenbach und Borrmann (2010, S. 22) sprechen in diesem Zusammenhang von einer „grassierenden Erziehungsunsicherheit“. Daher kann der Ausbau der Kinderbetreuungseinrichtungen auch als eine Verlagerung von Erziehungsverantwortung gesehen werden. Immer mehr wird die Verantwortung für das Aufwachsen von Kindern auch in öffentlicher Verantwortung gesehen (vgl. Rauschenbach & Borrmann 2010, S. 22). In der Praxis ist daher zunehmend von „Erziehungspartnerschaften“[38] die Rede, die eine Arbeit zwischen Institution und Eltern auf Augenhöhe ansprechen (vgl. Brock 2013, S. 120).

Die Fachkräfte in den Institutionen stehen vor der Herausforderung, auf die gesellschaftlichen Veränderungen zu reagieren, so zum Beispiel neben den Inklusionsanforderungen auch auf die zunehmende Armut in den bildungsfernen Schichten oder auch, wie bereits oben beschrieben, auf die zunehmende Erziehungsunsicherheit bei Eltern (vgl. Rietmann & Hensen 2008, S. 9f.). Darüber hinaus fordern gesellschaftlich-politische Themen Institutionen zur Auseinandersetzung auf (vgl. FZ-J, S. 33, Z. 15–21).

Zusammenfassend ist die Kindertageseinrichtung als eine öffentliche Institution der Bildung, Betreuung und Erziehung von Kindern dem Wandel der Gesellschaft ausgesetzt. Die Veränderungen sind vonseiten der Fachkräfte homogen zu den Veränderungen der Fachwissenschaften und Fachpolitik beschrieben. Die Institution sieht sich in ihrer alltäglichen Arbeit mit den gesellschaftlichen Veränderungen konfrontiert und muss in ihrer Arbeit darauf reagieren, um letztendlich handlungsfähig zu bleiben.

---

38   Siehe Kapitel 6.2.4.4.3 „Zusammenarbeit mit Eltern“.

Familienzentren sind im Rahmen des Projekts Familienzentrum NRW weiterentwickelte Kindertageseinrichtungen. Entsprechend des Bundesministeriums für Generationen, Familie, Frauen und Integration des Landes Nordrhein-Westfalen (2010, S. 27) spezifizieren Familienzentren „eine konsequente Weiterentwicklung der Kindertageseinrichtungen zu Modellen frühkindlicher Förderung und Unterstützung der Familie als Ganzes". Es geht also um eine Weiterentwicklung der bestehenden Institution und nicht um eine grundlegende Neugestaltung oder einen Ersatz. Familienzentren sollen nach den Unterstützungsbedarfen der Familien im Stadtteil ausgebaut und weiterentwickelt werden, um so im Hinblick auf die Familien für ebendiese ein zentraler Ort im Sozialraum zu sein, welcher Hilfe- und Unterstützungsmöglichkeiten in unterschiedlichen Lebenslagen bietet (vgl. MGFFI 2010, S. 27). Die Unterschiedlichkeit von Familienzentrum und Kindertageseinrichtung wird im erweiterten konzeptionellen Blickwinkel in Bezug auf das Zusammenspiel von Kind, Eltern und Institution gesehen (vgl. Diller & Schelle 2009, S. 16).

In der Studie wird deutlich, dass die beiden Untersuchungsgruppen unterschiedlich mit der Verknüpfung von Kindertageseinrichtung und Familienzentrum NRW umgehen. In der Untersuchungsgruppe der Familienzentren NRW zeigt sich, dass die Weiterentwicklung zum Familienzentrum NRW einerseits als eine homogene Institution aufgefasst wird sowie andererseits, dass eine Trennung der beiden Bereiche stattfindet:

<table>
<tr><td colspan="2" align="center">Kontrastierung bei der Trennung von Kindertageseinrichtung und Familienzentrum (Untersuchungsgruppe Familienzentrum NRW)</td></tr>
<tr><td>

„(...) meine erste Erfahrung war, es gab kein Bewusstsein für Familienzentrum. Also ich melde mich am Telefon mit Familienzentrum, weil ich der Meinung bin, wir <u>sind</u> Familienzentrum und da bedas beinhaltet für mich das Gesamte. Aber es wurde <u>sehr</u> stark getrennt auch noch so auf dem, auf der Kolleginnen-Ebene, ne? Also man hatte einerseits den Kindergarten und hatte dann die zusätzlichen Aufgaben des Familienzentrums. Aber, dass das Ganze so eine Richtung und eine Richtung und eine Zielperspektive so haben soll, das ist noch im Wachstum begriffen. Also auch schon viel deutlicher, aber man erwischt sich immer schon mal noch mal so dabei, dass das das da so ne Trennung gibt als wenn das so'n Bereich ist, der zu zu trennen ist." (FZ-E, S. 9, Z. 23–31)

</td><td>

„Ja, ja. Ich habe das jetzt versucht so ein bisschen in Richtung Familienzentrum ne zu strukturieren, es gibt natürlich dann noch Sachen die so rein auf den Kindergarten sind, manche mischen sich auch. Also der Sankt Martin der ist einerseits auch eine Kindergartensache ne, aber andererseits weil wir ihn eben so öffnen und für den ganzen Stadtteil machen und eben alle dran teilnehmen können seh ich ihn also ein Stückchen mehr im Rahmen der Familienzentrumsarbeit ne und das ist manchmal nicht so ganz klar zu trennen, was gehört jetzt wo zu ne." (FZ-J, S. 29, Z. 11–17)

</td></tr>
</table>

Das Familienzentrum wird insbesondere von den Familien und den Mitarbeiterinnen und Mitarbeiter als ein „Zusatz" empfunden, der getrennt von der Kindertageseinrichtung steht. Die Leitung hingegen, die stark eingebunden ist in das Familienzentrum, impliziert hier auch die Kindertageseinrichtung. An anderer Stelle wird es von der Leitung hinsichtlich der Tageszeit getrennt, indem betont wird, dass die Einrichtung am Vormittag mehr Kindertageseinrichtung und erst am Nachmittag Familienzentrum ist (vgl. FZ-I, S. 21, Z. 30ff.). Auch in weiteren Aussagen zeigt sich, dass beispielsweise anhand der Angebote getrennt wird. Bestimmten Angeboten wird zugeordnet, ob sie zum Familienzentrum gehören oder Teil der Kindertageseinrichtung sind (vgl. FZ-J, S. 28, Z. 5ff.). Darüber hinaus wird hinsichtlich dessen getrennt, was die Institution leisten kann, hier wird der Kindertageseinrichtung in direktem Bezug auf die Kinder eine größere Bedeutsamkeit beigemessen als Familienzentren (vgl. FZ-F, S. 22, Z. 27–30). Demgegenüber gestellt wird versucht, bewusst eine Trennung zwischen der „Aufgabe" Kindertageseinrichtung und der „Aufgabe" Familienzentrum NRW zu ziehen. Der Begriff „Aufgabe" ist ein In-Vivo Kode (vgl. FZ-I, S. 21, Z. 30ff./FZ-J, S. 28, Z. 5ff./FZ-F, S. 22, Z. 27–30). Es findet eine bewusste Trennung, die nicht zwingend stringent ist, statt.

Abhängig vom Blickwinkel auf die Institution bestehen hier somit entweder zwei (Sozial-)Räume unabhängig nebeneinander, die lediglich von der Leitungskraft eine Verknüpfung erfahren oder aber die Institution wird als ein homogener, zusammenhängender (Sozial-)Raum aufgefasst (vgl. FZ-B, S. 7, Z. 33f.).

Insbesondere bei den Leitungskräften der Institution liegt die Verantwortung für das Familienzentrum. Eine Fachkraft drückt es sehr explizit aus, indem sie sich selbst als das Familienzentrum betitelt. Die folgende Aussage definiert diese Trennung weiter:

> „.. Ja, also wenn Sie jetzt mal hier diese Einrichtung nehmen bin im Prinzip ich das Familienzentrum. (...) Meine Mitarbeiterinnen die haben definitiv genug zu tun in der Arbeit mit den Kindern, so dass ich also ein schlechtes Gewissen hätte wenn ich jetzt da Leute mit irgendwelchen Dingen betrauen würde, ne. Klar kriegen die auch einige Sachen mit und die haben ja auch die Gelegenheit an den Veranstaltungen teilzunehmen, nur von meiner Qualifikation her, also tut mir leid ist nicht allzu viel. Das heißt also wenn ich jetzt ne andere Ausbildung hätte, könnte ich sicherlich das auch alles noch viel besser machen und gestalten auch selber noch anders in Erscheinung treten, koordinieren, aber ich habe auch kein Studium absolviert, ich hab erst mal meine Erzieherausbildung gemacht und das einzige worauf ich verweisen kann ist Berufserfahrung, was natürlich auch viel wert ist, ganz klar (...).“ (FZ-I, S. 35, Z. 8–22)

Dadurch, dass die Mitarbeiterinnen und Mitarbeiter mit Aufgaben der Kindertageseinrichtung betreut sind, bleibt das Familienzentrum eine Aufgabe der Leitung, welche sich jedoch nicht ausgebildet genug fühlt. Die Leitung impliziert ausschließlich sich selbst als das Familienzentrum. Einerseits kann dies als eine Schutzfunktion gegenüber den Mitarbeiterinnen und Mitarbeitern gewertet werden, um diese nicht mit zusätzlichen Arbeitsaufgaben zu belasten, anderseits kann es auch um ein Manifestieren der eigenen Stellung gehen. Ein Informationsaustausch in Bezug auf das Familienzentrum findet nicht zwingend statt.

Insbesondere die Leitungskraft erhält nach Ansicht der Fachwissenschaft durch die Weiterentwicklung zum Familienzentrum neue, vielfältige Aufgabenbereiche, die es zu bewältigen gilt (vgl. Meinsen 2008, S. 171). Diesen Aufgaben fühlen sich die Leitungskräfte in der Praxis häufig nicht gewachsen. Sie bemängeln, dass sie nicht ausreichend qualifiziert seien (vgl. FZ-I, S. 35, Z. 8–22). Die Leitungskraft muss den Mitarbeiterinnen und Mitarbeiter im Rahmen des Veränderungsprozesses Orientierung geben und den Verlauf steuern. Meinsen (2008, S. 171) sieht es als erfolgsentscheidend an, „die Beteiligung der Mitarbeiterinnen und Mitarbeiter zu fördern und deren Selbstständigkeit und Eigenmotivation zu aktivieren“. Die Leitung hat die Schlüsselfunktion im Prozess und muss neue Organisationsstrukturen integrieren. Diese „Hervorhebung der Leitungsfunktion soll aber nicht dazu führen, dass die Weiterentwicklung zu einem Top-down-Prozess wird“ (Diller & Schelle 2009, S. 60f.). Das impliziert, dass die Leitungskraft nicht ausschließlich von oben delegieren soll, sondern dass es für weitere Beteiligte, sprich den Mitarbeiterinnen und Mitarbeitern, Eltern, Kinder, Träger oder auch Kostenträger die Möglichkeit gibt, eigene Belange einzubringen und den Prozess mitzugestalten.

Bei der Untersuchungsgruppe der traditionellen Kindertageseinrichtungen findet ebenfalls, bedingt durch den politischen und gesellschaftlichen Wandel, eine Auseinandersetzung mit dem Projekt Familienzentrum NRW statt. Interessant ist, dass die Trennung zwischen Familienzentrum und Kindertageseinrichtung, die teilweise von der Untersuchungsgruppe der Familienzentren NRW aufgemacht wird, sich bei der Befragung der traditionellen Kindertageseinrichtungen nicht zeigt, diese sehen die Institutionsform Familienzentrum NRW als eine homogene Einheit von Kindertageseinrichtung und Familienzentrum (vgl. Kita-I, S. 20, Z. 16–20).

Die traditionellen Kindertageseinrichtungen sehen die veränderten Anforderungen, sehen aber auch die Möglichkeiten der Familienzentren und setzen sich mit dem Projekt auseinander. Es lassen sich Kontrastierungen herausstellen bei der Einstellung dazu, ob die eigene traditionelle Kindertageseinrichtung Familienzentrum NRW werden soll oder nicht.

Kontrastierung bei der Einstellung zur Weiterentwicklung zum Familienzentrum NRW (Untersuchungsgruppe Traditionelle Kindertageseinrichtung)	
„(...) wir haben uns damals bewusst gegen ein Familienzentrum entschieden, wir wurden auch angefragt.“ (Kita-I, S. 20, Z. 19f.)	„Ne, ja das alles <u>tun</u> wir auch in dem Bemühen hier endlich mal Familienzentrum zu werden, das ist uns durch die Tatsache, das ((lacht)) dass nach Quoten vergeben wird hier in (Name der Stadt) noch nicht gelungen aber da sind wir auch noch nach wie vor aktiv und tätig.“ (Kita-F, S. 16, Z. 31–34)

Die Untersuchungsgruppe der traditionellen Kindertageseinrichtungen hat somit eine heterogene Auffassung hinsichtlich der eigenen Weiterentwicklung zu einem Familienzentrum. Teils haben sich Institutionen bewusst gegen eine Weiterentwicklung entschieden (vgl. Kita-I, S. 20, Z. 19f.), teils wird eine Weiterentwicklung angestrebt, die jedoch aufgrund von städtischen Entscheidungen nicht oder nur schwer möglich ist (vgl. Kita-F, S. 16, Z. 31–34).

Grundsätzlich ist das Projekt Familienzentrum NRW darauf ausgelegt, eine konsequente Weiterentwicklung der Kindertageseinrichtung zu einem Familienzentrum als Anlaufpunkt im Sozialraum für die Familie als Ganzes zu sein. Aus Sicht der traditionellen Kindertageseinrichtungen ist dies auch der Fall. Die Fachkräfte der Familienzentren NRW hingegen nehmen in der eigenen Arbeit eine Trennung der Bereiche entweder eigenständig vor oder aber sie erleben eine ebensolche Trennung vonseiten der Mitarbeiterinnen und Mitarbeiter und/oder Eltern, Familien sowie Bewohnerinnen und Bewohner des Nahraumes, die die Institution nutzen.

6.2.2 Übergeordneter Kontext

Wie in der Abbildung „Kodierparadigma des Phänomen" deutlich wird, gibt es neben übergeordneten Ursachen einen übergeordneten Kontext, in dem sich das Phänomen „Kitas sind (keine) Inseln" bewegt. Dieser impliziert, dass es Kontextbedingungen gibt, die sowohl die Innenperspektive „Kita als Sozialraum" als auch die Außenperspektive „Kita im Sozialraum" bedingen. Folgende Bedingungen des übergeordneten Kontextes ließen sich im Datenmaterial identifizieren:

- politische Steuerung

- Trägerzugehörigkeit

- gesellschaftlicher Einfluss

- stadtteilpolitischer Einbezug

Bei diesen Bedingungen des übergeordneten Kontextes zeigte sich, dass insbesondere der politischen Steuerung eine starke Bedeutsamkeit beigemessen wird.

6.2.2.1 Politische Steuerung

Im Verlauf der letzten Jahre gewann das Thema der frühkindlichen Förderung und somit auch der institutionellen Bildung, Betreuung und Erziehung von Kindern im Vorschulalter an gesellschaftlicher sowie insbesondere an politischer Bedeutsamkeit. Die Politik in Deutschland hat sich in den vergangen Jahren dieser Thematik angenommen. Die Fachkräfte erleben es so, dass frühpädagogische Institutionen den wechselnden, politischen Richtlinien ausgesetzt sind (vgl. FZ-I, S. 29, Z. 26 – S. 30, Z. 2/ FZ-H, S. 23, Z. 26–33/Kita-I, S. 4, Z. 5–19).

Bei der Diskussion um die Bildung, Betreuung und Erziehung von Kindern im Vorschulalter sind sozial- sowie bildungspolitische Fragen eng verknüpft mit standortpolitischen und volkswirtschaftlichen Fragestellungen. „Investitionen in die Bildung von Kindern werden als ein zentrales Steuerungsinstrument für gesamtgesellschaftliche Entwicklungen in Deutschland ausgewiesen" (Esch, Mezger & Stöbe-Blossey 2005 zit. in Cloos & Tervooren 2013, S. 39).

„[Es] gewinnen offenbar die Konfiguration der Erziehungsinstanzen ihre je spezifische Gestalt immer nur in einer je spezifischen Kopplung der allgemeinen Modernisierungsprozesse

120

mit Prozessen der politischen Steuerung; und diese Prozesse der politischen Steuerung werden ihrerseits bestimmt durch Merkmale des jeweiligen politischen und ökonomischen Systems, durch die jeweils vorherrschenden Leitbilder der Familie und der Rolle der Frau in Familie und Gesellschaft sowie durch die Leitbilder für die Verhältnisbestimmung von Privatsphäre und öffentlicher Sphäre." (Liegle 2006, S. 132)

Auf verschiedenen Ebenen versucht sich die Familien- und Bildungspolitik an Reformen. Es findet eine „Konfiguration der Erziehung durch politische Steuerung" statt, dies zeigt sich insbesondere im Ausbau der öffentlichen institutionellen Bildung, Betreuung und Erziehung von Kindern, welcher derzeit enorm forciert wird (vgl. Liegle 2010, S. 74). Die Innenperspektive die „Kita als Sozialraum" und die Außenperspektive die „Kita im Sozialraum" sind davon gleichermaßen beeinflusst.

Die Forschungsarbeit legt die Untersuchung von Familienzentren NRW und traditionellen Kindertageseinrichtungen hinsichtlich ihres sozialräumlichen Verständnisses zugrunde. Hierbei ist zu berücksichtigen, dass das Projekt Familienzentrum NRW aus einer politischen Initiative heraus entsprungen ist. Das Ministerium für Generationen, Familie, Frauen und Integration des Landes Nordrhein-Westfalen rief unter dem damaligen Ministerpräsidenten Armin Laschet das Projekt Familienzentrum NRW ins Leben. Nordrhein-Westfalen setzte sich damit das Ziel zum kinder- und familienfreundlichsten Bundesland der Bundesrepublik zu werden. Diese politische Initiative bedingte, dass im Schnitt jede dritte Kindertageseinrichtung sich zu einem Familienzentrum NRW weiterentwickelte, dadurch eine Förderung erhält und sich somit neue weitere Aufgabenbereich erschließt, die im Gütesiegelkriterienkatalog festgelegt sind (vgl. Stöbe-Blossey 2008, S. 195).[39] Somit sind die differenten Einrichtungsformate von Kindertageseinrichtung und Familienzentrum NRW politisch bedingt.

Im Jahr 2013 stand insbesondere der gesetzliche Anspruch auf einen Kinderbetreuungsplatz ab Vollendung des ersten Lebensjahres, der am 1. August 2013 in Kraft trat, im Fokus der politischen Debatten. Der Anspruch auf einen Kinderbetreuungsplatz wurde hiermit ausgeweitet. Vorher bestand der Anspruch nur für Kinder ab Beginn des dritten Lebensjahres. Das Bundesministerium für Familie, Senioren, Frauen und Jugend führte diesen gesetzlichen Anspruch, welcher im Kinderförderungsgesetz[40] verankert ist, als ein gemeinsames Ziel von Bund, Ländern und Kommunen ein, um ein bedarfsgerechtes Angebot für Familien zu schaffen. Eltern von Kindern ab einem Jahr haben hierdurch den Anspruch auf einen Betreuungsplatz in einer Kindertageseinrichtung oder in der Kindertagespflege. Das KiföG, welches am 16. Dezember 2008 in Kraft getreten ist, „soll den Ausbau eines qualitativ hochwertigen Betreuungsangebotes beschleunigen und so den Eltern echte Wahlmöglichkeiten eröffnen" (BMFSFJ 2013). Insgesamt sollte ursprünglich jedem dritten Kind unter drei Jahren ein Betreuungsplatz zur Verfügung

---

39   Siehe Kapitel 2.2 „Das Projekt Familienzentrum NRW".

40   Kurz KiföG.

gestellt werden, der Bedarf erwies sich jedoch um ein Vielfaches höher. Zudem erwies sich die Betreuungsquote in den einzelnen Bundesländern als different. Daher klafft in einigen Bundesländern, so auch in Nordrhein-Westfalen, noch eine Lücke zwischen der Betreuungsquote und dem Betreuungsbedarf (vgl. BMFSFJ 2013a, S. 1f./9). Durch den Mangel an Betreuungsplätzen für Kinder unter drei Jahren haben die Eltern nur eine scheinbare Wahlfreiheit hinsichtlich der Einrichtung, die sie für die Betreuung ihres Kindes wählen. Vielmehr müssen sie hier darauf zurückgreifen, wo ihnen ein Platz angeboten wird. Insbesondere Eltern, die aufgrund von Berufstätigkeit auf eine Betreuung ihres Kindes angewiesen sind, nehmen dafür weite Fahrtwege in Kauf. Das führt wiederum nach Erfahrung der Fachkräfte dazu, dass aufgrund der politischen Entscheidung/des politischen Willens Kinder nicht mehr zwingend in ihrem Nahraum betreut werden, sondern zum Beispiel Kinder aus gut situierten Stadtteilen Einrichtungen in weniger gut situierten Stadtteilen besuchen, weil hier gegebenenfalls ein Platz für das Kind gestellt wurde (vgl. Kita-A, S. 6, Z. 20–33/Kita-B, S. 5, Z. 11f.). Eine solche Entwicklung fordert einen sensiblen Umgang mit der sozialräumlichen Ausrichtung der eigenen Institution.

In der Konsequenz stimmen Eltern auch nicht immer mit den konzeptionellen Leitlinien der Einrichtung überein. Wird ihnen beispielsweise in einer christlichen Einrichtung ein Betreuungsplatz für ihr Kind gestellt, während sie selbst eher eine konfessionslose Betreuung bevorzugen würden, haben sie hier zwar das Recht ihr Kind dort nicht betreuen zu lassen, laufen somit aber auch Gefahr keinen Betreuungsplatz für ihr Kind zu haben (vgl. Kita-C, S. 11, Z. 22–25). Des Weiteren ist zu beachten, dass die Wahlfreiheit von Trägern im § 5 des Kinder- und Jugendhilfegesetztes verankert ist, demnach haben Leistungsberechtigte, also die Eltern, eigentlich grundlegend das Recht, hinsichtlich der Dienste und Einrichtungen verschiedener Träger frei zu wählen (vgl. Bundesministerium der Justiz und für Verbraucherschutz 2013), was sich aber in der Praxis aus oben genannten Gründen nicht immer als realistisch erweist.

Darüber hinaus bringt der politische Rechtsanspruch auf einen Betreuungsplatz die Schwierigkeit mit sich, dass Kinder unter drei Jahren automatisch in die Plätze für Kinder über drei Jahren hineinwachsen, was dazu führt, dass weniger Neuaufnahmen von Kindern ab dem dritten Lebensjahr erfolgen können. Dies führt wiederum dazu, dass Eltern, die ihr Kind eigentlich bis zum dritten Lebensjahr eigenhändig betreuen möchten, aufgrund des Mangels an Betreuungsplätzen für Kinder ab dem dritten Lebensjahr gegebenenfalls Schwierigkeiten haben werden, ihren „Wunsch"- Betreuungsplatz für ihr dreijähriges Kind zu erhalten und deshalb ihr Kind bereits mit unter drei Jahren in einer Kindertageseinrichtung betreuen lassen, obwohl sie dies eigentlich nicht möchten. Mit diesen Sorgen, Nöten und Ängsten von Eltern werden die Fachkräfte in den Einrichtungen konfrontiert. Sie sind an dieser Stelle jedoch machtlos, da dies außerhalb ihres Macht- und Kompetenzbereiches liegt. Die Zuständigkeit hierfür liegt nach Ansicht der Fachkräfte bei der Landespolitik (vgl. FZ-F, S. 1, Z. 12–19).

Frühpädagogische Betreuungsinstitutionen fühlen sich den wechselnden politischen Richtlinien machtlos ausgesetzt. Die Fachkräfte in den Einrichtungen müssen die initiierten Maßnahmen der Politik, wie beispielsweise die Einführung von Qualitätsmanagement, verpflichtende Beobachtung und Dokumentation sowie das Bildungs- und Teilhabegesetzt umsetzen (vgl. FZ-H, S. 3, Z. 9-17/FZ-H, S. 23, Z. 26–33).

Zudem erschwert nach Ansicht der Fachkräfte die Tatsache, dass jedes Bundesland in Deutschland eigene Gesetze für Kindertageseinrichtungen hat, die praktische Umsetzung von politischen Leitlinien (vgl. FZ-I, S. 29, Z. 26 – S. 30, Z. 2).

Das Kinderbildungsgesetz, welches von der Landesregierung NRW entwickelt wurde und am 1. August 2008 in Kraft trat, sollte eine neue rechtliche Grundlage für die Förderung von Kindern in der institutionellen Betreuung darstellen. Die Träger waren an der Gestaltung des Gesetzes mit beteiligt. Im Gesetz ist vor allem das neue Finanzierungsmodell grundlegend, hier erfolgt die Finanzierung seit 2008 pauschal kindbezogen (vgl. MGFFI 2010a, S. 148-152). Für die Fachpraxis heißt dies aus Erfahrung konkret eine Zunahme der Betreuungszahlen (vgl. FZ-H, S. 3, Z. 21ff./Kita-B, S. 18, Z. 3–14). Auch die Abschaffung des Hortes im Rahmen von Kindertageseinrichtungen und das damit verbundene „Ausgliedern" von Kindern im Grundschulalter stellt eine politisch initiierte Veränderung für Kindertageseinrichtungen dar. Es findet eine Verschiebung der Altersstruktur statt, Kinder im Schulalter werden nicht mehr in Kindertageseinrichtungen betreut, dafür werden verstärkt Kinder unter dem dritten Lebensjahr aufgenommen (vgl. FZ-H, S. 1, Z. 21–25).

Zusammenfassend fühlen sich die Fachkräfte der traditionellen Kindertageseinrichtungen und die Fachkräfte der Familienzentren NRW gleichermaßen den wechselnden politischen Linien ausgesetzt. Um in diesem Kontext die Formulierung des zentralen Phänomens aufzugreifen, ist die Kita keine Insel, die nur für sich agieren kann. Sie ist vielmehr übergeordneten Kontextbedingungen ausgesetzt, die sie als Institution eigenständig nicht beeinflussen kann. Vielmehr können hier nur im Sinne eines Kreislaufes praktische Erfahrungswerte des gesamten Arbeitsfeldes der frühpädagogischen Betreuungsinstitutionen über „Sprachrohre" weitergetragen werden.[41]

6.2.2.2 Trägerzugehörigkeit

Traditionelle Kindertageseinrichtungen und Familienzentren NRW unterliegen verschiedenen Trägerschaften. Diese Trägervielfalt ist gesetzlich im Kinder- und Jugendhilfegesetz § 3 verankert. Darin heißt es in Artikel 1: „Die Jugendhilfe ist gekennzeichnet durch die Vielfalt von Trägern unterschiedlicher Wertorientierungen und die Vielfalt von Inhalten, Methoden und Arbeitsformen." Weiter wird dort formuliert, dass die Leistungen der Jugendhilfe einerseits von freien Trägern der Jugendhilfe und andererseits

---

41   Siehe Kapitel 6.2.5.1 „Eigene Bedarfe weitertragen".

von öffentlichen Trägern der Jugendhilfe erbracht werden. Träger der freien Jugendhilfe sind sowohl kirchliche Träger und Religionsgemeinschaften des öffentlichen Rechts sowie auch Verbände der freien Wohlfahrtspflege, die sich auf Bundesebene zusammengeschlossen haben, so zum Beispiel die Arbeiterwohlfahrt (vgl. Vogelsberger 2002, S. 21f.). Träger der öffentlichen Jugendhilfe sind die örtlichen und überörtlichen Träger. Als örtliche Träger zählen die Kreise und die kreisfreien Städte, das Landesrecht wiederum regelt, wer ein überörtlicher Träger ist (vgl. Bundesministerium der Justiz und für Verbraucherschutz 2013). Beide Träger sollen nach dem Gesetz zusammen agieren, dies regelt vordergründig das Subsidiaritätsprinzip. Neben den anerkannten freien und öffentlichen Trägern gibt es weitere Trägerformen. Hier sind insbesondere die Elterninitiativen hervorzuheben. Diese haben auch die Möglichkeit, sich als freier Träger anerkennen zu lassen (vgl. Vogelsberger 2002, S. 22). Träger haben somit unterschiedliche Wertorientierungen und Organisationsstrukturen (vgl. Hanssen & Oberhuemer 2003, S. 13). Sie unterliegen aber alle gleichermaßen den politischen Richtlinien und gesetzlichen Rahmenbedingungen. Im Datenmaterial stellte sich heraus, dass der Träger für die Einrichtung einerseits Ansprechpartner ist (vgl. FZ-C, S. 28, Z. 20–23) und andererseits eine Funktion der Delegation übernimmt (vgl. FZ-I, S. 19, Z. 1–13/Kita-B, S. 5, Z. 7–20/Kita-F, S. 23, Z. 22–33). Die Entscheidung, sich um die Weiterentwicklung zum Familienzentrum NRW bei der Jugendhilfeplanung zu bemühen, lag entweder bei den Einrichtungen selbst oder sie wurde vom Träger für die Einrichtungen gefällt (vgl. FZ-E, S. 10, Z. 1–8). Dies lässt sich nach Hanssen und Oberhuemer (2003, S. 14) damit erklären, dass die Struktur und Größe eines Trägers Auswirkungen auf die Gestaltung der Arbeit hat. Bei großen Trägerschaften liegen die Verantwortungsbereiche meist bei verschiedenen Abteilungen, wohingegen bei kleineren Trägerschaften die Verantwortungsbereiche „in einer Hand" liegen. Darüber hinaus beeinflusst die Trägerstruktur insbesondere auch die konzeptionelle Arbeit der Institutionen (vgl. Schreyer, Oberhuemer & Hanssen 2003, S. 33).

Einrichtungen erleben, dass sie unter der Organisationsform Familienzentrum NRW mehr Freiheiten vonseiten des Trägers genießen als traditionelle Kindertageseinrichtungen in gleicher Trägerschaft (vgl. FZ-I, S. 17, Z. 6–19), was darauf schließen lässt, dass der Träger hier eine Unterscheidung zwischen den beiden Institutionsformen vornimmt. Es ist zu berücksichtigen, dass Familienzentren, die in einem Verbund agieren, unterschiedlichen Trägerschaften unterliegen können (vgl. FZ-H, S. 19, Z. 18–23).[42]

Im Datenmaterial zeigte sich, dass Trägerstrukturen und die damit verbundenen Entscheidungen auch Auswirkungen auf das Familienleben haben können. Beispielsweise sind in ländlichen Regionen viele Kindertageseinrichtungen in katholischer Trägerschaft. Aufgrund ihrer Ideale von Familie werden in katholischen Kindertageseinrichtungen oftmals Kinder erst ab der Vollendung des zweiten Lebensjahres betreut, was Familien in Betreuungsnot ihres Kindes bringen kann (vgl. FZ-I, S. 29, Z. 5 – S. 32,

---

42   Siehe Kapitel 2.2 „Das Projekt Familienzentrum NRW".

Z. 3). Des Weiteren haben Trägerschaften unterschiedliche Beitragssätze, beispielsweise sind in Elterninitiativen die Beitragssätze oftmals höher, was gegebenenfalls zu einer Ausgrenzung von Personengruppen führt (vgl. Kita-B, S. 5, Z. 7–20).

Die Einrichtungen, die in dieser Studie befragt wurden, unterliegen unterschiedlichen Trägerschaften und haben somit differente Rahmenbedingungen. Befragt wurden öffentliche und freie Träger sowie auch Elterninitiativen. Diese Studie legt den Fokus jedoch nicht auf die unterschiedlichen organisationalen Voraussetzungen, sondern versucht durch Einbeziehung verschiedener Trägerschaften das Forschungsfeld insgesamt zu erfassen. Insbesondere bei der Außenperspektive die „Kita im Sozialraum" zeigt sich jedoch, dass differente Trägerstrukturen Auswirkungen auf das Verständnis vom Sozialraum haben können, dem wird in Kapitel 6.2.4.1.1 „Administrative Beeinflussung der Sozialraumdefinition" nachgegangen.

6.2.2.3 Gesellschaftlicher Einfluss

Eine weitere Bedingung des übergeordneten Kontextes, die sowohl die Innenperspektive die „Kita als Sozialraum" als auch die Außenperspektive die „Kita im Sozialraum" betrifft, ist der Aspekt des gesellschaftlichen Einflusses. Nach Abels und König (2010, S. 14 in Anlehnung an Talcott Parsons) gibt die Gesellschaft „den Individuen einen kulturellen, normativen Rahmen in Form von Rollen, also gesellschaftlichen Erwartungen, vor." Nach Simmel (1894 zit. in Abels & König 2010, S. 16) ist Gesellschaft immer da, wo mehrere Individuen in Wechselwirkung zueinander treten und sich somit „Vergesellschaften". Die Individuen wirken gegenseitig unbewusst oder bewusst aufeinander ein und sind somit ein Teil der sozialen Gegebenheiten. Sozialisierung bedeutet somit „die Gesamtheit in sich aufnehmen" (Simmel 1890 zit. in Abels & König 2010, S. 16). Psychologische Lerntheorien belegen, dass die konkrete Umwelt einen maßgeblichen Einfluss auf das soziale Verhalten von Individuen hat. Gesellschaft verfügt über einen starken Einfluss auf Individuen und somit auch auf das System Familie. Die Gesellschaft impliziert ein Zusammenleben von Menschen in sozialen Verhältnissen, in dem sich Individuen bewegen, in Interaktion miteinander treten und sich wechselseitig beeinflussen, eben so, wie in einem Sozialraum. Durch die Gesellschaft und durch institutionalisierte Betreuungseinrichtungen wird der Familie eine nicht ersetzbare Rolle in Bezug auf die Entwicklung von Kindern beigemessen (vgl. Kita-F, S. 25, Z. 1–11). Dieser tragenden Rolle ist sich Familie, nach Ansicht der Fachkräfte, jedoch häufig nicht bewusst. Hingegen ihrer „eigenen" Vorstellungen lassen sie sich stark von der Gesellschaft beeinflussen (vgl. FZ-L, S. 21, Z. 15ff.). In Bezug auf die Einführung des Rechtsanspruches auf einen Betreuungsplatz für Kinder ab der Vollendung des ersten Lebensjahres wird den Familien einerseits die Möglichkeit gegeben, ihr Kind in einem geringen Lebensalter fremdbetreuen zu lassen. Andererseits sehen sich Familien, vor allem die Mütter, hier den gesellschaftlichen Normen und Werten ausgesetzt, welche vor allem im ländlichen Raum noch die Erziehung und Betreuung von Kindern in den ersten drei Lebensjahren bei der Mutter fokussieren. Hier müssen vorrangig Frauen einem gesellschaftlichen Druck entgegensteuern (vgl. FZ-I, S. 30, Z. 3–6).

Insgesamt sehen die Fachwissenschaft sowie die Fachkräfte der Untersuchungsgruppen den gesellschaftlichen Einfluss (der, wie oben bereits beschrieben, sich different gestalten kann) auf Familien gleichermaßen an. Dieser Einfluss wird im Datenmaterial als kritisch gewertet, da die Familien über ebendiesen Einfluss sich ihrer eigenen Kompetenzen vielfach nicht mehr bewusst sind.

6.2.2.4 Stadtteilpolitischer Einbezug

(Familien-)Politik beeinflusst die Lebendbedingungen von Familien und Kindern (vgl. Strohmeier 2008, S. 108) ebenso wie stadtpolitische Entscheidungen. Kindertageseinrichtungen stellen hier bedeutsame Einrichtungen für Kinder und Familien im Stadtteil dar. Sie sind Ansprechpartner und Anlaufpunkt. [43] Sie können als Vertreter für die Belange von Kindern und Familien im Stadtteil eintreten. Dennoch erfahren sie, ihrer Einschätzung nach, keine politische Einbindung vonseiten der Stadt, hier ergaben sich auch in den Untersuchungsgruppen keine signifikanten Unterschiede.

Homogene Auffassung zum städtischen Einbezug	
Untersuchungsgruppe **Familienzentrum NRW**	**Untersuchungsgruppe** **Traditionelle Kindertageseinrichtung**
„Also ich hab's noch nicht erlebt, dass wir da irgendwie einbezogen worden sind, was solche Entscheidungen angeht … Ich sag mal nein." (FZ-D, S. 21, Z. 24f.)	„Nein, also in keinster Weise." (Kita-A, S. 13, Z. 21)

Wie im Kapitel 6.2.2.1 „Politische Steuerung" deutlich wurde, sind die Untersuchungsgruppen somit gleichermaßen dem politischen Willen ausgesetzt, erfahren jedoch keine Einbindung in Entscheidungsprozesse.

6.2.3 Die „Kita als Sozialraum"

Die Innenperspektive die „Kita als Sozialraum" umfasst die ursächlichen Bedingungen, den Kontext, die intervenierenden Bedingungen, die Strategien und die Konsequenzen, die bedingen, dass die Kindertageseinrichtung einen eigenständigen Sozialraum darstellt, welcher sich in einen größeren Sozialraum einbettet. Hier wird der Blick ins Innere der Institution Kindertageseinrichtung gewandt und dargelegt, welche sozialräumlichen Deutungsmuster dazu führen, die Kindertageseinrichtung als einen eigenständigen Sozialraum zu begreifen.

---

43   Siehe Kapitel 6.2.4.5.2 „Einrichtung ist Anlaufpunkt im Nahraum".

6.2.3.1 Ursächliche Bedingungen

Ursächliche Bedingungen sind Aspekte, die für das Auftreten und die Entwicklung der Schlüsselkategorie die „Kita als Sozialraum" verantwortlich gemacht werden. Die ursächlichen Bedingungen hinsichtlich der Innenperspektive der Kindertageseinrichtung als Sozialraum sind folgende:

- Erziehung als gesellschaftliche und familiäre Aufgabe

- Kinder sollen nicht in einer „Blase" aufwachsen

Insbesondere dem Aspekt „Erziehung als gesellschaftliche und familiäre Aufgabe", als ursächliche Bedingung der Kindertageseinrichtung als Sozialraum wird hinsichtlich der leitenden Forschungsfragen besondere Beachtung geschenkt.

6.2.3.1.1 Erziehung als gesellschaftliche und familiäre Aufgabe

Im Datenmaterial zeigte sich, dass Erziehung nicht mehr nur ausschließlich als eine Angelegenheit, die im Rahmen der Familie stattfindet, begriffen wird. Vielmehr verlagert sie sich heute auch in pädagogische Institutionen. Im Idealfall soll nach Ansicht der befragten Fachkräfte die Erziehung von Kindern als eine gemeinschaftliche Aufgabe von Gesellschaft und Familie wahrgenommen werden (vgl. FZ-E, S. 29, Z. 21–33). Das Verhältnis von öffentlicher und familiärerer Kindererziehung unterliegt immer Veränderungen und wird von gesamtgesellschaftlichen Faktoren beeinflusst (vgl. Karner & Cloos 2010, S. 1). In diesem Kontext wird im Sinne einer gesellschaftlichen Erziehung von den befragten Fachkräften auch von Sozialisation gesprochen.

> „(...) ich geh mal davon aus, dass ich mein Kind ja auch in meinem Sinne ja auch ein Stück erziehen möchte und meine Werte weitervermitteln möchte ne als Familie jetzt und als Gesellschaft kommen noch andere Werte dazu, ich muss mich natürlich dann auch noch öffnen vor anderen. Und da fließt ganz viel auch Sozialisation und alles mit rein (...)." (FZ-J, S. 37, Z. 4–7)

Karner und Cloos (2010, S. 1) erläutern das Zusammenspiel von Sozialisation und gemeinschaftlicher Erziehung von Kindern wie folgt:

> „Erziehung, Bildung und Betreuung von Kindern als ein gemeinsames Projekt zu fassen, meint mit Blick auf die Kinder aber auch, dass sich die Kinder in zwei unterschiedlichen Sozialisationsfeldern bewegen und dass so von einer Aufspaltung des kindlichen Lebens-, Erfahrungs- und Erziehungszusammenhangs in einen familialen und einen öffentlichen Bereich ausgegangen werden kann."

Die beiden Sozialisationsfelder der öffentlichen und privaten Erziehung müssen ineinandergreifen und sich gegenseitig bedingen, um Kindern ein gelingendes Aufwachsen zu ermöglichen (vgl. Karner & Cloos 2010, S. 2). Die Gesellschaft trägt nach Ansicht der befragten Fachkräfte eine Mitverantwortung für die Erziehung von Kindern, da Familien heute mit den Anforderungen, die an sie gestellt werden, vielfach überfordert sind. Die Gesellschaft soll die Erziehung jedoch nicht ersetzen, sondern wertschätzend ergänzen.[44] Die Kompetenzen und Fähigkeiten der Eltern und der Familie sollen nicht zurückgewiesen werden, dies alles soll dem Wohle des Kindes dienen (vgl. FZ-E, S. 29, Z. 21–33/S. 36, Z. 34 – S. 37, Z. 7). Auch die Fachwissenschaft sieht die Bedeutsamkeit, dass Akteure, die an der Erziehung von Kindern beteiligt sind, sich in ihren Grundhaltungen einig sein sollten. Dies ist insbesondere im Hinblick darauf wichtig, dass Kinder nicht in Loyalitätskonflikte zwischen Eltern und Kindertageseinrichtung geraten (vgl. Prott & Hautumm 2004, S. 26 zit. in Cloos & Karner 2010, S. 174). Die familiäre Erziehung und die gesellschaftliche Erziehung sollen im Idealfall fließend ineinander übergehen (vgl. FZ-C, S. 30, Z. 30ff.), wobei betont werden muss, dass Familie trotz dieser Trennung, die hier aufgemacht wird, selbstverständlich als ein Teil der Gesellschaft zu verstehen ist (vgl. FZ-C, S. 30, Z. 28f.). Mit der Erziehung ihrer Kinder erfüllt die Familie ebenso einen gesellschaftlichen Auftrag wie es die frühpädagogischen Institutionen tun, jedoch gilt es nach Ansicht der Befragten, diese Aufträge stärker miteinander zu koppeln.

> „Sowohl als auch würde ich jetzt mal sagen … also ich würde schon der Familie noch … doch ich würde schon sagen es ist, es ist eine Familie, doch es ist eine Aufgabe der Familie würde ich jetzt mal so sagen, aber es ist auch ein gesellschaftlicher Auftrag, die Familie hat auch einen gesellschaftlichen Auftrag und ich finde das müsste besser miteinander verknüpft werden, also ich kann nicht sagen, dass es ausschließlich nur Familie ist … Nee, wir als Gesellschaft haben ja auch einen bestimmten Auftrag und das muss dann vielleicht auch anders gesteuert werden, vielleicht auch durch uns als, als pädagogische Institution aber im Verbund mit den Familien (...).“ (Kita-G, S. 27, Z. 14–21)

In Deutschland liegt die Verantwortung der Erziehung von Kindern traditionell eher im familiären Bereich. Defizitäre Entwicklungen von Kindern werden vornehmlich auf den familiären Kontext zurückgewiesen. Erst in den letzten Jahren hat sich hier ein Wandel vollzogen (vgl. FZ-E, S. 29, Z. 9–16). Die Öffentlichkeit postuliert, dass Eltern in der Erziehung ihrer Kinder zunehmend erziehungsunsicher und in Teilen auch überfordert sind. Die Gesellschaft fordert hier präventive Systeme, die eine soziale Kontrolle auf Eltern ausüben. Unbewusst oder bewusst hat sich, durch das in den Fokus Rücken der Erziehungsverantwortung, die Hemmschwelle hinsichtlich öffentlicher Erziehung abgebaut. Öffentliche Erziehung wird somit zunehmend als „weniger bedrohlich" empfunden. Rauschenbach und Borrmann (2010, S. 22) führen dazu weiter aus:

---

44   Siehe Kapitel 6.2.3.5.2 „Einrichtung als familienergänzend bis familienersetzend".

„Institutionelle Kinderbetreuung wird von hier aus zu einer selbstverständlichen Vervoll-
ständigung der naturrechtlichen Erziehungsaufgabe der Eltern, wird zu einer öffentlich anerkannten Anreicherung und Ergänzung privater Erziehungsverantwortung."

Soziale Institutionen, wie Kindertageseinrichtungen und Schulen, bilden somit eine
wesentliche Instanz der gesellschaftlichen Miterziehung (vgl. FZ-D, S. 22, Z. 4–7), die
zu einer Chancengerechtigkeit beim Aufwachsen beitragen können (vgl. FZ-K, S. 34,
Z. 9–15). Diesem Gedanken nach Chancengerechtigkeit stimmt die Fachwissenschaft
zu, hier zeigt sich, dass eine hohe Qualität institutioneller frühpädagogischer Bildung,
Betreuung und Erziehung eine kompensatorische Wirkung auf die Entwicklung von
Kindern aus anregungsarmen Milieus haben kann (vgl. Tietze 1998, S. 29 zit. in Liegle
2010, S. 75).

Durch die zunehmende Selbstverständlichkeit institutioneller Erziehung sehen die
Fachkräfte, dass hier gleichzeitig die Anforderungen von Eltern an die institutionelle
Bildung, Betreuung und Erziehung ihrer Kinder steigen (vgl. FZ-H, S. 26, Z. 26–33).
Insbesondere erziehungsunsichere Eltern lassen sich aufgrund der multiplen Möglichkeiten, die ihnen geboten werden, hier teils jedoch zu sehr von äußerlichen Einflüssen
leiten. Ihre eigene Bedeutsamkeit im Erziehungsprozess geht ihnen darüber verloren
(vgl. FZ-L, S. 21, Z. 15–24). Die Miterziehung der Gesellschaft ist hier unerlässlich, da
der Mensch als soziales Wesen lernen muss, mit und in der Umwelt zu agieren (vgl.
FZ-J, S. 37, Z. 12–17). Darüber hinaus sind im Sinne der gesellschaftlichen Miterziehung von Kindern Einflüsse wie Medien und Peergroups und in besonderer Weise der
Sozialraum zu nennen (vgl. FZ-L, S. 21, Z. 1–4). Kinder eignen sich eigenständig und
auf vielfältige Weise die ihnen dargebotene Umwelt an.[45] Eine Fachkraft greift hier auf
das Sprichwort „Man braucht ein ganzes Dorf, um ein Kind zu erziehen" zurück:

„Wenn ich so meine Grundeinstellung hinterfrage dann würde ich sagen es ist selbstverständlich eine, eine, eine gesellschaftliche Aufgabe wie war das noch mit dem Dorf das man
braucht um ein Kind groß zu ziehen?" (Kita-H, S. 21, Z. 17ff.)

Diesen Bezug greift auch das in dem Kapitel 3.1.3 „Sozialräumlich orientierte Modellprojekte im Feld der frühen Kindheit" vorgestellte Modellprojekt „Kind und Ko" auf.

Gesellschaft und somit auch die Erziehung in pädagogischen Institutionen kann die
Rolle der Familie nach Ansicht der Fachkräfte jedoch nicht ersetzen (vgl. Kita-F, S. 25,
Z. 1–11). Die Familie bildet die Basis, in der das Urvertrauen und die Beziehungsfähig-
keit gelegt werden (vgl. Kita-F, S. 25, Z. 1–11).[46] Karner und Cloos (2010, S. 1) führen
dazu weiter aus, dass die Akteursgruppen das Kind gemeinsam erziehen, sie hierbei
jedoch unterschiedliche Ausrichtungen verfolgen (vgl. Karner & Cloos 2010, S. 1). Die

---

45   Siehe Kapitel 3.1.1 „Räumliche Aneignung von Kindern und Jugendlichen".
46   Siehe Kapitel 6.2.3.1.1 „Erziehung als gesellschaftliche und familiäre Aufgabe".

kindliche Entwicklung im Spannungsverhältnis von öffentlicher und familiärer Erziehung analysierte Denzik (1989 zit. in Liegle 2010, S. 72f.) mit dem Konzept „dual socialization". Demnach wirken für das „postmoderne" Kind „die Erfahrungen im intimen Beziehungssystem der Familie wie ein Filter in seiner Auseinandersetzung mit den Normalitätsvorstellungen und Anpassungsforderungen im Rahmen der öffentlichen Erziehungsinstitutionen". Die Erfahrungen der Sozialisation aus den differenten Lebensbereichen stellen hinsichtlich der eigenen Selbstregulation und der affektiven Selbstkontrolle Anforderungen an das Kind.[47]

Zusammenfassend bekräftigen die Ergebnisse der Datenanalyse die Sichtweise der Fachwissenschaft. Die familiäre und institutionelle Erziehung von Kindern unterliegt derzeit einem Wandel. Im Sinne einer ursächlichen Bedingung soll die Erziehung von Kindern als eine gemeinschaftliche Gestaltungsaufgabe von Gesellschaft und Familie wahrgenommen werden. Gesellschaft und Familie sollen sich gegenseitig ergänzen, um dem Kind vielfältige Aneignungsmöglichkeiten und ein gelingendes Aufwachsen zu ermöglichen.

6.2.3.1.2 Kinder sollen nicht in einer „Blase" aufwachsen

Angelehnt an die ursächliche Bedingung, dass die Erziehung von Kindern als eine gemeinschaftliche Aufgabe von Gesellschaft und Familie aufgefasst werden soll, sollen Kinder nicht isoliert betrachtet in einer „Blase" aufwachsen, sondern im Rahmen der facettenreichen Gesellschaft. Der Begriff „Blase" ist ein In-Vivo Kode:

> „(...), dass die Kinder hier nicht so in einer Blase aufwachsen sondern, dass sie merken es gibt noch andere Kinder, andere Kindergärten." (Kita-E, S. 5, Z. 3f.)

Die Kindertageseinrichtung spiegelt nicht die Gesellschaft in ihrer Gänze wider, daher soll diese verlassen werden, damit die Kinder auch darüber hinaus die Lebensumwelt, so zum Beispiel auch andere Kinder und andere Kindertageseinrichtungen, kennenlernen (vgl. Kita-E, S. 5, Z. 3f.). Insbesondere in Sozialräumen und Institutionen, die stark homogen in eine ausschlagende Richtung geprägt sind, kommt diesem Aspekt eine besondere Bedeutung zu. Stark homogen geprägt können Sozialräume sein, die flächendeckend eine hohe mannigfaltige Problembelastung aufweisen, oder Sozialräume, die durchgängig gut situiert sind. Wachsen Kinder in einem Sozialraum auf der homogene Sozialstrukturen aufweist, sollen sie darüber hinaus lernen, dass dies nicht die Gesamtgesellschaft widerspiegelt, sondern nur einen Ausschnitt. Ihnen sollen bewusst andere Lebensräume vorgestellt und erfahrbar gemacht werden (vgl. FZ-H, S. 22, Z. 30–34), da sie in ihrem Alltag häufig nur ein Miteinander einer ähnlichen gesellschaftlichen Schicht erleben. Dies soll bewusst durchbrochen werden. Kinder sollen früh damit konfrontiert werden, dass es noch andere Lebenssituationen als die eigene gibt (vgl. Kita-E,

---

47   Siehe Kapitel 6.2.3.3.1 „Kita bildet anderen Lebensraum als Familie".

S. 7, Z. 34 – S. 8, Z. 4). In ihrem familiären Kontext verlassen Kinder aus problembelasteten Familien ihren Sozialraum vielfach nicht, da ihnen die vertrauten Strukturen Sicherheit geben und die Sozialräume mit einer gewachsenen Infrastruktur es nicht erfordern, diese zu verlassen (vgl. FZ-H, S. 4, Z. 18ff.). Dies bestätigen Göschel u. a. (1980, S. 129ff. zit. in Ledig, Nissen & Kreil 1987, S. 21), die dazu ausführen, dass Familien aus sozialschwachen Strukturen eher die Angebote in ihrem unmittelbaren Wohnumfeld nutzen, wohingegen Kinder aus gut situierten Familien einen größeren Aktionsradius haben. Martha und Hans Heinrich Muchow stellten in ihrer Lebensraumstudie von 1935 (zit. in Zinnecker 2012, S. 96) heraus, dass je näher ein „Bezirk" an dem eigenem Lebens- und Wohnraum liegt, er dem Kind desto bekannter ist. Nähe impliziert hier jedoch nicht vorwiegend die räumliche Nähe, sondern vor allem die „Nähe vom Kinde aus", dementsprechend die Nähe, die von den Interessen des Kindes ausgeht.

Des Weiteren zeigt sich in der Praxis der frühpädagogischen Betreuungsinstitutionen, dass durch die Mobilität immer häufiger Wege zwischen den Sozialräumen für Kinder nicht mehr erfahrbar sind, weil diese zum Beispiel mit dem Auto oder der U-Bahn „übersprungen" werden. Sie kennen somit einzelne Sozialräume, aber die Verbindungen bestehen gegebenenfalls nur über Personen. Die Erfahrungsräume zwischen den Räumen bleiben unbeachtet.

> „(...) so die kommen teilweise, die fahren teilweise auch hier, die kommen also eigentlich alle mit dem Auto, es gibt fast keinen der hier nicht angekarrt wird." (Kita-H, S. 5, Z. 21ff.)

Die Nutzung des Begriffes „angekarrt" lässt eine negative Konnotation vonseiten der Fachkräfte vermuten. Die Räume zwischen den Räumen, so Richter und Coelen (2007, S. 221) werden nicht mehr erfahrbar. Darüber hinaus findet durch die zunehmende Funktionsgebundenheit von Räumen nach Zeiher (1983, S. 183 zit. in Ledig, Nissen & Kreil 1987, S. 28) eine Verinselung von Lebensräumen statt. Dies fordert eine verstärkte Mobilität vonseiten der Kinder beziehungsweise vonseiten der Eltern, die Zeit dafür aufbringen müssen, ihre Kinder zu „chauffieren" (vgl. Lang 1985 zit. in Ledig, Nissen & Kreil 1987, S. 29). Auch hier lässt die Nutzung des Begriffes „chauffieren" auf eine eher negative Konnotation vonseiten der Fachwissenschaft schließen. Kinder werden mit steigenden Mobilitäts- und Organisationsanforderungen konfrontiert (vgl. Beck-Schlegel 2012, S. 201). Der Sozialisationsraum der „Straße", d. h. auch des unmittelbaren Sozial- und Lebensraumes der Kinder wird zu einem „Transport- und Verkehrsraum", der es Kindern weniger ermöglicht sich die Umwelt selbstständig anzueignen, obwohl generell eine Ausweitung der Lebensbereiche stattfindet (vgl. Berg-Laase, Berning, Graf & Jacob 1985, S. 308 zit. in Ledig, Nissen & Kreil 1987, S. 29). Angrenzend daran erfahren Kinder durch die gesteigerte Mobilität auch zunehmend weniger das klassische „Spazierengehen", wodurch sich vielfältige Aneignungsmöglichkeiten in angrenzenden Sozialräumen ergeben würden. Dies wird daher bewusst von den Institutionen aufgegriffen (vgl. Kita-G, S. 11, Z. 11–16). Hier kommt dem bewussten Verlassen des eigenen Sozialraumes im Rahmen der Institution Kindertageseinrichtung eine zentrale Bedeutung zu.[48]

Zusammenfassend ergab sich in der Datenanalyse, dass Kinder nicht isoliert in einem homogen geprägten Sozialraum ohne Bezugspunkte zu anderen Sozialräumen aufwachsen sollen. Wie die Erfahrung der Fachkräfte zeigt, die auch von der Fachwissenschaft bejaht wird, findet jedoch zunehmend eine Verinselung von Sozialräumen statt. Durch die steigende Mobilisierung lernen Kinder kaum mehr die Wege und Erfahrungsräume zwischen den Sozialräumen kennen. Dieser ursächlichen Bedingung soll mit der Strategie „Den Nahraum mit den Kindern erobern" (Kapitel 6.2.3.4.1) Abhilfe geschaffen werden.

6.2.3.2 Kontext

Der Kontext, in dem sich der Blick auf die Kindertageseinrichtung als Sozialraum bewegt, bildet die Bedingung, dass die Kindertageseinrichtung die gesellschaftliche Aufgabe hat, Kinder in die Gesellschaft und in das Bildungssystem zu integrieren.

- Integration der Kinder in die Gesellschaft

6.2.3.2.1 Integration der Kinder in die Gesellschaft

Kindertageseinrichtungen haben die Aufgabe, die Kinder, die ihre Institution besuchen, in die Gesellschaft und somit auch in das bestehende Bildungssystem zu integrieren. Damit wird ihnen eine gesamtgesellschaftliche Verantwortung beigemessen. Der Sozialraum Kindertageseinrichtung soll Kinder für den übergeordneten Sozialraum der Gesellschaft „fähig" machen. Im Sinne des sozialökologischen Modells von Bronfenbrenner (1981, S. 42) kann die Gesellschaft hier als Makrosystem verstanden werden. Die Gesellschaft ist ein System, welches die anderen „niedrigeren Ordnungen (...), die in der Subkultur oder der ganzen Kultur bestehen oder bestehen könnten, einschließlich der ihnen zugrunde liegenden Weltanschauungen", beinhaltet. Gesellschaften haben, abhängig zum Beispiel vom Land, eigene Weltanschauungen und Lebensstile.

Im Hinblick auf die Integration in das Bildungssystem sehen Kindertageseinrichtungen hier ihre Aufgabe darin, die Kinder auf die nächste Bildungsinstanz oder, anders gesagt, auf einen neuen Sozialraum, den sie nach Abschluss der Kindertageseinrichtung besuchen werden, vorzubereiten.

„(...) Integration auch zu unserem Bildungssystem hin ne, dass man einfach sagt irgendwann sind die Kinder nicht mehr im Kindergarten, dann kommt Schule, Grundschule, dann kommt

---

48   Siehe Kapitel 6.2.3.4.1 „Den Nahraum mit den Kindern erobern".

eine weiterführende Schule und da braucht man Voraussetzungen ne und da die Eltern befähigen, dass die das auch dann so mittragen können, Kinder unterstützen können, dass die da wirklich gut lernen können, dass sie da gut klar kommen mit der Situation (...).“ (FZ-F, S. 23, Z. 17–31)

Die Mehrzahl von Eltern ist der Ansicht, dass Kinder, die eine Kindertageseinrichtung besuchen, sich später im Schulkontext besser zurechtfinden, als Kinder, die diese Sozialisationsinstanz nicht erlebt haben (vgl. Dippelhofer-Stiem & Kahle 1995 zit. in Fried 2002, S. 340). In Studien erwies sich zudem, dass Kinder, je länger sie eine frühpädagogische Betreuungsinstitution besuchten, desto weniger häufig zurückgestuft wurden oder eine Schulklasse wiederholen mussten (vgl. Gomby u. a. 1995 zit. in Fried 2002, S. 340). Somit bieten Kindertageseinrichtungen soziale Bildungsvoraussetzungen und mildern soziale Bildungshemmnisse ab (vgl. Büchel, Spieß & Wagner 1997/Spangler 1994 zit. in Fried 2002, S. 340). In Deutschland gehört der Besuch einer Kindertageseinrichtung vor Eintritt in die Schule für Kinder mittlerweile zur Normalbiografie. Kindertageseinrichtungen sind nicht mehr ausschließlich für die Betreuung von Kindern zuständig, sondern haben darüber hinaus einen Bildungsauftrag zu erfüllen. Somit haben Kindertageseinrichtungen einen Doppelauftrag, neben der Ermöglichung von Aneignungsprozessen müssen sie Kindern auch Schutz und Hilfe bieten, „damit sie vor individuellem Scheitern und gesellschaftlicher Benachteiligung bewahrt bleiben“ (Fried 2002, S. 340).

Der Kontext, in dem sich die Schlüsselkategorie „Kita als Sozialraum“ bewegt, ist somit die Bedingung, dass eine Kindertageseinrichtung die Kinder in die Gesellschaft integriert und fähig macht für die darauf folgende Bildungsinstanz. Diesen Anspruch haben Kindertageseinrichtungen und die Fachwissenschaft gleichermaßen.

6.2.3.3 Intervenierende Bedingungen

Intervenierende Bedingungen sind die strukturellen Bedingungen, in denen das Handeln stattfindet. In Bezug auf die „Kita als Sozialraum“ sind dies folgende:

- Kita bildet anderen Lebensraum als Familie

- strukturierter Lebensrhythmus

- Lernen im Gruppenverband

Insbesondere die intervenierende Bedingung „Kita bildet anderen Lebensraum als Familie“ stellte sich als zentral im Datenmaterial heraus.

Eine bedeutende intervenierende Bedingung stellt dar, dass die Kindertageseinrichtung einen anderen Lebensraum als die Familie bildet. Es wird ein institutioneller Raum außerhalb der Familie geschaffen und gestaltet, in dem Kinder betreut, erzogen und gebildet werden sollen.

In den letzten Jahrzehnten hat sich eine Zentralisierung von Lebensbereichen vollzogen. Einzelne Lebensbereiche wie Wohnen, Arbeiten, Freizeitgestaltung etc. finden verstärkt getrennt voneinander und an dafür spezialisierten Orten statt (vgl. Ledig, Nissen & Kreil 1987, S. 13). Diese Funktionsgebundenheit von Räumen beschreibt Zeiher (1983, S. 183 zit. in Ledig, Nissen & Kreil 1987, S. 28) in ihrem Inselmodell.[49] Aufgrund dessen, dass Kinder zumeist einen Großteil ihres Tages in der Institution verbringen und sie eine bedeutende Lebensumgebung für die Kinder darstellt, sprechen die Fachkräfte von der „Lebensumgebung" Kindertageseinrichtung.

> „(...) aber ich habe es gerne, wenn so eine Kita auch lebt also, das ist ein Raum hier, da sind die Kinder sowieso und auch wir Kollegen irgendwie, wir sind hier einen sehr großen Teil des Tages, das ist ein Stück weit auch eine Lebensumgebung." (Kita-B, S. 10, Z. 1ff.)

Die Kindheit auf der Straße und die damit verbundene Möglichkeit sich diesen urbanen Raum anzueignen, fällt für Kinder durch den gesellschaftlichen und urbanen Wandel immer mehr weg. Geschlossene Räume, wie die Kindertageseinrichtung, übernehmen nach Behnken und Zinnecker (2001 zit. in Beck-Schlegel 2012, S. 201) die „Funktion der Straße als Ort der Sozialisation". Die Kindertageseinrichtung ist somit ein weiterer Lebensraum neben dem zentralen Lebensraum der Familie. Wesentliche Elemente wie die Bildung des Urvertrauens etc. sollten sich jedoch weiterhin im Lebensraum Familie vollziehen, da die Kindertageseinrichtung dies nach eigener Aussage nicht leisten kann. Der interpersonelle Kontakt und die Bindung zwischen Kind und Eltern bilden eine unersetzliche Beziehung.

> „Ich glaube bei dem Urvertrauen was ein, ein Mensch haben sollte, ich glaube, das das das können wir nicht leisten, weil wir dafür einfach .. also zu viele Kinder, zu viele Betreuer dafür ist es eine Einrichtung und es ist keine Familie und ich glaube Vertrauen in sich und in seine Fähigkeiten und in in das was den Menschen ausmacht, das soll man in der Familie erfahren. Dieses Ur- und dieses Grundvertrauen. Ja." (Kita-E, S. 12, Z. 8–12)

Andererseits kann die Familie gewisse Lernfelder nicht bieten. Diese kann die Institution Kindertageseinrichtung jedoch schaffen, so zum Beispiel das stetige Lernen im Verband einer altershomogenen oder -heterogenen Kindergruppe in Form eines pädago-

---

49　Siehe Kapitel 6.2 „Das Phänomen ‚Kitas sind (keine) Inseln'".

gisch begleiteten Settings[50] (vgl. Kita-J, S. 15, Z. 33). Untersuchungen zeigen, dass sowohl die öffentliche als auch die familiäre Erziehung wesentlich zur Erziehung von Kindern beitragen und das in beidseitig besonders positiver Weise, wenn sie sich miteinander verbinden (vgl. Tietze, Roßbach & Grenner 2005, S. 23 zit. in Liegle 2010, S. 74). Folglich trägt eine Verknüpfung der gesellschaftlichen und familiären Erziehung zu einem gelingendn Aufwachsen von Kindern bei. Verbunden werden die Bereiche dadurch, dass das Kind oder die Familie Erfahrungen aus dem einen Bereich in den anderen Bereich mit einbringt und diese mitgetragenen Erfahrungen einen abgeänderten Einfluss wiederum im jeweils anderen Lebensbereich haben können.

> „Die Eltern sind mit einbezogen, wir machen immer so, dass wir den Eltern so Sachen mitgeben, die sie auch mit ihren Kindern zuhause machen können ne, so das dass auch ein bisschen was in dem Kindergarten passiert zuhause noch mal gemacht wird." (FZ-F, S. 2, Z. 22–25)

Diesen Aspekt greift auch Bronfenbrenner (1981, S. 199 zit. in Liegle 2010, S. 71) im Konzept des Mesosystems in seinem sozialökologischen Ansatz auf. Demnach werden die Wechselbeziehungen zwischen den Lebensbereichen, in welche die Person eingebunden ist, berücksichtigt. Die einzelnen Lebensbereiche, also zum Beispiel Kindertageseinrichtung und Familie, stehen nicht unabhängig voneinander, sondern bedingen sich gegenseitig. Ihr entwicklungsförderndes Potential können sie nur gänzlich entfalten, wenn die Bereiche nicht isoliert voneinander agieren, sondern wenn sie sich miteinander abstimmen und zusammenarbeiten. Bronfenbrenner (1981, S. 199 zit. in Liegle 2010, S. 72) geht davon aus, dass eine mangelnde Verbindung der Lebensbereiche zur „Entfremdung" bei Kindern und Jugendlichen führt. Die Mesosysteme entwickeln und verändern sich mit der Entwicklung des Kindes. Mit dem Alter erschließen sich neue Lebensbereiche (vgl. Bronfenbrenner 1981, S. 41). Neue Mesosysteme entstehen somit, wenn in einen neuen Lebensbereich eingetreten wird. Dies bezeichnet Bronfenbrenner (1981, S. 200) als einen ökologischen Übergang. Er stellt hier folgende Hypothese auf:

> „Das entwicklungsfördernde Potential eines Lebensbereiches in einem Mesosystem wird gesteigert, wenn die Person den ersten Übergang in diesen Lebensbereich nicht allein vollzieht, wenn sie also in Begleitung einer anderen Person oder mehrerer anderer Personen, mit denen sie an früheren Lebensbereichen teilgenommen hat, in den neuen Lebensbereich eintritt."

Übertragen auf die öffentliche und private Erziehung bedeutet das, dass die Eltern zwischen den beiden Lebensbereichen des Kindes eine Verbindung herstellen, indem sie das Kind zur Kindertageseinrichtung begleiten. Das Potential jedes einzelnen Lebensbereiches steigt durch die Verbindung zu den jeweils anderen Lebensbereichen. Das heißt, eine erfolgreiche, gemeinsame Erziehung von Kindern wirkt sich positiver auf das Kind aus, wenn die Lebensbereiche in persönlicher Beziehung zueinander stehen und mitei-

---

50   Siehe Kapitel 6.2.3.3.3 „Lernen im Gruppenverband".

nander agieren (vgl. Bronfenbrenner 1981, S. 205/207). Die Fachwissenschaft spricht in diesem Zusammenhang von „Transition" (vgl. Rimm-Kaufmann & Pianta 2000/Griebel & Niesel 2004/Roßbach 2006 zit. in Liegle 2010, S. 72). Der Forschungsansatz der Transitionen begreift eben diese Übergänge als „kritische Lebensereignisse sowie als Lerngelegenheiten und Lernprozesse". Das Kind wird hier bei dem Übergang von der Familie in die Kindertageseinrichtung vor Herausforderungen gestellt, die es zu bewältigen gilt. Zunächst muss es die räumliche und zeitliche Trennung von der Bezugsperson, in den meisten Fällen den Eltern, meistern. Darüber hinaus muss es sich in einer neuen sozialen Lebenswelt und der neuen sozialen Rolle, die diese mitbringt, zurechtfinden. Wie und ob dieser Übergang gelingt hängt davon ab, welche Ressourcen das Kind mitbringt und in welcher Form es bei diesem Prozess von den Eltern und den Fachkräften der Institution begleitet und unterstützt wird (vgl. Liegle 2010, S. 72). Kinder profitieren davon, wenn sie „in pädagogischer Absicht zwischen den verinselten Räumen hin- und herbewegt werden" und so erweiterte „Verfügungsmöglichkeiten und Potentiale(n) für Selbsttätigkeit" geboten bekommen (Rauschenbach & Wehland 1989, S. 18).

Zusammenfassend stellt die intervenierende Bedingung „Kita bildet anderen Lebensraum als Familie" den zentralen Lebensraum Kindertageseinrichtung in den Fokus der Betrachtung. In besonderer Weise wird von den befragten Fachkräften hervorgehoben, dass eine gelingende Entwicklung von Kindern nur möglich ist, wenn Familie und Institution gemeinschaftlich agieren und Verknüpfungen herstellen, um die beiden „Räume" gewinnbringend miteinander zu verbinden.

6.2.3.3.2 Strukturierter Lebensrhythmus

Die intervenierende Bedingung des strukturierten Lebensrhythmus meint einen strukturierten Tages-, Wochen-, Monats- und Jahresrhythmus. Diese impliziert somit den Einfluss zeitlicher Bedingungsvariablen in Bezug auf die Kindertageseinrichtung als Sozialraum.

Rhythmus ist eine wichtige Strategie in der Arbeit mit Kindern. Hier wird sich am Kreislauf des Jahres (vgl. Kita-A, S. 5, Z. 20–23) sowie an den Tages- (vgl. Kita-G, S. 9, Z. 14ff.) und Wochenstrukturen (vgl. Kita-C, S. 4, Z. 1f.) orientiert. Rhythmus und auch Rituale, im Sinne von Wiederholungen (vgl. Kita-E, S. 3, Z. 34 – S. 4, Z. 2), geben Kindern in ihrem täglichen Leben Verlässlichkeit und Sicherheit.

> „Oder wenn sich jetzt das Wetter ändert wird, wird sicherlich der Frühling und die Veränderung in der Natur auch im Jahreszyklus zu nem Thema werden, das wir aber nur dann aufgreifen, wenn wir merken die Kinder haben da auch ein Interesse dran, ne nicht jetzt es ist Frühling, Sommer, Herbst und Winter und dann werden die entsprechenden Bilder gemalt, sondern wenn es andere Themen gibt, im letzten Jahr waren es zum Beispiel ein paar Wanderkröten, die wir im Garten entdeckt haben, dann werden diese Themen auch aufgegriffen

und ja als, als Lernbildungs- oder Erfahrungsinhalt einfach bearbeitet." (Kita-F, S. 7, Z. 26–33)

Die Institution Kindertageseinrichtung stellt einen strukturierten Lebensraum dar. Frühpädagogische Fachkräfte haben meist eine begründete Abneigung die pädagogische Arbeit mit den Kindern „langfristig zu planen oder gar schriftlich fixierte Wochen- und/oder Monatspläne aufzustellen" (Aden-Grossmann 2002, S. 204) da hierbei die Befürchtung besteht, dass nicht mehr spontan Interessen von Kindern aufgegriffen werden können. Dennoch agiert fast jede Kindertageseinrichtung nach festen Strukturen, welche durch den Tages-, Wochen-, und Jahresrhythmus vorgegeben werden (vgl. Aden-Grossmann 2002, S. 204). Bedingt dadurch, dass es eine institutionelle Einrichtung ist, gibt es einerseits geregelte Öffnungs- und Schließzeiten, welche auch Bring- und Abholzeiten implizieren. Darüber hinaus verfügt fast ausnahmslos jede frühpädagogische Betreuungsinstitution in ihrem Konzept über einen geplanten Tagesablauf. Dieser wird nicht als zwingendes Ablaufmuster gesehen, er stellt jedoch eine feste Strukturierung als Tagesplan dar. Die Regeln des Tagesablaufes nannte die Pädagogin Elisabeth Blochmann den „Rhythmus des Lebens" (vgl. Aden-Grossmann 2002, S. 206). Darüber hinaus gibt es wöchentliche Turnstunden etc. oder monatliches Kochen. Feste Strukturen bieten nach Ansicht der befragten Fachkräfte den Kindern Verlässlichkeit und Sicherheit. Diese Verlässlichkeit beispielsweise im Hinblick auf Schlafens- oder Essenszeiten fehlen Kindern aus sozial schwierigen Verhältnissen teilweise. Im Rahmen der Kindertageseinrichtung können sie ebensolche erlernen (vgl. FZ-H, S. 3, Z. 28ff.).

Die Fachkräfte gestalten die Inhalte ihrer pädagogischen Arbeit ausgehend von den Erlebnisbereichen der Kinder, ein Erlebnisbereich ist der Bereich der Natur, welcher die wechselnden Jahreszeiten impliziert (vgl. Kita-F, S. 7, Z. 26–33). Kindertageseinrichtungen haben ihren Ursprung in den Kindergärten von Friedrich Fröbel. Nach Fröbel baut die Jahresplanung des Kindergartens auf dem natürlichen Ablauf der Jahreszeiten und der (kirchlichen) Feste auf (vgl. Aden-Grossmann 2002, S. 203). Somit bezog Fröbel die Orientierung an den jahreszeitlichen Gegebenheiten in die pädagogische Arbeit mit ein. Dieser pädagogische Bezug hat daher eine lange Tradition, die auch heute noch aktuell ist und vertreten wird. Im Rahmen des jahreszeitlichen Rhythmus werden somit Festivitäten und Naturereignisse in den Alltag der Kinder integriert. Henriette Schrader-Breymann nutzte hier ihr Konzept des „Monatsgegenstandes", mittels welchem sie Geschehnisse von „außerhalb" der Einrichtung in den Alltag der Kindertageseinrichtung holte (vgl. Kasüschke & Fröhlich-Gildhoff 2008, S. 27).[51] Hier grenzt auch das Konzept des situationsorientierten Arbeitens an, beziehungsweise die Berücksichtigung der Le-

---

51 Siehe Kapitel 4.1.1 „Die Pädagogik des Pestalozzi-Fröbel-Haus nach Henriette Schrader-Breymann".

benswelt der Kinder bei der Gestaltung der pädagogischen Arbeit (vgl. Stoll 1995, S. 21).[52]

Rauschenbach und Wehland (1989) stellten in ihrer Studie „Zeitraum Kindheit – Zum Erfahrungsraum von Kindern in unterschiedlichen Wohngebieten" im Jahr 1987 die Bedeutsamkeit des Jahresrhythmus für Kinder heraus:

> „Kinder sind in ihren Raumbezügen und Aktivitäten aber ungleich stärker als Erwachsene auf jahreszeitliche Rhythmen bezogen und erfahren die Besonderheiten von Winter und Sommer noch als qualitativen Wechsel von Zeit mit jeweils besonderen Nutzungsaspekten."

Die Autoren unterscheiden hier zwischen Stadt- und Landkindern. Stadtkinder können demnach den natürlichen Jahresrhythmus nicht im gleichen Maße erfahren wie Landkinder es können. Sie erfahren den Wechsel der Jahreszeiten weniger durch die Gegebenheiten der Natur als vielmehr „durch den Wechsel der Geschäftsauslagen". Diese Differenz zeigte sich im untersuchten Datenmaterial dieser Studie nicht. Vielmehr wurde hier darauf hingewiesen, dass Kinder in der heutigen Zeit ihren Nahraum nicht kennen in dem sie aufwachsen, weil Wege zwischen einzelnen Sozialräumen mit Verkehrsmitteln zurückgelegt und somit übersprungen werden.[53]

Abschließend kann hinsichtlich der intervenierenden Bedingung strukturierter Lebensrhythmus festgehalten werden, dass Kindertageseinrichtungen ihre Abläufe nach dem Tag und dem Jahr und den Zeiteinheiten, die dazwischen liegen, planen. Dies zuletzt auch deswegen, weil feste Strukturen Kindern Sicherheit und Verlässlichkeit in ihrer Entwicklung bieten. Diese Ausrichtung der pädagogischen Arbeit am „Lebensrhythmus" hat bereits eine lange Tradition.

6.2.3.3.3 Lernen im Gruppenverband

Das Lernen im Gruppenverband stellt die abschließende intervenierende Bedingung für die Schlüsselkategorie die „Kita als Sozialraum" dar.

Kindertageseinrichtungen bieten durch ihre Organisationsform Lernmöglichkeiten in sozialen Gruppen. Kinder erleben sich hier als Teil einer sozialen Gruppe. Im Gegensatz zur Kindertageseinrichtung, kann Familie dieses Lernfeld nicht bieten (vgl. Kita-G, S. 28, Z. 1–11). Die Kindergruppe stellt nach Krappmann und Peukert (1995, S. 79) eine Sozialisations- und Bildungsinstanz dar. Im Datenmaterial stellte sich heraus, dass durch den gesellschaftlichen Wandel Kinder teils eine ganz andere Sozialisation vor dem Eintritt in die Kindertageseinrichtung erfahren, als es noch früher der Fall war. Heute besuchen sie vielfach schon vor dem Besuch der Kindertageseinrichtung andere

---

52   Siehe Kapitel 4.1.3 „Die Pädagogik des Situationsansatzes nach Jürgen Zimmer".
53   Siehe Kapitel 6.2.3.1.2 „Kinder sollen nicht in einer ‚Blase' aufwachsen".

frühpädagogische Gruppen wie zum Beispiel eine Krabbelgruppe, Spielgruppen oder aber sie besuchen eine Tagesmutter/einen Tagesvater und lernen sich dort schon in einer Gruppe ohne Eltern zurechtzufinden (vgl. Kita-G, S. 15, Z. 1–4). Darüber hinaus geben Eltern heute aus vielfältigen Gründen früher die Verantwortung für die Bildung, Betreuung und Erziehung ihrer Kinder an Institutionen ab, wodurch die Ansprüche an die Institutionen, die die Kinder betreuen, steigen (vgl. Kita-F, S. 12, Z. 5–28).

Im Rahmen einer Gruppe beeinflussen die Akteure das Miteinander ebenso, wie es nach Ansicht der Fachkräfte in einem Sozialraum der Fall ist.[54] Einzelne Faktoren oder klarer ausgedrückt, einzelne Personen führen zu Veränderungen im bestehenden Raum. Jede Person hat einen Einfluss:

> „Ich denke, dass Gesellschaft auch die Gesellschaft von Kindern, kleiner Kinder darüber funktioniert, dass immer eine Balance zwischen den, dem ich, dem wir und dem Thema in der Gruppe besteht. Ich komme da sehr stark aus dem Bereich der TZI Themenzentrierte Interaktion nach Ruth Cohn, das ist für mich immer wichtig oder für uns hier auch wichtig diese Faktoren, wenn man jetzt das Umfeld dazu nimmt wären es vier, das Thema, das Ich, das Wir und die die Gruppe als solche und das Umfeld in dem sie existiert, das in einer guten Balance zu halten ist ein, ein ganz wesentlicher Auftrag, grade wenn man einen individuellen Ansatz hat. Das, die, das Prinzip der Chairperson, das jeder Mensch dafür sorgt und da drin bemüht ist sich selber auch in Proportion und in Relation zur Gruppe zu verwirklichen ... bedarf eines guten Management Seiten der Erzieherinnen, dass Gruppe trotzdem funktioniert, das heißt ne gute Balance zwischen den gemeinsamen Themen und den Einzelbedürfnissen der Kinder herzustellen und das ist ein, da ist unser pädagogischer Ansatz auch in Bezug auf, oder im Blick auf die, das das Kind in der Gruppe und die Sozialstrukturen, die Themen um die es da geht auch da kommen wir vom sehr hohen Maß an Selbstbestimmung. Das KiBiz oder beziehungsweise die entsprechenden Erläuterungen nennt das heute Partizipation von Kinder, diese Partizipation besteht dann auch im Kontext der Arbeit mit der Gruppe darin, dass wir Themen aufgreifen und versuchen ein hohes Maß an Sensibilität an den Tag zu legen um auch die, die Bedarfe der Kinder als Gruppe wahrzunehmen und umzusetzen. Das heißt, wenn sie 20 kleine Individuen haben gibt es nichts desto trotz unter Umständen ein gemeinsames Grundthema oder ein Thema was wir auch aus der Gruppe wahrnehmen. Zu Beginn des Kindergartenjahres kann das zum Beispiel sein, dass Kinder einfach ihre, ihre Gruppenrollen ausbalancieren wenn neue Kinder in die Gruppe kommen, das heißt die gesamte Dynamik einer Gruppe verändert sich ja sobald sich ein einziger, ein einzelner Faktor in dieser Gruppe verändert, sprich es kommt ein Kind dazu und schon ist die Balance neu auszuloten, oder anderes Beispiel es gibt ein Thema durch eine, eine bestimmte Erfahrung, die ein Kind oder mehrere Kinder machen das- jetzt heute zum Beispiel ganz aktuell aus, aus dem heutigen Morgen, wir hatten eine schwangere Mutti, das Geschwisterkind erzählt heut den ganzen Morgen über die Geburt des vierten Kindes in der Familie und das wird heute in dieser Gruppe mit Sicherheit Thema sein, weil die anderen Kinder fragen, das Kind erzählt,

---

54 Siehe Kapitel 6.1.3 „Homogene Auffassung von Sozialraum und Sozialraumorientierung".

dadurch gibt es heute ein Thema was wir unter Umständen gar nicht so geplant hatten, worauf wir uns aber nichts desto trotz einlassen." (Kita-F, S. 6, Z. 28 – S. 7, Z. 27)

Die Gruppen, in denen Kinder agieren, müssen festgesetzte Rahmenbedingungen haben. Rahmenbedingungen implizieren festgesetzte Strukturen und Regeln (vgl. Kita-B, S. 7, Z. 18ff.). Im Datenmaterial zeigte sich der Gedanke, Gruppen als geschlossene Sozialräume zu begreifen. Eine Gruppe ist somit ein Sozialraum, in dem Menschen in soziale Interaktion miteinander treten (vgl. Kita-J, S. 13, Z. 7–26). Die Fachkraft, wie es im Datenmaterial deutlich wird, „managet" das Gruppengeschehen und ist für eine gute Balance zuständig (vgl. FZ-K, S. 35, Z. 8ff.). Ein zentraler Begriff ist hier der Begriff der Partizipation von Kindern. Dem geht der Grundgedanke voraus, dass Kinder eigenständig handelnde Individuen sind, die ein Recht auf Teilhabe haben, welche ihnen ermöglicht werden muss. Die Kinder werden in Entscheidungen mit einbezogen und haben ein Mitsprache- und Entscheidungsrecht (vgl. Kita-D, S. 8, Z. 17–30). [55]

Nach Zehnbauer (1994, S. 68) strukturiert die Organisationsform, die die Altersspanne und die Öffnung impliziert, den pädagogischen Rahmen für die Lernprozesse von Kindern und hat einen maßgeblichen Einfluss auf diese. Der Fokus liegt hier auf der Instituetik, d. h. auf den Ordnungen und Strukturen der Einrichtungen. Sie verändern die Kindertageseinrichtung als sozialen Raum (vgl. Kasüschke & Jares 2010, S. 229).

In frühpädagogischen Betreuungsinstitutionen werden Kinder in sozialen Gruppen zusammengeschlossen. Diese Kindergruppen in Kindertageseinrichtungen können, je nach pädagogischem Konzept, unterschiedlich strukturiert sein. Sie können differente Formen und Altersstrukturen haben. Bei der Strukturierung von Kindergruppen wird zwischen verschiedenen Altersstrukturen unterschieden. Entweder werden die Kinder in altershomogenen Gruppen oder in altersheterogenen Gruppen betreut (vgl. FZ-B, S. 3, Z. 19ff./FZ-D, S. 2, Z. 14–19/FZ-K, S. 18, Z. 3–8). Bei einer Altersmischung werden immer drei Altersjahrgänge oder mehrere in einer Gruppe zusammengeschlossen (vgl. Kasüschke & Jares 2010, S. 230). Die Diskussion um eine Altersmischung in Kindertageseinrichtungen entsprang in Deutschland während der Erprobungsphase verschiedener Situationsansätze (vgl. Krappmann & Wagner 1983 zit. in Kasüschke & Jares 2010, S. 230). Im Rahmen dessen entstand die Frage, wie man die veränderten Bedingungen kindlichen Aufwachsens in der Kindertageseinrichtung mit berücksichtigen kann (vgl. Kasüschke & Jares 2010, S. 230). Den Kindern werden durch altersgemischte Gruppen natürliche Umwelterfahrungen geboten, die sie durch weniger Freizeit im öffentlichen Raum nicht mehr in dem Maße in ihrer Freizeit, oder auch durch den Wegfall von Groß- und Mehrgenerationenfamilien, erfahren. Eine altersgemischte Gruppe bietet einen Erfahrungsraum für das Erlernen von Verantwortung und das Erlernen von Konfliktlösestrategien (vgl. Grundmann 1995, S. 12ff.). Die Kinder- und Jugendhilfestatistik brachte hervor, dass mittlerweile mehr als ein Drittel aller Einrichtungen im

---

55   Siehe Kapitel 6.2.3.4.3 „Den Alltag mit den Kindern leben".

Rahmen der alterserweiterten Gruppenmischung arbeiten. Die Tendenz steigt hier weiter (vgl. Lange 2008 zit. in Kasüschke & Jares 2010, S. 240).

Im Rahmen der Altersmischung sollen die Kinder nach Ansicht der Fachkräfte in einem lebensnahen, familienähnlichen Konstrukt zusammen leben (vgl. Kita-E, S. 10, Z. 30ff.). Dies stellt eine Bereicherung für die jüngeren Kinder, als auch für die älteren Kinder dar (vgl. Kita-I, S. 12, Z. 33 – S. 13, Z. 2). Altersmischungen werden somit für alle Kinder als Bereicherung erlebt. Jüngere Kinder profitieren davon, von den älteren Kindern zu lernen und ältere Kinder können sich als „Große" wahrnehmen, indem sie jüngere Kinder unterstützen. Gruppen mit einer differenten Altersstruktur verfügen daher häufig über ein sehr soziales Klima zwischen den Kindern (vgl. Krappmann & Peukert 1995, S. 7ff.). Des Weiteren haben Kinder, die gegebenenfalls mehr Zeit für einzelne Entwicklungsschritte benötigen, die Möglichkeit, sich in altersgemischten Gruppen mehr Zeit einzuräumen, da ein Verhalten, welches gegebenenfalls nicht mehr „altersentsprechend" ist, weniger sanktioniert wird als in einer altershomogenen Gruppe. Das Konzept der Altersmischung ist jedoch nicht unumstritten, insbesondere die erweiterte Altersmischung, die aus mehr als drei Altersjahrgängen zusammengesetzt wird, ist der Kritik ausgesetzt. So wird beispielsweise kritisiert, dass die Raumgestaltung in altersgemischten Gruppen meist an der Altersmitte orientiert ist und so jüngere Kinder über- und ältere Kinder unterfordert sind. Die Materialien werden nicht allen Kindern hinsichtlich ihrer Lern- und Entwicklungsmöglichkeiten gerecht. Zudem wird kritisiert, dass häufig die jüngeren Kinder mit ihren Bedürfnissen im Fokus der Fachkraft stehen, da sie mehr Aufmerksamkeit und Unterstützung benötigen. Was wiederum den Schluss nach sich zieht, dass ältere Kinder weniger Unterstützung vonseiten der Fachkraft erfahren (vgl. Kasüschke & Jares 2010, S. 234). Darüber hinaus ist ein weiterer Kritikpunkt, dass die Arbeit in altersgemischten Gruppen eine differenzierte Arbeit in Kleingruppen voraussetzt, was wiederum das Gemeinschaftsgefühl beeinträchtigt. Kinder finden in altersgemischten Gruppen weniger gleichaltrige Spielpartner auf Augenhöhe, als sie sie in altershomogenen Gruppen finden würden (vgl. Kasüschke 2010 zit. in Kasüschke & Jares 2010, S. 234), welche sie aber für die Entwicklung ihrer sozial-emotionalen und kognitiven Kompetenzen benötigen. Die Frage, ob also letztendlich altersgemischte Gruppen Lernprozesse bei Kindern besser anregen als andere Gruppenformen, kann abschließend nicht beantwortet werden.

Durch die Alterserweiterung in Kindergruppen von Kindertageseinrichtungen wurde auch das Konzept der offenen Gruppenform vorangetrieben. Hier zeigen sich bereits „Dimensionen der Sozialraumorientierung, die indirekt Einfluss auf das didaktische Verständnis nehmen" (Kasüschke & Jares 2010, S. 235/241). Es kann unterschieden werden zwischen der geschlossenen, teiloffenen und offenen Gruppenform. In der Studie wird zwischen den drei benannten Gruppenformen unterschieden, die Ausgestaltung der differenten Gruppenformen ist jedoch sehr ähnlich. Die Kinder haben immer eine feste Bezugsgruppe und verfügen darüber hinaus über die Möglichkeit, sich gruppenübergreifend in anderen Gruppen zusammenzufinden (vgl. FZ-H, S. 3, Z. 8f.). Dieses

Verständnis spiegelt das Konzept des offenen Kindergartens wider, welches eine Basisbewegung aus der Praxis ist (vgl. Regel & Kühne 2007 zit. in Kasüschke & Jares 2010, S. 244). „Die anthropologische Grundannahme des offenen Kindergartens bezieht sich auf die Autonomie, die Selbstorganisation, die Selbstbestimmung und seiner Interdependenz zur Umwelt" (Kasüschke & Jares 2010, S. 244). Die Kindertageseinrichtung soll somit als ein Raum verstanden werden, der den Kindern vielfältige Möglichkeiten im Leben und Lernen bietet. Den Kindern wird die Möglichkeit eröffnet, an einer Gemeinschaft teilzuhaben und sich selbst zu bilden (vgl. Regel & Kühne 2007, S. 35ff. zit. in Kasüschke & Jares 2010, S. 244). Gewisse Prinzipien sollen die Offenheit von Kindertageseinrichtungen deutlich machen, dazu gehört die Öffnung der Einrichtung nach innen, das heißt das Auflösen fester Gruppenstrukturen. Es gibt somit keine festen Gruppenräume, sondern sogenannte Funktionsräume und es finden gruppenübergreifende Angebote statt. Des Weiteren impliziert die offene Kindertageseinrichtung eine Öffnung nach außen, das heißt die Eltern und weitere Personen werden in die Arbeit der Einrichtung, zum Beispiel im Rahmen von Projekten, mit eingebunden. Die Kinder haben eine Bezugsperson (vgl. FZ-K, S. 35, Z. 8ff.), welche offen und flexibel im Umgang mit Kindern und Situationen agiert. Dem Prinzip der Bezugsperson kommt hier eine besonders starke Bedeutung bei. Die Bezugsperson vermittelt dem Kind durch eine sichere emotionale Bindung auch Sicherheit im Rahmen des offenen Systems (vgl. Regel & Kühne 2007, S. 30 zit. in Kasüschke & Jares 2010, S. 245f.). Darüber hinaus ist eine offene Haltung der Fachkräfte gegenüber dem Team und den Eltern von wesentlicher Bedeutung. Das offene Konzept fördert somit eine Öffnung nach innen und nach außen. Die Öffnung nach innen wird in der Literatur eingehend beschrieben, wohingegen die Beschreibung der Öffnung nach außen oberflächlich bleibt (vgl. Kasüschke & Jares 2010, S. 245). Offenheit muss hier einerseits auch heißen, sich an den konkreten Lebenssituationen der Kinder zu orientieren sowie offen für die Bedürfnisse und Interessen der Kinder zu sein. Andererseits muss dies auch eine Offenheit von der Einrichtung aus nach außen hin zum Sozialraum bedeuten (vgl. Dörfler 1994, S. 123f.).

Das Lernen im Gruppenverband ist eine zentrale intervenierende Bedingung. Fachwissenschaft und Fachkräfte sehen das Zusammenleben in sozialen Gruppen gleichermaßen als einen bedeutsamen Aspekt von Kindertageseinrichtungen an, indem Kinder vielfältige Sozialisationserfahrungen erleben. Insbesondere der Altersmischung und der offenen Arbeit in Institutionen wird ein hoher pädagogischer Stellenwert für die Entwicklung von Kindern beigemessen. Sowohl die Altersmischung als auch das offene Konzept sind auf die Binnenstruktur der Institution Kindertageseinrichtung bezogen. Insbesondere bei dem offenen Konzept wird die Öffnung zum Sozialraum bereits konzeptionell mit Bedacht u. a. durch Projekte und Elternarbeit. In der konkreten Ausarbeitung wird dies in der Fachwissenschaft jedoch nur wenig thematisiert.

Die Strategien bezeichnen die Umgangsweise der Fachkräfte mit der Schlüsselkategorie die „Kita als Sozialraum". Strategien in Bezug auf den Umgang mit der Ebene die „Kita als Sozialraum" sind folgende:

- Den Nahraum mit den Kindern erobern.

- Berücksichtigung der Lebenswelt.

- Den Alltag mit den Kindern leben.

Insbesondere der Strategie „Den Nahraum mit den Kindern erobern" wird im Datenmaterial eine besondere Bedeutung beigemessen.

6.2.3.4.1 Den Nahraum mit den Kindern erobern

Eine Strategie im Umgang mit der Schlüsselkategorie die „Kita als Sozialraum" ist das Verlassen der Institution, um den Kindern die Möglichkeit zu geben, sich ihren Nahraum auf vielfältige Weise anzueignen. Die Kindertageseinrichtung wird bewusst mit den Kindern verlassen. Hier spiegelt sich die ursächliche Bedingung, die „Kinder sollen nicht in einer ‚Blase' aufwachsen", wider. [56]

Kinder interessieren sich für die Dinge, die außerhalb der „Fensterscheibe" passieren und möchten wissen, was „draußen" ist. Durch Spiel- und Erlebnismöglichkeiten in ihrem Umfeld lernen sie ihre Umgebung zu schätzen (vgl. Strätz, Derks-Killemann & Bourgeois 1992, S. 186). Es zeigte sich in der Lebensraumstudie von Martha Muchow und Hans Heinrich Muchow (1935 zit. in Zinnecker 2012, S. 96):

> „(...) dass der Aufbau der Lebensräume von ‚erwachsenen' Gesichtspunkten wie Verkehrsbedeutung, Arbeitsgelegenheit, Wohnbedürfnis usw. weitgehend unabhängig ist und viel mehr abhängig von Spielplatznähe, Bebauungsart, Geeignetheit als Spielgelände, Naturgrenzen und Zugehörigkeit zur Heimat im engsten Sinne."

Kinder haben somit ihr eigenes Strukturgebilde von ihrem Umfeld.

In der Fachpraxis werden im Nahraum mit den Kindern Alltagshandlungen[57] vom Spazierengehen bis zum Einkaufen und Bus und Bahn fahren vollzogen (vgl. FZ-E, S. 25, Z. 14–27). Die Kinder sollen am gesellschaftlichen und kulturellen Leben teilnehmen und die Funktionen von öffentlichen Einrichtungen kennenlernen (vgl. FZ-B, S. 26,

---

56   Siehe Kapitel 6.2.3.1.2 „Kinder sollen nicht in einer ‚Blase' aufwachsen".
57   Siehe Kapitel 6.2.3.4.3 „Den Alltag mit den Kindern leben".

Z. 6–9). Darüber hinaus sollen sie lernen, sich in ihrer Umgebung und in einer Gruppe zurechtzufinden. Durch das Nutzen des öffentlichen Nahverkehrs können über den eigenen Sozialraum hinaus weitere Sozialräume erkundet, erobert und erschlossen werden (vgl. FZ-H, S. 22, Z. 32 – S. 23, Z. 3). Die Kinder sollen ein Bewusstsein dafür entwickeln, dass sich ihr Stadtteil, ihr Sozialraum in eine größere Struktur der Stadt einbettet (vgl. FZ-H, S. 4, Z. 16–30). Bei der Untersuchungsgruppe der Familienzentren wird explizit darauf hingewiesen, dass das Erkunden des Nahraumes mit Kindern Teil des Konzeptes ist:

> „Ja, wir nutzen den Nahraum dahingehend, das gehört also mit auch so zu unserm Konzept den halt auch zu erkunden." (FZ-E, S. 25, Z. 14f.)

Das Vorhandensein von öffentlichen Verkehrsmitteln wird als eine wesentliche Ressource des eigenen Sozialraumes gewertet, da so auch entferntere (Sozial-)Räume erobert werden können (vgl. Kita-G, S. 22, Z. 11–15). Die Grenzen des eigenen Sozialraumes werden somit bewusst überschritten. Insbesondere in Einrichtungen, bei denen die Kinder verstärkt aus der unmittelbaren Umgebung kommen und der Sozialraum in besonders starker Weise homogen geprägt ist (beispielsweise mannigfaltig problembelastet oder besonders gut situiert), kommt dem Verlassen des Nahraumes eine wichtige Bedeutung zu. Die Kinder sollen wahrnehmen, dass es auch anders strukturierte Nahräume als den eigenen gibt (vgl. FZ-H, S. 22, Z. 30–34). Die Kinder wissen also durch die Erkundung des Lebensumfeldes der Kita, wo sie sich befinden (vgl. FZ-C, S. 25, Z. 14). Colberg-Schrader und Krug äußerten bereits 1986 (S. 97):

> „Eine an der Lebenswirklichkeit der Kinder orientierte Pädagogik äußert sich in Lernformen, die den Kindern Gelegenheit zu unmittelbarer Erfahrung, zu reichhaltigen Umwelterlebnissen und soweit dies möglich ist, zum Mithandeln geben. Eine derartige Praxis kann nicht auf den Raum des Kindergartens beschränkt bleiben, sie ist auf erweiterte Lernorte und auf die Einbeziehung anderer Personen und Gruppen, die an der Lebenswirklichkeit der Kinder teilhaben, angewiesen."

Die Fachkräfte in Kindertageseinrichtungen unterscheiden zwischen zwei unterschiedlichen Strukturen von Nahraum. Dies sind einerseits der städtische Nahraum, der durch Geschäfte, Straßen und Verkehr etc. geprägt ist, und andererseits der natürliche Nahraum, der geprägt ist von Waldgebieten, Grünflächen etc. Bei dem Erobern natürlicher Nahräume bekommen die Kinder die Möglichkeit, Naturphänomene wahrzunehmen (vgl. Kita-G, S. 11, Z. 19–25) und lernen verschiedene Lebewesen der Erde kennen (vgl. Kita-I, S. 12, Z. 24–30).

> „(...) wie funktioniert was, ob das Naturphänomene sind oder auch andere Dinge. Kinder entdecken gerne, sind entdeckungsfreudig also auch da muss ich Input geben als Erzieherinnen, also Experimente regelmäßig. Wir versuchen natürlich auch mit den Kindern irgendwie die Natur wertzuschätzen wenn wir in den, wir haben regelmäßig einen Waldtag mit den

Kindern ohne Spielsache. Also es gibt im Wald auch viele Sachen die man entdecken kann, das finde ich auch noch was Besonderes." (Kita-G, S. 11, Z. 20–25)

Auch das Außengelände der Einrichtung wird als Nahraum Natur gewertet (vgl. FZ-I, S. 23, Z. 11f.). Das Außengelände somit als ein begrenzter, gestalteter Sozialraum in dem Kinder Aneignungsprozesse erfahren. Der Besuch von Spielplätzen wird hier ebenfalls als ein Besuch im Nahraum Natur genannt (vgl. Kita-G, S. 11, Z. 19–25). Nach Göschel (1980, S. 101 zit. in Ledig, Nissen & Kreil 1987, S. 52) geht die Schaffung von Spielplätzen jedoch darauf zurück, dass der informelle städtische Raum für Kinder durch stärkeres Verkehrsaufkommen u. ä. immer weniger nutzbar wurde. Die Frage, die sich hier stellt ist, ob Spielplätze den Erfahrungsraum der „Straße" kompensieren können und sie ebenfalls einen ähnlichen Aneignungsraum bieten.

Im Datenmaterial zeigt sich, dass ein natürlicher Nahraum als Ressource gewertet wird. Fehlende Naturerfahrungen der Kinder aus dem familiären Kontext sollen hier kompensiert werden (vgl. Kita-I, S. 12, Z. 24–28/Kita-H, S. 15, Z. 2–9).

Insbesondere Familien in mannigfaltig problembelasteten Stadtteilen verlassen diese häufig nicht eigenständig. Städtische Sozialräume weisen mit einer eigenständigen Infrastruktur alles, was man zum Leben braucht auf, zudem geben vertraute Strukturen Sicherheit. Befindet sich die Kindertageseinrichtung auch in diesem Sozialraum wird dieser von den Kindern im Rahmen ihrer Familie vielfach nicht verlassen, wodurch der Erkundung von angrenzenden Sozialräumen durch die Kindertageseinrichtung eine besondere Bedeutung beigemessen wird (vgl. FZ-H, S. 4, Z. 18ff.). Kinder sollen so im Kontext der institutionellen Bildung, Betreuung und Erziehung die Grenzen des eigenen Sozialraumes (Außenperspektive die „Kita im Sozialraum") bewusst überschreiten und neue Aneignungsmöglichkeiten geboten bekommen. Sie sollen „präsent" im Stadtteil sein.

„Wir sind ganz viel unterwegs mit denen auch ganz viel außer Haus, also Kita sollte ja nicht nur in ihren Räumlichkeiten stattfinden, ich finde immer Kita ist auch so ein bisschen was, was eigentlich in Anführungsstrichen also Kinder soll man nicht in Häuser weg sperren damit niemand die mitkriegt sondern Kinder sollen auch präsent sein auch im, im Stadtbild präsent sein und man wird sehr freundlich und herzlich überall auch aufgenommen wenn man mit den Kindern unterwegs ist (...)." (Kita-H, S. 15, Z. 27–33)

Durch die Strategie, dass der Sozialraum für neue Impulse genutzt wird, sind die Kinder und die Institution im Nahraum bekannt (vgl. FZ-C, S. 27, Z. 10–15). Sie erleben sich als Teil der Gesamtgesellschaft und bringen sich in das gesellschaftliche Leben mit ein.[58]

---

58   Siehe Kapitel 6.2.3.4.3 „Den Alltag mit den Kindern leben".

Apel, Messerich und Pach (1981, S. 34 zit. in Ledig, Nissen & Kreil 1987, S. 34) stellten in ihrer Studie „Kinder in der Stadt" fest, dass insbesondere naturnahe und ungeordnete Flächen für Kinder von besonderem Interesse sind. In eher städtisch gelegenen Einrichtungen werden den Kindern bewusst durch Ausflüge Naturerlebnisse ermöglicht (vgl. FZ-H, S. 9, Z. 3–6). Von den Fachkräften werden hier gezielt Erfahrungs- und Erlebnisräume geschaffen, die die Kinder in ihrem eigenen Sozialraum nicht erleben können (vgl. FZ-I, S. 23, Z. 11f.). Im Rahmen des städtischen Nahraumes sollen die Kinder am gesellschaftlichen und kulturellen Leben teilhaben und die Funktionen von Institutionen kennenlernen (vgl. FZ-B, S. 26, Z. 6–9). Ein großes Kulturangebot wird als eine Ressource des Stadtteils gewertet (vgl. Kita-E, S. 7, Z. 26–29).

Harms, Preissing und Richtermeier (1985, S. 26 zit. in Ledig, Nissen & Kreil 1987, S. 20) definieren den städtischen Raum vor dem Hintergrund des Aneignungskonzeptes von Leontjew (1973) und dem Ansatz von Chombart de Lauwe (1977) wie folgt:

> „Städtischer Raum ist bestimmt: durch ökonomische Bestimmungen als Produktions- oder Distributionsraum von Waren (einschließlich der Ware Arbeitskraft), als Reproduktionsraum der Ware Arbeitskraft im Sinne ihrer Erhaltung, ihrer Nahrungsbeschaffung, der Erweiterung der Wohnbereiche entsprechend des kulturellen Standards, als Verkehrs- und Aufenthaltsraum (‚Lebensraum') von Menschen, die als Kinder, Rentner, Hausfrauen, Arbeitslose (...) aus den unmittelbar der Aufrechterhaltung der gesellschaftlichen Produktion dienenden Prozessen ausgeschlossen, diesen aber unterworfen sind."

Diesen Raum erobern sich Kinder in Auseinandersetzung mit den gegebenen Möglichkeiten und Grenzen. Zinnecker (1979, S. 744 zit. in Ledig, Nissen & Kreil 1987, S. 20) verweist darauf, dass sich Kinder im städtischen Raum die „Realität der Gesellschaft" aneignen, indem sie sich in verschiedenen Rollen, wie zum Beispiel in der Rolle des Konsumenten oder des Verkehrsteilnehmers, versuchen. Außenerfahrungen für Kinder in Kindertageseinrichtungen lassen sich in vielfältige Projekte oder auch in Alltagssituationen integrieren, ohne dass sie dabei „künstlich hergestellt" werden. Die Umwelt bietet Kindern unvergleichbare Aneignungsmöglichkeiten, die sie in geschlossen Räumen nicht erleben können. Mit kindlicher Neugierde hinterfragen sie die Dinge, eignen sie sich an und erweitern ihren Erfahrungsschatz (vgl. Krenz 2005, S. 110/161f.).

Hinsichtlich der Eroberung des Nahraumes mit Kindern zeigen sich Kontraste bei der Durchführung:

<table>
<tr><td colspan="2">Kontrastierende Sichtweisen in Bezug auf die Nutzung des Nahraumes mit Kindern unter drei Jahren
(Untersuchungsgruppe Traditionelle Kindertageseinrichtung)</td></tr>
<tr><td>„Ja, ja nicht dauernd irgendwie aber klar das funktioniert ne und ob das dann immer mit U3-Kindern so viel Sinn macht, ich denke die sind sehr zufrieden zum Teil wenn sie einfach ihre ihren eigenen festen Raum haben in dem sie sich sehr frei bewegen können und sollen." (Kita-B, S. 17, Z. 4–7)</td><td>„(...) also wir haben große Buggies, da kriegt man vier von den Kleinen rein ne, ein vierer Buggie, so dass man auch mit den Kleinen runter zum Rewe gehen kann und einkaufen kann für das Frühstück oder so, also das ist mir ganz wichtig das Kita nicht was ist, was, was nur im in sich geschlossenen Raum stattfindet sondern .. wir gehören, wir gehören zur Gemeinschaft dieser Stadt (...)." (Kita-H, S. 15, Z. 33 – S. 16, Z. 4)</td></tr>
</table>

Diese Kontraste in Bezug auf die Nutzung des Nahraumes mit Kindern unter drei Jahren sind nicht auf strukturelle Gegebenheiten des Sozialraums zurückzuführen, sondern auf die individuellen Einstellungen der Fachkräfte. Sie beziehen sich auf die Altersstruktur der Kinder. In mancher Hinsicht empfinden die Fachkräfte es als schwierig, mit Kindern unter drei Jahren den Nahraum zu verlassen, da diese noch nicht selbstständig genug sind und kein Sinn darin gesehen wird, mit den Kindern weitere Gebiete zu erkunden. Des Weiteren wird hier auf Personalmangel verwiesen, da mehr Personal für die Erkundung mit jüngeren Kindern benötigt wird als bei der Erkundung mit älteren Kindern. Mit Kindern unter drei Jahren kann somit nur die unmittelbare Umgebung der Einrichtung erobert werden (vgl. FZ-H, S. 23, Z. 5–9). Mit steigendem Alter der Kinder erweitert sich dann hier der Radius, der mit den Kindern erschlossen wird (vgl. FZ-I, S. 23, Z. 13–26). Insbesondere mit den sogenannten „Vorschulkindern" wird der Nahraum auf vielfältige Weise erkundet (vgl. FZ-B, S. 25, Z. 28–33). Diese Arbeitsweise spiegelt sich in der Studie von Harms, Preissing und Richtermeier (1985, S. 398 zit. in Ledig, Nissen & Kreil 1987, S. 33) wider, wonach Kinder jüngeren Alters auf ihr unmittelbares Wohnumfeld angewiesen sind und für ältere Kinder hingegen erweiterte Bereiche mit zunehmendem Alter an Bedeutsamkeit gewinnen. Hier stellt sich die Frage, ob Institutionen wie Kindertageseinrichtungen nicht deswegen bewusst auch jüngeren Kindern weitläufige Erfahrungsräume eröffnen sollten, oder ob das Interesse der Kinder erst mit zunehmendem Alter an der Erkundung weitläufiger Erfahrungsräume steigt. Einerseits messen Fachkräfte somit dem Alter bei der Erkundung von Nahräumen eine Bedeutung bei, andererseits finden sie dieses irrelevant. Kinder gehören unabhängig ihrer Altersklasse zum Stadtbild und sollen an der Gemeinschaft im Sozialraum teilhaben. Generell zeigt sich, dass für die Ermöglichung von Umwelterfahrungen außerhalb der Einrichtung genügend personelle Kompetenzen vorhanden sein müssen. Des Weiteren bedarf es einer intensiven Planung und Vorbereitung und gegebenenfalls, bei Fahrten mit den öffentlichen Verkehrsmitteln, auch finanzieller Mittel. Daher sind nach Colberg-Schrader und Krug (1986, S. 98) die gegebenen Bedingungen der Einrichtung für die

Erkundung des Nahraumes nicht unwesentlich. Bedeutsam bei der Eroberung des Nahraumes ist es, dass nicht ein vorrangiges Ziel im Zentrum des Interesses steht, sondern die Fachkräfte den Kindern ermöglichen, dass die Wege selbst zum Erlebnis für die Kinder werden können (vgl. Zehnbauer 1994, S. 72).

Die Institution Kindertageseinrichtung wird, neben dem zentralen Punkt der Erweiterung der Erfahrungsräume, für Kinder auch bewusst verlassen, um der Raumknappheit in der eigenen Einrichtung zu entgehen (vgl. FZ-J, S. 7, Z. 21–24). Zwar sind die Größen von Kindertageseinrichtung auf Landesebene im Kinderbildungsgesetz gesetzlich festgelegt, sie variieren jedoch von Bundesland zu Bundesland. Es verfügen meist nur neuere Einrichtungen über großzügigen Platz, da jedoch viele Einrichtungen aus den 70er Jahren stammen, stehen die Fachkräfte hier häufig vor dem Problem der Raumknappheit (vgl. Aden-Grossmann 2002, S. 211).

Die Eroberung des Nahraumes mit den Kindern stellt zusammenfassend eine zentrale Strategie im Umgang mit der Schlüsselkategorie die „Kita als Sozialraum" dar. Gleichermaßen wird in der Fachwissenschaft und der Fachpraxis zwischen naturnahen und städtischen Räumen unterschieden, die beide differente, wertvolle Aneignungsmöglichkeiten für Kinder bieten. Im Datenmaterial zeigt sich, dass dem Verlassen der Institution und darüber hinaus dem Verlassen des Nahraumes der Einrichtung in erweiterte Sozialräume eine zentrale Bedeutung zukommt, je homogener geprägt der eigene Nahraum ist. Kinder sollen sich als einen Teil der Gesellschaft erleben und erfahren, dass es differente sozialräumliche Strukturen gibt. Hinsichtlich des Alters der Kinder als ein Kriterium zur Erkundung des Nahraumes gibt es, wie oben dargestellt, in der Fachwissenschaft sowie bei den interviewten Fachkräften differente Einstellungen.

6.2.3.4.2 Berücksichtigung der Lebenswelt

Die Berücksichtigung der Lebenswelt der Kinder stellt eine Strategie im Umgang mit der Schlüsselkategorie „Kita als Sozialraum" dar. Frühpädagogische Betreuungseinrichtungen richten ihre pädagogische Arbeit an der Lebenswelt der Kinder, die diese Einrichtung besuchen, aus. In diesem Zusammenhang wird verstärkt vom situationsgeprägten Arbeiten gesprochen, was nicht zwingend in seiner Gänze auf den bekannten „Situationsansatz"[59] (vgl. Gerstacker & Zimmer 1978) bezogen wird. Bedeutsamer als die strikte Verbindung zum konzeptionellen Ansatz ist das, was die Fachkräfte darunter verstehen, was sich zusammenfassend ausdrücken lässt als ein pädagogisches Arbeiten, welches an Situationen, welche sich im Alltag mit den Kindern ergeben, ansetzt (vgl. FZ-L, S. 2, Z. 12ff./FZ-I, S. 22, Z. 18 – S. 23, Z. 2/Kita-D, S. 2, Z. 23/Kita-H, S. 2, Z. 10). Die Kinder werden in ihrem Sein so angenommen wie sie sind und werden in ihrem Prozess des Entdeckens der Welt und der eigenen Entwicklung begleitet.

---

59   Siehe Kapitel 4.1.3 „Die Pädagogik des Situationsansatzes nach Jürgen Zimmer".

„(...) das was wir ja auch im pädagogischen Konzept stehen ist die Kinder so zu nehmen wie sie sind also die Kinder nicht .. irgendwohin bringen zu wollen, sondern die Kinder in ihrem Prozess zu begleiten und sie so zu schätzen und zu mögen wie sie sind, jeder so wie er ist, ja." (Kita-E, S. 12, Z. 21–24)

Die Interessen der Kinder werden berücksichtigt und werden zum Fundament der pädagogischen Arbeit. Dies können auch Dinge sein, die die Kinder aus ihrem Leben außerhalb der Einrichtung an die Einrichtung herantragen (vgl. Kita-D, S. 2, Z. 23). Die konkreten Lebenssituationen sind somit der Ausgangspunkt für Lern- und Bildungsprozesse. Die Lebenssituationen der Kinder und der Familien, die die Institution besuchen, können dabei heterogen aber auch homogen sein. Jedes Individuum hat jedoch einen differenten Erfahrungshintergrund, somit ist der Blick auf Situationen unterschiedlich. Um Lernmöglichkeiten und Erfahrungsräume vor dem Hintergrund der konkreten Lebenswirklichkeiten zu ermöglichen, muss dies berücksichtigt werden. Daher ist es wesentlich, die Personen bei der Gestaltung von Lernarrangements mit einzubeziehen, da sie die Experten ihrer eigenen Lebenswelt sind. Colberg-Schrader und Krug (1986, S. 35f./43) definieren anhand dieser Sichtweise, für eine auf die Lebenswirklichkeit von Kindern bezogene Arbeit, folgende Merkmale:

„Bezug zu Lebenssituationen von Kindern, Lernen in Erfahrungszusammenhängen, Lernen in altersgemischten Gruppen, Mitwirkung von Eltern an der pädagogischen Arbeit, generationsübergreifendes Lernen, veränderte Rolle des Erziehers, enge Verbindung zwischen dem Kindergarten und dem Gemeinwesen."

Eine Vertiefung der Interessen der Kinder, orientiert an den Lebenssituationen und den Erfahrungszusammenhängen, kann in der Fachpraxis im Rahmen von Projektarbeit erfolgen.

„(...) jetzt hat eine Gruppe das Thema Kinder aus aller Welt und dieses Thema das entwickelt sich aus der Gruppe also je nachdem wo die Kinder grade so verstärktes Interesse auch haben oder was grade passiert ist oder ansteht in der Gruppe ne." (Kita-J, S. 3, Z. 21–25)

Hier setzen sich Kinder längere Zeit auf vielfältige Weise interessengeleitet mit einem Thema auseinander. Dies können einerseits aktuelle Thematiken sein, die Kinder beschäftigen, oder Themen, die Kinder aus anderen Sozialräumen und Lebenswelten in die Kindertageseinrichtung hineintragen.

„(...) wir haben ein Projekt gehabt, das hieß Gefühle auftauchen lassen, dort wurden Kindern die, deren Eltern sich getrennt haben oder Kinder deren, die im Heim gewesen sind- wurde aufgefangen so ein bisschen die Problematik in der Familie und das haben wir an verschiedenen Projekten dann bearbeitet." (Kita-A, S. 5, Z. 27ff.)

Ein Projekt kann aus Alltagssituationen heraus, aus alltäglichen Fragen oder bedeutsamen Momenten von Kindern entstehen. Einerseits kann es somit direkt von den Kindern vorgeschlagen oder aber auf Basis der Beobachtungen der Fachkräfte initiiert werden (vgl. Stenger 2010, S. 135).

Eine weitere Strategie aktuelle Lebensthemen der Kinder mit in die pädagogische Arbeit einzubinden entwickelte Henriette Schrader-Breymann.[60] Sie nutzte den sogenannten „Monatsgegenstand", um aktuelle Themen und Ereignisse in die Arbeit mit einzubinden (vgl. Berger 1999, S. 56f.). Auch heute wird der Grundgedanke der Methode noch aktiv in der Fachpraxis umgesetzt:

> „(...) richten uns auch so ein bisschen an nem am am Rahmenprogramm, also nach den Jahreszeiten, Feste und Feiern stehen im Schwerpunkt; jetzt beispielsweise zu Karneval haben wir ein Oberthema und jede Gruppe hat sich ihr eigenes Unterthema gewählt. Also da hat die eine Gruppe den Bauernhof und die nächste Gruppe macht Emma den Elefanten, also da suchen sich die Gruppen selber ihre Themen, die auch grade für die Kinder interessant sind." (FZ-C, S. 2, Z. 2–8)

Im untersuchten Datenmaterial zeigt sich, dass der Sozialraum Kindertageseinrichtung auf die Lebenssituation und Defizite in den anderen Erfahrungsräumen von Kindern reagieren muss, so zum Beispiel auf Defizite aus dem Wohnraum, die Kinder im Rahmen ihrer Familie erleben. Die Wohnsituation ist meist von der ökonomischen Situation der Familie bestimmt. In beengten Wohnverhältnissen leben oftmals Familien mit einem geringeren Einkommen, wohingegen finanziell gut gestellte Familien eher über umfangreichen Wohnraum verfügen (vgl. FZ-J, S. 3, Z. 11–18). Für Familien in beengten Wohnverhältnissen werden somit außerhäusliche Flächen zu bedeutsamen Kompensationsorten (vgl. Bruhns 1985, S. 128f.). Vaskovics (1988 zit. in Häußermann & Siebel 2000, S. 133):

> „(...) nennt stärker kontrollierende Erziehungsstile der Eltern unter Bedingungen zu enger Wohnungen und eines verkehrsgefährdeten Wohnumfeldes, geringere Sprachkompetenzen und Bildungsaspiration in Unterschichtsquartieren ohne weiterführende Schulen, schließlich insgesamt schlechtere ‚Lern- und Erfahrungsmöglichkeiten' in Umwelten mit geringerer physischer und sozialer Komplexität. Die räumliche Umwelt bietet ein Potenzial an Erfahrungsmöglichkeiten, die zwar nur wirksam werden können, wenn das Kind über entsprechende Wahrnehmungsfähigkeiten verfügt, aber diese entwickeln in der Auseinandersetzung mit der Umwelt und eine stimulusarme Umwelt bietet wenig Stoff für solche Auseinandersetzungen."

---

60   Siehe Kapitel 4.1.1 „Die Pädagogik des Pestalozzi-Fröbel-Haus nach Henriette Schrader-Breymann".

Hier kann die Kindertageseinrichtung als ein außerhäuslicher Kompensationsort für Kinder verstanden werden. Wachsen Kinder in beengten Wohnräumen auf und haben sie dort wenig Bewegungsfreiheit, auch weil zum Beispiel der unmittelbare Nahraum nicht so gestaltet ist, dass das Kind ihn alleine aufsuchen kann (beispielsweise aufgrund einer hohen Verkehrsdichte etc.), muss die Institution Kindertageseinrichtung darauf reagieren. Kinder kommen zum Beispiel mit einem erhöhten Bewegungsdrang in die Einrichtung oder haben Zuhause keinen Rückzugsraum, weil sie in beengten Wohnverhältnissen aufwachsen (vgl. FZ-J, S. 3, Z. 11–18/S. 7, Z. 15–24). Die räumlichen Gegebenheiten der Wohnsituation und des Wohnumfeldes von Kindern sowie ebenfalls die unterschiedlichen Zeithorizonte[61], hängen somit eng mit den Erfahrungsräumen von Kindern zusammen (vgl. Rauschenbach & Wehland 1989, S. 114).

Die Strategie Berücksichtigung der Lebenswelt im Umgang mit der Schlüsselkategorie die „Kita als Sozialraum" impliziert zusammenfassend ein pädagogisches Arbeiten vonseiten der Fachkräfte, welches sich an den Situationen der Kinder orientiert. Dieser Aspekt, den beide Untersuchungsgruppen gleichermaßen darstellen, stellt einen zentralen Aspekt für das sozialräumlich geleitete Arbeiten mit Kindern dar. Der Lebensraum der Kinder wird in die Institution geholt und hier thematisiert und zum Ausgangspunkt der pädagogischen Arbeit gemacht. Es wird davon ausgegangen, dass Kinder sich ihre Welt intensiver aneignen, wenn die Themen, mit denen sie sich beschäftigen, interessengeleitet sind. Die Kinder erleben einen Zusammenhang und eine Verknüpfung ihrer Lebensräume. Die Lebenssituationen, die Interessen und die Themen, die Kinder beschäftigen und in die Einrichtung tragen sind somit ebenso Ansatzpunkte für die pädagogische Arbeit wie die sozialräumlichen Lebenssituationen der Familie. Die Fachwissenschaft stützt diese Form des pädagogischen Handelns. Insbesondere der Situationsansatz nach Jürgen Zimmer oder auch, bei Betrachtung der Historie der institutionellen Kindertagesbetreuung, der Monatsgegenstand von Henriette Schrader-Breymann rücken ein pädagogisches Vorgehen, welches situativ und an der Lebenswirklichkeit der Kinder ausgerichtet ist, in den Fokus. Die Kindertageseinrichtung kann hier die Funktion als Kompensationsort, beziehungsweise als kompensatorischer Sozialraum einnehmen, indem sie auf defizitäre Lebensumstände in den Erfahrungsräumen der Kinder reagiert.

6.2.3.4.3 Den Alltag mit den Kindern leben

Im Datenmaterial stellte sich als eine weitere Strategie für den Umgang mit der Schlüsselkategorie die „Kita als Sozialraum" Folgendes heraus: „Den Alltag mit den Kindern leben". Der Alltag wird in frühpädagogischen Betreuungseinrichtungen gemeinsam mit den Kindern gestaltet und gelebt. Es soll eine natürliche Verbindung zum Lebensalltag hergestellt werden. Dies impliziert, dass Kinder über die Möglichkeit mit Spielzeug zu spielen hinaus auch die Möglichkeit bekommen, sich mit Alltagsgegenständen und Alltagssituationen, zum Beispiel im Sinne von Gartenarbeit oder hauswirtschaftlichen

---

61   Siehe Kapitel 6.2.3.3.2 „Strukturierter Lebensrhythmus".

Tätigkeiten, auseinanderzusetzen (vgl. Kita-B, S. 7, Z. 14–20). Die Kinder werden hier aktiv mit einbezogen. Sie lernen beispielsweise, woher Lebensmittel stammen, wo man diese einkauft und wie man sie verwertet (vgl. Kita-D, S. 15, Z. 6–9).

„Was habe ich noch vergessen so hauswirtschaftliche Dinge gehören ebenfalls dazu, ich sagte eben schon mal ein bisschen so mit Tisch decken uns so (...) Aber auch, dass Kinder bei der Zubereitung von Mahlzeiten, obwohl es offiziell aus Hygienegründen natürlich nicht erlaubt ist, aber dass die Kinder trotzdem beteiligt werden oder dass sie einfach mal wissen wie schneidet man denn Obst, wie, wie schäle ich ne Gurke, wie, ja wie backe ich nen Kuchen, wie wird denn da ne Waffel draus aus dem Teig und dass sie da einfach mit einbezogen werden, das ist schon ganz wichtig, zum Teil auch noch bis hin zur Gartenarbeit, dann wir haben also ein kleines Beet, da haben sie letztes Jahr mal Tomaten und Gurken und Kürbisse und so eingepflanzt, hat ja dann auch was irgendwann mit Hauswirtschaft dann wieder zu tun, so das Verfolgen der Nahrungskette auch vom Samen bis zum ob es auf den Tisch kommt." (Kita-I, S. 12, Z. 8–22)

In diesem Sinne wird hier der Raum und auch die damit implizierte Raumgestaltung als „dritter Erzieher" wahrgenommen (vgl. Stenger 2010, S. 124ff.). Vielfältige Aneignungs- und Entfaltungsmöglichkeiten sollen die Räumlichkeiten für die Kinder bereithalten.

Der Lernerfolg bei Kindern ist höher, wenn sie die Verantwortung für ihr eigenes Tun übernehmen. Bei alltäglichen Dingen wie Tischdecken erfahren sie intensive Lernprozesse, die ihnen nicht geboten sind, wenn dies beispielsweise die Fachkraft für sie übernimmt. Durch diese Erfahrungen haben sie einen Bezug zu ihrem geleisteten Beitrag und spüren ihre eigenen Leistungsmöglichkeiten und -fähigkeiten. Aus alltäglichen Tätigkeiten entstehen neue Denkprozesse und Kinder erfahren unmittelbare Sinnzusammenhänge. Im familiären Kontext erfahren Kinder diese alltäglichen Handlungen immer weniger, einerseits weil sie eine zunehmende Verweildauer in Institutionen haben, andererseits weil Familien aufgrund von mangelnder Zeit Kinder weniger in Alltagshandlungen wie Kochen, Einkaufen etc. einbinden. Doch dies sind Lernfelder, in denen Kinder den Umgang mit Lebensmitteln, mit Geld oder, bei der Gartenarbeit, mit Pflanzen und Lebewesen erfahren. Die institutionelle Kinderbetreuung war viele Jahre ein Ort fernab von der Lebenswirklichkeit der Kinder (vgl. Krenz 2005, S. 102–108).

„Statt mit Kindern die Realitäten des Alltags gemeinsam zu erfahren, wurde das >>Lernen<< auf bestimmte Angebote innerhalb der Kindergartenräume begrenzt. So hatten Bilderbücher oft den Zweck, die Welt von draußen nach drinnen zu holen, und Bastelarbeiten gehörten zum Tagesablauf. Bestimmte Spielmittel wurden im Rahmen einer für Kinder gedachten >>Spielkultur<< angeschafft, bei der die Kinder statt mit echtem Werkzeug lediglich mit Werkzeugimitaten hantieren durften." (Krenz 2005, S. 108)

Der Tagesablauf in der Kindertageseinrichtung bietet jedoch vielfältige Möglichkeiten Kinder an Alltagsprozessen zu beteiligen, so zum Beispiel beim Tischdecken, Abwaschen, bei Gartenarbeiten, beim Einkaufen, Kochen, Reparieren etc. (vgl. Zehnbauer 1994, S. 72). Eine kindorientierte Elementarpädagogik versucht Kinder am alltäglichen Leben teilhaben zu lassen, um ihnen so vielfältige Erfahrungsräume und erfahrbare Sinnzusammenhänge zu ermöglichen (vgl. Krenz 2005, S. 110).

Kindertageseinrichtungen verstehen sich somit nicht als Institutionen, die unabhängig vom realen Leben agieren. Hier kann auch auf die Kontextbedingung zurückgegriffen werden, dass die Kinder im Rahmen der Kindertageseinrichtung auf die Gesellschaft vorbereitet werden sollen.[62] Dies ist nach Knauer, Sturzenhecker und Hansen (2012, S. 82) insbesondere im Rahmen eines lebensnahen Settings möglich, welches die Kinder auf Alltägliches vorbereitet. Dadurch erfahren die Kinder wiederum eine Verknüpfung ihrer Lebensräume. Dem Gedanken zufolge funktionieren Kindergruppen ähnlich wie die Gesamtgesellschaft. Es gibt eine Gemeinsamkeit, eine Gemeinschaft, es gibt das Individuum in der Gemeinschaft und es gibt das Umfeld. Im Rahmen dessen sollen Kinder Partizipation erleben. Dem geht der Grundgedanke voraus, dass Kinder eigenständig handelnde Individuen sind, die ein Recht auf Teilhabe in der Gemeinschaft haben, welches ihnen von der Fachkraft ermöglicht werden muss. Werden solche Möglichkeiten der Mitentscheidung verwehrt, so verschließen sich den Kindern selbstbildende Aneignungsmöglichkeiten im pädagogischen Ort. Hier kann man auf den Begriff der Alltagsbeteiligung zurückgreifen, welcher Partizipation von Kindern bei der Mitgestaltung ihrer Lebenswelt impliziert. Kinder werden in Entscheidungen mit einbezogen und haben somit ein Mitsprache- und Entscheidungsrecht (vgl. Kita-D, S. 8, Z. 17–30).

„Partizipation ist ganz wichtig um die Kinder mit einbeziehen." (Kita-G, S. 9, Z. 16f.)

Wie solche Mitentscheidungsrechte im Rahmen von Kindertageseinrichtungen umgesetzt werden können, zeigt das Konzept „Kinderstube der Demokratie" (vgl. Hansen, Knauer & Friedrich 2004/Müller & Plöger 2008/Hansen, Knauer & Sturzenhecker 2011). Den pädagogischen Ort als eine „kleine Gesellschaft" zu gestalten hat bereits eine lange pädagogische Tradition. Bereits Bernfeld (1969, S. 415f. zit. in Knauer, Sturzenhecker & Hansen 2012, S. 82) erlebte positive Erfahrungen damit, Kindern in seinem Kinderheim (gegründet 1919) Mitbestimmungsrechte zuzusprechen. Dennoch ist die Institution Kindertageseinrichtung nicht gleichzusetzen mit der Gesamtgesellschaft. In der Kindertageseinrichtung gelten pädagogische Prinzipien. Der Ort Kindertageseinrichtung kann als ein Ort des gemeinsamen Lebens verstanden werden, in dem die Individuen Aufgaben und Verantwortung übernehmen und im Rahmen einer pädagogischen Gemeinschaft gemeinsam Entscheidungen treffen (vgl. Knauer, Sturzenhecker & Hansen 2012, S. 78ff.).

---

62   Siehe Kapitel 6.2.3.2.1 „Integration der Kinder in die Gesellschaft".

„Kindertageseinrichtungen stehen (...) in einem doppelten Bezug zur Öffentlichkeit: Zum einen stellt die Kita selbst eine >>kommunale<< Community oder Gemeinschaft dar; zum anderen ist sie als Institution in ihrer lokalen Verankerung ein Teil der örtlichen Kommune, der Ortsgemeinde (...). Damit daraus nicht eine von der Gesellschaft abgekapselte Insel wird, ist auch ein Übergang zwischen der Innenwelt Kindertageseinrichtung und der gesellschaftlichen Außenwelt zu eröffnen." (Knauer, Sturzenhecker & Hansen 2012, S. 78/80)

Die Kinder sollen somit im Sinne von Partizipation nicht nur ihren Alltag in der pädagogischen Institution als mitgestaltbar erfahren, sondern darüber hinaus sich über die Einrichtung hinaus gesellschaftlich in der Öffentlichkeit, beziehungsweise in der Kommune engagieren. Gesellschaftliches Engagement ist hier als ein Handeln in der Öffentlichkeit zu verstehen. Ohne den Bezug zur Öffentlichkeit bleiben Erfahrungen aus der Institution Kindertageseinrichtung in einem isolierten Kontext. Es gilt, den Alltag als pädagogische Chance zu begreifen (vgl. Knauer, Sturzenhecker & Hansen 2012, S. 80/99). Werden Kinder vom Leben „ausgeschlossen", erfahren sie die reale Umwelt nur sekundär über Medien wie Bücher oder Fernsehen. Hierbei wird bemängelt, dass Kinder dadurch nicht ausreichend auf das Leben vorbereitet werden. Für frühpädagogische Institutionen stellt sich hier die Frage, ob sie dazu beitragen können, dass „Kinder in ihre Umwelt hineinwachsen" oder ob sie nicht letztendlich nur in eine Institution hineinwachsen, die wiederum einen Bereich darstellt, der vom realen Leben außen vor ist (vgl. Colberg-Schrader & Krug 1986, S. 16).

Fachpraxis und Fachwissenschaft bestätigen gleichermaßen den bedeutsamen Einbezug der Lebenswelt der Kinder in den pädagogischen Kontext. Kinder sollen sich nicht in künstlichen Lernsituationen, sondern in realen Lebenssituationen die Welt auf vielfältige Weise aneignen. Einerseits wird hier der Bezug zu alltäglichen Tätigkeiten wie Kochen, Putzen, Einkaufen etc. geöffnet und andererseits geht es um das Lernen und Leben in einer demokratischen, partizipatorischen Gemeinschaft. Dies sowohl im Rahmen der Institution Kindertageseinrichtung, als auch darüber hinaus als Gesellschaftsmitglied im Sozialraum. In diesem Sinne kann die Kindertageseinrichtung als ein Sozialraum verstanden werden, in dem Kinder gesellschaftliche Strukturen erlernen und sich in ihrer Rolle als Individuum in einem sozialen Kontext in der Gemeinschaft verorten. Im Rahmen von Partizipation erfahren sie Demokratie, Mitbestimmungsrechte und erleben das eigene Leben als mitgestaltbar.

6.2.3.5 Konsequenzen

Aus den Strategien der Schlüsselkategorie die „Kita als Sozialraum" ergeben sich folgende Konsequenzen:

- Aneignungsprozesse in vielfältigen Sozialräumen

- Einrichtung als familienergänzend bis familienersetzend

Insbesondere der Konsequenz „Aneignungsprozesse in vielfältigen Sozialräumen" wird im Datenmaterial eine starke Bedeutung beigemessen.

6.2.3.5.1 Aneignungsprozesse in vielfältigen Sozialräumen

Die Konsequenz „Aneignungsprozesse in vielfältigen Sozialräumen" ergibt sich aus den oben erläuterten Strategien. Durch die Eroberung des Nahraumes mit den Kindern, der Berücksichtigung der Lebenswelt der Kinder und der Strategien den Alltag mit den Kindern zu leben werden den Kindern vielfältige Erfahrungsräume und Aneignungsmöglichkeiten in verschiedenen Sozialräumen geboten. Es werden Möglichkeiten der Aneignung im Rahmen der Kindertageseinrichtung geschaffen, die von der Lebenssituation und den Interessen der Kinder ausgehen. Diese werden zum Beispiel im Rahmen von Projektarbeiten verwirklicht (vgl. Kita-I, S. 12, Z. 24–28/Kita-H, S. 15, Z. 2–9). Dies impliziert auch Aneignungsmöglichkeiten im Sinne von Verhaltensweisen vonseiten der Fachkräfte als Vorbildfunktionen, die Kinder im Rahmen ihres familiären Settings nicht erleben.

> „Dass man einfach so diese Leistungsbereitschaft fördern kann und natürlich ist es so wenn, wenn es da Familien gibt und das Kind ist das einzige was morgens das Haus verlässt, ne das sind natürlich so Vorbilder, man ist dann sehr schnell geprägt ne so auf der Couch, fernsehgucken ne ist so das Leben, ist das schon noch mal anders, als wenn ich in einer Familie bin wo dann zumindest auch einer mal arbeiten, regelmäßig aus dem Haus geht oder vielleicht auch schon nur in Häusern wohne, wo auch Nachbarn sind die arbeiten gehen ne, die morgens rausgehen aber das ist ja hier oft so, ganze Wohnkonstrukte wo ja keiner das Haus verlässt ne und so da muss man manchmal gegenwirken ne. Das ist natürlich schwierig, aber wir sind jeden Morgen da, ja ne wir sind zuverlässig ne und das macht es auch schon, dass das was ist, was Kinder sich angucken oder aneignen ne, weil ich denke jedes Kind möchte so ein ganz normales Leben führen ne, was die machen ist nicht unnormal, aber ne so ein geordnetes Leben führen, da streben die schon hin und hier können sie sehen okay das ist meine Erzieherin, die ist jeden Morgen da, ist zuverlässig kommt, und und und hält sich an Absprachen das, das ist schon immens wichtig ist, wichtiger als was ein Familienzentrum da machen kann. Das kann unterstützen, ne aber mehr auch nicht." (FZ-F, S. 24, Z. 4–19)

Kindern werden somit in Kindertageseinrichtungen vielfältige Möglichkeiten geboten, sich die Welt gegenständlich und symbolisch anzueignen (vgl. Deinet 2010, S. 37).[63] Aneignung ist „die aktive Tätigkeit eines Subjektes in Wechselbeziehung von Person und Umwelt" (Deinet & Reutlinger 2005, S. 310).

Nach Löw (2001, S. 131 zit. in Deinet & Reutlinger 2005, S. 204) konstruieren sich Kinder Räume „in der Zusammenschau einzelner Inseln". Die Verknüpfung der einzelnen Räume stellt einen Bildungsprozess dar, den insbesondere die Kinder- und Jugend-

---

63   Siehe Kapitel 3.1.1 „Räumliche Aneignung von Kindern und Jugendlichen".

arbeit fördern kann. Kinder bilden sich nicht ausschließlich in Institutionen, sondern vor allem in ihrer Lebenswelt und in ihren Nahräumen, sprich somit im öffentlichen Raum. Aneignung ist ein individueller Lernprozess des „Zu-Eigen-Machen", welcher sich fast ausschließlich in sozialen Kontexten abspielt. Kindertageseinrichtung kann hier Kinder dabei unterstützen, einzelne verinselte Orte miteinander zu verbinden. Insbesondere bei jüngeren Kindern ist die Mobilität aufgrund mangelnder Selbstständigkeit noch sehr stark eingeschränkt, wodurch sie vielfach nicht in der Lage sind, eigenständig einzelne Räume miteinander zu verknüpften. Mobilität stellt jedoch einen wesentlichen Einflussfaktor für die Verknüpfung und Erschließung von separaten „Rauminseln" dar. Hier sind sie vielfach auf Verkehrsmittel und somit auch auf zum Beispiel ihre Eltern angewiesen. Darüber hinaus sind insbesondere Kinder aus sozialschwachen Familien häufig auf ihren eigenen Nahraum sehr beschränkt. An dieser Stelle kann die Institution die Möglichkeit neue „Inseln" zu erkunden eröffnen (vgl. Deinet & Reutlinger 2005, S. 304/308ff.). Hier spiegelt sich der „Insel" Begriff wider, der auch im Datenmaterial aufgegriffen und im Kapitel 6.2 „Das Phänomen ‚Kitas sind (keine) Inseln'" eingehend diskutiert wurde. Insbesondere die Aussage der Fachkraft Kita-G, die die Institution als eine Insel begreift, die verlassen werden muss, um andere „Räume" oder eben auch „Inseln" aufzusuchen (vgl. Kita-G, S. 11, Z. 8–12), bestätigt hier die Aussage der Fachwissenschaft.

Nach Deinet (2009a, S. 116) erleben Kinder keine so starke Einbindung in Institutionen und Rollen, wie sie Erwachsene wahrnehmen. Sie nehmen Menschen, Objekte sowie Räume immer im Zusammenhang wahr. Der Raum ist für sie nicht im Sinne von „Institutionen- und Rollenorientierung zurückgedrängt". Das Erleben von Kindern ist vielmehr immer auch Raumerleben, was wiederum mit Bezug auf Leontjew impliziert, dass das Aneignungsverhalten eine Form von Raumverhalten darstellt. Das Spiel als eine zentrale Aneignungs- und Ausdrucksform von Kindern mit Gegenständen oder Personen kann nicht unabhängig vom Raum gesehen werden.

> „Genauso wie in Gegenständen und deren Bedeutungen gesellschaftliche Erfahrungen verkörpert sind und im Aneignungsprozess vom Individuum reproduziert werden müssen, bilden auch Räume und ihre Strukturen gesellschaftliche Entwicklungen ab, die den Aneignungsprozess beeinflussen." (Deinet 2009a, S. 116)

Deinet (2009a, S. 117ff.) beschreibt drei Dimensionen von Aneignungsverhalten in der Jugendarbeit, welche sich auf die Arbeit mit Kindern im frühpädagogischen Kontext übertragen lassen. Zunächst die Dimension „Erweiterung des Handlungsraumes". Die sozialökologischen Forschungsansätze (vgl. u. a. Bronfenbrenner 1981) verweisen darauf, dass sich die gesellschaftlichen Strukturen Kindern vorwiegend räumlich vermitteln, wodurch der Handlungsraum sowie der Spielraum beeinflusst und eingeschränkt werden. Der Lebensraum von Kindern kann nicht mehr als ein immer größer werdender

Handlungsraum verstanden werden,[64] da sich die Erweiterung des Handlungsraumes für Kinder in großstädtischen Strukturen zunehmend erschwert. Die Kindertageseinrichtung nimmt eine bedeutende Funktion bei der Erschließung des ökologischen Nahraumes ein. Für sie stellt sich hier die Frage, wie sie Kindern die Erweiterung ihrer Handlungsräume durch das Erobern neuer Räume ermöglichen kann. Für eine pädagogisch-didaktische Planung bedeutet dies, die Angebotsplanung vom Raum aus zu denken. Raum und Angebot stehen somit in einem engen Bezug zueinander. Darüber hinaus geht es hier nicht nur um vorstrukturierte Angebote, sondern vor allem auch um Situationen, in denen Kinder eigenständig agieren. Das „räumliche Arrangement" muss den Kindern somit von sich aus vielfältige Aneignungsmöglichkeiten bieten. Des Weiteren kann die „Wiederholung von räumlichen Bezügen" bedeutsam sein, wenn es darum geht, auf vorausgegangene Situationen aufbauende Verhaltensweisen zu ermöglichen. „Bestimmte Gegenstände, Tätigkeiten und Fertigkeiten werden mit spezifischen räumlichen Bezügen identifiziert, so dass deren Wiederaufnahme und Wiederholung Aneignungsprozesse fördert." (Deinet 2009a, S. 117) Ein Erfolg der Eroberung neuer Räume würde sich hier beispielsweise messen lassen, wenn man sieht, dass Kinder im Sinne von „Wiederholung" mit ihren Familien die Räume auch außerhalb der Zeit in der Institution Kindertageseinrichtung eigenständig nutzen. Unterschieden werden muss zwischen Situationen, die konkret zum Ziel haben, den Sozialraum mit den Kindern zu erkunden und Situationen, bei denen die Aneignung von Räumen wesentlich ist, aber nicht im Fokus des Angebotes steht. Diesen differenten Situationen muss sich die Fachkraft bewusst sein, um flexibel damit umzugehen und auch Aneignungsprozesse zuzulassen, die gegebenenfalls nicht zur Situation gehören. Die zweite Dimension von beobachtbaren Aneignungsverhalten bei Kindern ist die Dimension „Erweiterung motorischer Fähigkeiten". Im Rahmen dessen sollen Kinder sich Gegenstände und deren Bedeutung aneignen, um die eigenen Fähigkeiten zu erweitern. Zu berücksichtigen ist, dass hier nicht eine klassische Angebotssituation im Fokus steht an der Kinder „folgenlos" teilnehmen, sondern Situationen, die es Kindern nachweislich ermöglichen, ihre eigenen Fähigkeiten auszubauen. Wesentlich für die Fachkräfte ist hier, dass sie ein Bewusstsein über die Lebenswelten und den Entwicklungsstand der Kinder haben, nur so ist es ihnen möglich auch die Interessen der Kinder zu treffen, aus denen sich Aneignungssituationen entwickeln können. Kindern müssen darüber hinaus die Möglichkeiten geboten werden, neu erworbene Fähigkeiten durch Wiederholung einzuüben und zu verinnerlichen. Die dritte operationale Dimension, die Aneignungsverhalten von Kindern beobachtbar macht, ist die Dimension „Veränderung von Situationen". Hierbei geht es darum, dass Kinder eine Situation verändern, indem sie Gegenstände oder Tätigkeiten zu „ihrer" Situation machen, wobei das implizierte Thema von der Fachkraft verändert wird. Dies stellt einen bedeutsamen Aneignungsprozess von Kindern dar, insbesondere unter der Berücksichtigung, dass sich die Erfahrungsräume von Kindern zunehmend einengen. „Vor dem Hintergrund des Situationsbegriffes geht es u. a. um die Veränderung einzelner Elemente von Situationen, also beispielsweise des Themas" (Deinet 2009a, S. 117). Das Zulas-

---

64 Siehe Kapitel 6.2 „Das Phänomen ‚Kitas sind (keine) Inseln'".

sen von Veränderungen von Situationen fordert vor allem Flexibilität und Offenheit gegenüber Neuem vonseiten der Fachkräfte. Hierbei wird auch deutlich, dass es im Sinne einer sozialräumlichen Arbeit nicht um „die Überlassung leerer Räume" geht, sondern um die „Möglichkeiten, die in Räumen liegen" (Deinet 2009a, S. 126).

In Kindertageseinrichtungen werden bewusst die Grenzen des eigenen Sozialraumes mit den Kindern überschritten, um weitreichende Erfahrungsräume zu ermöglichen.[65] Die Kinder sollen andere Räume wahrnehmen und kennenlernen (vgl. FZ-H, S. 22, Z. 30–34).[66] Die Offenheit der Institution Kindertageseinrichtung gegenüber nach „außen" und anderen Personen bietet für die Kinder vielfältige Lern- und Erfahrungsmöglichkeiten (vgl. Zehnbauer 1994, S. 62). Bereits die Wissenschaftlerin Martha Muchow (1932, S. 9ff. zit. in Zinnecker 2012, S. 46f.) stellte in den 1930er Jahren in ihrer bedeutenden Studie „Der Lebensraum des Großstadtkindes" die intensiven Aneignungsprozesse von Kindern mit der sie umgebenden Umwelt heraus:

> „Viel besser werden wir dem tatsächlichen Sachverhalt gerecht, wenn wir die Eigentümlichkeiten der Kind-Umweltbeziehung überhaupt und einheitlich durch eine geringere Geschiedenheit von Objekt und Subjekt charakterisieren. Man kann diesen Sachverhalt einerseits so ausdrücken: das Kind ist ganz allgemein, auch im Ernstverhalten, unendlich viel intensiver an die Dinge der Welt hingegeben, verströmt sich selbst, seine Affekte und Wünsche viel intensiver in die Dinge hinein als der Erwachsene, der ein ganzes System denkgesetzlicher Formungen an die Dinge heranbringt, durch deren Anwendung sie vom Ich abgerückt und dem Ich gegenübergestellt werden. Man kann zugleich sagen – und nur durch Beisammen der beiden Formulierungen wird die Behauptung eigentlich erst richtig-, dass das Kind die Dinge viel intensiver in seinen Erlebensbereich einbezieht und sich viel unmittelbarer und näher mit ihnen auseinandersetzt als der Erwachsene, der sie fern von sich und sich gegenüberstehend hält, um sie zu erkennen (...)."

Die Autoren Harms, Preissing und Richtermeier (1985 zit. in Ledig, Nissen & Kreil 1987, S. 29) gehen aufgrund ihrer Studie, die den Lebensraum von Großstadtkindern unter veränderten Rahmenbedingungen untersuchte, davon aus, dass es einen Zusammenhang zwischen dem Aneignungsverhalten von Kindern und den räumlichen Strukturen des Stadtgebietes gibt. Der Prozess der Aneignung ist in einem hohen Maße von der Auseinandersetzung des Kindes mit den baulichen Strukturen geprägt. Die handelnde Auseinandersetzung eines Individuums mit der Umwelt wird von den jeweiligen Interessen beeinflusst, geschieht jedoch in sozialen Beziehungen mit Gleichaltrigen. Des Weiteren gehen die Autoren davon aus, dass der Prozess der Raumaneignung gesellschaftlich beeinflusst wird. Die Ermöglichung von Aneignungsprozessen in Kindertageseinrichtungen führt somit zum räumlichen Erleben von Kindern auch in Bezug auf Veränderungsprozesse in ihrer Lebenswelt und auf die Qualität der Räume, die sie um-

---

65   Siehe Kapitel 6.2.3.1.2 „Kinder sollen nicht in einer ‚Blase' aufwachsen".

66   Siehe Kapitel 6.2.3.4.1 „Den Nahraum mit den Kindern erobern".

geben (vgl. Deinet 2010, S. 37). Die Kindertageseinrichtung als Aneignungsraum wird insbesondere durch ihre räumlichen Möglichkeiten geprägt. Situationen entstehen in räumlichen Bezügen, die somit die Grundlage für diese bilden. Raum kann somit nicht ausschließlich als ein formales Strukturelement gesehen werden, sondern der Raum steht immer in konkretem Bezug zum Angebot (vgl. Deinet 2009a, S. 131). Als ein zentrales Element der sozialräumlichen Pädagogik in der Kindertageseinrichtung kann somit die Verknüpfung von thematischem und räumlichem gesehen werden.

Zusammenfassend sieht die Fachpraxis in der Konsequenz die Bedeutsamkeit, Kindern im pädagogischen Alltag vielfältige Aneignungsmöglichkeiten zu bieten. Sie schaffen durch die beschriebenen Strategien Möglichkeiten für Kinder sich die Welt eigenständig zu erschließen. Um den Begriff der Insel aufzugreifen, ermöglicht die Institution Kindertageseinrichtung durch das Verlassen dieser Insel und das Betreten neuer Inseln die Aneignung neuer Sozialräume und führt so zu intensiven Bildungsprozessen. Durch die ausführenden Bezüge zur Fachwissenschaft lassen sich die differenten Ebenen aufzeigen auf denen ein ebensolches Aneignungsverhalten vonseiten der Fachkräfte gefördert, unterstützt und ermöglicht werden kann.

6.2.3.5.2 Einrichtung als familienergänzend bis familienersetzend

Eine weitere Konsequenz, die sich aus den Strategien der Schlüsselkategorie die „Kita als Sozialraum" ergibt, ist, dass die Einrichtung eine Institution von familienergänzend bis familienersetzend darstellt.

Im 11. Kinder- und Jugendbericht wird unter dem Synonym der „öffentlichen Verantwortung" für das Aufwachsen von Kindern die Bedeutsamkeit der Gesamtgesellschaft bei der Entwicklung von Kindern hervorgehoben (vgl. BMFSFJ 2002 zit. in Rauschenbach & Borrmann 2010, S. 19). Die Kindertageseinrichtung nimmt in der heutigen Gesellschaft somit einen zentralen Stellenwert im Leben von Kindern ein. „Die häufigsten und in ihren Auswirkungen folgenreichsten Primär-Lebensbereiche in menschlichen Gesellschaften sind natürlich Familie und Arbeitsplatz" (Bronfenbrenner 1981, S. 261). Ersetzt man in Bezug auf Kinder Arbeitsplatz mit Kindertageseinrichtung, da diese für Kinder laut Aussage der Fachkräfte teils wie Arbeit ist, stellen die Familie und die Kindertageseinrichtung die wesentlichen Lebensbereiche von Kindern dar.

> „Und zwar auf Grund auch unserer- oder das lässt sich aus unseren Strukturen auch rückentwickeln, die meisten Eltern buchen bei uns 45-Stunden-Plätze damit haben diese Kinder eine umfangreiche Arbeitswoche und was Kinder hier erleben, empfinde ich proportional vergleichbar mit nem Arbeitsplatz wie ihre Eltern." (Kita-F, S. 8, Z. 12ff.)

In der Konsequenz wird die Kindertageseinrichtung einerseits als Ergänzung, andererseits auch als Ersatz für die Familie empfunden. Unabhängig der Organisationsform der Untersuchungsgruppen gibt es in Bezug darauf differente Sichtweisen. Die Institutionen haben den Anspruch ergänzend zu arbeiten, können dies aber nicht in allen Bereichen umsetzen (vgl. FZ-F, S. 22, Z. 1–9). Insbesondere durch die längere Verweildauer von Kindern in Institutionen (vgl. Kita-F, S. 12, Z. 33 – S. 13, Z. 4) übernehmen diese grundsätzliche Aufgaben, wie zum Beispiel die Hygiene-erziehung und nehmen somit eine ersetzende Funktion für die Familien ein (vgl. FZ-L, S. 22, Z. 6–11). Zudem bietet die Institution einen anderen Lernrahmen als eine Familie, sie bietet das Lernen im Gruppenverband. Kinder erleben sich selber als einen Teil einer Gruppe. Dieses Lernfeld kann im familiären Rahmen nicht geschaffen werden[67] (vgl. Kita-G, S. 28, Z. 1–11).

Kontrastierende Sichtweise in Bezug auf die Funktion der Institutionen	
Kita ist ersetzend	**Kita ist ergänzend**
„Ne, ich find schon ersetzend zum Teil. Aber wir würden gerne mehr machen, wenn wir mehr Möglichkeiten hätten (…).“ (FZ-H, S. 27, Z. 14f.)	„(…) wir sind ja nur familienergänzend, wir sind kein Ersatz aber die Kinder halten sich hier schon ne lange Zeit des Tages auf.“ (FZ-C, S. 4, Z. 32f.)
„Ne, wir ersetzen zwangsläufig ja … ich überleg grad nach nem guten Begriff nicht familiäre Strukturen, aber … ne ich muss es anders formulieren, wir, wir leben eine intensive Beziehungsarbeit auch mit den Kindern.“ (Kita-F, S. 26, Z. 10ff.)	„Ja, ne also ganz klar wir sind hier familienergänzend nicht ersetzend irgendwie (…).“ (Kita-B, S. 10, Z. 17)

Es zeigt sich, dass die Institution insbesondere dann als Ersatz und nicht mehr nur als Ergänzung zum familiären System empfunden wird, wenn die Einrichtung sich in einem besonders gut situierten oder einem stark problembelasteten Sozialraum befindet. Somit lassen sich zwei differente Beweggründe für eine ersetzende Funktion von Kindertageseinrichtung identifizieren. Einerseits gilt dies bei Familien, die aus meist eher sozial schwierigen Strukturen und mannigfaltig problembelasteten Sozialräumen stammen und die den eigenen Erziehungsauftrag für ihr Kind nicht in einem ausreichenden Maße sicherstellen können. Hier übernimmt die Institution eine Ersatzfunktion der Familie ein, indem sie den Kindern zum Beispiel ein Frühstück bietet, wenn sie morgens in die Einrichtung kommen, da sie zuhause diese Mahlzeit nicht erleben, oder die Einrichtung grundlegende Erziehungsaufgaben im Spracherwerb übernimmt (vgl. Kita-A, S. 14, Z. 34 – S. 15, Z. 3/Kita-E, S. 11, Z. 31 – S. 12, Z. 3). Andererseits nimmt die Institution eine ersetzende Funktion ein bei Familien, die aufgrund ihrer starken beruflichen Einbindung wenig Familienzeit haben und so die Einrichtung Aufgaben der familiären Erziehung wahrnimmt (vgl. Kita-F, S. 26, Z. 25–28).

Um den gemeinsamen Erziehungsauftrag adäquat zu erfüllen, müssen alle Personen, die mit Kindern umgehen, also von der Familie über Schule, Kindertageseinrichtung bis hin

---

67   Siehe Kapitel 6.2.3.3.3 „Lernen im Gruppenverband“.

zum Sportverein an einem Strang ziehen und es bedarf gleicher Werte und Normen, damit Kinder sich sicher und geborgen fühlen (vgl. FZ-C, S. 30, Z. 30–34). Insgesamt wird angestrebt, dass eine frühpädagogische Betreuungsinstitution eine professionelle Ergänzung zur familiären Bildung, Betreuung und Erziehung darstellt. Teilweise empfinden sich die Einrichtungen jedoch als familienersetzend, obwohl sie im Idealfall eine Ergänzung zur familiären Erziehung darstellen wollen (vgl. FZ-F, S. 22, Z. 1–9/Kita-B, S. 10, Z. 17–22). Im Allgemeinen stellt sich jedoch die Frage, in welchem Verhältnis institutionelle Kinderbetreuung zur familiären Erziehung steht. Dieses Verhältnis unterliegt mit Blick auf die Vergangenheit einem Wandel (vgl. Karner & Cloos 2010, S. 1). Reyer (1987 zit. in Karner & Cloos 2010, S. 1) sieht dies vor allem im gesamtgesellschaftlichen Kontext und nicht lediglich „als Ergebnis oder Folge des Eingriffs pädagogisch-rationaler Planung in den ‚naturwüchsigen' Lebensraum des Kleinkindes". Es findet eine Neuformatierung des Aufwachsens von Kindern statt, was auch ein neues Zusammenspiel von Institution und Familie fordert. Kindertageseinrichtungen werden zu einer wesentlichen Bildungsinstanz, die Kinder vor dem Schuleintritt besuchen. Erziehung von Kindern findet nicht mehr nur ausschließlich im Rahmen der Familie statt, sondern wird öffentlich. Die Institutionenkindheit wird zum Normalverlauf einer Bildungsbiographie in der aktuellen Gesellschaft (vgl. Rauschenbach & Borrmann 2010, S. 16).

Franke-Meyer und Reyer (2010, S. 26f.) machen eine Differenz zwischen einer familienunterstützenden und einer familienergänzenden Funktion auf:

> „Das Spektrum der Verhältnisbestimmung zur Familie reicht von familienunterstützend bis familienergänzend. Familienunterstützend ist die öffentliche Kleinkinderziehung dann, wenn die Einrichtung die Funktion einer Ausfallbürgerschaft für Familien haben sollen, die ihren Betreuungs-, Erziehungs- und Bildungsaufgaben nur unzureichend nachkommen können; das bedeutet, dass die Aufgabenzuschreibung funktional von der Situation der Familie abhängt. Familienergänzend ist die öffentliche Kleinkinderziehung, wenn ihre Betreuungs- und Erziehungsarbeit unabhängig von einem familialen Betreuungsbedarf definiert ist. Das schließt Betreuungsaufgaben nicht aus, löst aber den funktionalen Zusammenhang zwischen öffentlicher Kleinkinderziehung und dem familialen Betreuungsbedarf auf, denn in einer solchen Verhältnisbestimmung wird die frühkindliche Erziehung und Bildung tendenziell aller Familien als ergänzungsbedürftig angesehen. Wenn aber die Ergänzungsbedürftigkeit verallgemeinert wird, dann kommt den Einrichtungen ein eigenwertiger Bildungsauftrag zu."

Den Aspekt der kompensatorischen, also ausgleichenden beziehungsweise ersetzenden Bildung, Betreuung und Erziehung erläutern Franke-Meyer und Reyer (2010, S. 26f.) nur im Hinblick auf die Schule. Hier wird vonseiten der frühpädagogischen Institutionen kompensatorisch gearbeitet, wenn Kinder in ihrem familiären Umfeld nur unzureichend auf die Schule vorbereitet werden.

Rauschenbach und Borrmann (2010, S. 16) stellen die Frage in den Raum:

„Was und wie können öffentliche Betreuungsangebote dazu beitragen, dass die unterschiedlichen ökonomischen, sozialen, kulturellen Ausgangslagen in den Familien und die ungleichen Startbedingungen für Kinder nicht von Anfang an zu einem bereits vorentscheidenden
Weichenstellen ihres Lebens werden?"

Fest steht, dass der Besuch einer frühkindlichen Betreuungsinstitution ausgleichend
positiv wirken kann. Dies erwiesen die Grundschulstudie „IGLU"[68] aus dem Jahr 2001
und dem Jahr 2006 sowie die PISA-Studie aus dem Jahr 2003. Hierbei zeigte sich eine
deutliche Differenz in den Leistungen zwischen den Kindern, die nur in einem Zeit-
rahmen zwischen null und einem Jahr eine Kindertageseinrichtung besucht hatten und
den Kindern, die über diesen Zeitraum hinaus eine Kindertageseinrichtung besucht
hatten (vgl. Bos u. a. 2003/2007 zit. in Rauschenbach & Borrmann 2010, S. 18). In der
PISA-Studie zeigten sich zudem auch längerfristige Wirkungen. Jugendliche, die eine
Kindertageseinrichtung über ein Jahr hinaus besuchten, zeigten im Alter von 15 Jahren
stärkere Leistungen in den Kompetenzbereichen als die Vergleichsgruppe, die keine
oder nur eine kurze Verweildauer in der Kindertageseinrichtung hatte (vgl. Ehmke u. a.
2004 zit. in Rauschenbach & Borrmann 2010, S. 18). Jedoch sind diese Ergebnisse nicht
überzuinterpretieren, da der Besuch einer Kindertageseinrichtung in Deutschland immer
noch freiwillig ist und nach Rauschenbach und Borrmann (2010, S. 19) tendenziell
weniger Kinder aus Familien mit Migrationshintergrund oder bildungsfernen Familien
eine Einrichtung besuchen als Kinder aus bildungsnahen Familien. Dennoch verfestigen
die Ergebnisse die Bildungsbedeutsamkeit von institutioneller frühkindlicher Bildung,
Betreuung und Erziehung (vgl. Rauschenbach & Borrmann 2010, S. 19). Die Wissenschaftlerin Betz (2010, S. 114) begegnet der Kompensationstheorie von Kindertageseinrichtungen ebenfalls mit Distanz, da hier eine defizitäre Perspektive in Bezug auf Familie eingenommen wird. Insbesondere Familien mit Migrationshintergrund oder Mul-
tiproblemfamilien gelten so allgemein als förderungsbedürftig. Darüber hinaus bestätigen Studien, dass familiäre Merkmale und familiäre Anregungsqualität einen wesentlich
stärkeren Einfluss auf die Entwicklung von Kindern haben, als es ein Besuch in der
Kindertageseinrichtung hat. Die Familie bleibt somit der dominante Einflussfaktor auf
die kindliche Entwicklung (vgl. Tietze, Roßbach & Grenner 2005 zit. in Roßbach 2011,
S. 176). Elternschaft kann nicht institutionell ersetzt werden. Die Eltern sollen nicht
entmündigt, sondern vielmehr unterstützt werden, damit sie ihre eigenen Aufgaben
wieder verstärkt wahrnehmen können (vgl. FZ-B, S. 32, Z. 6–12). Die Institution Kindertageseinrichtung übernimmt jedoch durch die zunehmende Verweildauer der Kinder
in der Institution und die somit steigende Bedeutsamkeit im Leben der Kinder in Teilen
immer mehr eine ersetzende Funktion, wenn die Familie aus unterschiedlichen Gründen
den Erziehungsauftrag nicht mehr ausreichend erfüllen kann (vgl. u. a. FZ-K, S. 33,
Z. 34 – S. 34, Z. 8).

---

68   Kurz für „Internationale Grundschul-Lese-Untersuchung".

Es kann festgehalten werden, dass eine frühe und umfangreiche institutionelle Betreuung dazu beitragen kann, Chancengleichheit von Kindern in der Gesellschaft zu fördern. Je früher Kinder den Rahmen einer solchen Institution erleben, desto stärker ist der Einfluss dieser mögliche Defizite der Familie auszugleichen (vgl. FZ-K, S. 34, Z. 9–15). Die „Privatsache Kinderbetreuung" rückt immer mehr in öffentliche Hand, der Druck auf die Politik hat sich dadurch erhöht (vgl. Rauschenbach & Borrmann 2010, S. 20), was in politischen Maßnahmen mündet. Hier ist wiederum der Kreislauf zurück zum Kontext des politischen Einflusses zu sehen.[69]

6.2.4 Die „Kita im Sozialraum"

Die Schlüsselkategorie die „Kita im Sozialraum" wirft den Blick auf die Institution im Sozialraum. Sie nimmt somit die Außenperspektive ein. Ausgehend von der Vorstellung, dass die Kindertageseinrichtung ein Sozialraum in sich ist, ist diese darüber hinaus in zusätzliche sozialräumliche Strukturen eingebunden. Diese Einbindung hinsichtlich des sozialräumlichen Verständnisses der Kindertageseinrichtung im Sozialraum wird im Folgenden eingehend anhand der ursächlichen Bedingungen, dem Kontext, den intervenierenden Bedingungen, den Strategien sowie den Konsequenzen vorgestellt.

6.2.4.1 Ursächliche Bedingungen

Ebenso wie bei der Innenperspektive die „Kita als Sozialraum" gibt es ursächliche Bedingungen, die die Außenperspektive die „Kita im Sozialraum" beeinflussen. Diese sind folgende:

- administrative Beeinflussungen der Sozialraumdefinition

- Qualität und Milieustruktur von Sozialräumen

Insbesondere dem Aspekt „administrative Beeinflussungen der Sozialraumdefinition" wird eine besonders starke Bedeutsamkeit im Datenmaterial beigemessen.

6.2.4.1.1 Administrative Beeinflussungen der Sozialraumdefinition

Die Außenperspektive die „Kita im Sozialraum" ist stark von städtischen, strukturellen Gegebenheiten beeinflusst. Wie eingangs erläutert[70] sind städtisch festgelegte Grenzziehungen durch zum Beispiel die Benennung von Stadtteilen nicht zwingend gleichzusetzen mit Sozialräumen. Darüber hinaus definieren einzelne Städte unabhängig von der Stadtteilbenennung einzelne Sozialräume, aber auch diese Sozialräume spiegeln nicht

---

69   Siehe Kapitel 6.2.2.1 „Politische Steuerung".
70   Siehe Kapitel 3. „Sozialraumorientierung als sozialpädagogisches Konzept".

zwingend die Vorstellung von dem Sozialraum wider, die die leitende Fachkraft in der Institution hat. Vielmehr werden diese aus Fachkräftesicht willkürlich beziehungsweise „zufällig" benannt und sind von der Bewohnerstruktur her nicht zwingend homogen. Hinzu kommt, dass aus dem Blickwinkel der Fachkräfte nur Teile der Stadt als Sozialraum definiert werden, die eine hohe Problembelastung aufweisen. Ein Sozialraum hat daher hier eine negative Konnotation:

> „Ja normalerweise muss man glaube ich davon ausgehen, dass so ein Sozialraum eher in Anführungszeichen was Negatives ist, also glaube ich so verstanden zu haben. Das heißt ich habe eine problematische Gegend und definiere das dann als Sozialraum und hier ist es halt zufälligerweise so gekommen, dass da (Name des Stadtteils) mit einbezogen wurde ne, aber so die anderen Sozialräume, die ich kenne das ist ja (Name eines Stadtteils VI), (Name eines Stadtteils VII) etc. sind ja alles Stadtteile die jetzt eher problematisch sind." (FZ-I, S. 24, Z. 10–16)

Im Datenmaterial lässt sich erkennen, dass die Fachkräfte der Kindertageseinrichtungen verstärkt von Stadtteil, Stadtteilzugehörigkeit und Stadtteilgrenzen sprechen. Den Fachkräften sind die Grenzen bewusst, aber nach eigener Aussage in ihrer Arbeit nicht hilfreich, weil sie nicht die Zugehörigkeit widerspiegeln, die sie ihrem Nahraum selbst zuordnen. Insbesondere ist dies der Fall, wenn sich die Einrichtungen in einem zugeordneten Sozialraum befindet, welcher unterschiedliche Milieustrukturen aufweist.

> „Ja es ist so, dass .. es gibt einen Sozialraum (Name eines Stadtteils IV), (Name des Stadtteils), so und das ist ein Widerspruch in sich. (...) Ja, ich hab mit (Name eines Stadtteils IV) nichts zu tun, ne das ist eben so, wir sind dann Familienzentrum gewesen für den Sozialraum (Name des Stadtteils), (Name eines Stadtteils IV), ne und dann habe ich anfänglich versucht auch die (Bürger des Stadtteils IV) da mit einzubeziehen irgendwie. Man muss sich ja Angebote überlegen die, die Leute anspricht und das ging gar nicht. Also die Sachen, die die Leute hier interessiert haben, hatten mit denen die die interessiert haben überhaupt nichts zu tun und die sind nicht aus (Name eines Stadtteils IV) sind nicht hier rüber gekommen die Leute, ne." (FZ-I, S.4, Z. 18f./S. 5 Z. 30 – S. 6, Z. 2)

Die Fachkräfte setzen hier, im Sinne einer Strategie, ihre eigenen Grenzen (vgl. Kita-B, S. 14, Z. 13f.).[71] Die städtisch vorgegebenen Sozialräume sowie städtisch festgelegte Zugehörigkeitsbereiche im Sinne von Stadtteilen haben daher wenig Aussagekraft für die Einrichtungen und sind höchstens relevant im Hinblick auf den zuständigen Sozialraumkoordinator (vgl. FZ-I, S. 24, Z. 10–16/Kita-B, S. 14, Z. 13f.). Sozialraumkoordinatoren agieren in städtisch festgelegten Sozialräumen. Diese festgelegten städtischen Sozialräume dienen als städtisches Gliederungsinstrument. Am Beispiel der Stadt Essen werden Sozialräume im Rahmen der offenen Kinder- und Jugendarbeit als ein wesentliches Element im (Fach-)Controlling gebildet. Die Einführung des Verfahrens

---

71   Siehe Kapitel 6.2.4.4.1 „Individuelle Eingrenzung des Sozialraumes".

der Bildung von Sozialräumen als kleinräumiges Planungsinstrument geschah im Jahr 1999. Die Sozialräume wurden aus einer planerischen Sicht sowie aus Sicht der offenen Kinder- und Jugendarbeit gebildet. Hier spielte das Einzugsgebiet der Einrichtungen eine bedeutsame Rolle. Darüber hinaus wurde sich an politisch-administrativen Strukturen, wie Stadtteilen und Bezirken etc. orientiert. Des Weiteren wurden pragmatische und kommunikationstechnische Aspekte als wesentlich erachtet. Es wurde darauf geachtet, dass sich einerseits nicht zu viele Einrichtungen in einem definierten Sozialraum befinden, aber andererseits auch eine „arbeitsfähige Kommunikationsstruktur" ermöglicht wird, wodurch die Sozialräume wiederum nicht zu klein gebildet werden durften (vgl. Berse 2002, S. 194f./198). Diese Vorgehensweise bei der Bildung und Festlegung von Sozialräumen als räumliches Gliederungsinstrument erklärt das Unverständnis im Datenmaterial, wo für die Fachkräfte die Frage im Raum steht, wie differente Nahräume zu einem Sozialraum zusammengefasst werden können (vgl. FZ-I, S. 5, Z. 29ff.). Sozialräume werden hier jedoch nicht als etwas Unwiederbringliches festgelegt, sondern sollen sich im Rahmen der Praxis als sinnvoll erweisen und gegebenenfalls angepasst werden. Es zeigt sich am Beispiel der Stadt Essen, dass der gesamtstädtische Planungsansatz als fern der Alltagspraxis vonseiten der Fachkräfte erlebt wird und somit auch keine Handlungsbasis darstellt. Vielmehr richten die Fachkräfte in der Praxis der offenen Kinder- und Jugendarbeit ihre Arbeit im Hinblick auf ihre eigene Einrichtung und ihr Einzugsgebiet aus: „Gesamtstädtische Planungsaussagen können jedoch häufiger aus einer globaleren Perspektive entwickelt sein und damit im Einzelfall durchaus auch im Widerspruch zu den partikularen Interessen einer Einrichtung stehen" (Berse 2002, S. 195). Die städtische Steuerungsebene versucht hier ressourcenorientiert zugunsten der Praxis zu agieren. Die Handlungslogiken der Fachkräfte in der Praxis sind jedoch gegebenenfalls von ganz anderen Aspekten geprägt, so dass die Bildung von städtisch festgelegten Sozialräumen als belastend und als nicht hilfreich empfunden wird (vgl. Berse 2002, S. 195). Bei konfessionellen Einrichtungen kommt zu der städtisch festgelegten Zugehörigkeit die Orientierung an den Gemeindegrenzen hinzu. Die Gemeindegrenzen sind meist different zu den Stadtteilgrenzen oder den Zuordnungen zu städtischen Sozialräumen. Die Gemeindegrenzen von konfessionellen Einrichtungen bilden hier auch die Festlegung des Einzugsgebietes. Diese Einrichtungen dürfen überwiegend nur Kinder aus ihrer Gemeinde aufnehmen.

> „Die Gemeinde, ich überlege grade, die Grenzen der Gemeinde sind ja nicht unbedingt identisch mit den Ortsgrenzen, also kommunale Grenzen sind ja nicht gleich die kirchengemeindlichen Grenzen. Wir haben auch drei Teilbereiche die sich verwaltungsmäßig hier zusammenschließen, aber es bezieht sich schon hauptsächlich auf die Zugehörigkeit zur Kirchengemeinde, wobei wir natürlich prozentual im Rahmen der rechtlichen oder gesetzlichen Vorgaben auch andere Menschen hier gerne mit aufnehmen." (Kita-F, S. 3, Z. 10–16)

Es fehlt somit an einer Kompatibilität der differenten räumlichen Strukturen.

„Die lebensweltlichen Bezüge von Kindern und Jugendlichen sind nicht ausschließlich in sozialräumlichen Kontexten aufzulösen (Mobilität). Auch existieren eine Reihe sehr unterschiedlicher sozialräumlicher Definitionen. So unterscheiden sich etwa Grenzen von Kirchengemeinden, Nebenstellen der Sozialen Dienste, Bürgeramtsstrukturen in der Gesamtverwaltung, Schuleinzugsbezirken deutlich voneinander." (Berse 2002, S. 199)

Cassirer (1931, S. 93ff. zit. in Werlen & Reutlinger 2005, S. 57) erläutert es wie folgt: „(...) die politische Territorialordnung in Form von Nationalstaaten, Ländern, Kreisen, Stadtquartieren u. ä. ist symbolisierender Ausdruck der Regelung von Zuständigkeiten." Die Gemeindezugehörigkeit bedingt somit das Einzugsgebiet bei konfessionellen Einrichtungen. Darüber hinaus ist bei Einrichtungen die Wohnortnähe ein zentrales Kriterium für die Aufnahme von Kindern. Des Weiteren bedingt und erweitert das ausgerichtete Profil, wie zum Beispiel integratives Arbeiten[72], U3-Betreuung, Elterninitiative, die Aufnahmen (vgl. FZ-L, S. 6, Z. 11–15/FZ-L, S. 6, Z. 10f./FZ-I, S. 3, Z. 3–16/FZ-I, S. 2, Z. 23 ff.).

Das führt zu einer Kontrastierung bei dem Einzugsgebiet, welches sich als zentral für das sozialräumliche Verständnis auszeichnet.

Kontrastierung bei dem Einzugsgebiet der Einrichtungen (Untersuchungsgruppe Traditionelle Kindertageseinrichtung)	
„Ach ja also. (Name des Stadtteils) passt schon also größtenteils hier (Name des Stadtteils) das ist ist schon ein größten Teil der Eltern von hier doch. Bis hin zur (Name einer Straße im Stadtteil) meine ich irgendwo dahinten .. autofreien Gebiet, da haben wir auch Anmeldungen her." (Kita-B, S. 14, Z. 20–24)	„(...) ich habe Eltern aus dem Einzugsgebiet hier (Name des Stadtteils), aber auch aus den umgrenzenden Bereichen- (...) Das wäre dann (Name eines Stadtteils I), (Name eines Stadtteils II), (Name eines Stadtteils III) noch, kommt noch dazu also das ist jetzt so der engere (Name der Stadt) Süden hier der so an, an (Name des Stadtteils) angrenzt." (Kita-G, S. 3, Z. 7–14)

Durch den Anspruch auf einen Betreuungsplatz für Kinder unter drei Jahren und der somit steigenden Nachfrage kommt es vor allem in Ballungszentren zu Engpässen in der Betreuung, was dazu führt, dass Familien hier nicht mehr zwingend in ihrer unmittelbaren Wohnumgebung einen Betreuungsplatz für ihr Kind erhalten. Dies führt in der Konsequenz dazu, dass in einem Teil von Einrichtungen die Kinder nicht mehr aus dem Sozialraum der Einrichtung kommen. Die Bewohnerstruktur des Sozialraumes

---

72   Seit der KiBiz Revision zum 01.08.2014 wird von den Kindertageseinrichtungen gefordert inklusiv zu arbeiten (vgl. MFKJKS 2014). Die Interviews wurden jedoch vor der KiBiz Revision geführt, so dass sich hier einige Einrichtungen auch noch explizit als integrativ arbeitend beschrieben.

spiegelt somit nicht zwingend die Familien der Einrichtung wider, zumindest nicht die Familien, die ein Kind in der Einrichtung betreuen lassen (vgl. Kita-B, S. 14, Z. 20–24/Kita-G, S. 3, Z. 7–14). Gestützt wird hier die These von Zeiher (1983) hinsichtlich der verinselten Lebensräume die Kinder wahrnehmen. Die Kita ist somit für Kinder, die nicht in der unmittelbaren Umgebung der Einrichtung wohnen, eine Insel, die sie morgens mittels Verkehrsmittel ansteuern und nachmittags mittels Verkehrsmittel wieder verlassen. Hier stellt sich die Frage hinsichtlich dessen, was eine sozialräumliche Orientierung in solchen Einrichtungen implizieren muss, beziehungsweise wie weit ein sozialräumliches Verständnis greifen muss, um die Sozialstruktur des Nahraumes einerseits sowie die Familien, die die Einrichtung besuchen andererseits zu umfassen. Es ist fraglich, inwiefern die Bedeutung des unmittelbaren Sozialraumes abnimmt, wenn dieser nicht die Familien, die die Einrichtung besuchen, widerspiegelt. In Bezug auf diese Mobilität und die sozialräumlichen Verhältnisse lassen sich Erkenntnisse von Reutlinger (2009a, S. 89) aufführen, die darlegen, dass sich solche Sozialräume unterscheiden: „Soziale Verhältnisse werden einem bestimmten physisch-materiellen Raum zugeordnet und festgeschrieben. Diese räumlichen Einheiten müssen jedoch nicht den Lebensverhältnissen von Kindern und Jugendlichen entsprechen". Mit dem gesellschaftlichen Wandel geht jedoch eine Tendenz dahin, dass der soziale Raum als eine „orientierungsstiftende Einheit" immer mehr in den Blick gerät (vgl. Reutlinger 2009a, S. 89). Dies spiegelt sich auch in der Frühpädagogik wider, wobei dem Projekt Familienzentrum NRW der Sozialraumbezug als ein bedeutsames Kriterium herausgestellt wird.[73]

Auf den Zusammenhang von akteursgeleitetem Handeln und Raum verweisen „Praktiken der Regionalisierung". Das heißt die sozialen Begrenzungen „physisch-materieller Kontexte für soziales Handeln verweisen auf das Verhältnis von Handeln, Körper und physisch-materiellem Kontext und nicht auf einen vorausgesetzten Container-Raum" (Werlen & Reutlinger 2005, S. 55). Als Region zu verstehen ist ein „sozial, über symbolische Markierungen begrenzter Ausschnitt" des Handlungskontextes, welcher an „physisch-materiellen Gegebenheiten" wie zum Beispiel Mauern oder Straßenzügen festgemacht werden kann. Diese symbolischen Markierungen werden zu „normativen Setzungen im Rahmen bestimmter Handlungen gleichzeitig zu Elementen von Interaktion". Symbolische sowie materielle Markierungen grenzen somit eine Region von einer anderen ab. Physische Markierungen bilden im sozialen Hinblick „materielle Repräsentationen symbolischer Begrenzungen des Gültigkeitsbereiches normativer Standards", wodurch sie dementsprechend keine sozialen Zwänge darstellen, da diese nur „normative Festlegungen bilden". Die räumlichen Aspekte von Handlungen können keine Ursache oder kein Grund von Handeln sein. „Räumliche Konstellationen sind vielmehr zu erklären unter Rückbezug auf die Handlungsweisen die sie ermöglichen (Ermöglichung) und welchen sie verhindern (Zwang)." (Werlen & Reutlinger 2005, S. 56)

---

73   Siehe Kapitel 2.2 „Das Projekt Familienzentrum NRW".

Darüber hinaus unterliegen Einrichtungen städtischen Zuordnungen, wie dem „Sozialen Brennpunkt", und werden als solcher klassifiziert. Dies kann für die Einrichtung eine zusätzliche finanzielle Unterstützung implizieren (vgl. MGFFI 2013, S. 44). Die Fachkräfte definieren ihren Stadtteil anhand dieses Labels (vgl. FZ-H, S. 1, Z. 18f.). Hier läuft man Gefahr Sozialraum als etwas Negatives zu deklarieren, wie es sich an einer Stelle auch im Datenmaterial zeigt (vgl. FZ-I, S. 24, Z. 10–16). Sozialraum wird somit als ein Ort begriffen, in welchem soziale Probleme auftauchen und an dessen Stelle nach Schröer und Böhnisch (2002, S. 50) sie auch gelöst werden sollen: „Soziale Konflikte sollen reguliert werden, wo sie auftreten – auf jeden Falle den sozialen Nahraum nicht verlassen". Dem geht das Bild von Sozialraum als ein abgeschlossener Container voraus (vgl. Sennett 2002 zit. in Reutlinger 2009a, S. 89). Die Identifikation von Problemlagen im Nahraum mittels der Identifizierung und Kartografierung durch „soziale Brennpunkte" soll im Rahmen der Sozialen Arbeit dazu beitragen, Akteure gezielter unterstützen und fördern zu können (vgl. Kessl & Reutlinger 2007, S. 51f.).

Einrichtungen, die sich zu Familienzentren weiterentwickelt haben, erhalten unabhängig der Klassifizierung „Sozialer Brennpunkt" eine finanzielle Förderung (vgl. MGFFI 2013, S. 44). Bei den Familienzentren wird forciert, dass diese in problembelasteten Sozialräumen entstehen (vgl. FZ-B, S. 2, Z. 19–23). Zwar zeigt sich in der Praxis, dass Familienzentren in Sozialräumen mit unterschiedlichen sozialen Strukturen entstanden sind, darüber hinaus kommt der Förderung von Familienzentren in problembelasteten Stadtteilen jedoch eine besondere Bedeutung zu (zum Beispiel durch eine erhöhte finanzielle Förderung) (vgl. MGFFI 2013, S. 44), insbesondere unter dem Blickwinkel der Förderung der Chancengleichheit.[74] Es stellt sich die Frage, ob hier das Ziel der Familienzentren – eine Einrichtung für alle zu sein – somit nicht konterkariert wird.

Zusammenfassend lässt sich als ursächliche Bedingung für die Schlüsselkategorie „Kita im Sozialraum" festhalten, dass Kindertageseinrichtungen sich in städtisch festgelegten Stadtteilen, gegebenenfalls auch in städtisch festgelegten Sozialräumen sowie konfessionelle Einrichtungen sich innerhalb von Gemeindegrenzen, befinden. Diese räumlichen Abgrenzungen sind different und es fehlt an einer Kompatibilität dieser differenten räumlichen Strukturen. Darüber hinaus spiegeln die unterschiedlichen administrativen Zuordnungen zu einem Stadtteil, einer Gemeinde oder einem Sozialraum nicht die eignen individuellen Grenzziehungen der Fachkräfte wider. Die Fachkräfte erleben die administrativen Grenzziehungen als willkürlich und erleben sie als inkongruent zu ihren eigenen Zuordnungen. Im Datenmaterial zeigt sich, dass die administrativen Grenzsetzungen im Sinne von sozialräumlichen Zuordnungen keine Relevanz für die praktische Arbeit der Kindertageseinrichtungen haben. Vielmehr entwickeln sie hier die Strategie der eigenen Grenzziehung, siehe hierzu Kapitel 6.2.4.4.1 „Individuelle Eingrenzung des Sozialraumes". Dies erklärt der Wissenschaftler Berse (2002, S. 195) damit, dass die Handlungslogiken der Fachkräfte bei der Zuordnung der Einrichtung zu einem Sozial-

---

74   Siehe Kapitel 2.2 „Das Projekt Familienzentrum NRW".

raum von anderen Aspekten geprägt sein können, als die Handlungslogiken von beispielsweise städtischer Seite, wodurch diese wiederum als wenig hilfreich in der Praxis gewertet werden. Durch individuelle pädagogische Ausrichtungen, aber auch durch den Rechtsanspruch auf einen Betreuungsplatz für Kinder unter dem dritten Lebensjahr, findet eine Erweiterung des Einzugsgebietes statt. Dies führt ebenfalls dazu, dass auch die administrativen Grenzsetzungen nicht mehr gleichzusetzen sind mit dem Einzugsgebiet der Einrichtungen. An dieser Stelle muss, wenn Sozialraumstruktur und Einzugsgebiet different sind, auf ein erweitertes sozialräumliches Verständnis zurückgegriffen werden. Für Kinder, die eine Einrichtung in einem anderen Sozialraum als dem eigenen besuchen, kommt es zunehmend zu einer Verinselung von Lebensräumen.[75]

6.2.4.1.2 Qualität und Milieustruktur von Sozialräumen

Eine weitere ursächliche Bedingung für die Schlüsselkategorie die „Kita im Sozialraum" stellt die Qualität und die Milieustruktur des Sozialraumes dar. Der Begriff Qualität ist ein In-Vivo Kode, der auch in der Fachwissenschaft verwandt wird.

> „(...) das Bürgerbüro hat natürlich auch eine neue Qualität mit reingebracht, das Stadtteilzentrum mit Bücherei und Schwimmbad das ist schon eine Qualität für die Leute die hier leben." (FZ-B, S. 25, Z. 7ff.)

Wohngebiete und Stadtteile können sich im Hinblick auf ihre „Sozialraumqualität unterscheiden" (vgl. Schneider 2005, S. 74–78). Es existiert somit eine „Qualität des Zusammenlebens im Stadtteil" (Landhäuser 2009, S. 103). Im Hinblick auf die Qualität materieller Lebensbedingungen von Akteuren im Nahraum entwickelte Landhäuser (2009, S. 140) bestimmte Items, die Qualität ausmachen, wie zum Beispiel „In S. gibt es ausreichend Grünflächen", „Die Verkehrsanbindungen sind gut", „In S. gibt es gute Angebote für Kinder und Jugendliche" etc. Die Qualität eines Sozialraumes wird festgemacht an seinen Ressourcen und seinen Problemlagen, die sich u. a. aus fehlenden Ressourcen ergeben können. Dabei ist zu berücksichtigen, dass der Raum für das Zustandekommen von Situationen eine zentrale Grundlage darstellt. „Der Raum, in dem ein Angebot stattfindet, ist keine formale Voraussetzung, sondern Raum und Angebot stehen in einer direkten Beziehung zueinander." (Deinet 2009a, S. 131)

Auch der „Soziotopen-Ansatz" aus den 70er Jahren nach Bargel (vgl. Bargel, Fauser & Mundt 1982 zit. in Ledig, Nissen & Kreil 1987, S. 21f.) versucht die sozialräumlichen Sozialisationsbedingungen von Nahräumen zu identifizieren. Einzelne Nahräume werden als Soziotop bezeichnet und durch ihre demographische und soziale Struktur definiert. Es wurden Charakteristika entwickelt, von denen angenommen wird, dass sie von Bedeutung für die Identifizierung von Lebensbedingungen sind. Im Vordergrund stehen hier zum Beispiel Kriterien wie „soziale Struktur", „Verteilung sozialer Institutionen",

---

75   Siehe Kapitel 6.2.3.1.2 „Kinder sollen nicht in einer ‚Blase' aufwachsen".

„Struktur sozialer Netzwerke" und „soziale Verhaltensweisen und Entwicklungen der Individuen" (Bargel, Fauser & Mundt 1982 zit. in Ledig, Nissen & Kreil 1987, S. 22). Es wurden Daten erhoben „zur Lebenslage, zur Konstitution der Umwelt (sowie) ihrer Nutzung und Bewertung unter verschiedenen Aspekten" und untersucht, welche Unterschiede die so festgelegten Soziotope aufweisen und „welchen Einfluß sie auf bestimmte Einstellungen, Bewertungen und Handlungen" der Bewohnerinnen und Bewohner haben (Mundt 1980, S. 38 zit. in Ledig, Nissen & Kreil 1987, S. 22). Mittels des Soziotopen-Ansatzes werden somit Areale definiert, welche sich anhand der Grundkoordinaten „Lebenschance (d. h. vor allem Bildungschancen)" und „Lebensstil (besonders Urbanität)" einordnen und charakterisieren lassen. Insgesamt kam die Studie auf neun städtische und sechs ländliche differente sozialisationsrelevante Areale (Soziotope) (vgl. Ledig, Nissen & Kreil 1987, S. 22).

Der Begriff Qualität, der sich aus dem Datenmaterial ergibt, ist nicht grundlegend gleichzusetzen mit dem theoretischen Begriff der Qualität. Als Aspekte einer hohen Qualität des Sozialraumes werden im Datenmaterial Ausgestaltungs- beziehungsweise Strukturmerkmale genannt, wie zum Beispiel vielfältige Institutionen, ein vielfältiges kulturelles Angebot, eine gute Verkehrsanbindung, eine lebendige Infrastruktur oder Grünflächen (vgl. u. a. Kita-D, S. 15, Z. 22–26/Kita-E, S. 7, Z. 26–29/Kita-F, S. 18, Z. 6–10/FZ-B, S. 4, Z. 23–31). Dies sind Aspekte, die sich auch in Landhäusers (2009, S. 103) Items widerspiegeln. Sozialräumen mit mannigfaltigen Problemlagen wird eine geringere Qualität beigemessen, beispielsweise durch ein hohes Aufkommen von Kriminalität, Arbeitslosigkeit oder Verschmutzung. Durch solche Aspekte sinkt die Lebensqualität der Bewohnerinnen und Bewohner im Sozialraum. Die Qualität des Sozialraumes wird von den Fachkräften in der Einrichtung als bewusst erfahrbar erlebt (vgl. FZ-K, S. 9, Z. 31–34/FZ-D, S. 17, Z. 18ff.). Sozialräume haben somit eine unterschiedliche Qualität, welche wiederum Auswirkung auf die Lebensqualität der Bewohnerinnen und Bewohner hat, welche im Datenmaterial an folgenden Eigenschaften charakterisiert wird (vgl. u. a. Kita-D, S. 15, Z. 22–26/Kita-E, S. 7, Z. 26–29/Kita-F, S. 18, Z. 6–10/ FZ-B, S. 4, Z. 23–31):

Eigenschaft	Dimension
Verkehrsanbindung	gut – schlecht
Kulturelles Angebot	vorhanden – nicht vorhanden
Lebendige Infrastruktur	vorhanden – nicht vorhanden
Kriminalität	hoch – gering
Arbeitslosenquote	hoch – gering
Verschmutzung	stark – schwach

Darüber hinaus ist die Bebauungsstruktur, anhand derer „Grenzen" zu anderen Sozialräumen festgemacht werden, ein weiteres Kriterium, an welcher sich die Qualität eines

Sozialraumes erkennen lässt (vgl. Kita-A, S. 9, Z. 26 – S. 10, Z. 21).[76] Die Struktur der Bebauung wiederum beeinflusst maßgeblich die Bewohnerstruktur. Beispielsweise werden, wie es die interviewten Fachkräfte formulieren, Hochhausbauten verstärkt von sozialschwachen Familien bewohnt, wohingegen die Schaffung eines Neubaugebiet es mit Reihenhäusern insbesondere mittelständige, junge Familien anzieht (vgl. Kita-G, S. 23, Z. 26–31). Eine homogene Bebauungsstruktur spiegelt somit häufig eine homogene familiäre Nutzergruppe wider (vgl. Kita-A, S. 9, Z. 26 – S. 10, Z. 6). Mit der Verknüpfung von Gesellschaft und Raum, dementsprechend damit, wie sich Kontexte wie „Innenstadt", „Vorstadt", „Dorf", „Arbeitersiedlung" oder die „Reihenhaus-" und „Einfamilienhausidylle" etc. auf das Zusammenleben von Menschen auswirken, setzt sich insbesondere die Stadt- und Regionalsoziologie auseinander. Es steht im Mittelpunkt der Betrachtung, wie sich die sozialen und baulichen Kontexte auf zum Beispiel das Handeln der Individuen auswirken (vgl. Dangschat & Frey 2005, S. 143f.). Es gibt drei differente, idealtypische Modelle vom Verhältnis zwischen Sozialraum und Milieustruktur (vgl. Frey 2004/Frey u. a. 2004 zit. in Dangschat & Frey 2005, S. 158). Das Modell „Sozialräume als Gefäß für homogene Lebensstile und Werthaltungen" spiegelt die eben beschriebene Sichtweise der Fachkräfte wider. Hier wird der Sozialraum als ein geographisch abgrenzbares Gebiet begriffen, in welchem sich die Bewohnerinnen und Bewohner durch ähnliche Lebensweisen und eine ähnliche Mentalität auszeichnen. Der Raum wird charakterisiert durch Aspekte wie Größe, Lage, Begrenzung sowie soziale Identität. Mit der Entwicklung des Raumes bildet sich eine eigenständige „kulturelle und soziale Dimension" heraus, welche zu einer „Identität des Ortes" wird. Ein weiteres Modell ist „der ausdifferenzierte Sozialraum". Diesem Modell liegt die Annahme zugrunde, dass ein Sozialraum durchaus differente Milieustrukturen aufweisen kann, entweder indem sie nebeneinander her agieren oder dass sie in einer „funktionalen Ansammlung" eingebunden sind. Das dritte Modell ist der „räumlich entbettete Sozialraum". Im Sinne dieses Modells wird dem Sozialraum ein „territorialer Bezug von Vergemeinschaftung" abgesprochen. Durch die veränderte Gesellschaft, sprich „durch Mobilität, neue Informations- und Kommunikationsmedien im Kontext einer zunehmenden Individualisierung von Lebensstilen, einer Heterogenität und Ausdifferenzierung von milieubildenden Werthaltungen, verliert das Wohnquartier für das soziale Milieu an prägender Bedeutung" (Dangschat & Frey 2005, S. 158f.). Im Sinne dieses Modells wird „letztendlich eine Fragmentierung des einheitlichen flächenbezogenen Sozialraumes, die zu einer höheren Bedeutung von inselhaft gelegenen Orten führt und eine szenische Vergesellschaftung ermöglicht" (Matthiessen 2004 zit. in Dangschat & Frey 2005, S. 159). Diese Sichtweise stützt den Gedanken der Kindertageseinrichtung als eine verinselte Lebenswelt von Kindern, die bewusst verlassen und aufgesucht werden muss. Die Qualität eines Sozialraumes steigt somit durch vielfältige Ressourcen und die Qualität sinkt durch Problemlagen, die sich im Sozialraum zeigen. Generell können somit Sozialräume unterschiedliche Qualitäten aufweisen. Damit setzt sich das Konzept „residentieller Segregation", welches im Mittelpunkt aller stadtsoziologischen

---

76   Siehe Kapitel 6.2.4.4.1 „Individuelle Eingrenzung des Sozialraumes".

Ansätze steht, auseinander. Hierbei geht es um „die ungleiche Verteilung der Wohnstandorte sozialer Gruppen in einer Stadt(region)". Es wird in der Forschung der Stadtsoziologie versucht, mit Hilfe so genannter „Indices" „Abweichungen der Ungleichverteilung vom städtischen Duschschnitt" zu berechnen (vgl. Friedrich 1993, S. 218–224 zit. in Dangschat & Frey 2005, S. 155). Hierbei zeigt sich, dass alle Indices abhängig von der Größe des städtischen Teilgebietes und der sozialen Gruppe sind. In Bezug auf die Größe des Nahraumes zeigt sich, dass je kleiner das städtische Teilgebiet ist, es um so wahrscheinlicher ist, dass dieses homogen geprägt ist. In Bezug auf die sozialen Gruppen erwies sich, dass hier bestimmte soziale Gruppen, wie zum Beispiel Menschen mit Migrationshintergrund, erst ab einer Mindestgröße ein räumliches Cluster ausbilden, welches sich auf andere Mitglieder in der Gruppe auswirkt (vgl. Dangschat & Frey 2005, S. 155).

„Die ungleiche Verteilung von Bevölkerung (Segregation) und Ausstattung im städtischen Raum (Segmentierung) sowie die ungleich verteilten Ressourcen und Constraints der StadtbewohnerInnen hat zur Folge, dass sich auch deren Aktivitäten in ihren Häufigkeiten, ihrer Dauer und den Distanzen im Raum unterscheiden. Damit führt nicht nur die Segregation, sondern auch die sozial selektive Nutzung von (städtischem) Raum zu dessen Differenzierung. Sozialräume unterscheiden sich damit in ihren Nutzungsmöglichkeiten (Umfang und Qualität der Gelegenheiten, Erreichbarkeit), ihren NutzerInnen (sichtbar über soziale Strukturen und Lebensstile) sowie den sozial vermittelten Zugangs-Barrieren (Symbole)." (Dangschat & Frey 2005, S. 156)

Die Bedeutung eines sozialen Nahraumes kann sich nach Grundmann und Kunze (2008, S. 175) von den Akteuren grundlegend unterscheiden. Die Akteure erfahren ihre Lebensbedingungen als gegeben und als nur in Maßen veränderbar. Um bei dem In-Vivo Kode zu bleiben – die „Qualität" eines Sozialraumes wird von den Bewohnerinnen und Bewohnern als different empfunden.

Die ursächliche Bedingung „Qualität und Milieustruktur von Sozialräumen" in Bezug auf die Schlüsselkategorie die „Kita im Sozialraum" impliziert, dass je mannigfaltiger die Problemlagen eines Sozialraumes sind, desto niedriger wird vonseiten der Fachkräfte die „Qualität" desselben bewertet, was wiederum dazu führt, dass die Lebensqualität der Bewohnerinnen und Bewohner in diesem Sozialraum sinkt. Andersherum bedeutet dies, je mehr zum Beispiel kulturelle Institutionen und weitere Ressourcen ein Sozialraum hat, desto höher ist seine Qualität und somit die Lebensqualität der Bewohnerinnen und Bewohner. Nahräume unterscheiden sich daher hinsichtlich ihrer „Sozialraumqualität" (vgl. Schneider 2005, S. 74–78). Diese Qualität wird vonseiten der Fachkräfte sowie vonseiten der Fachwissenschaft an Items festgemacht, welche sich durchaus vergleichen lassen. Hinsichtlich der dargestellten Modelle, welche das Verhältnis von Sozialraum und Milieustruktur näher betrachten, stützt die Sicht der Fachkräfte einerseits das Modell „Sozialräume als Gefäß für homogene Lebensstile und Werthaltungen", wo sie nach homogenen Lebensstilen ihren Sozialraum einordnen beziehungsweise eingrenzen. Andererseits haben sie durch die Erweiterung ihres Einzugsgebietes, beispielsweise durch ihr individuelles pädagogisches Profil oder den Rechtsanspruch auf einen Betreuungsplatz für Kinder unter drei Jahren, ein erweitertes Verständnis von Sozialraum, hier zeigen sich in Ansätzen Parallelen zum Modell des „(r)äumlich entbetteten Sozialraum(s)". Dieses Modell nimmt den Gedanken der Verinselungstendenz, d. h. die Kita als eine (Lebens)Insel von Kindern, die bewusst aufgesucht und verlassen werden muss und welche sich unabhängig des beispielsweise familiären Sozialraumes befindet, auf.

6.2.4.2 Kontext

Der Kontext, in dem sich die Schlüsselkategorie die „Kita im Sozialraum" bewegt, ist folgender:

-   Familie als Zielgruppe

Im Sinne der Außenperspektive einer sozialräumlichen Orientierung von Kindertageseinrichtung, stellt sich als Kontextbedingung die Familie als primäre Zielgruppe heraus.

6.2.4.2.1 Familie als Zielgruppe

Die Familie ist im Sinne der Außenperspektive der Kindertageseirichtung im Sozialraum als Zielgruppe und somit als Kontextbedingung zu verstehen.

Insgesamt trägt der gesellschaftliche Wandel zu einer Blickwinkel- und somit auch zu einer Zielgruppenerweiterung von Kindertageseinrichtung bei. Die Erziehung von Kindern oblag viele Jahre lang den Familien und der klassische Kindergarten diente dazu, die Kinder gut betreut zu wissen. Ein Erziehungs- und Bildungsauftrag wurde hier erst später formuliert (vgl. Rauschenbach 2008, S. 134). In einer Studie von Tietze, Ende der 1980er Jahre, erwies es sich, dass, sofern die Mütter keinem Beruf nachgingen, 99 % der Kinder im Alter bis drei Jahre und 88 % der Kinder im Alter von drei bis sechs Jahren im privaten Umfeld betreut wurden. War die Mutter erwerbstätig, sank die Zahl auf 88 % bei den unter Dreijährigen, beziehungsweise bei den Drei- bis Sechsjährigen auf 75 % (vgl. Tietze & Roßbach 1991, S. 567f. zit. in Rauschenbach 2008, S. 134), was bedeutet, dass im Falle einer Berufstätigkeit die Betreuung der Kinder überwiegend privat organisiert wurde. Frühpädagogische Institutionen waren damals somit nur eine punktuelle Ergänzung zur überwiegend privaten Kinderbetreuung (vgl. Rauschenbach 2008, S. 134). Diese Zahlen sind mit dem Blick auf den aktuellen Zahlenspiegel des Deutschen Jugendinstituts (2007), nach welchem ca. 90 % der Kinder im Alter von drei bis sechs Jahren eine Kindertageseinrichtung besuchen, kaum mehr nachzuvollziehen. Früher lag der Fokus somit verstärkt auf dem Kind und darüber hinaus meist nur auf der Mutter, die überwiegend die Kinderbetreuung im familiären Bereich übernahm und so durch die Bring- und Abholzeiten des Kindes in Maßen präsent in der Einrichtung war. Allein durch den gesellschaftlichen Wandel, der es mit sich brachte, dass eine Doppelberufstätigkeit von Eltern keine Seltenheit mehr ist und so auch Väter Aufgaben in Bezug auf die Kinder wahrnehmen, werden die Väter als eine „neue" Zielgruppe in Kindertageseinrichtungen anerkannt. Um den familiären Wandlungsprozessen zu entsprechen und den Förder- und Unterstützungsbedarfen von Familien gerecht zu werden, zeigt sich derzeit der Trend, bisher getrennte Angebote für einzelne Familienmitglieder zu bündeln und aus einer Hand beziehungsweise unter einem Dach anzubieten. „Leitidee dieser Entwicklungen ist es, das Angebot sozialraumorientiert auf die Bedarfe von Familien auszurichten und so zu organisieren, dass Kinder und Familien im Zentrum stehen." (Heitkötter, Rauschenbach & Diller 2008, S. 12f.) Familiäre und institutionelle Erziehung sollen in einem Wechselspiel zusammen agieren und sich gegenseitig bedingen.[77] Diese Zusammenarbeit soll im Rahmen einer „Erziehungspartnerschaft" gestaltet werden.[78]

Vonseiten der Untersuchungsgruppen werden die Familien, die die Einrichtung besuchen, anhand bestimmter Eigenschaften klassifiziert:

Eigenschaft	Dimension
Familienform	Alleinerziehend – Patchwork – Normalfamilie
Herkunft/Familien mit Migrationshintergrund	hoch – gering
Kinderzahl	hoch – gering
Finanzielle Situation	sehr gut – sehr schlecht
Berufliche Stellung	sehr gut (Akademiker) – sehr schlecht (leben von Transferleistungen)
Wohnsituation	sehr gut – sehr schlecht

Familien werden nach ihrer Lebensform klassifiziert, das heißt, ob sie in der klassischen Normalfamilie zusammenleben, oder in anderen Formen, wie zum Beispiel als Alleinerziehende (vgl. FZ-K, S. 4, Z. 25) oder in einer Patchwork Familie (vgl. FZ-L, S. 4, Z. 26f.). Zentrales Kriterium zur Klassifizierung der Familien ist das Kriterium der Herkunft. Hier geht es auch um die Akzeptanz des „Anders sein" und der Ausgangsannahme, dass Familien mit Migrationshintergrund zwar eine Gruppe im Rahmen der Institution darstellen, aber im Rahmen dieser auch durchaus different sind (vgl. FZ-L, S. 5, Z. 2–6/Kita-A, S. 3, Z. 29f.). Familien mit Migrationshintergrund haben einen anderen kulturellen Hintergrund sowie teils andere Normen und Werte, die in der gemeinsamen Arbeit zu Schwierigkeiten führen können (vgl. FZ-J, S. 6, Z. 12–20). Hier kommt es möglicherweise zu Konfrontationen mit unterschiedlichen Weltbildern (vgl.

---

77   Siehe Kapitel 6.2.3.5.2 „Einrichtung als familienergänzend bis familienersetzend".
78   Siehe Kapitel 6.2.4.4.3 „Zusammenarbeit mit Eltern".

FZ-E, S. 7, Z. 7–11). Vor allem das Thema Religion wird als ein wiederkehrender Konfliktpunkt vonseiten der Fachkräfte erlebt (vgl. FZ-L, S. 5, Z. 4–13). Neben kulturellen Barrieren können auch Sprachbarrieren auftreten, wo die Einrichtungen individuelle Wege finden müssen, um damit umzugehen (vgl. FZ-K, S. 5, Z. 26–33). Vielfältige Nationen in einer Einrichtung werden aber auch als eine Ressource begriffen, die in der pädagogischen Arbeit genutzt wird (vgl. FZ-C, S. 4, Z. 8–15). Somit kann ein Migrationshintergrund nicht als eine grundsätzliche Barriere verstanden werden (vgl. FZ-C, S. 7, Z. 10f.). Weitere Kriterien zur Klassifizierung der Familien sind die Anzahl der Kinder (vgl. Kita-A, S. 3, Z. 8–11/FZ-K, S. 4, Z. 23ff.) und die finanzielle Situation der Familien (vgl. Kita-A, S. 3, Z. 2–8/Kita-B, S. 14, Z. 30–34/FZ-E, S. 1, Z. 21ff.), welche auch das Kriterium der beruflichen Stellung (vgl. FZ-C, S. 26, Z. 7–13) beeinflusst. Eine mittelständige Familie, beziehungsweise eine „intellektuelle Elternschaft" wird hier als eine Ressource für die Arbeit angesehen (vgl. Kita-F, S. 17, Z. 12–15). Ein weiteres Kriterium ist die Wohnsituation der Familien. Leben die Familien beispielsweise auf sehr beengtem Wohnraum, kann dies einen Einfluss auf die Arbeit in der Einrichtung haben (vgl. FZ-J, S. 3, Z. 11–18). Des Weiteren wird danach differenziert, ob die Familien in der unmittelbaren Umgebung wohnen oder ob die Familien von weit entfernt kommen und die Einrichtung aufgrund ihrer praktischen Erreichbarkeit gewählt haben (weil sie zum Beispiel auf dem Arbeitsweg der Eltern liegt) (vgl. Kita-D, S. 17, Z. 6–12/S. 14, Z. 12–16).

Tendenziell ist es so, dass die Lebenssituationen der Familien in den einzelnen Einrichtungen jedoch weitestgehend homogen sind (vgl. FZ-E, S. 5, Z. 13ff./Kita-E, S. 2, Z. 2–6).

Eigenschaft	Dimension
Lebenssituationen der Familien	heterogen – homogen

Insbesondere Kindertageseinrichtungen in freier Trägerschaft haben Aufnahmekriterien, welche wiederum dazu führen, dass Personenkreise, die diese Merkmale nicht erfüllen, ausgeschlossen werden. Folgende Aufnahmekriterien ließen sich im Datenmaterial identifizieren:

Eigenschaft	Dimension
Wohnortnähe	nah – fern
Beitrag	Standard – erhöht
Forderung von Mitarbeit	stark – gering

Ein Kriterium ist die Wohnortnähe, Familien, die in der nahen Umgebung der Einrichtung wohnen, werden bevorzugt aufgenommen, damit die Kinder sich durch den Besuch der Kindertageseinrichtung ein soziales Netzwerk in ihrer Umgebung aufbauen können.

„(...) normalerweise macht die Wohnortnähe Sinn, weil das Kind ja dann wahrscheinlich auch in die Schule geht in diesem Stadtteil und dann auch für die zukünftigen Kontakte schon mal bestens vorbereitet dann seine Kinder- kennt die mit aus dem Kindergarten die in die Schule gehen und so weiter und so weiter." (Kita-I, S. 5, Z. 10–13)

Ein weiteres Kriterium ist ein erhöhter Beitrag, insbesondere von Kindertageseinrichtungen, die im Rahmen einer Vereinsträgerschaft agieren, wie zum Beispiel Elterninitiativen. Hier werden Familien mit geringeren finanziellen Mitteln ausgeschlossen.

„Die Eltern zahlen ja auch einen erhöhten Beitrag, wir sind ja eine e. V. das heißt die zahlen auch den Vereinsbeitrag der ist momentan bei 18,50 € pro Familie pro Monat, dann müssen die Eltern 15,00 € Trägeranteil zahlen, wir werden nicht zu 100 % finanziert vom Land Nordrhein-Westfalen das ist auch mit besonderen Kosten verbunden. (...) Das muss man auch ganz ehrlich sagen, vielleicht ist das auch schon so ein stückchenweit so ein Selektionsmerkmal denke ich manchmal .. es ist ja doch relativ viel Geld jetzt ne für, für ne Familie die zum Beispiel jetzt in Hartz IV Bezügen wäre." (Kita-H, S. 6, Z. 10–20)

Ein drittes Aufnahmekriterium kann die Forderung von Mitarbeit in der Einrichtung vonseiten der Eltern darstellen. Insbesondere bei traditionellen Kindertageseinrichtungen, die als Elterninitiativen organisiert sind, werden Eltern durch Pflichtaufgaben und besondere Mitbestimmungsrechte mit eingebunden. Eltern sind hier somit „Mitglieder" der Kindertageseinrichtung mit Rechten und Pflichten. Sie leisten Elternstunden ab und übernehmen Aufgaben in der Organisation und Verwaltung der Einrichtung sowie hauswirtschaftliche Tätigkeiten, wie zum Beispiel Kochen oder Putzen (vgl. Kita-H, S. 6, Z. 4–10). Das Wahrnehmen von Elternstunden ist jedoch keine Selbstverständlichkeit mehr, vermehrt können sich Eltern nach Aden-Grossmann (2010, S. 283) auch von diesen Diensten „frei kaufen".

Um die differenten Untersuchungsgruppen Familienzentrum NRW und traditionelle Kindertageseinrichtung aufzugreifen, haben beide gleichermaßen zum Ziel, auch die primären Bezugspersonen des Kindes, somit die Eltern, weitere relevante Familienmitglieder und Personen aus dem Leben der Kinder mit in die Einrichtung einzubinden. Praktisch umgesetzt heißt das beispielsweise, dass es neben den klassischen Elternabenden auch Großelternabende gibt oder Geschwistertage angeboten werden (vgl. Kita-H, S. 9, Z. 26–31). Die frühpädagogischen Institutionen sollen so zu einem Lebensraum, zu einem (Sozial)Raum für die Familie als Ganzes werden (vgl. FZ-K, S. 25, Z. 11–17).

In den Differenzen der beiden Untersuchungsgruppen zeigte sich hier, dass die traditionellen Kindertageseinrichtungen insbesondere auf die Zielgruppe Kind und alle relevanten, familiären Akteure um das Kind setzen, wohingegen die Familienzentren auch aufgrund ihrer Konzeption dazu verpflichtet sind, auch die Bewohnerinnen und Bewohner aus dem Sozialraum mit einzubeziehen, die keinen primären Bezug zur Einrichtung haben. Sie haben hier jedoch vielfach Schwierigkeiten „den Sozialraum einzubeziehen" und begründen dies mit „Scheu" des Sozialraumes. Hier findet eine Personifizierung des Sozialraumes statt, der Sozialraum wird zum Synonym für die Bewohnerinnen und Bewohner, die sich nicht einbinden lassen.

> „Ich glaube jedes Familienzentrum, das kann man schon so sagen, das höre ich auch auf Arbeitskreisen immer wieder, hat Probleme damit, erst mal den Sozialraum einzubeziehen, beziehungsweise der Sozialraum hat auch ein wenig Scheu." (FZ-C, S. 18, Z. 18–21)

Vonseiten der Einrichtung wird ein solcher Einbezug als nur begrenzt zu leisten gesehen, da die Einrichtung in sich ein geschlossenes System ist und es Zeit (Jahre) benötigt, bis ein Bewusstsein entsteht, dass die Institution Familienzentrum NRW für alle Menschen im Stadtteil offen ist (vgl. FZ-C, S. 18, Z. 21ff.).

Bei den traditionellen Kindertageseinrichtungen geht kein Gedanke dahingehend, dass auch Familien aus dem Sozialraum ohne Bezug zur Einrichtung Angebote nutzen könnten. Bei den Familienzentren NRW hingegen wird dieser Gedanke aufgegriffen, wohingegen sich aber in der Praxis zeigt, dass auch überwiegend Personen mit einem Bezug zur Einrichtung die Nutzerinnen und Nutzer der Angebote darstellen.

Kontrastierung bei der Nutzergruppe der Einrichtung	
Untersuchungsgruppe Familienzentrum NRW	Untersuchungsgruppe Traditionelle Kindertageseinrichtung
„Genau, ja. Also ich würd mal sagen 90 %, die irgendwas mit der Kita zu tun haben, von mir aus auch noch ne ne Mutter, die ne Freundin mitbringt, aber ich sag mal das ist auch noch Kita-Bezug. Und vielleicht wenn's hoch kommt so 10 %, die dann von ganz außerhalb kommen. Und das ist schon viel ..." (FZ-C, S. 18, Z. 30–34)	„Ja von neuen Eltern werden die Angebote gerne besonders rege angenommen. Eltern die schon länger dabei sind, sind da vielleicht schon ein bisschen gelassener und streben dann vielleicht ja schon zu andern Veranstaltungen, die zum Beispiel von der Schule angeboten werden das ist ja, so ist glaube ich das menschliche Naturell, dass man sich einfach am Anfang besonders engagiert und dabei uns das Interesse besonders groß ist." (Kita-E, S. 5, Z. 10–15)

Im Datenmaterial zeigt sich, dass Eltern bei traditionellen Kindertageseinrichtungen weniger als eigenständige Person mit eigenen Interessen beziehungsweise mit Ressourcen und Problemlagen etc. wahrgenommen werden, sondern sie vielmehr in ihrer Funktion als Mutter oder Vater im Blick der Fachkräfte stehen. Ihnen werden Angebote hinsichtlich der relevanten Rolle, die sie für die Institution auskleiden, angeboten. Darüber hinaus aber weniger Angebote, die sie als Person außerhalb ihrer Rolle als Mutter oder Vater ansprechen. Um es zu verdeutlichen, würde ein Elternabend zum Thema „Sauberkeitserziehung" in traditionellen Kindertageseinrichtungen und in Familienzentren NRW gleichermaßen angeboten werden, hier sind die Personen in ihrer Rolle als

Eltern die Zielgruppe, die konkrete erzieherische Fragestellungen mitbringen. Darüber hinaus wäre es denkbar, in einem Familienzentrum, in einem Sozialraum mit einer hohen Arbeitslosenquote, einen Elternabend anzubieten unter dem Motto „Bewerbungstraining". Dieses Thema hat keinen konkreten Kind-Bezug, spricht die Person somit nicht in der Rolle als Mutter oder Vater an, dafür aber gegebenenfalls als interessierte Personen mit einem Bedarf an einem Bewerbungstraining. Eine intensive Zusammenarbeit ist somit in beiden Organisationsformen gewünscht. Der Blick auf die Person, unter Berücksichtigung der relevanten Funktion, im Hinblick auf die Kindertageseinrichtung ist jedoch ein anderer. Im KiBiz lässt sich diese Unterscheidung der Organisationsformen finden, in der allgemein eine partnerschaftliche Zusammenarbeit und eine Mitwirkung von Eltern verankert ist (§ 9 KiBiz) und darüber hinaus festgeschrieben ist, dass Familienzentren ein alltagsnahes Netzwerk für Eltern und Kinder bereitstellen sollen (§ 16 KiBiz) (vgl. MGFFI 2009).

Im Rahmen des Projektes Familienzentrum NRW wird eine stärkere sozialräumliche Orientierung von Kindertageseinrichtungen forciert, mit welchen Aspekten diese umgesetzt werden soll, wurde in dem Kapitel 2.2 „Das Projekt Familienzentrum NRW" ausführlich beschrieben. Im Rahmen dieser Initiative soll der Blick nicht mehr ausschließlich auf dem Kind, welches in der Einrichtung betreut wird liegen, sondern darüber hinaus die Familie und die Bewohnerinnen und Bewohner des Nahraumes mit eingebunden werden. Das Familienzentrum soll ein „niederschwelliges Angebot zur Förderung und Unterstützung von Kindern und Familien in unterschiedlichen Lebenslagen und mit unterschiedlichen Bedürfnissen bereitstellen" (Stöbe-Blossey 2008, S. 195). Hier gab es insbesondere durch die Angebotserweiterung durch Kooperationen und Vernetzungen mit anderen Institutionen, nach Aussage der Fachkräfte, eine Ausdehnung der Zielgruppe (vgl. FZ-L, S. 12, Z. 17ff.). Es wird sich bei der Gestaltung von Angeboten auf einzelne Zielgruppen fokussiert, um möglichst bedarfsentsprechend zu agieren (vgl. FZ-C, S. 26, Z. 25f.). Dennoch sollen die Angebote so gestaltet sein, dass sie nicht ausschließlich die Eltern ansprechen, deren Kinder die Einrichtung besuchen, darüber hinaus sollen auch weitere Eltern erreicht werden (vgl. FZ-E, S. 17, Z. 1f.).[79]

Zusammenfassend lässt sich also festhalten, dass die Nutzerinnen und Nutzer der Einrichtung bei traditionellen Kindertageseinrichtungen über das Kind hinaus insbesondere weitere Familienmitglieder darstellen, während bei Familienzentren NRW darüber hinaus auch Bewohnerinnen und Bewohner aus dem Sozialraum Angebote der Institution in Anspruch nehmen (wobei hier die Angebotsvielfalt aufgrund des Organisationstyps im Regelfall auch umfangreicher ist). Dennoch sind es in den Familienzentren auch überwiegend Nutzerinnen und Nutzer, die meist noch einen Bezug zur Einrichtung über Familie, Freunde oder Bekannte haben (vgl. FZ-C, S. 18, Z. 30–34). Bei der Untersuchungsgruppe der traditionellen Kindertageseinrichtungen hingegen zeigte sich, dass zudem auch kein Gedanke dahin geht, Familien, die keinen Bezug haben zur Einrich-

---

79   Siehe Kapitel 6.2.4.4.2 „Kooperation und Vernetzung mit anderen Institutionen".

tung, einzubinden (vgl. Kita-E, S. 5, Z. 10–15). Insgesamt wird hier im Hinblick auf den Kontext Familie als Zielgruppe in Bezug auf die Schlüsselkategorie die „Kita im Sozialraum" eine Differenz der beiden Untersuchungsgruppen deutlich.

6.2.4.3 Intervenierende Bedingungen

Die folgenden intervenierenden Bedingungen sind die Vorbedingungen für die Strategien in Bezug auf die Außenperspektive die „Kita im Sozialraum":

- Niederschwelligkeit der Institution

- Wahrnehmen von Ressourcen und Problemlagen des Sozialraumes

- Engagement der Fachkräfte

Insbesondere der Aspekt „Niederschwelligkeit der Institution" erwies sich im Datenmaterial als besonders relevant.

6.2.4.3.1 Niederschwelligkeit der Institution

Eine zentrale intervenierende Bedingung stellt die niederschwellige Gestaltung der pädagogischen Arbeit dar. Die Angebote der Einrichtung und die Institution Kindertageseinrichtung sollen niederschwellig gestaltet sein, um möglichst vielen Personen die „Teilnahme" zu ermöglichen. Greift man auf das Bild Kindertageseinrichtung als „Insel" zurück, zeigt sich hier, dass eine Insel etwas klar Abgegrenztes ist und eine Insel zunächst einmal von außen nicht niederschwellig begehbar ist und auch nicht ohne Umstände verlassen werden kann.[80] Im Rahmen des Projektes Familienzentrum NRW wird die Prämisse aufgestellt, „dass die Angebote niedrigschwellig sind, d. h. alltagsnah gestaltet werden und ohne Hemmschwelle oder räumliche Hindernisse in Anspruch zu nehmen sind" (MGFFI 2008, S. 2). Insbesondere in Stadtteilen, in denen überwiegend weniger gut situierte und bildungsferne Familien wohnen, kommt der niederschwelligen Gestaltung eine besonders hohe Bedeutung zu.

> „(...) ich würd mir wünschen, dass man noch mehr umsetzen könnte, aber das liegt eben dann am Sozialraum, dass man eben ganz niederschwellig anbieten muss und dass man eben nicht so diese Höhenflüge machen kann wie mit Frau (Name) dass man sagte 10 Angebote hintereinander und tolle Elternschule (...)." (FZ-J, S. 34, Z. 18–22)

Hier müssen Familien verstärkt eine niederschwellige Unterstützung in der Gestaltung ihres Alltags erfahren (vgl. Kita-H, S. 22, Z. 26 – S. 23, Z. 7). Die Kindertageseinrich-

---

80   Siehe Kapitel 6.2 „Das Phänomen ‚Kitas sind (keine) Inseln'".

tung dient als Türöffner, um an die Eltern „ranzukommen". Insbesondere Angebote, die Eltern und Kinder gemeinsam ansprechen, werden als besonders niederschwellig angesehen (vgl. FZ-C, S 27, Z. 23f.). Die zusätzlichen Angebote, die durch ein Familienzentrum im Stadtteil entstehen, sind eine zusätzliche Ressource für diesen (vgl. FZ-B, S. 25, Z. 2f.). Dieser Aspekt ist auch der wesentliche Kern, den ein Familienzentrum ausmacht, die Öffnung über die Angebote nach außen. Dies impliziert eine Öffnung für Familien aus dem Stadtteil, aber auch eine Öffnung für andere Institutionen.

> „(...) das wesentliche Kernelement oder <u>dass</u> das, was für mich das Familienzentrum ausmacht, ist einfach diese Öffnung über diese, ja im KiBiz formulierten Aufgaben oder bisbisher im GTK formulierten Aufgaben der Betreuung und Bildung hinaus. D-das das ist ja auch in in in <u>diesen</u> Bereichen erkannt worden. Ich habe diesen Arbeiter natürlich in erster Linie hier über den Tag an den Kindern, aber die Kinder kommen nicht unsere Fam- ohne ihre Familien, auch nicht hier in den Kindergarten. So und dass dieser Fokus, der durch weiterführende Angebote, Information und so weiter da nochmal sehr stark die Familien ins <u>Zentrum</u> geholt hat als Familien und nicht nur die Kinder bezogen auf den Kindergarten, das ist für mich ein ein also ein ganz zentraler Punkt im Bereich Familienzentrum. Das Zweite ist diese Öffnung zu diesen Kooperationen hin, die dann auch deutlich und sichtbar sind und tatsächlich auch stattfinden und .. das Dritte ist, dass ich nicht mehr an diesen <u>eng</u> gesteckten Kinder- beziehungsweise Tagesstättengrenzen mit der Arbeit aufhören <u>muss</u>." (FZ-E, S. 35, Z. 1–13)

Die Institution Kindertageseinrichtung will sich dem Nahraum öffnen. Sie sieht die Veränderung der Familienzentren und strebt selbst Gedanken hinsichtlich einer Öffnung an.

> „(...) vielleicht nachmittags oder abends wir sind ja kein Familienzentrum, aber trotzdem könnten wir darüber nachdenken oder denken wir darüber nach, uns für für die Umgebung uns hier auch zu öffnen und nicht nur ein Ort zu sein wo die Kinder und die Eltern die hier auch im Verein sind dabei sein wo auch andere Menschen die Räume sehen und nutzen können." (Kita-E, S. 4, Z. 28–32)

Die Prämisse der Niederschwelligkeit ist also, so stellt es sich im Datenmaterial heraus, ganz klar auch eine Prämisse, die eng mit der Zielgruppenorientierung zusammenhängt. Insbesondere Eltern sollen durch Niederschwelligkeit mehr und aktiver in die Arbeit der Einrichtung eingebunden werden.[81]

Schaut man sich den Begriff „niederschwellig" etymologisch näher an, setzt dieser sich aus den Begriffen „niedrig" und „Schwelle" zusammen. Der Begriff könnte sich mit dem Begriff der Hemmschwelle in Verbindung bringen lassen. Eine Hemmschwelle hindert jemanden daran, etwas zu tun. Es ist nach psychologischer Definition die „Un-

---

81   Siehe Kapitel 6.2.4.2.1 „Familie als Zielgruppe".

terdrückung oder Schwächung des Ablaufs körperlicher oder seelischer Vorgänge im Rahmen der menschlichen Gesellschaft" (Horney, Ruppert & Schultze 1970, S. 1222). Im sozialen Raum kann sich eine menschliche Hemmung negativ in Form von Gehemmtheit oder Kontaktschwäche sowie positiv in Form einer „moralischen Hemmung" zeigen (vgl. Horney, Ruppert & Schultze 1970, S. 1222). Der Begriff der Niederschwelligkeit impliziert zwei „Schwellen". Einmal die räumliche Schwelle, die einen Raum von einem anderen abgrenzt. Räumlich gesehen ist diese Schwelle immer vorhanden. Sie muss strukturell und persönlich gestaltet werden, um sie „niedrig" zu halten. Darüber hinaus gibt es die innere Hemmschwelle eines Menschen, welche die innere psychologische Hemmung eines Menschen, gewisse Dinge zu tun, impliziert. Diese Hemmschwelle ist interdependent. Es geht also im Sinne der Niederschwelligkeit darum, die (Hemm-)Schwelle für Akteure niedrig zu halten. Nach Wadenfels (1999, S. 203) impliziert Schwelle die räumliche „Abgrenzung" zu anderen Räumen:

> „Ebenso wie die Schranke, die dem Grenzüberschritte Einhalt gebietet, gehört die Schwelle zum begrifflichen Umfeld der Grenze (...). Hier finden sich alle jene entscheidenden Momente wieder, die der Funktion der Ein- oder Ausgrenzung innewohnen: die Scheidezone, der Übergang und die Asymmetrie von Diesseits und Jenseits als Indizien der Fremdheit."

Die Schwelle ist hier ein wesentliches Element der Abgrenzung zu anderen „Räumen". In diesem Kontext nimmt die Schwelle eine räumliche Dimension ein. Langhanky, Frieß, Hußmann und Kunstreich (2004, S. 96f.) definieren „Schwelle" folgendermaßen: „Schwellen definieren die Ausprägung der Asymmetrie, die Vehemenz des Unterschiedes zwischen drinnen und draußen, die Fremdheit. Schwellen sind nicht zu beseitigen. Sie sind evident." Schwellen können jedoch bewusst durch strukturelle Mittel von Akteuren gestaltet werden, um sie niedrig zu halten. Bei der architektonischen Gestaltung der Hamburger Kinder- und Familienhilfezentren wurde dem Gestalten von Schwellen eine besondere Bedeutung beigemessen. Die erste Schwelle, die Familien bei dem Eintritt übertreten, soll nicht mit dem Stigma „Ich brauche Hilfe" versehen werden, sondern mit persönlichen Symbolen des Willkommenseins gestaltet sein (vgl. Langhanky, Frieß, Hußmann & Kunstreich 2004, S. 97f.). Für den Deutschen Verein für öffentliche und private Fürsorge e. V. (2005) ist die Orientierung an der Lebenswelt und den sozialräumlichen Gegebenheiten das zentrale Element für eine niederschwellige Arbeitsgestaltung. Eine niederschwellige Gestaltung von Angeboten setzt das Wahrnehmen, Verstehen und Wissen um den Alltag und die konkrete Lebenssituation der Familien voraus. Hier wird der enge Zusammenhang von einer niederschwelligen Arbeit und einer sozialräumlichen Orientierung deutlich.

Im Datenmaterial wird Niederschwelligkeit anhand bestimmter Kriterien definiert, dazu zählt, dass die Angebote in einem regelmäßigen Abstand wiederholt werden, da die Eltern so das Gefühl haben, an etwas Vertrautem teilzunehmen (vgl. FZ-L, S. 14, Z. 19–24). Des Weiteren sollen Angebote in kleine Einheiten unterteilt werden, so dass die Teilnehmerinnen und Teilnehmer nicht zu einer längerfristigen Teilnahme verpflichtet sind (vgl. FZ-L, S. 10, Z. 20f.). Weiter sollen die Angebote zu flexiblen Zeiten, zum Beispiel auch am Wochenende, stattfinden (vgl. FZ-B, S. 8, Z. 33) und möglichst kostenfrei für die Teilnehmerinnen und Teilnehmer sein (vgl. FZ-K, S. 8, Z. 34 – S. 9, Z. 4). Im Idealfall finden die Angebote in den Räumlichkeiten der Einrichtung oder in den für die Familien nicht unbekannten Räumlichkeiten statt, da die Umgebung so einen vertrauten Rahmen schafft (vgl. FZ-B, S. 16, Z. 15ff.).

Eingehend impliziert der Begriff der Niederschwelligkeit drei Dimensionen.[82] Die Soziale Dimension, die Inhaltliche/Sachliche Dimension sowie die Räumliche/Zeitliche Dimension. Die *Soziale Dimension* impliziert Aspekte der zwischenmenschlichen Ebene, d. h. die wechselseitige Bezugnahme sowie das soziale Handeln und Verhalten der Akteure untereinander. Eine persönliche Beziehung, die von einem vertrauensvollen Umgang geprägt ist, schafft die Basis für ein fruchtbares Miteinander. Die Fachkräfte müssen ausgehend von dieser Beziehungsebene flexibel und individuell nach den jeweiligen Bedürfnissen und Lebenssituationen der unterschiedlichen Akteure agieren. Im Sinne von Motivation sollen Familien des Weiteren dazu bewegt werden, Angebote, die ihnen Unterstützung und Hilfestellung im Alltag bieten können, anzunehmen. Auch müssen sie in diesem Sinne für ihre eigene Lebenssituation sensibilisiert werden, damit sie Veränderungen und Probleme eigenständig wahrnehmen und dementsprechend handeln und reagieren können. Im Sinne von Teilhabe sollen Familien an dem Leben in der Institution teilhaben können, sie sollen sich als ein Teil dessen begreifen und darüber hinaus Begleitung und Unterstützung in ihrem Lebensalltag erfahren. Einen abschließenden Aspekt der sozialen Dimension von Niederschwelligkeit stellt der Lebensweltbezug dar. In diesem Sinne soll die Arbeit immer konkret an den individuellen Lebenssituationen der Familien ausgerichtet sein. Die zweite Dimension von Niederschwelligkeit ist die *Inhaltliche/Sachliche Dimension*, welche inhaltliche und sachliche Rahmenbedingungen von Niederschwelligkeit impliziert. Zunächst ist hier der Aspekt der Zielgruppen- und Bedarfsorientierung zu nennen. Dieser setzt eine konkrete Orientierung an den Interessen und Bedürfnissen der Zielgruppe voraus. Darüber hinaus sollen Angebote beitragsfrei, unverbindlich, voraussetzungsfrei (d. h. die Teilnehmerinnen und Teilnehmer dürfen nicht mit Eingangsvoraussetzungen konfrontiert werden) und in besonderen Fällen anonym (so zum Beispiel bei der Erziehungsberatung) in Anspruch genommen werden können. Ein weiterer sehr zentraler Aspekt der inhaltlich und sachlichen Dimension ist, dass die Angebote in Kooperation und Vernetzung erbracht werden, um so möglichst für viele Familien im Nahraum niederschwellige Angebote zu gestalten, da die Bedürfnisse dieser Familien sich durchaus unterscheiden können. Das

---

82   Die verschiedenen Ebenen von Niederschwelligkeit wurden im Rahmen der unveröffentlichten Master-Abschlussarbeit (04.10.2011) von der Autorin an der Fachhochschule Köln, Thema: „Fachlicher Diskurs zur Bedeutung des Begriffes der ‚Niederschwelligkeit' in Frühpädagogik und Familienbildung – am Beispiel der Familienzentren NRW – Eine qualitativ-empirische Studie" anhand von Fachliteraturanalysen, Analysen von Einrichtungsdokumenten (Konzepten, Flyer etc.) sowie Experteninterviews mit der Fachpraxis herausgearbeitet.

heißt wiederum, dass die Angebote auch im Niveau flexibel gehalten werden müssen. Denn ein Angebot, was für die eine Person niederschwellig ist, ist nicht zwingend für eine andere Person auch niederschwellig. Als letzter Aspekt ist noch der Aspekt der Prävention zu nennen. Angebote sind besonders niederschwellig, wenn sie präventiv, noch vor einem möglichen Hilfebedarf ansetzen. Die *Räumliche/Zeitliche Dimension* beinhaltet strukturelle Rahmenbedingungen von Kindertageseinrichtungen, die organisatorisch, im Sinne von Niederschwelligkeit, umgesetzt werden müssen. Zunächst ist ein Bezug zum Sozialraum unerlässlich. Der Sozialraum mit seiner Struktur und seinen Gegebenheiten ist ausschlaggebend für die Gestaltung der Arbeit. Daran angrenzend ist die Wohnortnähe der Einrichtung ein wesentliches Kriterium einer niederschwelligen Arbeit. Angebote, die u. a. auch zum Beispiel durch Kooperations- und Vernetzungspartner angeboten werden, sollen hier insbesondere in den Räumlichkeiten der Kindertageseinrichtung stattfinden, um den Familien so die Teilnahme zu erleichtern. Darüber hinaus erweist sich hier auch eine Kombination aus einer Komm- und Gehstruktur als sinnvoll. Somit einerseits Angebote/Aktivitäten, die in der Kindertageseinrichtung stattfinden und andererseits Angebote, wie zum Beispiel spezielle Hausbesuchsprogramme, die die Familien in ihrem Lebensraum aufsuchen. Des Weiteren ist die praktische räumliche Erreichbarkeit von Bedeutung. Räumliche Barrieren, wie zum Beispiel Treppenstufen als Hindernis für Familien mit Kinderwagen, würden den Zugang unnötig erschweren und die Schwelle erhöhen. Als letzter Aspekt dieser Dimension ist die zeitliche Bedarfsorientierung zu nennen. Flexible, bedarfsentsprechende Öffnungszeiten, die Familien in ihrer Lebensgestaltung unterstützen und ihnen einen Ansprechpartner entsprechend ihrer Bedürfnisse stellen, gelten als niederschwellig. Die niederschwellige Gestaltung einer Institution ist somit ein umfassendes Konstrukt, welches Familien zur Teilhabe motivieren und den Zugang zur Institution und zu Angeboten, ohne Widerstände ermöglichen soll. Dies am besten im Sinne eines partizipierenden Zuganges, der Familie als einen Teil der Institution versteht und ein gemeinsames Miteinander zum Ziel hat (vgl. Jares 2011).

Zusammenfassend ist die niederschwellige Gestaltung der Angebote sowie der Institution eine zentrale intervenierende Bedingung für die Strategie im Umgang mit der Schlüsselperspektive die „Kita im Sozialraum". Der Begriff der Niederschwelligkeit ist in der Fachwissenschaft und in Konzeptionen ein vielfach verwendeter, eine klare Definition gibt es jedoch nicht, weshalb an dieser Stelle auf die unveröffentlichte Studie der Autorin aus dem Jahr 2011 zurückgegriffen wird, in welcher der Begriff näher ausgearbeitet wurde. Die befragten Fachkräfte haben individuelle Arbeitsweisen im Bezug auf eine niederschwellige Arbeitsgestaltung, die ihnen dabei helfen soll, Familien umfassend zur Teilhabe am Alltag und an Angeboten zu motivieren.

6.2.4.3.2 Wahrnehmen von Ressourcen und Problemlagen des Sozialraumes

Um sozialräumlich agieren zu können, müssen als intervenierende Bedingung zunächst die Ressourcen und Problemlagen des eigenen Sozialraumes wahrgenommen werden.

Der stetige Wandel, den die Gesellschaft durchläuft und welcher somit auch Auswirkungen auf die Sozialräume hat, fordert es von den Einrichtungen, einen differenzierten offenen Blick einzunehmen, um letztendlich bedarfsgerecht handeln zu können. Hierbei werden die Eltern als ein Teil des Sozialraumes begriffen. Wobei hier auch wieder die administrativen Beeinflussungen der Sozialraumdefinition berücksichtigt werden müssen, wonach Eltern nicht zwingend Bewohner des Sozialraumes, in dem sich die Kindertageseinrichtung befindet, sind.[83] Dadurch, dass sich der Stadtteil, in dem sich die Einrichtung befindet, wandelt, fordert dies von den Fachkräften, dass sie diesen Wandel wahrnehmen, aufnehmen und dementsprechend handeln, da diese Veränderungen sich in der Einrichtung widerspiegeln (vgl. FZ-L, S. 15, Z. 28 – S. 16, Z. 20/Kita-G, S. 23, Z. 6–31).

> „Demographisch verändert sich dieser Stadtteil hier auch grade sehr stark, das heißt ein klassisches Wohngebiet die (Name)-Siedlung kippt grade von den Generationen. Sehr viele alte Menschen sterben oder ziehen weg, junge Familien ziehen zu, es gibt einige große Neubaugebiete die zu unserem Einzugsgebiet gehören so dass also die Nachfrage wirklich immens ist hier an, an Kindertagesbetreuung auch, ne." (Kita-F, S. 1, Z. 16–21)

Grund für einen Wandel der Elternschaft ist auch das Hinzukommen der unter Dreijährigen-Betreuung. Dadurch, dass insbesondere Elternteile, die früh wieder berufstätig sein möchten/müssen, ihre Kinder frühzeitig betreuen lassen, U3-Plätze aber nicht flächendeckend verfügbar sind, sind Eltern mit diesem Bedarf bereit, auch entferntere Einrichtungen zu nutzen. In der Konsequenz kann dies dazu führen, dass in sogenannten „Brennpunkt"-Einrichtungen überwiegend U3-Kinder aus gut situierten Familien betreut werden (vgl. Kita-A, S. 6, Z. 20–33). Der Blick der Wahrnehmung muss somit über die Grenzen des eigenen Sozialraumes hinausgehen. Auch Ressourcen oder Problemlagen von angrenzenden Sozialräumen haben eine Relevanz für die eigene Arbeit, da sie sich im eigenen bemerkbar machen können (vgl. Kita-F, S. 1, Z. 16–21). Aufgrund von Problemlagen, die sich im Sozialraum zeigen, schließen die Fachkräfte auf Bedürfnisse, die die Akteure haben, um so, entsprechend ihrer Möglichkeiten, Unterstützungen anzubieten.

> „(...) auch den Freizeitmöglichkeiten die die Familien hier haben, also da sind wir ja auch oft schon dabei und machen Angebote ne so geben Tipps an Eltern weiter ne durch Aushänge oder wenn man etwas tolles mal erlebt hat da könnte man dann mal hinfahren, man versucht den einfach immer so ein bisschen auf die Sprünge zu helfen ne, das ist so." (FZ-L, S. 19, Z. 7–10)

Somit lässt sich daraus schließen, dass die Untersuchungsgruppen ihren Nahraum wahrnehmen und sich diesen bewusst machen für ihre eigene Arbeit, beziehungsweise die Problemlagen wahrnehmen und hier wiederum auf die daraus resultierenden Bedürfnis-

---

83   Siehe Kapitel 6.2.4.1.1 „Administrative Beeinflussungen der Sozialraumdefinition".

se der Menschen schließen und darauf eingehen. Dies findet in unterschiedlicher Intensivität statt. In der Definition wird Sozialraumorientierung von den Fachkräften der Untersuchungsgruppe der Familienzentren NRW als das Wahrnehmen von Bedürfnissen der Menschen, die die Einrichtung besuchen, bezeichnet.

> „Was verstehe ich da drunter, dass ich im Grunde genommen die Bedürfnisse der Menschen hier wahrnehme und entsprechende Möglichkeiten anbieten (...).“ (FZ-K, S. 29, Z. 17f.)

Der Schwerpunkt der Arbeit in den Institutionen richtet sich nach dem jeweiligen Standort und den Familien, die diese Einrichtung besuchen.

> „Also ich sag mal so, kein- als Kindertagesstätte jetzt gibt es natürlich Vorgab- also es gibt ja quasi so eine Art Gesamtkonzept was vom Jugendamt also vom Träger kommt wo man natürlich schon sehen muss, dass man je nach Stadtteil unterschiedliche Schwerpunkte hat. Wenn ich in (Name eines Stadtteils IV) eine Kindertagesstätte habe in der 80 bis 90 % Kinder mit Migrationshintergrund sind, habe ich natürlich Sprachförderung ganz oben stehen als absolute Priorität alles ist- .. funktioniert wenn wir es nicht schaffen, dass die Kinder Deutsch sprechen wenn sie eingeschult werden, da können wir gleich einpacken. Das ist jetzt bei uns nicht der Fall, also ich muss da nicht so viel, musste da noch nie so viel reinsetzen, also wir haben Bewegungen so als, wie soll ich sagen Schwerpunkt jetzt gesehen und auch nach wie vor sehe ich das so, dass wir da sehr großen Wert drauf legen, dass da in der Richtung sehr viel mit den Kindern gemacht wird.“ (FZ-I, S. 19, Z. 1–13)

In einem Sozialraum spiegeln sich daher gesellschaftliche Wandlungs- und Entwicklungsprozesse wider:

> „Je nach Grad sozialer und räumlicher Segregation kumulieren in bestimmten Gebieten einer Kommune die Problemlagen: Arbeitslosigkeit verändert die Nachbarschaft, Wanderungsprozesse verändern die Zusammensetzung der Bevölkerung und werfen Fragen nach dem Zusammenleben verschiedener ethnischer Gruppen auf, demographische Probleme lassen einzelne Quartiere altern oder bewirken ebenfalls einen Bevölkerungsumbruch.“ (VSOP 1998, S. 1 zit. in Deinet 2002c, S. 181)

Den befragten Fachkräften stehen für ihre Arbeit städtische, statistisch erfasste (Sozialraum-)Daten zur Verfügung. Diese Daten sollen Fachkräfte in der Fachpraxis dabei unterstützen, ihren eigenen Nahraum anhand von Zahlen differenzierter wahrnehmen zu können. Diese statistischen Daten werden von der Jugendhilfeplanung rückwirkend herausgegeben und werden von der Fachpraxis daher als „veraltet“ (vgl. FZ-L, S. 18, Z. 16ff.) und auch in Teilen als „fehlerhaft“ bezeichnet (vgl. FZ-I, S. 14, Z. 18–22). Zudem erleben es die Fachkräfte als schwierig, diese Daten nachzuvollziehen.

> „(...) ich habe nicht studiert also ich muss schon gucken so eine Sozialraumanalyse auch zu verstehen.“ (FZ-B, S. 27, Z. 28f.)

Der Jugendhilfeplanung obliegt nach § 80 SGB VIII die Planungsverantwortung der städtischen Jugendämter. Ihr Aufgabengebiet umfasst somit die Bestandsfeststellung, Bedarfsermittlung und Maßnahmenplanung. Der klassischen Sozialraumanalyse der Jugendhilfeplanung liegt eine infrastrukturelle Vorstellung von Sozialraum zugrunde. Nicht die Akteure stehen im Zentrum des Interesses, sondern vielmehr die räumlichen Strukturen mit ihrer infrastrukturellen Ausstattung und ihren geographischen und administrativen Bezügen. Dies schließt auch auf den Gedanken einer räumlichen Begrenztheit (vgl. Merchel 2001, S. 372 zit. in Deinet 2002c, S. 180). Der Verein für Sozialplanung e. V.[84] (1998, S. 1 zit. in Deinet 2002c, S. 181) definiert Sozialraumanalyse als „ein(en) Ansatz Lebensräume möglichst realitätstreu und wirklichkeitsnah abzubilden" und das Ziel einer solchen Analyse sollte darin bestehen, „ein umfassendes integriertes kleinräumiges und aktuelles soziales Planungsinformationssystem" zu schaffen.

Konfessionelle Kindertageseinrichtungen beziehen darüber hinaus Daten von der zuständigen Kirchengemeinde, jedoch werden auch diese nicht als ausschlaggebend für die Gestaltung der Arbeit bezeichnet.

> „Wir wissen welche .. wie viele Kirchenmitglieder in der Gemeinde sind, wie viele Täuflinge und so, aber ich denke schon, dass die diese Daten auch mit berücksichtigt werden bei den Aufnahmen. Inwiefern sie jetzt hilfreich sein könnten für unsere Arbeit, wüsste ich im Moment nicht zu sagen, also wir haben ja das Thema Migrationshintergrund so was das ist kein Thema für uns hier ne überhaupt nicht, also das muss man einfach, muss man einfach so sehen." (Kita-J, S. 12, Z. 16–19)

Das Problem, dass die definierten Sozialräume der Jugendhilfeplanung, beziehungsweise der öffentlichen Träger, nicht homogen sind mit den Verwaltungsbezirken der Kirchengemeinden wurde im Kapitel 6.2.4.1.1 „Administrative Beeinflussungen der Sozialraumdefinition" bereits erläutert. Hier wäre eine einheitliche Planungsgrundlage für alle Akteure hilfreich und erstrebenswert (vgl. Deinet 2002c, S. 183). Allgemein ist das Problem, dass die sozialräumlichen Analysen daher sehr different sind:

> „Es reicht von der Gebietstypisierung durch Erfahrungswissen über die Konfiguration als Versorgungsräume für soziale Dienstleistungen bis zu ausgefeilten sozialökologischen Analysen der Lebensverhältnisse mittels unterschiedlicher Indikatoren. Beim Aufbau eines integrierten kleinräumigen und aktuellen Planungs-Informations-Systems führt der Weg von der Datensammlung über eine Datenverdichtung zur Indikatorenbildung. Es geht dabei nicht um eine extensive Datensammlung, sondern um die Reduzierung lebensweltlicher Komplexität durch ein aussagefähiges Tableau quantitativer und qualitativer Indikatoren." (VSOP 1998, S. 2f. zit. in Deinet 2002c, S. 181)

---

84   Kurz VSOP.

186

Insgesamt wird im Datenmaterial deutlich, dass den statistischen Daten, die die Einrichtungen von übergeordneten Instanzen erhalten, eine unterschiedliche Bedeutsamkeit beigemessen wird. Dies lässt sich auf die Tatsache zurückführen, dass beispielsweise die Städte Daten über Menschen mit Migrationshintergrund, Menschen die von Transferleistungen leben oder Zahlen zu Kindern im Alter von null bis sechs Jahren etc. anhand von festgelegten städtischen Grenzsetzungen zusammenfassen. Diese städtischen Grenzsetzungen sind betitelt als Quartiere, Sozialräume oder aber Stadtteile etc. Da sich aber in der Strategie der Fachkräfte zeigt, dass diese ihre eigenen Grenzen ziehen,[85] verlieren die städtischen festgelegten Grenzen an Bedeutsamkeit, da diese nicht zwingend das Bild vom Nahraum widerspiegeln, welches die Einrichtung von ihrem Nahraum hat. Und so verhält es sich auch mit den Daten. Die statistischen Daten sind nur dann hilfreich für die Einrichtungen, wenn diese sich mit den städtisch festgelegten Grenzsetzungen identifizieren können, ist dies nicht der Fall, so werden die Daten zwar zur Kenntnis genommen, aber erweisen sich nicht als besonders hilfreich in der praktischen Arbeit (vgl. FZ-J, S. 10, Z. 27–34).

„Also wir haben auch Daten von der Stadt, die sind aber so ein bisschen, ja es ist so ein bisschen komisch, die Stadtteilgrenzen sind hier so ein bisschen verschoben, also ein großes Gebiet wo Migranten wohnen ist zum Beispiel die (Name einer Straße in der Umgebung I) die ist am Ende von (Name des Stadtteils) gehört aber schon zu (Name des Nachbarstadtteils II). Aber (Name des Nachbarstadtteils II) ist ein ganzes Stück weit weg und gehört aber eigentlich zum Einzugsgebiet (Name des Stadtteils) auch die Kinder kommen von da her, von daher ist diese Statistik die die Stadt (Name der Stadt) rausgibt immer so ein bisschen mit Vorsicht zu lesen auch (Name des Nachbarstadtteils I) also da, das ist einfach sehr nah alles hier und wenn das hier rüber schwappt, dann muss man immer gucken, okay, dann ist so ein bisschen dieser Status wie viel Migrantenfamilien und wie viele deutsche Familien leben hier, das ist da so ein bisschen geschwächt, aber es gibt die, es gibt die. Die wird auch immer wieder, also ich glaube alle drei Jahre wird die überarbeitet.“ (Kita-A, S. 12, Z. 19–31)

Somit lässt sich dem Merkmal „Bedeutsamkeit der administrativen Daten“ die Dimension von stark bis gering zuordnen:

Eigenschaft	Dimension
Bedeutsamkeit der administrativen Daten	stark – gering

Zu berücksichtigen ist darüber hinaus nach dem VSOP (1998, S. 1 zit. in Deinet 2002c, S. 182), dass die Daten der Jugendhilfeplanung immer nur quantitativer Natur sind und keine qualitative Erfassung der Lebensumstände sowie Problemlagen der Bewohnerinnen und Bewohner des Sozialraumes darstellen, wodurch die Daten somit unbedingt durch einen „subjektiven Blick“ der Fachkräfte ergänzt werden sollten.

---

85 Siehe Kapitel 6.2.4.4.1 „Individuelle Eingrenzung des Sozialraumes“.

Die Tatsache, dass die statistischen Daten für die Fachpraxis nicht durchweg als hilfreich bezeichnet werden, führt dazu, dass diese sich für die Ausgestaltung ihrer Arbeit eigene „Daten" erheben, beziehungsweise auf ihre qualitativen Erfahrungswerte zurückgreifen. Die Erfahrungen und Wahrnehmungen, die die Fachkräfte in ihrem Nahraum und mit den Familien, die ihre Einrichtung besuchen machen, sind ausschlaggebend für die Ausgestaltung der eigenen Arbeit. Auch Erfahrungen, die im Rahmen von Kooperationsnetzwerken und Kontakten ausgetauscht werden sind bedeutsam (vgl. Kita-A, S. 13, Z. 14ff.). Die offiziellen Daten der Stadt sind insbesondere von Interesse, um sich Veränderungsprozesse anhand der Daten im Rahmen von Jahren bewusst zu machen.

> „Ne das sind Erfahrungswerte. Also ich krieg zwar zwischendurch auch mal Daten wo ich dann denke och so hat sich das verändert oder so viele Plätze müssten hier noch belegt werden oder so, aber eigentlich sind das Erfahrungswerte ne das also ich überlege immer so alle paar Jahre mal, was hat sich eigentlich so geändert, ne hat sich überhaupt was geändert." (FZ-H, S. 23, Z. 15–19)

Insbesondere den Erfahrungswerten wird somit eine hohe Bedeutsamkeit beigemessen (vgl. Kita-F, S. 20, Z. 22f./FZ-H, S. 23, Z. 15ff.). In diesem Sinne nutzen die Fachkräfte individuelle Formen der Informationsbeschaffung, um ihre Arbeit möglichst bedarfsgerecht auszurichten, dazu zählen das Begehen des Nahraumes (vgl. FZ-B, S. 27, Z. 22ff.), Gespräche mit Bewohnern oder Institutionen (Kooperationen und Vernetzungen) der Umgebung (vgl. FZ-E, S. 26, Z. 8ff.), das Lesen von Zeitungsartikeln aus den Lokalnachrichten oder über die Eltern, die die Einrichtung besuchen (vgl. FZ-E, S. 26, Z. 10ff.). Auch eine persönliche Verbindung zum Nahraum, zum Beispiel durch die eigene Wohnortnähe, wird als hilfreich gewertet (vgl. FZ-B, S. 27, Z. 14f./FZ-E, S. 26, Z. 13ff.). Eine eigenständige umfassende Sozialraumanalyse durchzuführen würde die Einrichtungen überfordern. Hier kann der Gedanke von Deinet (2002c, S. 182) aufgegriffen werden, dass insbesondere in städtischen Bezirken, in denen eine hohe Institutionsdichte herrscht, in Kooperation und Vernetzung mit umliegenden Akteuren im Nahraum eine gemeinsame Sozialraumanalyse und Bedarfserfassung als Planungsgrundlage erstellt werden könnte.

Im Sinne einer Bedarfsorientierung wird sich an den Bedürfnissen der Akteure und den differenten Lebenssituationen orientiert (vgl. FZ-J, S. 11, Z. 17ff./FZ-H, S. 5, Z. 8). Die quantitativ erhobenen Daten spiegeln nach Aussage der Fachkräfte nicht die letztendlichen Bedürfnisse der Familien wider. Diese Bedarfe werden einerseits erfragt, zum Beispiel im Rahmen von Gesprächen oder Abfragungen (vgl. Kita-F, S. 24, Z. 4ff./ Kita-F, S. 24, Z. 9–16/Kita-G, S. 19, Z. 16–22), andererseits setzt eine Bedürfnisorientierung an Ressourcen und Problemlagen des Sozialraumes ein sensibles Wahrnehmen der Fachkräfte voraus. Hier geht es zum Beispiel im Zusammenhang mit Kooperation und Vernetzungen darum, die Kooperationspartner und Angebote, die mit diesen zusammengestellt werden, konsequent danach auszuwählen, wo ein Bedarf gesehen wird (vgl. Kita-F, S. 23, Z. 1–11/Kita-A, S. 7, Z. 26f.), oder auch, dass man sich im Rahmen von Kooperationen in (sozialräumlichen) Arbeitskreisen über die wahrgenommenen Bedürfnisse der Nahraumbewohnerinnen und Nahraumbewohner austauscht und damit auseinandersetzt (vgl. Kita-F, S. 13, Z. 33 – S. 14, Z. 8). Neben dem Wahrnehmen von Ressourcen und Problemlagen und den daraus resultierenden Bedürfnissen der Akteure geht es in der Konsequenz darum, diese auch gegebenenfalls politisch zu vertreten oder weiterzuleiten an andere Institutionen und Ebenen.[86]

> „(...) arbeiten mit unserem Elternbeirat hier sehr intensiv zusammen, versuchen auch da sensibel Bedarfe der- und Bedürfnisse der Eltern wahrzunehmen und auf sie auf der politischen Ebene auch zu vertreten, (...).“ (Kita-F, S. 24, Z. 1ff.)

Kindertageseinrichtungen als multifunktionale Institutionen für Familien im Sozialraum stehen hier somit vor der komplexen Aufgabe, den veränderten Anforderungen durch eine sensible Wahrnehmung, bedarfsgerechte und gebündelte Angebote anzubieten (vgl. Tschöpe-Scheffler & Wirtz 2008, S. 160), die sich an den unterschiedlichen Lebensformen orientieren (vgl. Preissing 2003, S. 11ff.). Insbesondere durch die Zusammenführung von Kindertageseinrichtung, Familienbildung und Familienhilfe durch intensive Kooperations- und Vernetzungsstrukturen im Sozialraum, sollen bedarfsgerechte Angebote entstehen (vgl. Diller 2006 zit. in Diller & Schelle 2009, S. 13).

> „Statt an einem Bild von Familie festzuhalten, dass davon ausgeht, dass Familien aus sich selbst heraus, quasi naturwüchsig in der Lage sind, die vielfältigen Sozialisationsaufgaben und Erziehungsleistungen zu bewältigen, kann der familialen Lebensrealität zukünftig nur dann entsprochen werden, wenn die Frage beantwortet wird, wie ein erhöhter Unterstützungs- und Ergänzungsbedarf der Familien angesichts ihrer strukturellen Überforderung befriedigt werden kann. Die Umsetzung eines solchen Bedarfes müsste dann allerdings zwangsläufig eine neue Ausbalancierung des Verhältnisses von öffentlicher und privater Verantwortung für das Aufwachsen der jungen Generation zur Folge haben.“ (Böllert 2008, S. 213)

Aus politischer Sicht wird eine Zielgruppen- und Bedarfsorientierung gefordert. Hier wird von einer niederschwelligen Angebotsgestaltung gesprochen, speziell mit Fokus auf „bildungsfernes Klientel“ sowie auf „Familien mit Zuwanderungshintergrund“ (vgl. MGFFI 2009a, S. 22). Hinsichtlich der Orientierung an den Bedarfen, die an die Einrichtung heran getragen werden, sehen die Fachkräfte auch klare Grenzen (vgl. Kita-A, S. 4, Z. 27–30), so zum Beispiel bei der Randzeitenbetreuung (vgl. Kita-G, S. 4, Z. 6–23). Hier muss danach unterschieden werden, dass die Eltern insbesondere Wünsche an die Institution tragen, die noch lange nicht identisch mit ihren Bedarfen sein müssen. Bedarfe können unterschwellig sein und sind den Akteuren selbst nicht immer bewusst.

---

86   Siehe Kapitel 6.2.5.1 „Eigene Belange weitertragen“.

Bedarfsorientierung der Kindern, Eltern und Familien	
Untersuchungsgruppe Familienzentrum NRW	**Untersuchungsgruppe Traditionelle Kindertageseinrichtung**
„(...) was sind die Wünsche der Eltern, das sind aber noch lange nicht die Bedarfe der Eltern, die Bedarfe müssen wir ja anders definieren da müssen wir auch nochmal auf unser Klientel gucken und schauen wo sehen wir Unterstützungsbedarf für die Familien, den die ja nicht unbedingt sehen was auch okay ist .. da setzten wir uns auch nochmal zusammen und machen uns Gedanken was kriegen wir so bei den Eltern mit." (FZ-B, S. 15, Z. 31 – S. 16, Z. 2)	„Was die Inhalte der Elternarbeit angeht sind das, ist das ähnlich gelagert wie in unserer Arbeit bei den- mit den Kindern, wir versuchen durch sensible Wahrnehmung auch die Themen die für Eltern relevant sind wahrzunehmen und dann entsprechende Angebote zu strukturieren." (Kita-F, S. 8, Z. 31–34)

Die Wünsche der Eltern sind somit nicht zwingend die Bedarfe der Eltern, daher müssten Institutionen unabhängig der Wünsche der Familien versuchen, die dahinter stehenden Bedarfe zu identifizieren, um darauf mit ihrem Handeln zu reagieren.

Zusammenfassend lässt sich hinsichtlich der intervenierenden Bedingung „Wahrnehmen von Ressourcen und Problemlagen des Sozialraumes" festhalten, dass dies zu einer konsequenten Zielgruppen- und Bedarfsorientierung führen soll, welche auch politisch gefordert wird. Hier sollen insbesondere administrative Daten die Fachkräfte unterstützen. Hinsichtlich dieser Nutzbarkeit der administrativen Daten zeigt sich, dass hier zunächst die subjektive der objektiven Eingrenzung des Sozialraumes entsprechen muss. Wenn die subjektive und die objektive Eingrenzung nicht homogen sind, verlieren die objektiven Daten, also die administrativen Daten an Relevanz für die Fachkräfte. In der Konsequenz steigt, sofern den objektiven Daten keine Relevanz zugeschrieben werden kann, die Bedeutsamkeit der subjektiven Daten, sprich die Erfahrungswerte der Fachkräfte gewinnen an Bedeutung.

6.2.4.3.3 Engagement der Fachkräfte

Eine letzte weitere intervenierende Bedingung hinsichtlich der Schlüsselkategorie die „Kita im Sozialraum", stellt das Engagement der Fachkräfte dar. In der Fachwissenschaft wird im Zusammenhang von Engagement und Kindertageseinrichtung überwiegend in Bezug auf die Engagiertheit von Kindern bei Lern- und Bildungsprozessen oder in Bezug auf die Engagiertheit von Eltern bei dem Einbringen in der Kindertageseinrichtung sowie in Bezug auf bürgerschaftliches Engagement gesprochen. So formulieren es Blankenburg und Rätz-Heinisch (2009, S. 187) wie folgt: „Kindertageseinrichtungen mit einem sozialräumlichen Ansatz werden zu einer Bereicherung für alle Beteiligten.

Die größte Chance besteht in der Lust der Kinder, Familien und Nachbarn, sich für ihren Stadtteil zu engagieren."

Das Engagement der Fachkräfte, insbesondere der Leitenden, die auch den anderen Akteuren einen Rahmen dafür bieten müssen, sich zu engagieren, findet keine Beachtung. Engagement impliziert in Bezug auf eine sozialräumliche Ausrichtung sich auch im Sinne von Wahrnehmen der Problemlagen und Ressourcen des Nahraumes und der Akteure intensiv mit der Ausgestaltung von Angeboten auseinanderzusetzen, trotz dass es derzeit keine Handlungsanleitungen hinsichtlich einer frühpädagogischen Sozialraumarbeit gibt. Engagement konnte anhand des Datenmaterials nicht in besonderer Weise an Fachkräften einer bestimmten Untersuchungsgruppe festgemacht werden. Insbesondere im Zusammenhang mit Kooperationen und Vernetzungen mit anderen Akteuren im Sozialraum ist das Engagement ausschlaggebend. Kooperationen und Vernetzungen schließen stellen einen aktiven Prozess dar, der insbesondere von der leitenden Fachkraft gestaltet werden muss. Es müssen neue Kooperationen geschlossen und alte gepflegt werden. Traditionelle Kindertageseinrichtungen sind nur zu wenigen Kooperationen verpflichtet, Familienzentren NRW hingegen müssen gewisse Kooperationen eingehen, um das Gütesiegel Familienzentrum NRW zu erlangen.[87] Hier ist die Intensität der Kooperations- und Vernetzungsstruktur davon abhängig, ob die Einrichtungen nur Kooperationen schließen, die für sie verpflichtend sind, oder ob sie darüber hinaus noch Kooperationen schließen, die sie für relevant halten, auch wenn diese keine Verpflichtung darstellen (vgl. FZ-I, S. 12, Z. 8ff.).[88] Neben dem Engagement im Rahmen von Kooperationen und Vernetzungen ist das Engagement beim aktiven Einbringen im Sozialraum ausschlaggebend. Aktives Einbringen kann hier zum Beispiel die Teilnahme an Arbeitskreisen, an städtischen Gremien oder Sozialraumtreffen mit anderen Akteuren des Nahraumes bedeuten. Je präsenter hier die Einrichtungen vertreten sind, desto mehr können sie auch ein Mandat für Kinder und Familien im Sozialraum einnehmen und sich für deren Belange einsetzen (vgl. Kita-G, S. 17, Z. 3–24/Kita-F, S. 23, Z. 31ff.). Letztendlich auch in Bezug auf die Zusammenarbeit mit Eltern und in der Arbeit am Kind ist Engagement ein zentrales Element. Eine gute Beziehungsarbeit fordert die Fachkräfte (vgl. FZ-F, S. 22, Z. 34 – S. 23, Z. 5/Kita-D, S. 9, Z. 15f.).

Das Landesprojekt Familienzentrum NRW geht davon aus, in den Einrichtungen engagierte Mitarbeiterinnen und Mitarbeiter zu haben, die für „qualitätsvolle Angebote für Familien" sorgen (vgl. MGFFI 2010, S. 5). Des Weiteren schreibt das Ministerium für Generationen, Familie, Frauen und Integration des Landes Nordrhein-Westfalen (2010, S. 24/32) vor, dass Familienzentren als Institutionsform sich zum Beispiel im sozialen Umfeld oder für den Ausbau der Betreuung für unter dreijährige Kinder engagieren müssen. Zu berücksichtigen ist hier, dass durch den gesellschaftlichen Wandel und die

---

87   Siehe Kapitel 2.2 „Das Projekt Familienzentrum NRW".

88   Siehe Kapitel 6.2.4.4.2 „Kooperation und Vernetzung mit anderen Institutionen".

gestiegene Bedeutsamkeit, die der Frühpädagogik beigemessen wird[89], die Fachkräfte zunehmend Aufgaben übernehmen, die diese gegebenenfalls nicht im Rahmen ihrer Ausbildung erlernt haben (vgl. FZ-B, S. 27, Z. 28f.). Dazu gehört in besonderer Weise der Einbezug des Sozialraumes in die pädagogische Arbeit der Kindertageseinrichtung und dies trifft Fachkräfte aus traditionellen Kindertageseinrichtungen sowie Fachkräfte aus Familienzentren NRW gleichermaßen. Die Fachkräfte stehen hier vor der Aufgabe, die Familien und den Nahraum initiativ in die Arbeit mit einzubinden, und müssen zudem mit den wechselnden und auch wachsenden gesellschaftlichen Anforderungen umgehen. Sicherlich sind nicht alle Aufgaben gänzlich neu für die Fachpraxis, dennoch sind es Aufgaben, die durch den politischen und gesellschaftlichen Wandel an Bedeutung gewinnen. Hierbei ist zu berücksichtigen, dass dieser Wandel bisher sehr einseitig ist. Es steigen die Anforderungen an die Fachkräfte, gleichzeitig fehlt es dem Berufsfeld jedoch immer noch an Anerkennung und „gerechter" Entlohnung.

> „(...) ist auch in der Veränderung begriffen ne aber ich fürchte ich werde das nicht mehr erleben, dass das irgendwie ein akademischer Beruf geworden ist ne, da glaube ich nicht weil dann müssten die denen ja mehr bezahlen den Leuten ne und nicht mit so was da abspeisen. Und Sie glauben es ja nicht was die verdienen, das ist echt ein Witz für die Verantwortung die die Leute haben mit den wirklich am meisten beeinflussbaren Kindern, wo am <u>meisten</u> kaputt gemacht werden kann, wo auch am meisten positives getan werden kann, da sind die Leute die am schlechtesten bezahlt werden (...)." (FZ-I, S. 33, Z. 20–27)

Insgesamt stellt das „Engagement der Fachkräfte" eine zentrale intervenierende Bedingung hinsichtlich der Strategien im Umgang mit der Schlüsselkategorie die „Kita im Sozialraum" dar. Nur wenn Fachkräfte sich den Herausforderungen, wie beispielsweise der sensiblen Wahrnehmung der sozialräumlichen Gegebenheiten der Institution annehmen, kann eine erfolgreiche Umsetzung der Strategien erfolgen.

6.2.4.4 Strategien

Im Umgang mit der Schlüsselkategorie die „Kita im Sozialraum" lassen sich folgende Strategien, die die intervenierenden Bedingungen voraussetzen, identifizieren:

- individuelle Eingrenzung des Sozialraumes

- Kooperation und Vernetzung mit anderen Institutionen

- Zusammenarbeit mit Eltern

---

89   Siehe Kapitel 6.2.1.1 „Gesellschaftlicher Wandel".

192

Insbesondere dem Aspekt „Individuelle Eingrenzung des Sozialraumes" sowie dem Aspekt „Kooperation und Vernetzung mit anderen Institutionen" wird im Datenmaterial eine hohe Bedeutsamkeit beigemessen.

6.2.4.4.1 Individuelle Eingrenzung des Sozialraumes

Eine wesentliche Strategie im Umgang mit der Schlüsselkategorie die „Kita im Sozialraum" stellt das individuelle Eingrenzen des Sozialraumes vonseiten der Fachkräfte dar. Der Begriff „Grenze" ist ein In-Vivo Kode:

> „Es gibt eigentlich so eine innere Grenze für mich das ist einmal der (Name einer Straße I) und die (Name einer Straße II) ja das sind so diese Stadtteil leben wir und dann gibt es hinten (Name eines Stadtteilgebietes) ein Wohngebiet das ist neu auch gebaut worden die sind sehr viel das ist viel problembelasteter als hier." (FZ-B, S. 24, Z. 30–33)

Wenn von der individuellen Eingrenzung des Sozialraumes vonseiten der Fachkräfte gesprochen wird, werden hier bewusste „Grenzen" gezogen. Eine Grenze dient nach Wigger (2010, S. 83):

> „(...) der Unterscheidung, indem dieses Etwas, zum Beispiel ein Element, eine Fläche, einen Körper von einem anderen Etwas trennt. Die Grenze ist quasi ein Garant dafür, dass aus einem vormals Ganzen zwei oder mehrere Verschiedenheiten entstehen."

Es ist somit eine bewusste Teilung eines Gebietes in mindestens zwei separate Territorien. Die Fachkräfte ziehen bewusst eine Grenze um ihren Sozialraum und grenzen sich somit von anderen Sozialräumen ab (vgl. FZ-B, S. 24, Z. 30–33).

Der Begriff „Grenze" ist im Kontext der Sozialen Arbeit kein unbekannter Begriff. Er wird genutzt in Bezug auf die „Beschreibung von Strukturmerkmalen gesellschaftlicher Verhältnisse als auch als Metapher für ein professionelles Beziehungsmanagement" (Elias 1970 zit. in Wigger 2010, S. 84). Der Grenzbegriff impliziert somit, dass es ein Innen und ein Außen und daher eine Unterscheidung, zum Beispiel in Bezug auf die Fläche oder auch die sozialen Figurationen, gibt (vgl. Elias 1970 zit. in Wigger 2010, S. 84). Diese Vorstellung von Grenze geht einher mit der Luhmann'schen Sichtweise. In dieser geht es weniger um das, was die Grenze ist, sondern vielmehr darum, wie sie operiert; nämlich als Unterscheidung zwischen dem System und der Umwelt. Die Grenze hat Luhmann (1987, S. 242f. zit. in Eigmüller 2006, S. 66) nach:

> „(...) nicht nur ‚akzidentielle' Bedeutung, gemessen am ‚Wesen' des Systems. Auch ist die Umwelt nicht nur für die ‚Erhaltung' des Systems, für Nachschub von Energie und Information bedeutsam. Für die Theorie selbstreferentieller Systeme ist die Umwelt vielmehr Voraussetzung der Identität des Systems, weil Identität nur durch Differenz möglich ist."

Es differenziert sich somit ein soziales Gefüge von einem anderen (vgl. Wigger 2010, S. 84). Eine Grenze kann den Akteuren Ordnung (vgl. Mayer-Tasch 2013, S. 47) und auch Sicherheit vermitteln. Die Kindertageseinrichtung im Sozialraum ist somit auch eine Innenperspektive in Bezug auf andere abgegrenzte Sozialräume. Mit Blick auf die Perspektive in den inneren Raum sind hier die Grenzen nach außen identitätsbildend. Grenzen vermitteln eine soziale Zugehörigkeit. Von außen gesehen stellen diese eine Barriere dar, die den Zugang erschweren oder auch verwehren. Die Grenze vermittelt, dass etwas endet und etwas anderes Neues beginnt (vgl. Wigger 2010, S. 84).

> „Neben den damit verbundenen Ordnungsmöglichkeiten, die umgrenzte Bereiche gleichsam als ‚Erwartungsinseln' gegen das Rauschen ihrer Umwelt abgrenzen, stellen sich mit dem Ziehen von Grenzen aber auch Probleme der kontrollierten Grenzöffnung, bzw. des Grenzbeitritts ein." (Thiedeke 2006, S. 199)

Hier ist der Bezug zur intervenierenden Bedingung der niederschwelligen Ausgestaltung der Institution zu ziehen, die es ermöglichen soll Grenzen bewusst zu gestalten.[90] Grenzen werden somit als „Schwellen der sinnhaften Orientierung wahrnehmbar" (Thiedeke 2006, S. 199).

Wie bereits im Kapitel 6.2.4.1.1 „Administrative Beeinflussungen der Sozialraumdefinition" eingehend beschrieben, gibt es strukturelle festgelegte Grenzsetzungen von übergeordneten Instanzen. Dies sind insbesondere städtisch festgelegte Eingrenzungen von Sozialräumen, Stadtteilen oder Quartieren, wobei hier zu berücksichtigen ist, dass die Gleichsetzung dieser Begrifflichkeit aus fachwissenschaftlicher Sicht „nicht ohne Weiteres zulässig" ist (Reutlinger 2006a, S. 89). Es bedarf hier einer Differenzierung auf die an dieser Stelle jedoch nicht näher eingegangen wird, da die Begrifflichkeiten unter Berücksichtigung ihrer Bedeutung vonseiten der Fachkräfte nicht stringent genutzt werden.[91]

Insbesondere Einrichtungen, die sich zwischen zwei Stadtteilen befinden und sehr heterogene Nutzerinnen und Nutzer haben, stehen vor der Schwierigkeit sich einem Stadtteil zuzuordnen (vgl. FZ-E, S. 23, Z. 27–30). Hier zeigt sich, dass vielmehr die Familien, welche die Einrichtung nutzen, ausschlaggebend sind (vgl. Kita-B, S. 14, Z. 13f.). Insbesondere die Untersuchungsgruppe der Familienzentren steht hier vor der Herausforderung die angeforderte Sozialraumanalyse von PädQUIS zu erstellen (vgl. FZ-C, S. 12, Z. 22–31). Hier wird auch noch einmal deutlich, dass die Definition des administrativ festgelegten Sozialraums in der Fachpraxis häufig gleichgesetzt wird mit dem Stadtteil, beziehungsweise hier eine enge Verknüpfung von Einzugsgebiet und Sozialraum festzustellen ist, was Einrichtungen, deren Familien nicht zwingend aus dem unmittelbaren Sozialraum kommen, vor eine besondere Schwierigkeit der sozialräumlichen Orientie-

---

90   Siehe Kapitel 6.2.4.3.1 „Niederschwelligkeit der Institution".
91   Siehe Kapitel 6.2.4.1.1 „Administrative Beeinflussungen der Sozialraumdefinition".

rung stellt. In der Fachwissenschaft wird in Bezug auf diese Problematik die Diskussion von Sozialraumorientierung und Lebensweltorientierung aufgegriffen. Dem geht ein Verständnis von Sozialraum als ein fest eingegrenztes Territorium voraus, welches sich an politisch festgelegten Grenzsetzungen orientiert, wohingegen der lebensweltorientierte Ansatz sich an den flexiblen räumlichen Lebenswelten der Akteure orientiert (vgl. van Santen & Seckinger 2005, S. 52). Im Datenmaterial zeigt sich jedoch, dass die Fachkräfte von einem relationalen, nicht statisch festgelegtem sozialräumlichen Verständnis ausgehen und hier auch die politischen Grenzsetzungen nicht maßgebend sind für eine sozialräumliche Orientierung, da es für die Fachkräfte keinen Sinn macht in geographischen Räumen zu planen, wenn diese nicht mit der Lebenswelt der Akteure übereinstimmen (vgl. FZ-I, S. 4, Z. 18f./S. 5 Z. 30 – S. 6, Z. 2). Aufgrund dieser Ausgangslage entwickeln die Fachkräfte die Strategie, dass sie eigene individuelle Grenzen und Sozialraumdefinitionen vornehmen. Diese Grenzziehungsprozesse sind nicht als statisch zu verstehen, sondern ergeben sich meist ganz von selbst aus dem Alltag und den Erfahrungen. Auch sind diese Grenzen nicht als festgelegt und unwiederbringlich zu verstehen, vielmehr blicken Fachkräfte mit einer langen Berufserfahrung in einem Sozialraum darauf zurück, dass der Sozialraum sich im Laufe der Zeit gewandelt hat und sich auch Grenzen verschieben. Dies ist zurückzuführen auf die Heterogenität und auch die Mobilität der Bewohnerinnen und Bewohner. Im Durchschnitt wandelt sich im Verlauf eines Jahres die Bevölkerung in einem Stadtteil nach van Santen und Seckinger (2005, S. 53f.) zwischen einem Fünftel und einem Viertel, was wiederum eine flexible sozialräumlich orientierte Arbeit vonseiten der Fachkräfte fordert. Des Weiteren führt eine solche bewohnerbezogene Veränderung dazu, dass wenig Kontinuität in Bezug auf die sozialen Beziehungen im Nahraum besteht (vgl. van Santen & Seckinger 2005, S. 53f.).

In dieser Analyse zeigte sich, dass je stärker ein Sozialraum bestimmte strukturelle Merkmale aufweist und je stärker er sich von angrenzenden Sozialräumen in der Sozial- sowie in der Bebauungsstruktur unterscheidet, desto intensiver werden die Trennungslinien und Grenzen zu umliegenden Sozialräumen wahrgenommen. „Die Grenze eröffnet den in ihrer Nähe lebenden Individuen und Gemeinschaften Handlungsspielräume; sie bedingt aber als ein in besonderer Weise herrschaftlich kontrollierter Raum auch besondere Verhaltensweisen." (Medick 2006, S. 50)

Im Datenmaterial wird der Sozialraum anhand bestimmter Kriterien charakterisiert, wodurch eine Abgrenzung zu anderen Sozialräumen vorgenommen wird. Diese Kriterien sind folgende:

Eigenschaft	Dimension
Wohnungsbau	dicht besiedelt – schwach besiedelt
Wohnlage	gut situiert – schlecht situiert
Städtische Einordnung („Sozialer Brennpunkt")	Ja – Nein
Infrastruktur	stark ausgeprägt – schwach ausgeprägt
Situierung der Bewohner	gut – schlecht

Hier werden materielle und immaterielle Aspekte von Grenzsetzungen deutlich. Die Struktur des Wohnungsbaus geht einher mit dem Kriterium der Wohnlage, hier wird danach kategorisiert in welchen Wohnstrukturen und Verhältnissen die Bewohnerinnen und Bewohner des Nahraumes leben. Dieses Kriterium impliziert wiederum die Sozialstruktur der Bewohnerinnen und Bewohner (vgl. FZ-I, S. 5, Z. 12–21). Im Sinne der städtischen Einordnung stehen nach Ansicht der Fachkräfte Sozialräume mit einer hohen Problembelastung mehr im Fokus der Stadt (vgl. FZ-H, S. 25, Z. 5–9). Die Ausprägung der Infrastruktur impliziert, dass Stadtteile nach ihren Einkaufsmöglichkeiten, Verkehrsanbindungen, öffentlichen Institutionen etc. kategorisiert werden (vgl. FZ-B, S. 4, Z. 23–31). Das Kriterium der Situierung der Bewohnerinnen und Bewohner bezieht sich auf den kulturellen und sozialen Hintergrund, den die Bewohnerinnen und Bewohner des Sozialraumes haben, das heißt konkret zum Beispiel: wie viele Menschen mit Migrationshintergrund, welcher Herkunft, welcher Sozialstruktur leben im Sozialraum (vgl. FZ-J, S. 1, Z. 7–15). Darüber hinaus stellen insbesondere Straßenverläufe einen wesentlichen Aspekt der individuellen Abgrenzung des Sozialraumes dar (vgl. FZ-D, S. 16, Z. 30–34). So wird zum Beispiel von einer Zweiteilung des Stadtteiles gesprochen, diese Zweiteilung wird daran festgemacht, dass in dem einen Teil die Bebauung durch Einfamilienhaussiedlungen gekennzeichnet ist und der andere Teil sich durch Mehrfamilienhäuser, die durch sozialen Wohnungsbau gefördert werden, kennzeichnet, wodurch sich eine „Trennungslinie" ergibt. Dies ist eine bewusste und sichtbare Trennung, die durch die Wohnungspolitik beziehungsweise Stadtplanung gesetzt wird. Durch diese Struktur kommen die Bewohnerinnen und Bewohner privat sowie institutionell nicht in Kontakt miteinander, da auch die Institutionen im Sozialraum verstärkt nur von einer Bewohnerstruktur besucht werden.

„Ja, (Name des Stadtteils) ist ja so ein bisschen zweigeteilt. Man muss sich vorstellen der .. nördliche Teil ist ein reiner Einfamilien-Reihenhaussiedlung. (...) Wenn man in den Süden kommt, also in unsere Richtung, ist es eigentlich Mehrfamilien-Sozialbauten und da kann man sich schon vorstellen, dass es eigentlich so eine kleine Trennung gibt, so eine Trennungslinie. (...) Die ist nicht bewusst gemacht, aber die ist sichtbar allein schon von den Häusern her und daran kann man schon ein bisschen sehen, das ist in dem Sinne keine Problematik, es ist nur eine bauliche Trennung. Aber es ist natürlich auch festzustellen, dass sich die Mischung natürlich dadurch erschwert." (Kita-A, S. 9, Z. 26 – S. 10, Z. 6)

Auch Harms, Preissing und Richtermeier (1985 zit. in Ledig, Nissen & Kreil 1987, S. 50) sprechen von Straßen als Grenzen. Sie beziehen es auf den eigenen Aktionsraum von Kindern im städtischen Spielraum. Durch Straßen werden für Kinder Grenzen gesetzt in ihren Spielräumen, so genannte „Spielinseln".

Es besteht vonseiten der Fachkräfte der Wunsch, sich von solch einer sogenannten „Ghettoisierung" von Personen, beziehungsweise eine solchen Ghettoisierung von Nahräumen abzulösen. Eine stärkere Mischung der gesellschaftlichen Schichten ist der Wunsch (vgl. Kita-B, S. 15, Z. 12ff.). Hier geht auch ein Appell an die Bewohnerinnen und Bewohner des Nahraumes sich aus ihren starren Strukturen zu lösen und sich zu öffnen gegenüber anderen Nahräumen und Gesellschaftsschichten.

> „(...) ne, dass wir da weg kommen von diesen Inseln irgendwie wo man da von außen quasi kaum reinkommt und das spiegelt sich natürlich auch ein Stück weit in der Kita wieder ne also das ist genau das was hier stattfindet ne weg von, von nur Kindern aus diesem Haus dort drüben oder nur Kindern aus der Straße gegenüber so viel mehr zu einer Durchmischung von Kindern die gleich aus dem ganzen Stadtteil kommen das ist schon so das was da ist." (Kita-B, S. 15, Z. 22–27)

Die Bebauungsstruktur eines Sozialraumes beeinflusst demnach die Bewohnerstruktur, was sich wiederum in Wechselwirkung auf die Einrichtung überträgt. Nicht außer Acht gelassen werden kann an dieser Stelle der ökonomische Aspekt. Miet- und Kaufpreise beeinflussen in besonders starker Weise die Sozialstruktur eines Stadtteils. „Die Stadt als Ort der Integration und der Ausgrenzung und als Bühne und Akteur sozialer Ungleichheit" (Häußermann & Siebel 2000, S. 120). Diese Erkenntnis ist nicht neu, diese Erkenntnis gab es schon zu Zeiten von Friedrich Engels und Robert E. Park und lässt sich vereinfacht damit erklären, dass die Wohnqualität marktförmig organisiert ist und sich die Wohnqualität somit im Preis unterscheidet. Die soziale Zusammensetzung der Bewohnerinnen und Bewohner wird bestimmt durch die Wohnstruktur. „Soziale Ungleichheit spiegelt sich in der sozialräumlichen Struktur der Städte, in der ‚residentiellen Segregation' wider" (Häußermann & Siebel 2000, S. 121). Diese soziale Segregation wird insbesondere dann zu einem Problem, wenn sich ein negativer Effekt für die Bewohnerinnen und Bewohner daraus ergibt, d. h. wenn sie „nicht nur Ausdruck *von*, sondern selbst Quelle *für* Benachteiligung ist" (Herlyn 1974, S. 28f. zit. in Häußermann & Siebel 2000, S. 121). Die Sozialwissenschaft geht davon aus, dass Räume mit einer hohen Dichte von marginalisierten Eigenschaften eine benachteiligende Wirkung auf die Bewohnerinnen und Bewohner haben (vgl. u. a. Friedrichs 1998 zit. in Häußermann & Siebel 2000, S. 133). Bebauungsstrukturen erschweren somit eine Durchmischung der Bewohnerinnen und Bewohner. Insbesondere bei Hochhauskomplexen kommt, nach Meinung der befragten Fachkräfte, die Problematik hinzu, dass die Bewohnerinnen und Bewohner häufig isoliert nebeneinander her leben und wenig sozialer Austausch stattfindet (vgl. FZ-K, S. 27, Z. 19–23). Nach Häußermann und Siebel (2000, S. 134) kann die Ungleichheit von Wohnverhältnissen „durch die räumliche Konzentration von

Haushalten und Personen, die mit multiplen sozialen Problemen belastet sind, in ihrer Wirkung so weit verstärkt werden, dass der Wohnort selbst eine ausgrenzende Wirkung hat." Durch eben diese Bebauungsstrukturen und die damit implizierten Bewohnerstrukturen werden von den Fachkräften individuelle Trennungslinien entlang der eben erläuterten Kriterien entworfen. Die Sozialstruktur eines Stadtteils kann somit Verinselungstendenzen begünstigen (vgl. Harms, Preissing & Richtermeier 1985 zit. in Ledig, Nissen & Kreil 1987, S. 29). Grenzen haben einen Differenzeffekt, sie können körperlich fassbar oder auch nur imaginär beziehungsweise eingebildet sein. Unabhängig davon unterstreichen sie einen Unterschied. Erst durch eine Unterscheidung von Räumen werden sie als solche erkannt und wahrgenommen (vgl. Mayer-Tasch 2013, S. 40f.). Bezugnehmend auf das relationale Raumverständnis,[92] in dessen Sinne Sozialräume erst durch Menschen geschaffen werden, entstehen auch Grenzen erst durch die Interaktion von Menschen. Eine Grenze kann somit materieller und/oder immaterieller Natur sein und somit auch eine unterschiedliche Durchlässigkeit aufweisen. Sie ist jedoch nach Wigger (2010, S. 84) „aus sozialkonstruktivistischer Perspektive immer auch ein sozial konstruiertes Phänomen, da ihre Existenz davon abhängig ist, ob Menschen ein bestimmtes Phänomen (...) als Grenze wahrnehmen oder nicht". Der Soziologe Simmel (1983, S. 467 zit. in Medick 2006 S. 38) erläutert dies wie folgt:

> „Wenn dieser Allgemeinbegriff des gegenseitigen Begrenzens von der räumlichen Grenze hergenommen ist, so ist doch, tiefergreifend, diese letztere nur die Kristallisierung oder Verräumlichung der allein wirklichen seelischen Begrenzungsprozesse. Nicht die Länder, nicht die Grundstücke, nicht der Stadtbezirk und der Landbezirk begrenzen einander; sondern die Einwohner oder Eigentümer üben die gegenseitige Wirkung aus, die ich (...) andeutete. Die Grenze ist nicht eine räumliche Tatsache mit soziologischen Wirkungen, sondern eine soziologische Tatsache, die sich räumlich formt."

Grenzen, die von der Natur gegeben sind, wie zum Beispiel Flussläufe oder Bergketten, werden ebenso nicht durch ihre Gestalt zur Grenze, sondern vielmehr durch Anerkennung als abgrenzendes, identitätsbildendes Konstrukt (vgl. Mayer-Tasch 2013, S. 47). Simmel begreift die Grenze somit als ein Ergebnis von sozialer Interaktion. Die Grenze ist sowohl die Ursache als auch die Wirkung von territorialen Aufspaltungsprozessen (vgl. Simmel 1903, S. 32 zit. in Eigmüller 2006, S. 69). Er spricht von Grenze im Sinne einer „social meaning structure" (vgl. Preyer & Bös 2002 zit. in Eigenmüller 2006, S. 71), der territoriale Bezug wird mit soziologischem Inhalt gefüllt, so dass die Grenze als ein Produkt sozialer Prozesse begriffen und gleichzeitig die Grenze mit ihre Wirkung an sich berücksichtigt wird (vgl. Eigmüller 2006, S. 713). „Typisch für die funktional differenzierte Gesellschaft ist die (...) Selbsteinordnung in soziale Grenzen sowie die individuelle räumliche, soziale, sachliche und zeitliche Mobilität." (Luhmann 1998 S. 743ff. zit. in Thiedeke 2006 S. 201)

---

92   Siehe Kapitel 3. „Sozialraumorientierung als sozialpädagogisches Konzept".

Anhand der individuellen Eingrenzung des Sozialraumes erfolgt von den Fachkräften eine Identifikation mit diesem (vgl. FZ-B, S. 24, Z. 30–33). Sie orientieren sich an ihren Grenzsetzungen. An den administrativen Grenzsetzungen, wie zum Beispiel den Stadtteilgrenzen, orientieren sie sich nur formal, in der praktischen Arbeit sind die eigenen Grenzen von Bedeutsamkeit. Formal meint an dieser Stelle, dass die Fachkräfte sich ihrer Zugehörigkeit zu einer Stadt, einem Stadtteil oder einer Gemeinde bewusst sind und wissen, wie und wo die administrativen Grenzen verlaufen. Ihren Stadtteil können sie konkret abgrenzen zu anderen Stadtteilen. Dies wird in besonderer Weise deutlich, wenn die Fachkräfte beschreiben, aus welchem Einzugsgebiet ihre Familien kommen. Dennoch können aus den oben genannten Gründen den administrativen Grenzsetzungen nur eine geringe Bedeutung für die praktische Arbeit beigemessen werden (vgl. Kita-B, S. 14, Z. 13f.).

Zusammenfassend erfolgt die individuelle Eingrenzung des Sozialraumes vonseiten der Fachkräfte somit anhand verschiedener Faktoren. Einerseits sind es naturgegebene Grenzen, andererseits Bebauungsstrukturen des Nahraumes und in besonderer Weise die Sozialstruktur, welche wiederum von der Bebauungsstruktur beeinflusst wird. Die formalen, administrativen Grenzziehungen sind bekannt, werden aber bei der individuellen Grenzziehung wenig bis gar nicht berücksichtigt. Die Eingrenzung des eigenen Sozialraumes hilft den Fachkräften bei der passgenauen Ausgestaltung ihrer pädagogischen Arbeit. In die individuelle Eingrenzung des Sozialraumes spielt zudem das Einzugsgebiet der Einrichtung mit hinein, ist dies sehr heterogen und über das Stadtgebiet verteilt, sind in besonderer Weise die Sozialstrukturen der Akteure von Bedeutung, da diese, auch wenn sie nicht in unmittelbarer Umgebung des Nahraumes leben, vonseiten der Fachkräfte als ein Teil des Sozialraumes gesehen werden. Hier greift im Sinne einer sozialräumlichen Orientierung ein erweitertes Verständnis.

6.2.4.4.2 Kooperation und Vernetzung mit anderen Institutionen

Neben der individuellen Eingrenzung des Sozialraumes ist die Kooperation und Vernetzung mit anderen Institutionen eine wesentliche Strategie im Umgang mit der Schlüsselkategorie die „Kita im Sozialraum".

Das Schließen von Kooperationen und der Aufbau von Vernetzungsstrukturen im Sozialraum stellen einen aktiven Prozess dar. Es müssen potenzielle Partner ausgewählt und kontaktiert und darüber hinaus bestehende Kooperationspartnerschaften gepflegt werden. Vonseiten der leitenden Fachkräfte fordert dies ein hohes Engagement[93] (vgl. FZ-K, S. 28, Z. 2–6/Kita-H, S. 17, Z. 11ff.) sowie „Fach-, Feld- und personale Kompetenzen" (Bassarak 2006, S. 201). Grundlegend hierfür ist die intervenierende Bedingung

---

93   Siehe Kapitel 6.2.4.3.3 „Engagement der Fachkräfte".

„Wahrnehmen von Ressourcen und Problemlagen des Sozialraumes",[94] da die Kooperationen, die geschlossen werden und die somit entstehenden Angebote für Kinder und oder Familien den Bedarfen dieser entsprechen sollen, damit sie in Anspruch genommen werden und im Idealfall die Familien in der Gestaltung ihres Lebensalltages unterstützen. Um Netzwerke längerfristig zu erhalten, ist es jedoch bedeutsam, dass sie nicht von Personen abhängig, sondern strukturell, zum Beispiel mittels Kooperationsverträgen, verankert sind (vgl. Kasüschke & Fröhlich-Gildhoff 2008, S. 160).

Die Bedeutung von Netzwerkarbeit steigt nach Breuksch und Engelberg (2008, S. 188) in der Kinder-, Jugend- und Familienhilfe. Die Bedarfe der einzelnen Akteure innerhalb der Familie, sprich der Eltern und Kinder, werden häufig noch getrennt voneinander betrachtet und es gibt verschiedene institutionelle Zuständigkeiten. Dies führt dazu, dass verschiedene Institutionen bei einem komplexen Hilfebedarf nebeneinander agieren. Ein enges Förderungs- und Unterstützungsnetzwerk kommt hier den Nutzerinnen und Nutzern zugute. Die Netzwerkarbeit ist eine Methode, bei der die Zusammenarbeit zwischen den verschiedenen Akteuren und somit auch die Ressourcenauslastung gesteuert werden kann (vgl. AWO Bundesverband 2004 zit. in Breuksch & Engelberg 2008, S. 188). Für Familien sollen dadurch lange Wege und „Schwellenängste" abgebaut und unverbindlich Hilfemaßnahmen angeboten werden. Dieser Aspekt wurde bereits in Kapitel 6.2.4.3.1 „Niederschwelligkeit der Institution" aufgegriffen. Bedeutsam ist hierbei, „dass Netzwerkarbeit an den Bedarfen und Ressourcen des Sozialraumes orientiert geplant" wird (Breuksch & Engelberg 2008, S. 188). Hierfür sind eine gemeinsame Zielsetzung aller Akteure und eine kooperative Planung unerlässlich, was wiederum im Idealfall eine einheitliche Planung vonseiten der Träger der Einrichtungen voraussetzt und eine Akzeptanz bei den Fachkräften schafft (vgl. Breuksch & Engelberg 2008, S. 188). Die Möglichkeiten für Netzwerkarbeit sind jedoch unterschiedlich in den jeweiligen Sozialräumen (vgl. Früchtel, Cyprian & Budde 2007, S. 79).

In der Profession der Sozialen Arbeit werden Kooperationen als Grundlage für die „Realisierung des Auftrages der Sozialen Arbeit" gesehen. Nur durch intra- und interprofessionelle Kooperationen (d. h. einerseits Kooperationen im Rahmen der Institution [zum Beispiel Teamarbeit] und andererseits Kooperationen außerhalb der eigenen Institution) kann die Profession arbeitsfähig bleiben (vgl. Hochuli Freund & Stotz 2013, S. 112). In frühpädagogischen Institutionen gewannen nach fachwissenschaftlicher Ansicht interprofessionelle Kooperationen durch den gesellschaftlichen Wandel und der damit einhergehenden steigenden Bedeutsamkeit von Kindertageseinrichtungen an Beachtung. Durch Kooperationen werden bisher isolierte Dienste wirkungsvoll miteinander verbunden. Untersuchungen zeigen, dass der Aspekt der Vernetzung in frühpädagogischen Institutionen bisher noch zurücksteht (vgl. u. a. Fröhlich-Gildhoff u. a. 2006/Fröhlich-Gildhoff & Glaubitz 2006 zit. in Kasüschke & Fröhlich-Gildhoff 2008, S. 153). Nach §

---

94   Siehe Kapitel 6.2.4.3.2 „Wahrnehmen von Ressourcen und Problemlagen des Sozialraumes".

22a SGB VIII sind Kindertageseinrichtungen jedoch zu Kooperation und Vernetzung verpflichtet. Hier heißt es „die Träger der öffentlichen Jugendhilfe sollen sicherstellen, dass die Fachkräfte in ihren Einrichtungen zusammenarbeiten

- mit den Erziehungsberechtigten und Tagespflegepersonen zum Wohl der Kinder und zur Sicherung der Kontinuität des Erziehungsprozesses,

- mit anderen kinder- und familienbezogenen Institutionen und Initiativen im Gemeinwesen, insbesondere solchen der Familienbildung und -beratung,

- mit den Schulen, um den Kindern einen guten Übergang in die Schule zu sichern und um die Arbeit mit Schulkindern in Horten und altersgemischten Gruppen zu unterstützen."

Im Datenmaterial zeigt sich, dass Kooperations- und Vernetzungsstrukturen von frühpädagogischen Institutionen unterschiedlich stark, jedoch, wenn auch nur in geringem Maße, immer vorhanden sind. Das Projekt Familienzentrum NRW hat sich zum Ziel gesetzt, Familien umfassend in ihrer Lebensgestaltung zu unterstützen. Dies soll durch ein breites Netzwerk von relevanten Akteuren im Wohnumfeld der Familien geschehen. Ein klarer Netzwerkgedanke ist somit in der Zielsetzung des Projektes bereits impliziert (vgl. Breuksch & Engelberg 2008, S. 189). Im Rahmen des Projektes Familienzentrum NRW wurden für die Vernetzung der Akteure drei verschiedene Modelle entwickelt, wie sie bereits ausführlich im Kapitel 2.2 „Das Projekt Familienzentrum NRW" beschrieben wurden. Die Intensität der Kooperations- und Vernetzungsstrukturen ist somit u. a. abhängig von der Untersuchungsgruppe der traditionellen Kindertageseinrichtungen und der Familienzentren NRW, was sich darauf zurückführen lässt, dass Familienzentren NRW zur Erlangung des Gütesiegels gewisse Kooperationen mit vorgeschriebenen Institutionen eingehen müssen,[95] wohingegen traditionelle Kindertageseinrichtungen weitgehend frei von solchen Kooperationsvorschriften agieren. Daher lässt sich der Eigenschaft „Intensität der Kooperation und Vernetzung" anhand des Datenmaterials die Dimension von stark bis gering zuordnen.

Eigenschaft	Dimensionen
Intensität der Kooperationen und Vernetzungen	stark – gering

Es zeigt sich, dass auch gering vernetzte Institutionen, und das sind überwiegend die traditionellen Kindertageseinrichtungen, Interesse an intensiveren Kooperations- und Vernetzungsstrukturen haben (vgl. Kita-B, S. 11, Z. 13ff.). Der Fokus der Kooperationen der Untersuchungsgruppen ist jedoch different. Bei den traditionellen Kindertageseinrichtungen liegt er vor allem auf Kooperationen mit Institutionen, die bei-

---

95   Siehe Kapitel 2.2 „Das Projekt Familienzentrum NRW".

spielsweise mit den sogenannten „Vorschulkindern" besucht werden können, auf Kooperationen mit anderen Kindertageseinrichtungen oder auf Kooperationen, die Eltern und Kinder betreffen, so zum Beispiel Kooperationen mit dem Jugendamt oder der Familienbildungsstätte. Es werden keine Kooperationen geschlossen, die sich ausschließlich an Eltern richten. Bei der Untersuchungsgruppe der Familienzentren NRW sind die Kooperationen nicht zwingend mit der Weiterentwicklung zum Familienzentrum neu geschlossen worden. Es gab Kooperationen, die bereits vorher bestanden und mit der Zertifizierung vertraglich festgehalten wurden (vgl. FZ-I, S. 12, Z. 8–10). Die Familienzentren NRW blicken hier auf einen Veränderungsprozess zurück, wodurch sich folgende Dimension ergibt:

Eigenschaft	Dimension
Kooperationen	bestanden bereits vorher – wurden bewusst für Zertifizierung geschlossen

Bereits bestehende Kontakte werden in der Fachwissenschaft als bedeutsam für den Aufbau von Netzwerken gewertet. Nach van Santen und Seckinger (2003/Seckinger 2001 zit. in van Santen & Seckinger 2005, S. 56) hängen solche Kooperations- und Vernetzungsstrukturen zwischen Institutionen im Sozialraum eng mit dem Gelingen von sozialräumlichen Arbeitsansätzen zusammen. Kooperationsbereitschaft, insbesondere eine systemübergreifende, ist in der Praxis nicht immer leicht umzusetzen. Dazu tragen insbesondere mangelndes Wissen über die Funktionen von anderen Institutionen, Statusdifferenzen und auch mangelnde Verbindlichkeiten bei. Daher heißt sozialraumorientiertes Arbeiten für die Akteure auch „den eigenen Verantwortungsbereich und die eigenen Grenzen zu erkennen, Zuständigkeiten verorten zu können, Hilfe anderer einzufordern, zu delegieren und sich nicht selbst für alles zuständig zu fühlen" (van Santen & Seckinger 2005, S. 56). Im Hinblick darauf werden vonseiten der Fachkräfte Vernetzungstreffen im Stadtteil mit anderen Institutionen als sehr wertvoll für die eigene Arbeit angesehen (vgl. FZ-K, S. 24, Z. 23–26), wie Arbeitskreise zu bestimmten Themenfeldern, z. B. „Übergang Kita – Grundschule" (vgl. FZ-L, S. 19, Z. 33f.).

Enge Kooperationsnetzwerke sollen dazu beitragen, Familien passgenau in ihren differenten Lebenswelten zu unterstützen. Die Debatte und die zunehmende Bedeutsamkeit von Netzwerkorientierung geht einher mit dem Konzept der „Governance". Unter Governance werden „neue Formen von Arrangements zur Steuerung, Regulierung und Handlungskoordination von politisch-gesellschaftlichen Einheiten oder Institutionen unter Einbeziehung verschiedener Akteure verstanden" (Mayntz & Scharpf 1995 zit. in Schubert 2008, S. 71). Es handelt sich hierbei um eine organisierte, jedoch flexible Art der Zusammenarbeit zwischen den Akteuren Staat/Kommune, Wirtschafts- und Sozialpartner sowie Bürgerschaft. Bei der Umsetzung dieses Konzeptes kommt Netzwerken eine tragende Rolle zu (vgl. Schubert 2008, S. 72f.). „Netzwerke sind das organische Gewebe eines sozialen Raums, indem sie soziale Einheiten verbinden oder gegeneinander abschließen und so gleichsam das Feld erst schaffen, das wir dann als weiten/engen, vertrauten/fremden Raum erleben" (Früchtel, Budde & Cyprian 2007a, S. 111). Ein Netzwerk ist somit als ein „Geflecht von sozialen Beziehungen" zu verstehen, in welches verschiedene einzelne Akteure oder kollektive Gruppen eingebunden sind. Es sind quasi Knoten, die durch ein Netz miteinander verbunden werden (vgl. Jansen 2010, S. 209). Netzwerke dienen dazu, die Ressourcen vor Ort optimal zugunsten der Akteure zu nutzen. Netzwerkressourcen können hier zweierlei sein, einerseits die Ressourcen der einzelnen Adressaten sowie andererseits die Ressourcen aus der „Stadtteilperspektive" (vgl. Früchtel, Budde & Cyprian 2007a, S. 111). In der Fachwissenschaft wird hier von „natürlichen" und „künstlichen" Netzwerken gesprochen. Natürliche Netzwerke bündeln soziale Ressourcen von Menschen, hier geht es primär um informelle Beziehungssysteme, wohingegen in künstlichen Netzwerken professionelle Ressourcen gebündelt werden. Hier spricht man auch von sogenannten „tertiären Netzwerken" (vgl. Schubert 2008, S. 74f.). In Bezug auf die Strategie der Kooperation und Vernetzung geht es hier um die Netzwerke zwischen Institutionen, d. h. um tertiäre Netzwerke. Diese setzen ein professionelles Denken vonseiten der Fachkräfte voraus (vgl. Früchtel, Cyprian & Budde 2007a, S. 79). Im Sinne von tertiären Netzwerken muss zudem zwischen „richtungsoffenen" und „zweckgerichteten" Netzwerken differenziert werden. Richtungsoffene Netzwerke verfolgen einen kooperativen Charakter, indem sie horizontal-hierarchisch strukturiert sind. Die Akteure haben eine gemeinschaftliche Grundüberzeugung. In Bezug auf die Studie sind dies zum Beispiel Kooperationen im Sinne von Arbeitskreisen (beispielsweise Arbeitskreis „Sprachförderung"). Bei zweckgerichteten Netzwerken handelt es sich häufig um temporäre, zum Beispiel projektorientierte Kooperationen. Die Akteure bringen spezifische Eigenschaften mit ein und verfolgen einen gemeinschaftlichen Zweck. In Bezug auf die Studie sind dies beispielsweise Kooperationen zwischen der Kindertageseinrichtung und der Erziehungsberatungsstelle. Je nach Form des Netzwerkes sind differente Arbeitsweisen von Bedeutsamkeit. Des Weiteren können unterschiedliche Formen von Netzwerken unterschiedliche Hierarchiestrukturen aufweisen und einer differenten Form der Steuerung unterliegen (vgl. Schubert 2008, S. 76f.). Im Hinblick auf die interorganisationale Steuerung wird bei tertiären Netzwerken zwischen der Dezentralisierung und der Quer-Koordination unterschieden (vgl. Bolman & Deal 1997 zit. in Schubert 2008, S. 80). Die Dezentralisierung gewinnt insbesondere im Zusammenhang mit den unterschiedlichen Bedarfen von Adressatinnen und Adressaten in verschiedenen Lebenssituationen und Sozialräumen an Bedeutung. „Durch eine dezentrale Organisation kann beispielsweise am besten auf den raumspezifischen sozialen und kulturellen Wandel in einem Stadtteil bzw. im Umfeld der Einrichtung reagiert werden" (Schubert 2008, S. 81). Eine Quer-Koordination bezieht sich auf die „zielorientierte und produktive Inbezugsetzung der Interdependenz der Organisationseinheiten beispielsweise bei der Erfüllung von Aufgaben/Kundenwünschen in der kommunalen Daseinsvorsorge" (Schubert 2008a, S. 41). Bisher getrennt voneinander laufende Prozesse werden zusammengebracht um die Qualität der Dienstleistungen zu verbessern (vgl. Schubert 2008a, S. 41).

Im Hinblick auf das Datenmaterial lassen sich in Bezug auf die interorganisationale Steuerung bei tertiären Netzwerken zwei differente Formen von Vernetzung identifizieren. Mit Blick auf die Dezentralisierung schließen die Fachkräfte vor Ort bewusst Kooperationen hinsichtlich des Bedarfes im Sozialraum. Hinsichtlich der Quer-Koordination übernimmt der Träger bei der Untersuchungsgruppe der Familienzentren NRW das Schließen von Kooperationen, die im Hinblick auf eine kommunale Daseinsvorsorge erbracht werden müssen. Darüber hinaus werden Kooperationspartner einerseits bewusst nach den Bedarfen der Zielgruppe ausgewählt, beziehungsweise es werden verpflichtende Kooperationen geschlossen (vgl. FZ-D, S. 10, Z. 6f./FZ-E, S. 22, Z. 17–32) und andererseits werden Kooperationen „passiv" geschlossen, das heißt entweder nimmt der Träger den aktiven Part der Schließung der Kooperation ein (vgl. FZ-D, S. 10, Z. 6f.), oder Kooperationen ergeben sich durch eine unmittelbare Nachbarschaft der Institution zu einer anderen Institution (vgl. Kita-D, S. 13, Z. 1–4). Des Weiteren werden im Sinne einer aktiven Form der Vernetzung vonseiten der Fachkräfte die Kooperationspartner beispielsweise mit Kindern aufgesucht (vgl. FZ-C, S. 21, Z. 27f.) oder es werden Arbeitsmaterialen aufbereitet und mit anderen Institutionen ausgetauscht (vgl. FZ-J, S. 19, Z. 8–32/S. 2, Z. 31 – S. 3, Z. 5). Im Sinne einer passiven Nutzung der Kooperationen kommen die Kooperationspartner ins Haus und bieten Angebote für die Nutzerinnen und Nutzer an (vgl. FZ-I, S. 10, Z. 17–20) oder die Nutzerinnen und Nutzer werden an Kooperationspartner verwiesen (vgl. FZ-B, S. 23, Z. 27–43). Die Fachwissenschaft spricht in diesem Zusammenhang von informellen, somit implizit-stillschweigenden sowie von formellen, sprich explizit-vertraglichen Kooperationen (vgl. Schubert 2005, S. 73).

	Strategie: Form der Vernetzung	
	Aktive Form der Vernetzung vonseiten der Einrichtung	**Passive Form der Vernetzung vonseiten der Einrichtung**
Art und Weise der Schließung der Kooperationen mit anderen Einrichtungen und Institutionen *Wie/von wem werden die Kooperationen geschlossen?*	- Freiwillige Kooperationen, die die Einrichtung nach Bedarf der Zielgruppe bewusst sucht und schließt (vgl. FZ-D, S. 10, Z. 6f.) - Verpflichtende Kooperationen, die die Einrichtung schließt (vgl. FZ-E, S. 22, Z. 17–32)	- Kooperationen, die der Träger für die Einrichtung schließt (vgl. FZ-D, S. 10, Z. 6f.) - Kooperationen ergeben sich unbewusst, weil sich die Kooperationspartner im Nahraum befinden (vgl. Kita-D, S. 13, Z. 1–4)
Nutzen der Kooperationen für die Institution *Wie werden die Kooperationen vonseiten der Einrichtung genutzt?*	- Kooperationspartner aufsuchen (beispielsweise mit Kindern) (vgl. FZ-C, S. 21, Z. 27f.) - Austauschen von Arbeitsmaterialien (vgl. FZ-J, S. 19, Z. 8–32/S. 2, Z. 31 – S. 3, Z. 5)	- Kooperationspartner kommen ins Haus um Angebote für die Nutzerinnen und Nutzer anzubieten (vgl. FZ-I, S. 10, Z. 17–20) - Verweisen der Nutzerinnen und Nutzer an Kooperationspartner (vgl. FZ-B, S. 23, Z. 27–43)

Im Sinne der Steuerung von Netzwerken ist es bedeutsam, dass die Steuerungsebenen zusammenwirken. Hierfür muss die Politik in den Kommunen die „normative Verantwortung" übernehmen. Die Leitziele für die Daseinsversorgung von Familien in der Kommune müssen dafür programmatisch festgelegt sein und ein Orientierungsrahmen geschaffen werden. In den Fachbereichen der Kommunalverwaltung liegt die strategische Verantwortung. Auch hier muss eine Kooperation und Vernetzung der Akteure stattfinden. Die Fachkräfte in den Einrichtungen tragen letztendlich die operative Verantwortung dezentral in den Sozialräumen. Hier geht es um den Aufbau „zielorientierter Handlungsnetze" von familiären Unterstützungssystemen (vgl. Schubert 2008, S. 82). Den Fachkräften in den Kindertageseinrichtungen kommt hier eine hohe Bedeutsamkeit zu.

> „Auf der Ebene der einzelnen, elternunterstützenden und kinderfördernden Einrichtungen im Sozialraum werden qualifizierte Führungspersonen und Koordinationskräfte gebraucht, die die Vernetzung und Kooperation herzustellen und abzusichern vermögen." (Schubert 2008, S. 83)

Die Basis für ein solches Netzwerk muss nach Ansicht der Fachkräfte in den frühpädagogischen Institutionen jedoch die Stadt, beziehungsweise der Träger, in Form von beispielsweise regelmäßigen Sozialraumtreffen, schaffen. Kommt die Stadt, beziehungsweise der Träger hier ihrer/seiner Aufgabe nicht nach, wird dies als bewusste Entscheidung aufgefasst, solche Netzwerke zu unterbinden (vgl. Kita-H, S. 17, Z. 11ff.). Diese Ansicht wird vom Gesetzgeber gestützt, indem er ausdrückt, wie zu Beginn bereits beschrieben, dass der Träger dafür Sorge zu tragen hat, dass den Fachkräften eine Basis für Kooperation und Vernetzung geschaffen wird (vgl. § 22a SGB VIII). Vonseiten der Fachwissenschaft wird hier die Verantwortung jedoch eindeutig bei den Fachkräften in den Institutionen verortet, was zu einer deutlichen Kontrastierung der Perspektive der Fachwissenschaft und der Fachpraxis führt.

Bei tertiären Netzwerken ist die räumliche Dimension ein Definitionsmerkmal, es wird unterschieden zwischen lokalen, regionalen, nationalen und international-globalen Netzwerken (vgl. Killich 2007, S. 18ff. zit. in Schubert 2008a, S. 43).

> „Bei lokalen und regionalen Netzwerken konfiguriert sich die Netzwerkkooperation schwer
> punktmäßig um standortgebundene Ressourcen. Die Zeitdauer der Netzwerkkooperation um
> fasst zwei Dimensionen: Die zeitlich begrenzte, temporäre Vernetzung und die zeitlich un
> begrenzte Kooperation." (Schubert 2008a, S. 43)

Im Datenmaterial ist der örtliche Bezug zu den kooperierenden Institutionen different. Bei Kooperationen mit übergeordneten Trägerstrukturen ist der sozialräumliche Bezug nicht ausschlaggebend, weil hier zum Beispiel das Angebot der Erziehungsberatungsstelle in den Räumlichkeiten der Kindertageseinrichtung angeboten wird. Andererseits gibt es jedoch auch Kooperationen bei denen der örtliche Bezug eine hohe Bedeutsamkeit hat, so beispielsweise bei der Kooperation mit der örtlichen Grundschule (vgl. FZ-D, S. 14, Z. 8–12).

> „Mit Blick auf die Praxis der Sozialraumorientierung verdeutlicht eine Netzwerkperspektive,
> dass heute ‚vernetzte soziale Räume‘ jenseits territorialer Grenzen gedacht werden müssen
> und je nach Zielgruppe variieren können (d. h. unterschiedliche Herangehensweisen und
> Mobilitäten) erfordern." (Straus & Höfer 2005, S. 487)

Angebote, die im Rahmen von Kooperationen entstehen, können in Form von Komm- und Gehstrukturen gestaltet sein, d. h. Kooperationsangebote finden in den Räumlichkeiten der Kindertageseinrichtung statt, was insbesondere dem Prinzip der Niederschwelligkeit[96] entspricht oder aber sie finden in den Räumlichkeiten der Kooperationspartner statt (vgl. FZ-C, S. 21, Z. 27f./FZ-I, S. 10, Z. 17–20). Kooperationen sollen immer einen effektiven Nutzen für beide Institutionen, und darüber hinaus natürlich auch für die Akteure haben (vgl. Kita-B, S. 12, Z. 7–15). Kooperationspartner können

---

96   Siehe Kapitel 6.2.4.3.1 „Niederschwelligkeit der Institution".

hier eine Brücke zwischen Betreuungseinrichtung und Eltern darstellen, wodurch noch einmal die Ebene der Beziehung zwischen Kindertageseinrichtung und Familien intensiviert wird. Darüber hinaus erweitern vielfältige Kooperationsangebote das Einzugsgebiet der Einrichtung. Auch Familien, die gegebenenfalls sonst keinen Bezug zu der Einrichtung haben, fühlen sich angesprochen (vgl. FZ-F, S 14, Z. 33f.).[97] Letztendlich ist es im Sinne eines gemeinsamen, gesellschaftlichen Erziehungsauftrages für Kinder bedeutsam, dass alle Institutionen „an einem Strang ziehen" und identische Ziele und Werte verfolgen, was wiederum eine intensive Vernetzung und einen intensiven Austausch von Akteuren im Sozialraum fordert.

> „(...) Müssen alle mit an einem Strang ziehen. Schulen, Kitas, Eltern. Vom Sportverein bis sonst wohin müssten eigentlich zumindest überall die gleichen Werte und, ja, herrschen."
> (FZ-C, S. 30, Z. 30–34)

Durch eine intensive Zusammenarbeit erleben Familien die verschiedenen Institutionen in ihrer Lebensumwelt als eine Einheit, die zusammen agiert (vgl. Schubert 2008, S. 70).

Bei den Kooperations- und Vernetzungsstrukturen im Sozialraum wirken sich nach Ansicht der Fachkräfte Stadtteilkoordinatoren als Unterstützungsinstanz sowie eine dörfliche Struktur als positiv aus (vgl. Kita-B, S. 10, Z. 33 – S. 11, Z. 2). Insbesondere die Kooperation zwischen Kindertageseinrichtungen und Grundschulen wird in der Diskussion um Vernetzungsstrukturen hervorgehoben. Hier geht es insbesondere um die Gestaltung von Transitionen, zwischen dem Übergang zwischen der Kindertageseinrichtung und Grundschule. Übergänge von einem Ökosystem in ein anderes stellen für Kinder kritische Lebensereignisse dar, die einer besonderen Gestaltung bedürfen (vgl. Kasüschke & Fröhlich-Gildhoff 2008, S. 153f.). Nach Griebel und Niesel (2004 zit. in Kasüschke & Fröhlich-Gildhoff 2008, S. 157) ist die Kooperation zwischen den beiden Institutionen hier ein „ausschlaggebender Faktor" für eine gelingende Übergangsbewältigung.

Die Kooperation und Vernetzung mit anderen Institutionen ist eine zentrale Strategie im Umgang mit der Schlüsselkategorie die „Kita im Sozialraum". Sie setzt die intervenierende Bedingung des Wahrnehmens von Ressourcen und Problemlagen sowie die intervenierende Bedingung des Engagements der Fachkräfte voraus. Enge Netzwerke sollen Familien passgenaue Unterstützung in ihren unterschiedlichsten Lebenslagen bieten. Insbesondere durch den gesellschaftlichen Wandel und die steigende Bedeutsamkeit von frühpädagogischen Institutionen, welche auch das Projekt Familienzentrum NRW bedingt, gewinnen nach Ansicht der befragten Fachkräfte Kooperations- und Vernetzungsstrukturen in der Frühpädagogik zunehmend an Bedeutung. Darüber hinaus sind sie vom Gesetzgeber als verpflichtend festgelegt. Diese Bedeutung von tertiären

---

97   Siehe Kapitel 6.2.4.5.2 „Einrichtung ist Anlaufpunkt im Sozialraum".

Netzwerken sehen beide Untersuchungsgruppen gleichermaßen. Netzwerke bündeln die Ressourcen vor Ort zugunsten der Nutzerinnen und Nutzer. Dabei ist die räumliche Dimension nicht ausschlaggebend, d. h. es ist nicht zwingend relevant, dass die Kooperationspartner im Sozialraum der Institution ansässig sind, viel bedeutsamer ist, dass sie niederschwellig für Familien nutzbar sind. In den Untersuchungsgruppen zeigen sich deutliche Differenzen hinsichtlich der Ausrichtung der Netzwerke. Wo bei traditionellen Kindertageseinrichtungen der Fokus auf Kooperationspartnerschaften liegt, die einen engen Kind Bezug haben, ist der Fokus der Familienzentren NRW, aufgrund ihrer Prämisse eine Einrichtung für die Familie als Ganzes zu sein, auf Angeboten für Familien und Bewohnerinnen und Bewohner aus dem Sozialraum.

6.2.4.4.3 Zusammenarbeit mit Eltern

Neben der individuellen Eingrenzung des Sozialraumes und der Kooperation und Vernetzung mit anderen Institutionen ist die Zusammenarbeit mit Eltern eine weitere Strategie im Umgang mit der Schlüsselkategorie die „Kita im Sozialraum". Fröhlich-Gildhoff, Pietsch, Wünsche und Rönnau-Böse (2011, S. 15) formulieren dazu:

> „Die Zusammenarbeit mit den Eltern und weiteren Bezugspersonen ist – neben der ‚direkten‘ pädagogischen Arbeit mit den Kindern und der Vernetzung mit anderen Institutionen – eines von drei wesentlichen Bestimmungsmomenten moderner Frühpädagogik."

Die Zusammenarbeit mit Eltern umfasst die gemeinsame Förderung der Entwicklungs-, beziehungsweise der Bildungsprozesse von Kindern. Die Kindertageseinrichtung soll im Leben der Kinder und Eltern präsent sein (vgl. Cloos & Karner 2010, S. 171f.) und auch bei der Übergangsgestaltung verschiedener Sozialisationsfelder (zum Beispiel Elternhaus – Kindertageseinrichtung oder Kindertageseinrichtung – Schule) unterstützend wirken (vgl. Griebel & Niesel 2004 zit. in Cloos & Karner 2010, S. 172). Darüber hinaus soll die Kindertageseinrichtung Eltern Unterstützung bieten und in Zusammenarbeit mit anderen Institutionen Aufgaben der Familienbildung wahrnehmen. Zudem haben frühpädagogische Betreuungsinstitutionen eine Dienstleistungsfunktion in Bezug auf die Zusammenarbeit mit Eltern, sie haben zum Ziel, die Vereinbarkeit von Beruf und Familie zu stärken (vgl. Cloos & Karner 2010, S. 172f.). Die Zusammenarbeit mit Eltern wird in dieser Studie als ein bedeutsamer Teil in der Arbeit von Kindertageseinrichtungen hervorgehoben. Insbesondere durch den gesellschaftlichen Wandel gewann Elternarbeit zunehmend an Beachtung (vgl. Kita-F, S. 12, Z. 25–28). Elternarbeit, als eine festgelegte Aufgabe von Kindertageseinrichtung, fand erst in den siebziger Jahren Einzug in die Institutionen (vgl. Aden-Grossmann 2002, S. 225). Sie ist gesetzlich im SGB VIII verankert und findet sich im Bildungs- und Orientierungsplan des Landes NRW wieder.[98] Insbesondere durch eine zunehmende Erziehungsunsicherheit vonseiten

---

98   Siehe Kapitel 2.1 „Der landespolitische Anspruch an Kindertageseinrichtungen".

der Eltern gewinnt eine Unterstützung vonseiten der Institution Kindertageseinrichtung an Bedeutung (vgl. Kasüschke & Fröhlich-Gildhoff 2008, S. 141).

In dem Projekt Familienzentrum NRW wird die Prämisse aufgestellt, dass nicht mehr ausschließlich die Kinder die primäre Zielgruppe der Institution sind, sondern, wie schon der Name vermuten lässt, die Familie als Ganzes als Adressat begriffen wird. Das Projekt Familienzentrum NRW fokussiert, dass die Eltern präsent in der Einrichtung sind und die Kindertageseinrichtung wird hier als ein niederschwelliger Zugang zu den Eltern gesehen. Über die Kinder sollen die Eltern ermutigt werden zum Beispiel an Elternkursen oder weiteren Angeboten des Familienzentrums teilzunehmen (vgl. FZ-C, S. 27, Z. 23f./FZ-L, S. 8, Z. 4–9).[99] Bei der Untersuchungsgruppe der Familienzentren NRW hat sich die Elternarbeit durch die Weiterentwicklung zum Familienzentrum NRW intensiviert:

> „Nein, würde ich nicht so sagen also, das was ich schon finde was natürlich viel mehr geworden ist ist so diese ganz gezielte Elternarbeit, ne also das Angebot ist sehr viel größer, weil wir auch viele Kooperationspartner haben, die dann diese Dinge zum Teil auch kostenlos anbieten und sagen das oder das bieten wir an, können wir auch mal hier machen also die Elternarbeit finde ich ist schon sehr, sehr intensiv geworden ne (...)." (FZ-K, S. 19, Z. 22–26)

Doch auch in traditionellen Kindertageseinrichtungen wird der Zusammenarbeit mit Eltern im Sinne einer Erziehungspartnerschaft eine steigende Bedeutsamkeit beigemessen (vgl. Kita-F, S. 12, Z. 25–28). Sie binden Eltern über regelmäßige Entwicklungsgespräche und Festivitäten in die Einrichtung mit ein. Insbesondere die Trägerstruktur der Elterninitiativen stellt in diesem Zusammenhang eine besondere dar, da hier die Eltern im Rahmen von Elternstunden, während derer sie zum Beispiel hauswirtschaftliche Tätigkeiten in der Einrichtung übernehmen, eingebunden werden (vgl. Kita-H, S. 6, Z. 4–10).

Eltern und Einrichtungen sollen den Erziehungsprozess des Kindes im Sinne einer Erziehungspartnerschaft gemeinsam gestalten. Sie tragen jeweils Verantwortung für verschiedene Lebensbereiche des Kindes (vgl. Kasüschke & Fröhlich-Gildhoff 2008, S. 141).

> „Zu den am besten dokumentierten Bedingungsfaktoren für langfristig erfolgreiche Förderprogramme gehören die Einbeziehung der Eltern in das Förderprogramm (zum Beispiel durch eine dialogische Praxis der Erziehungspartnerschaft oder auch durch Hausbesuche) sowie die dadurch erreichte Veränderung der familiären Situation infolge der Weiterentwicklung der Beziehungs- und Erziehungskompetenzen der Eltern." (Liegle 2010, S. 75)

---

99   Siehe Kapitel 2.2 „Das Projekt Familienzentrum NRW".

Der Begriff der Erziehungspartnerschaft oder auch der Bildungspartnerschaft (vgl. Textor 2009 zit. in Fröhlich-Gildhoff, Pietsch, Wünsche & Rönnau-Böse 2011, S. 15) soll verdeutlichen, dass Eltern und Fachkräfte den Erziehungsprozess des Kindes gemeinsam in einem partnerschaftlichen Austausch miteinander und zum Wohle des Kindes gestalten. Die Zusammenarbeit mit Eltern im Sinne einer Erziehungspartnerschaft wird landespolitisch gefordert[100] und soll ein verändertes Interaktionsverhältnis von Fachkräften und Eltern verdeutlichen (vgl. Cloos & Karner 2010, S. 171). Textor (2005, S. 157f. zit. in Kasüschke & Fröhlich-Gildhoff 2008, S. 144) definiert Erziehungspartnerschaft wie folgt:

„Die Grundhaltung ist hier, dass die Erziehung und Bildung eines Kindes ‚Co-Produktion' von Eltern, ErzieherInnen, LehrerInnen und dem Kind selbst ist. Daraus ergibt sich die Zusammenarbeit zwischen allen Erwachsenen, basierend auf einem intensiven dialoghaften Informations- und Erfahrungsaustausch. (...) So sollten ErzieherInnen und LehrerInnen selbst mehr familienbildend tätig werden und Eltern darüber informieren, wie gute Lernvorausetzungen in den Familien geschaffen und (Selbst-)Bildungsprozesse der Kinder initiiert und unterstützt werden können (...). Je mehr die Familie als Co-Produzent von Bildung wahrgenommen und je intensiver die Kooperation mit ihr wird, um so mehr müssen ErzieherInnen und LehrerInnen ihre Erziehungs- und Bildungsziele mit den Eltern abstimmen und ihre Bildungsangebote in die Familie hineintragen."

Insgesamt wird die Zusammenarbeit mit Eltern als eine „Partnerschaft" vonseiten der Fachkräfte verstanden. Eine Partnerschaft impliziert, dass sich die Akteure auf Augenhöhe begegnen. Dennoch wird auch deutlich, dass die Partnerschaft auch verpflichtend für beide Seiten ist.

---

100   Siehe Kapitel 2.1 „Der landespolitische Anspruch an Kindertageseinrichtungen".

Homogene Auffassung zur Erziehungspartnerschaft	
Untersuchungsgruppe **Familienzentrum NRW**	**Untersuchungsgruppe** **Traditionelle Kindertageseinrichtung**
„Also unser Grundsatz ist wir sind, wir haben ein partnerschaftliches Verhältnis und das nehmen wir auch ernst mit auf Augenhöhe das ist mir ganz wichtig deswegen ist es das eine nicht oder das andere nicht es kann aber auch manchmal ergänzend sein <u>tatsächlich</u> ja aber dann ist es auch nee es ist wirklich eine Partnerschaft und dann muss ich auch gucken was braucht der andere wirklich, um zu schauen kann das ich das bieten oder auch zu sagen nee das geht einfach nicht hier sind die Grenzen hier können wir nicht weiter." (FZ-B, S. 32, Z. 6–12)	„Das ist eine Vereinbarung die schon vorher festgelegt wird im Betreuungsvertrag, also die Zusammenarbeit mit den Eltern das ist ein muss. Also sonst, sonst würden wir wahrscheinlich den Eltern die komplette Zusammenarbeit mit, mit uns ablehnen dann könnten wir nicht mehr von einer Erziehungspartnerschaft sprechen, dann wäre das gescheitert irgendwie, das haben wir noch nicht erlebt, aber das ist auch immer von vornherein auch klargestellt. Aber da sind die Eltern ja auch, haben ein eigenes Interesse da auch die Termine immer wahrzunehmen." (Kita-G, S. 13, Z. 3–9)

Der Kommunikation zwischen Fachkräften und Eltern wird im Sinne einer Partnerschaft vonseiten der Fachwissenschaft eine hohe Bedeutung beigemessen. Cloos und Karner (2010 zit. in Fröhlich-Gildhoff, Pietsch, Wünsche & Rönnau-Böse 2011, S. 17) kritisieren jedoch, dass der Begriff nicht verdeutlicht, dass es sich zwischen Eltern und Fachkräften um ein „asymmetrisches Verhältnis" handelt und die Akteure unterschiedliche Sichtweisen und Interessen in die Partnerschaft hereintragen, die sich nicht immer partnerschaftlich angehen lassen, insbesondere auch im Hinblick auf die vorhandenen Machtstrukturen und Hierarchien (vgl. Brock 2011, S. 16 zit. in Fröhlich-Gildhoff, Pietsch, Wünsche & Rönnau-Böse 2011, S. 17). Dies fordert insbesondere vonseiten der Fachkräfte eine professionelle Haltung (vgl. Kasüschke & Fröhlich-Gildhoff 2008, S. 144f.). Die Haltung muss geprägt sein von Akzeptanz und Wertschätzung gegenüber den Eltern und deren Lebenswelt (vgl. Fröhlich-Gildhoff, Rönau & Dörner 2008, S. 35 zit. in Brock 2013, S. 120) und impliziert „einen von der Laienwelt abgegrenzten Orientierungs- und Handlungsbereich" (Cloos & Karner 2010, S. 179). Die Arbeitsbeziehungen sind in einem Dreiecksverhältnis relational angelegt (vgl. Cloos & Karner 2010, S. 179). Es gilt sich auch hier an den Ressourcen, die Eltern mitbringen, zu orientieren und das eigene Vorgehen regelmäßig (im Team) zu reflektieren (vgl. Brock 2013, S. 121).

Elterngespräche sind eine zentrale Strategie um die Zusammenarbeit mit Eltern im Sinne einer Partnerschaft zu gestalten. Hier muss unterschieden werden zwischen den gesetzlich festgelegten jährlichen (oder halbjährlichen) Entwicklungsgesprächen über terminierte Gespräche bis hin zu spontanen Tür- und Angelgesprächen (vgl. Kita-B,

S. 8, Z. 20–23/Kita-C, S. 6, Z. 6f.). Daher lässt sich der Eigenschaft „Gespräche mit Eltern" die Dimension von spontan bis gesetzlich festgelegt zuordnen.

Eigenschaft	Dimension
Gespräche mit Eltern	spontan – gesetzlich festgelegt

In Bezug auf die Inhalte der Zusammenarbeit mit Eltern zeigt sich im Datenmaterial, dass die Untersuchungsgruppe der Familienzentren NRW Eltern umfassendere Angebote im Rahmen der Zusammenarbeit anbietet, insbesondere auch in Bezug auf Kooperationspartner (u. a. Beratung und/oder Vermittlung an Kooperationspartner), wohingegen traditionelle Kindertageseinrichtungen ihren Schwerpunkt in der Zusammenarbeit in der Erziehungsunterstützung sehen.

Inhalte der Zusammenarbeit mit Eltern	
Untersuchungsgruppe Familienzentrum NRW	**Untersuchungsgruppe Traditionelle Kindertageseinrichtung**
- Eltern werden in alltäglichen Dingen geschult (vgl. FZ-J, S. 24 Z. 13 – S. 25, Z. 33) - Schwerpunkt Beratung durch Kooperationspartner (vgl. FZ-L, S. 11 Z. 33 – S. 12, Z. 3) - Erweisen und Vermitteln an Kooperations- und Netzwerkpartner (in- und außerhalb der eigenen Institution) (vgl. FZ-B, S. 23, Z. 29–34) - Kontakt der Eltern untereinander stärken (vgl. FZ-B, S. 5, Z. 17–21)	- Eltern in Erziehung unterstützen und beraten (vgl. Kita-J, S. 15, Z. 32f.) - Kontakt der Eltern untereinander stärken (vgl. Kita-F, S. 13, Z. 15–22)

In der Studie stellt sich heraus, dass dem Fördern familiärer Netzwerke im Sinne „Kontakt der Eltern untereinander stärken" eine wichtige Bedeutsamkeit beigemessen wird. Wie bereits im Kapitel 6.2.4.4.2 „Kooperation und Vernetzung mit anderen Institutionen" beschrieben, gibt es zwei Formen von Netzwerken, einerseits die „natürlichen" und andererseits die „künstlichen" Netzwerke. Wo die künstlichen Netzwerke professionelle Ressourcen bündeln, bündeln natürliche Netzwerke soziale Ressourcen von Menschen. Hierbei handelt es sich somit um informelle Beziehungssysteme (vgl. Schubert 2008, S. 74f.). Persönliche Beziehungen sind daher immer eingebunden in ein Beziehungsgefüge, somit in soziale Netzwerke (vgl. Lingg & Stiehler 2010, S. 173). Menschen agieren in unterschiedlichen Netzwerken und unterschiedlichen räumlichen Bezügen (vgl. Straus 2005, S. 76).

> „Durch veränderte Mobilität und gesteigerte Möglichkeiten der Vernetzung (neue Medien) differenzieren sich in modernen Gesellschaften die örtlichen Bezüge sozialer Kontakte immer mehr aus und persönliche Beziehungen erfahren eine neue räumliche Ausgestaltung. So sind aktuell bedeutsame persönliche Beziehungen immer weniger nur im Nahraum verortet, sondern das Netz persönlicher Beziehungen ist zumeist räumlich weit aufgespannt." (Lingg & Stiehler 2010, S. 175)

Im Hinblick auf eine sozialräumliche Orientierung zeigt die Netzwerkperspektive auf, dass „vernetzte soziale Grenzen" unabhängig von administrativ gesetzten Grenzsetzungen gesehen werden müssen (vgl. Straus & Höfer 2005, S. 481). Die befragten Einrichtungen möchten private Kontakte der Eltern fördern, so dass diese auch außerhalb der Einrichtung weitergeführt werden und Bestand haben. Dafür schafft die Institution eine Plattform zum Austausch und zum Kennenlernen, zum Beispiel in Form eines Elterncafés oder in Form von Festivitäten, bei denen die Eltern eingeladen werden und die Möglichkeit haben sich kennenzulernen etc. (vgl. Kita-F, S. 18, Z. 13–26). Kindertageseinrichtungen bieten nach Rosbach (2005, S. 152ff.) und Schmidt-Denter (2002, S. 753 zit. in Liegle 2010, S. 75) nicht nur für Kinder eine unvergleichbare Möglichkeit zum Aufbau von sozialen Beziehungen, zum Beispiel, wenn Freundschaften auch außerhalb der Institution weiter geführt werden, sondern bieten auch für die gesamte Familie die Möglichkeit soziale Netzwerke aus- und aufzubauen. Die Vernetzung der Eltern kann generell, zum Beispiel im Rahmen von offenen Gruppen, gefördert werden (vgl. Kasüschke & Fröhlich-Gildhoff 2008, S. 160). Dichte, heterogene und große Netzwerke bieten ein hohes Unterstützungspotenzial für die Akteure (vgl. Straus & Höfer 2005, S. 483f.). Ziel der Förderung sozialer Netzwerke ist es:

> „(...) die Fähigkeiten von Bewohnerinnen und Bewohnern im Stadtteil zur Zusammenarbeit und sozialen Vernetzung (‚Sozialkapital') zu stärken. Dabei geht es nicht darum, die Zahl und Dichte von Zusammenarbeit und sozialer Vernetzung um ihrer selbst willen zu erhöhen. Vielmehr soll das kooperative Verhalten gewinnbringend sowohl für den Einzelnen als auch für das Gemeinwesen genutzt werden (...)." (Böhme & Schuleri-Hartje 2002 zit. in Straus & Höfer 2005, S. 483)

Da Netzwerke viele Ressourcen von Menschen bündeln, wird hier in Bezug auf die Kindertageseinrichtung im Datenmaterial der „Nachteil" gesehen, dass die Eltern im Gruppenverbund eine starke Position einnehmen.

<table>
<tr><td colspan="2" align="center">Kontrastierung bei der Sichtweise hinsichtlich der familiären Netzwerke</td></tr>
<tr><td align="center">Untersuchungsgruppe
Familienzentrum NRW</td><td align="center">Untersuchungsgruppe
Traditionelle Kindertageseinrichtung</td></tr>
<tr><td>„(...) für die <u>Eltern</u> glaub ich, für ganz viele ist es ganz wichtiger Anlaufpunkt. Nicht nur, weil sie ihre Kinder hier abgeben, die treffen andere Eltern im Flur, es wird sich ausgetauscht, es wird sich verabredet, viele gehen gemeinsam hinterher weg." (FZ-C, S. 27, Z. 13ff.)</td><td>„(...) das heißt Strukturen die sich zum Beispiel hier, hier von Kontakten her in der Kita ergeben sicherlich auch weitergeführt im privaten Bereich, man lädt sich hier noch gegenseitig ein, (...) ich will es dann einfach auch mal positiv deuten, dass es auch Eltern gibt die hier schon ne gewisse Kommunikation geführt haben eh sie mit Ansprüchen, Anforderungen, Vorschlägen auf uns zu kommen. Ja. Hat den Nachteil, dass es auch ne sehr .. stabile Kommunikation ist wenn wir auch mal uns gegen den Wunsch der Eltern entscheiden bestimmte Dinge nicht zu tun (...)." (Kita-F, S. 18, Z. 13–26)</td></tr>
</table>

Über ebensolche Vernetzungsstrukturen und das Öffnen vom Familienzentrum zum Sozialraum sollen über die Familien, die ihre Kinder in der Tageseinrichtung betreuen lassen, weitere Familien erreicht werden, so dass sich der Wirkungskreis des Familienzentrums durch familiäre Netzwerke erweitert (vgl. FZ-C, S. 27, Z. 13ff.). Familienzentren haben hier ganz konkret zum Ziel auch „entferntere Familien" zu erreichen (vgl. FZ-C, S. 18, Z. 30–34).

Zwischen Kindertageseinrichtung und Familie soll vonseiten der Untersuchungsgruppen ein Transfer stattfinden. Die beiden Lebensbereiche sollen nicht nebeneinander agieren, sondern eine enge Verknüpfung erfahren. Praktisch gesehen bedeutet dies, dass die Familien Anregungen vonseiten der Kindertageseinrichtung für die Gestaltung ihres privaten Lebensbereiches erhalten. Dies können einerseits pädagogische Dinge sein, zum Beispiel in Bezug auf das Kind, oder andererseits auch ganz praktisch gesehen, dass die Eltern Orte, Plätze, Räume etc. in der nahen und fernen Umgebung im Rahmen der Kindertageseinrichtung kennenlernen und diese auch in ihrem Privatleben nutzen. Darüber hinaus sollen auch Eltern, im Sinne eines partnerschaftlichen Verhältnisses, Anregungen aus dem eigenen familiären Kontext in die Institution mit einfließen lassen.

Homogene Auffassung hinsichtlich des Transfers zwischen Elternhaus und Einrichtung	
Untersuchungsgruppe Familienzentrum NRW	**Untersuchungsgruppe Traditionelle Kindertageseinrichtung**
„(...) es kann vielleicht auch mal der (Name eines Waldes) oder an die (Name eines Gebietes II), da ist hier am (Name eines Flusses) so ein Erholungsgebiet was auch noch gut zu erreichen ist, aber eben (Name eines Gebietes I) so praktisch zu Fuß zu erreichen. Ich muss ja auch immer daran denken es soll ja auch weiter umgesetzt werden ne das ist uns noch wichtig." (FZ-J, S. 25, Z. 25–29)	„Die Eltern, die Eltern werden regelmäßig da mit einbezogen, also auf Ausflügen kommen sie fast regelmäßig mit, sie werden zu verschiedenen Projekten eingeladen um dran teilzuhaben und sie zu erleben, sie werden zur Sprachförderung eingeladen, sie nehmen an Sprachförderungseinheiten teil, So, dass sie das mit ihren Kindern auch zuhause machen können." (Kita-A, S. 5, Z. 34 – S. 6, Z. 4)

Greift man an dieser Stelle noch einmal auf den Begriff der „Insel" zurück und versteht die einzelnen Sozialräume, in denen Kinder sich bewegen, als eben solche, ist es von besonderer Bedeutsamkeit, dass diese eine Verknüpfung miteinander erfahren und dass hier die Verknüpfung nicht nur über das Kind läuft, sondern darüber hinaus über die Eltern, um die verinselten Lebenswelten miteinander zu verbinden (vgl. Zeiher & Zeiher 1998, S. 27f.). In Bronfenbrenners (1981, S. 42) Modell der Ökologie der menschlichen Entwicklung wird diese Verknüpfung im „Mesosystem" deutlich:

> „Ein Mesosystem umfasst die Wechselbeziehungen zwischen den Lebensbereichen, an denen die sich entwickelnde Person aktiv beteiligt ist (für ein Kind etwa die Beziehung zwischen Elternhaus, Schule und Kameradengruppe in der Nachbarschaft; für einen Erwachsenen die zwischen Familie, Arbeit und Bekanntenkreis)."

Ein Mesosystem ist zu verstehen als ein System aus Mikrosystemen. Es wird erweitert oder gebildet, wenn die Person sich weitere Lebensbereiche erschließt. Über die Primärverbindung der Person hinaus, kann die Verbindung der Lebensbereiche auch über andere Personen, so zum Beispiel die Eltern, die an beiden Lebensbereichen teilnehmen, bestehen (vgl. Bronfenbrenner 1981, S. 41f.). Über die enge, partnerschaftliche Verbindung zwischen Elternhaus und Institution erfahren die Kinder somit eine Verbindung ihrer lebensweltlichen „Inseln" beziehungsweise ihrer (verstreuten) Sozialräume. Durch soziale Beziehungen werden diese miteinander verbunden und stehen nicht zusammenhangslos nebeneinander.

Die Zusammenarbeit mit Eltern ist eine bedeutsame Strategie im Umgang mit der Schlüsselkategorie die „Kita im Sozialraum". Frühpädagogische Betreuungsinstitutionen beziehen die Eltern im Sinne einer Erziehungspartnerschaft in den Erziehungsprozess und den Alltag des Kindes in der Einrichtung mit ein. Sowohl von der Fachwissenschaft als auch von der Fachpraxis wird dem eine steigende Bedeutsamkeit beigemessen. Im Datenmaterial zeigt sich jedoch, dass sich die Elternarbeit insbesonde-re im Hinblick auf die Inhalte der beiden Untersuchungsgruppen unterscheidet. Homogen zu den Differenzen bei dem Fokus der Kooperations- und Vernetzungsstrukturen[101] der Untersuchungsgruppen, liegt auch hier der Fokus der traditionellen Kindertageseinrichtungen verstärkt auf der Zusammenarbeit mit Eltern mit besonderem Fokus auf das Kind, wohingegen bei den Familienzentren NRW eine breitgefächerte Zusammenarbeit mit Eltern erfolgt. Als besonders interessant erwies sich der Aspekt der Förderung familiäre Netzwerke, welcher unterschiedlich vonseiten der Untersuchungsgruppen aufgefasst und von der Fachwissenschaft positiv postuliert wird. In Bezug auf das zentrale Phänomen „Kitas sind (keine) Inseln" sollen die Inseln, beziehungsweise die Sozialräume, in denen Kinder sich bewegen, eine Verknüpfung über die Eltern erfahren. Über eine partnerschaftliche Zusammenarbeit zwischen Kindertageseinrichtung und Elternhaus werden die verinselten Lebenswelten der Kinder miteinander verbunden.

6.2.4.5 Konsequenzen

Aus der Schlüsselkategorie die „Kita im Sozialraum" ergeben sich folgende Konsequenzen:

- Auftrag der Kita ist abhängig von der Sozialraumstruktur

- Einrichtung ist Anlaufpunkt im Sozialraum

Beide Aspekte erweisen sich als gleichermaßen bedeutsam im Datenmaterial.

6.2.4.5.1 Auftrag der Kita ist abhängig von der Sozialraumstruktur

Eine zentrale Konsequenz aus der Schlüsselkategorie „Kita im Sozialraum" ist, dass der Auftrag der Kindertageseinrichtung abhängig von der Sozialraumstruktur ist, in der die Einrichtung sich befindet. Diese Konsequenz setzt das Wahrnehmen von Ressourcen und Problemlagen des Sozialraumes vonseiten der Fachkräfte voraus.[102] Nur wenn der Sozialraum hinsichtlich dieser Aspekte analysiert wird, kann der individuelle Auftrag, der sich dadurch für die Einrichtung ergibt, angenommen und erfüllt werden. Der Begriff Auftrag, in Bezug auf den Standort der Kindertageseinrichtung, stellt einen In-Vivo Kode dar:

> „(...) Es kommt auch so ein bisschen auf den Standort an das glaube schon, ich glaube der Auftrag einer Kita ändert sich auch mit dem Standort." (Kita-H, S. 22, Z. 26 – S. 23, Z. 7)

---

101 Siehe Kapitel 6.2.4.4.2 „Kooperation und Vernetzung mit anderen Institutionen".

102 Siehe Kapitel 6.2.4.3.2 „Wahrnehmen von Ressourcen und Problemlagen des Sozialraumes".

Auch an einer anderen Stelle im Datenmaterial wird auf die Berücksichtigung der individuellen Gegebenheiten von Sozialräumen hingewiesen:

> „Ich hab früher sehr viel in den verschiedenen Sozialräumen gearbeitet, da saßen wir auch mit der Polizei zusammen die eben halt verschiedenen Problematiken auch eben ansprach und es ging einfach darum verschiedene Räume für Familien lebenswerter zu machen irgendwie und sich zu ergänzen und Angebote zu schaffen die, die das Leben entweder einfacher oder attraktiver machten auch mit Kindern und für Familien hier, das ist hier aber gar nicht so das Thema. Ich hab früher in (Name einer Stadt IV) gearbeitet da waren die Themen natürlich ganz, ganz andere durch hohen Migrationsanteil und dergleichen mehr, da ging es wirklich darum was können wir tun um Kinder- und Jugendkriminalität entgegen zu wirken wo fangen, wie fangen wir weiß ich nicht junge Muslime auf und, und, und wie kooperieren wir einfach zum Wohle von verschiedenen Personengruppen in diesem Sozialraum. Das ist hier überhaupt nicht das Thema das ist hier so heile Welt ((lacht)), das ist hier so das ist überhaupt nicht das Thema. Die Familien die hier sind benötigen da glaube ich gar keine große Unterstützung die sind selber aktiv, die sorgen dafür dass ihre Kinder verschiedenen Freizeitangebote bekommen da muss man sich nicht drum kümmern dass in Jugendheimen XY für die Mädchen irgendwas geboten wird, das machen die hier alles selber, das ist hier nicht, das ist hier nicht ge-, nicht ge- nicht gewünscht will ich gar nicht sagen das ist einfach nicht das Thema. Die heile Welt ist hier irgendwie anders ((lacht))." (Kita-H, S. 20, Z. 12–30)

Generell hat zwar jede Kindertageseinrichtung den grundlegend formulierten Auftrag der Bildung, Betreuung und Erziehung von Kindern zu erfüllen[103], doch die Ausgestaltung dieses Auftrags und die Aspekte darüber hinaus sind wesentlich davon abhängig, wie der Sozialraum, in dem sich die Einrichtung befindet, situiert und strukturiert ist. Dem wird auch im Gesetz durch § 22 Abs. 2 Satz 2 SGB VIII Rechnung getragen, indem dort festgelegt wird, dass sich Kindertageseinrichtungen sowohl pädagogisch als auch organisatorisch an den Bedürfnissen der Kinder und der Familien orientieren müssen. Diese pädagogischen und organisatorischen Bedürfnisse sind jedoch differente.

In Bezug auf die Tatsache, dass der unmittelbare Nahraum der Einrichtung nicht zwingend der Wohn- und Lebensraum der Familien ist, die die Einrichtung besuchen (vgl. Kita-G, S. 3, Z. 7–14), stellt sich die Frage, was ein sozialräumlich orientierter Ansatz in Kindertageseinrichtungen bedeutet, wenn diese Differenz besteht. „Bedeutet dies nicht letztendlich, dass die Adressatinnen und Adressaten in den Räumen unterstützt werden müssen, in denen sie sich de facto bewegen?" (van Santen & Seckinger 2005, S. 60). Dennoch stellt sich auch hier die Frage, „wessen Lebenswelt rekonstruiert werden muss, weil veränderte institutionelle Settings und Konstellationen Auswirkungen

---

103   Siehe Kapitel 2. „Die Kindertageseinrichtung als Ort der frühen Bildung, Betreuung und Erziehung".

haben für den Alltag der Eltern und der Kinder" (van Santen & Seckinger 2005, S. 60). Doch auch die Lebensbedingungen innerhalb der Familien können Heterogenität aufweisen. Insbesondere bei Kindern, die eine Einrichtung nicht in ihrer unmittelbaren Umgebung besuchen, stellt sich die Frage, welche Möglichkeiten sie haben soziale Beziehungen, die sie knüpfen, aufrechtzuerhalten und in andere „Räume" zu übertragen. Letztendlich muss eine sozialräumlich orientierte Arbeit in Kindertageseinrichtungen mit Differenzen der Lebenswelten der Akteure zurechtkommen (vgl. van Santen & Seckinger 2005, S. 60/68).

Die sozialräumliche Struktur spiegelt sich in der Einrichtung wider, wodurch auch die Bedarfe und Bedürfnisse Eingang in die Kindertageseinrichtung finden. Hier wird erneut das erweiterte Verständnis von Sozialraum aufgegriffen, d. h., dass es einerseits um den unmittelbaren Nahraum geht, in dem die Einrichtung sich befindet, verbunden mit dem gegebenenfalls erweiterten Einzugsgebiet, welches sich in der Einrichtung widerspiegelt (vgl. Kita-G, S. 3, Z. 7–14/Kita-B, S. 14, Z. 20–24). Die befragten Institutionen gehen damit so um, dass sie eine eigene Eingrenzung ihres Sozialraumes vornehmen. Ein erweitertes Einzugsgebiet wird hier als Herausforderung gewertet.[104] Dies fordert, wie bereits beschrieben, eine Erweiterung des Blickwinkels. Nicht mehr nur das einzelne Kind steht im Fokus der Betrachtung, sondern darüber hinaus die Familie in ihrer sozialräumlichen Einbindung (vgl. Blankenburg & Rätz-Heinisch 2009, S. 165f.).

Die Unterscheidung, die hier im Datenmaterial aufgemacht wird, bezieht sich auf gut situierte und weniger gut situierte Sozialräume. Adressatinnen und Adressaten aus weniger gut situierten Sozialräumen benötigen eine stärkere pädagogische Unterstützung in ihrem Lebensalltag, wohingegen Adressatinnen und Adressaten aus gut situierten Sozialräumen insbesondere eine organisatorische Unterstützung in ihrem Lebensalltag benötigen, um zum Beispiel Beruf und Familie besser miteinander vereinbaren zu können. Darüber hinaus stellen die unterschiedlichen Adressatengruppen auch differente Anforderungen an die Institution Kindertageseinrichtung, insbesondere im Hinblick auf pädagogische Inhalte (vgl. Kita-H, S. 22, Z. 26 – S. 23, Z. 7/FZ-I, S. 19, Z. 1–13). Der Standort der frühpädagogischen Einrichtung ist somit ausschlaggebend für die pädagogische Arbeit. Je besser situiert das Wohnumfeld und die Familien, die die Einrichtung besuchen sind, desto weniger pädagogische Unterstützung ist im familiären Alltag notwendig und je weniger gut situiert das Wohnumfeld und die Familien, die die Einrichtung besuchen sind, desto mehr pädagogische Unterstützung benötigen die Familien in ihrem familiären Alltag durch die Einrichtung. Hier wird bewusst der Begriff der pädagogischen Arbeit mit eingebracht, um zu verdeutlichen, dass es hier nicht um Unterstützungsformen zum Beispiel im Rahmen von verlängerten Öffnungszeiten geht, sondern um konkrete pädagogische Hilfestellungen zur Bewältigung des familiären Alltages. Durch das Wegbrechen von familiären Unterstützungssystemen, welche früher noch Unterstützung in der Erziehung der Kinder bieten konnten, kommt der Elternarbeit eine

---

104   Siehe Kapitel 6.2.4.4.1 „Individuelle Eingrenzung des Sozialraumes".

zunehmende Bedeutsamkeit zu (vgl. Kita-F, S. 13, Z. 8–16) und es zeigt sich, dass Familien diese Unterstützung in der Erziehung ihrer Kinder zunehmend benötigen (vgl. Kita-F, S. 25, Z. 9ff.). Familienzentren NRW werden in weniger gut situierten Sozialräumen fokussiert. Dadurch sollen insbesondere Familien aus sozialschwachen Familien niederschwellig Unterstützung erfahren (vgl. FZ-I, S. 24, Z. 33 – S. 25, Z. 3/FZ-J, S. 33, Z. 32 – S. 34, Z. 2). Das Projekt Familienzentrum NRW setzt zudem eine wohnortnahe, niederschwellige und an den Lebenslagen der Adressatinnen und Adressaten orientierte Arbeit voraus (vgl. Lindner, Sprenger & Rietmann 2008, S. 279). Diese unterschiedlichen Anforderungen, beziehungsweise die unterschiedlichen Bedürfnisse, die sowohl die Kinder als auch die Familien an die Einrichtung heran tragen, gilt es wahrzunehmen und dementsprechend zu handeln.[105] Hier wird wiederum insbesondere der Kooperation und Vernetzung mit anderen Institutionen eine hohe Bedeutsamkeit beigemessen, um Familien mit erhöhtem Unterstützungsbedarf an entsprechende Institutionen weiterleiten zu können. In der Konsequenz ist hier jede traditionelle Kindertageseinrichtung und jedes Familienzentrum NRW in unterschiedlicher Intensität vernetzt.[106]

Zusammenfassend umfasst die Konsequenz, dass der Auftrag der Kindertageseinrichtung abhängig von der Sozialraumstruktur ist, eine konsequente sozialräumliche Ausrichtung der Institution, was wiederum vor allem vonseiten der Fachkräfte eine räumlich reflexive Haltung erfordert[107], sprich, dass die Fachkräfte einen umfassenden Blick auf ihren Handlungsraum und hier insbesondere auf die darin vorherrschenden Macht- und Herrschaftskonstellationen haben. Eine sozialräumliche Arbeitsweise fordert eine situationsbedingte, reflektierte und legitimierte Vorgehensweise. Dies kann jedoch nicht nur den Fachkräften vor Ort zugeschrieben werden, sondern hier ist nach Kessl und Reutlinger (2010, S. 126ff.) die übergeordnete Instanz der (politischen) Verantwortungsträger gefragt, welche zu einer Realisierung einer sozialräumlichen Arbeitsweise durch strukturelle Maßnahmen beitragen müssen

6.2.4.5.2 Einrichtung ist Anlaufpunkt im Sozialraum

In der Konsequenz der Schlüsselkategorie die „Kita im Sozialraum" ist die Kindertageseinrichtung unabhängig ihrer Organisationsform im Sozialraum ein bedeutsamer Anlaufpunkt für Familien mit Kindern. Das Familienzentrum NRW stellt hier ebenso eine Unterstützungsinstanz im Sozialraum dar, wie die Institution traditionelle Kindertageseinrichtung (vgl. FZ-B, S. 29, Z. 4ff./Kita-A, S. 13, Z. 7–14). Beide Untersuchungsgruppen werden somit nicht ausschließlich als Kinderbetreuungsinstitution

---

105   Siehe Kapitel 6.2.4.3.2 „Wahrnehmen von Ressourcen und Problemlagen des Sozialraumes".

106   Siehe Kapitel 6.2.4.4.2 „Kooperation und Vernetzung mit anderen Institutionen".

107   Siehe Kapitel 3.2 „Eine räumliche Haltung als Element sozialräumlicher Vorgehensweisen".

wahrgenommen, sondern als eine Institution, die den Alltag von Familien auf verschiedenen Ebenen unterstützen kann. Der Begriff „Anlaufpunkt" ist ein In-Vivo Kode:

> „(...) für die <u>Eltern</u> glaube ich, für ganz viele ist es ein ganz wichtiger Anlaufpunkt." (FZ-C, S. 27, Z. 13)

Anlaufpunkt impliziert einen Ort, eine Einrichtung, wohin man sich mit bestimmten Fragen, Problemen etc. hinwenden kann. Das Familienzentrum schafft bei dem Aufheben von Isolation und Fluktuation im Stadtteil Abhilfe. Begegnen sich Familien u. a. aufgrund der Bebauungsstruktur des Stadtteils eher wenig, bietet das Familienzentrum einen Raum und einen Anlaufpunkt um sich auszutauschen und die anderen Bewohnerinnen und Bewohner des Stadtteils näher kennenzulernen (vgl. FZ-K, S. 3, Z. 18 – S. 4, Z. 8). Die Institution Kindertageseinrichtung begreift sich als eine Institution, wo die Türen für Eltern offen stehen, wo aber auch die Eltern der Kindertageseinrichtung die Tür ihrerseits offen halten (vgl. Kita-C, S. 11, Z. 25ff.).

Colberg-Schrader und Krug formulierten bereits 1980 (S. 98):

> „Der Kindergarten, der noch im Wohn- und Lebensbereich des jeweiligen Einzugsgebiets verankert ist, kann sinnvolle Aufgaben im Gemeinwesen übernehmen und ein Stück mehr an Partizipation und Kontakten zwischen den Familien bewirken."

Für viele Eltern ist die Kindertageseinrichtung der erste Kontakt zu einer pädagogischen Institution und zu pädagogischem Fachpersonal (hier will das „Nationale Zentrum Frühe Hilfen" ansetzen, um junge Familien möglichst noch früher im Sinne der Prävention zu erreichen).[108] Durch den gesellschaftlichen Wandel und den damit einhergehenden Wandel im Feld der Frühpädagogik gewinnt die institutionelle Betreuung von Kindern zunehmend an Bedeutung und die Kindertageseinrichtung wird als erste Bildungsinstanz anerkannt.[109] Dies führt dazu, dass die Kindertageseinrichtung nicht mehr nur als Betreuungsinstitution wahrgenommen wird, sondern als ein Ort der Bildung, Betreuung und Erziehung für Kinder. Auch die zunehmende Verweildauer von Kindern in den Institutionen ist eine Ursache dafür, dass die Kindertageseinrichtung einen bedeutsamen Teil im Leben der Kinder und somit auch im Leben der Eltern einnimmt. Die Eltern sollen mit eingebunden werden in den pädagogischen Alltag der Kindertageseinrichtung. Auch im Hinblick auf die zunehmende Erziehungsunsicherheit gewinnen die pädagogischen Fachkräfte als niederschwellige Ansprechpartner an Bedeutung. Das Kind ist nicht allein im Fokus, sondern wird im System Familie betrachtet, da durch das Kind auch ein positiver Einfluss auf das System Familie vonseiten der Institution genommen

---

108   Siehe Kapitel 3.1.3 „Sozialräumlich orientierte Modellprojekte im Feld der frühen Kindheit".

109   Siehe Kapitel 1. „Der gesellschaftliche Wandel von Kindheit und Familie".

werden kann.[110] Kindertageseinrichtungen eignen sich in besonderer Weise als Anlaufpunkt im Sozialraum für Familien, da fast alle Kinder eine Kindertageseinrichtung in Deutschland besuchen (vgl. Breuksch & Engelberg 2008, S. 189). Sie sind ein Ort der sozialen Zusammenkunft (vgl. Deutsches Jugendinstitut 2008). Darüber hinaus steigt auch die Zahl der Kinder, die bereits eine Einrichtung vor dem dritten Lebensjahr besuchen, was wiederum zur Folge hat, dass ein Kind meist mindestens drei Jahre eine Kindertageseinrichtung besucht, somit ein intensiver Beziehungsaufbau zwischen Fachkräften und Familien stattfindet und, wie bereits im Kapitel 6.2.4.3.1 „Niederschwelligkeit der Institution" beschrieben, ist auf der sozialen Ebene der Beziehungsaufbau ein bedeutender Faktor für einen niederschwelligen Zugang für Familien. Diese Aspekte waren auch ausschlaggebend dafür, das Projekt Familienzentrum NRW an Kindertageseinrichtungen anzugliedern und diese Institution aufzugreifen, zu nutzen und weiter zu qualifizieren (vgl. Diller & Schelle 2009, S. 11). Die Familienzentren setzen sich hier ganz klar das Ziel zu einem Knotenpunkt in der Kommune zu werden, um Familien vielfältige Unterstützungsmöglichkeiten, u. a. auch durch passgenaue Kooperations- und Vernetzungsstrukturen, zu bieten (vgl. Lindner, Sprenger & Rietmann 2008, S. 279).

Im Rahmen von Öffentlichkeitsarbeit wird auf verschiedenen Ebenen über die Angebote in der Einrichtung berichtet, so zum Beispiel über E-Mail (im E-Mail-Verteiler sind die Familien, deren Kinder die Einrichtung besuchen, vertreten), Aushänge in der Einrichtung oder persönliche Briefe sowie persönliches Ansprechen von Eltern (vgl. Kita-F, S. 11, Z. 13–21). Einer guten Öffentlichkeitsarbeit, beispielsweise über eine Internetpräsenz, wird mehr Bedeutsamkeit beigemessen als einer langen Einrichtungstradition im Stadtteil (vgl. Kita-B, S. 17, Z. 28–31). Eine weitere Strategie Präsenz zu zeigen, ist das Übernehmen von Verantwortung im Stadtteil, zum Beispiel im Rahmen einer Spielplatz-Patenschaft.

> „Ja, wir haben eine Spielplatzpatenschaft von einem Spielplatz hier in der Nähe (...)." (Kita-A, S. 11, Z. 6f.)

Aufgrund der Tatsache, dass die Kindertageseinrichtung zu einem Anlaufpunkt für Familien im Sozialraum wird, empfinden die Fachkräfte, dass sie in Teilen Aufgabenfelder der „Sozialen Arbeit" wahrnehmen. Dies geht einher mit der Erweiterung des Blickwinkels auf das System Familie. Hier findet eine Verschiebung des primären Aufgabenbereiches mit steigender Tendenz statt (vgl. FZ-L, S. 19, Z. 11–16). In der Untersuchungsgruppe der Familienzentren herrscht eine heterogene Auffassung hinsichtlich dessen, ob „Soziale Arbeit" in der Institution leistbar ist oder nicht.

---

110 Siehe Kapitel 2. „Die Kindertageseinrichtung als Ort der frühen Bildung, Betreuung und Erziehung".

<table>
<tr><td colspan="2" align="center">Kontrastierung bei der Auffassung
zum Betreiben von Sozialer Arbeit
(Untersuchungsgruppe Familienzentrum NRW)</td></tr>
<tr><td>

„Mit <u>den</u> Ressourcen, die wir im <u>Moment</u> zur Verfügung haben als Familienzentrum .. denk ich sind uns einfach, wir können nicht Soziale Arbeit irgendwie in dem Sinne leisten, wie's an manchen Stellen aus meiner Sicht irgendwie erwartet wird. Wir können <u>tatsächlich</u> .. ganz niederschwellig arbeiten, aber wir sind wir sind weder von unserer Ausbildung noch von der personellen Ausstattung noch von der finanziellen Ausstattung irgendwie in der Lage irgendwie .. ja .. da was Bahnbrechendes zu zu .. zu verändern, glaub ich." (FZ-D, S. 22, Z. 25–31)

</td><td>

„Wir haben also auch Kollegen gehabt die dann hier angefangen haben, die aber merkten das es geht einfach nicht also die kommen nicht so klar damit ne ist auch nicht so einfach, kommt immer drauf an was man auch selber erlebt hat und wo man auch schon gearbeitet hat oder wie lange man in dem Beruf ist, also es ist schon ein Stück Sozialarbeit denk ich, das wird auch mehr werden das wird nicht so bleiben." (FZ-L, S. 19, Z. 11–16)

</td></tr>
</table>

Dies ist eine individuelle Einstellung der Fachkräfte. Wohingegen bei der Untersuchungsgruppe der traditionellen Kindertageseinrichtungen nicht die Profession der Sozialen Arbeit angesprochen wird, sondern es um Grenzen hinsichtlich der Unterstützung bei familiären Problemlagen geht. Hier herrscht bei dieser Untersuchungsgruppe die homogene Auffassung, dass Schwierigkeiten, die in einem Bezug zum Kind stehen, in Zusammenarbeit mit der Institution besprochen und bearbeitet werden können, darüber hinaus aber andere Institutionen greifen müssen.

Um diese Aussagen auf eine abstraktere gemeinsame Ebene zu bringen, lässt sich festhalten, dass sich traditionelle Kindertageseinrichtungen generell nicht dazu in der Lage sehen, familiäre Schwierigkeiten im Rahmen der Einrichtung zu thematisieren beziehungsweise zu bearbeiten, das Wesentlichste, was sie für die Familien tun können, ist das Weiterleiten an zuständige Institutionen. Bei der Untersuchungsgruppe der Familienzentren NRW hingegen herrschen differente Meinungen bezüglich der Auffassung, ob in Ansätzen Soziale Arbeit im Familienzentrum geleistet werden kann oder nicht. Das lässt darauf schließen, dass es hier einen individuellen Spielraum gibt, der wiederum auf das Engagement oder auch auf die selbst eingeschätzte Kompetenz der zuständigen Fachkräfte schließen lässt. Traditionelle Kindertageseinrichtungen und Familienzentren NRW werden somit zunehmend als eine Institution, die für die Familie als Ganzes zuständig ist, wahrgenommen, auf individuelle familiäre Problemlagen können sie nur in Maßen eingehen und an andere Institutionen weiterleiten. Dieser Aspekt ist zurückzuführen auf den Transformationsprozess der Disziplin der Frühpädagogik. Kindertageseinrichtungen haben durch den gesellschaftlichen Wandel an steigender Bedeutung gewonnen, das Aufgabenfeld für die Fachpraxis hat sich erweitert. Insbesondere für Fachkräfte in Familienzentren kamen neue zu erfüllende Aufgabenbereiche hinzu, die es zu bewältigen gilt. Sie erweitern ihren Fokus und übernehmen Aufgaben der Kooperation und Vernetzung sowie der Familienbildung. Fachkräfte in weniger gut situierten Einrichtungen können mit ihrem Bildungs- und Erziehungsauftrag nicht ansetzen, weil grundlegende Bedürfnisse bei Kindern oder Familien, wie zum Beispiel Hunger, nicht befriedigt sind. Aufgrund dieser Aspekte haben Fachkräfte vielfach das Gefühl, Aufgaben der Sozialen Arbeit wahrzunehmen, auch weil sie für Familien der erste Anlaufpunkt bei Problemen sind. In unterschiedlichem Maße fühlen sich die Fachkräfte dem gewachsen. Hier ist es daher von besonderer Bedeutsamkeit, die Grenzen der eigenen Profession wahrzunehmen und zu kennen sowie darüber hinaus die Zuständigkeitsbereiche anderer Institutionen zu kennen, um entsprechend weiter vermitteln zu können (vgl. van Santen & Seckinger 2005, S. 56). Letztendlich wird einer traditionellen Kindertageseinrichtung, die es schafft, einen Bezug, ein Nähegefühl und eine Vertrauensbasis zu den Familien aufzubauen, der gleiche Einfluss beigemessen wie einer Kindertageseinrichtung, die das Gütesiegel Familienzentrum NRW trägt. Vielmehr kommt es nach Meinung der Fachkräften auf die Arbeit an, die zuvor geleistet wurde, hier kann ein Bezug zur intervenierenden Bedingung „Engagement der Fachkräfte" hergestellt werden.[111]

> „(...) ich glaube da hat so eine Kindertagesstätte im Grunde genommen auch sehr viel Einflu- also so viel Einfluss wie eine Kindertagesstätte hat, hat man dann auch als Familienzentrum also wenn da gute Arbeit geleistet wird und die Leute, es ist einfach so, dass die Eltern ihre Kinder da abgeben und vertrauen haben müssen und man hat einfach Einfluss auf die Leute ne so und ich kann natürlich nur ne andere Angebote machen ne wenn, oder ich kann die Leute vielleicht auch schneller beraten und ich kann den sagen ach ja wenn du das und das Problem hast dann solltest du da und da hingehen das kann jemand anders vielleicht nicht, der nicht eine Liste mit Hilfsangeboten oder sonst irgendwas (...).“ (FZ-I, S. 36, Z. 12–20)

Durch die finanzielle politische Förderung sowie die Unterstützung vonseiten des Trägers haben Kindertageseinrichtung mit dem Gütesiegel Familienzentrum NRW jedoch vielfältigere Möglichkeiten Familien Unterstützungsbedarf anzubieten (vgl. FZ-L, S. 22, Z. 34 – S. 23, Z. 3).[112]

Die Kindertageseinrichtung ist somit zusammenfassend als ein Sozialraum zu verstehen, der sich in einem übergeordneten Sozialraum befindet, an den man sich mit Fragen und Problemen wenden kann. In Bezug auf die Kontextbedingung „Die Familie als Zielgruppe" (Kapitel 6.2.4.2.1) wird deutlich, dass die traditionellen Kindertageseinrichtungen insbesondere ein Ansprechpartner für Familien sind, die ein Kind in der Einrichtung betreuen lassen. Familienzentren sind darüber hinaus auch Ansprechpartner für weitere Familien im Nahraum, allerdings liegt auch bei ihnen der Schwerpunkt bei Familien, die ein Kind in der Einrichtung betreuen lassen.

---

111   Siehe Kapitel 6.2.4.3.3 „Engagement der Fachkräfte".
112   Siehe Kapitel 2.2 „Das Projekt Familienzentrum NRW".

6.2.5 Übergeordnete Konsequenz

Neben übergeordneten Kontextbedingungen sowie den übergeordneten ursächlichen Bedingungen gibt es auch eine übergeordnete Konsequenz, die sich aus der Innenperspektive die „Kita als Sozialraum" und der Außenperspektive die „Kita im Sozialraum" ergibt. Folgende übergeordnete Konsequenz lässt sich identifizieren:

-   eigene Belange weiter tragen

Diese Konsequenz beeinflusst wiederum den übergeordneten Kontext und die übergeordneten ursächlichen Bedingungen.[113] Das gesamte theoretische Konstrukt lässt sich als ein Kreislauf verstehen, der immer fortläuft. Die Theorie der Sozialraumorientierung in der Frühpädagogik ist somit, ganz im Sinne der Grounded Theory (vgl. Strauss 1994), nicht als statisch zu verstehen.

6.2.5.1 Eigene Belange weitertragen

Die Konsequenz die sich aus dem Phänomen „Kitas sind (keine) Insel" ergibt ist, dass Belange, die sich aus den Schlüsselkategorien „Kita als Sozialraum" und „Kita im Sozialraum" weitergetragen werden. Hier gibt es unterschiedliche Umgangsweisen. Das erklärte gemeinsame Ziel von Bund und Ländern ist es, dass in der Frühpädagogik ein bedarfsgerechtes Angebot geschaffen wird (vgl. BMFSFJ 2013). Wie sich im Datenmaterial zeigt, fühlen sich die Fachkräfte aus frühpädagogischen Institutionen jedoch nicht in städtische Entscheidungen mit eingebunden. Eine solche Einbindung würde es ihnen ermöglichen, an Entscheidungen, die Kinder und Familien betreffen, mitzuwirken. Daher schaffen sich Fachkräfte aus Kindertageseinrichtungen Sprachrohre, über die sie ihre Belange und Bedarfe mitteilen können. Sprachrohre werden hier insbesondere in stadtpolitischen Entscheidungsträgern gesehen, so zum Beispiel über politische Parteien oder aber über den Träger. Hier müssen die Fachkräfte aus traditionellen Kindertageseinrichtungen und Familienzentren NRW darauf setzen, dass ihre Belange auch von dort aus in höhere Ebenen mit Entscheidungsgewalt weitergetragen werden.

---

113   Siehe Abbildung „Kodierparadigma des Phänomen".

Strategien um Belangen Gehör zu verschaffen	
Untersuchungsgruppe **Familienzentrum NRW**	**Untersuchungsgruppe** **Traditionelle Kindertageseinrichtung**
„Ich glaube, dass <u>wir</u> als Einrichtung damit weniger zu tun haben, weil das alles, also wir tragen ja unsere Erkenntnisse oder Erfahrungen an unsere Chefin weiter. Die Frau (Name), die Leiterin der sozialen Dienste. Und die sitzt natürlich wiederum in weiteren Besprechungen mit drin. Ich denk, wenn dann ist sie unser Sprachrohr." (FZ-C, S. 28, Z. 20–23)	„Also wenn es mal, wenn es mal wieder brennt und es gibt, es gibt Sparmaßnahmen oder egal jetzt welche Gründe haben wir auch schon von uns aus die Initiative ergriffen zu den Orts- die im Ort wohnen- (...) Die Politiker von der CDU, der FDP oder egal jetzt wer jetzt mal hier, mal hier wohnte und haben die also auch informiert über Missstände und es gab also dann auch schon mal so Unterstützung, ja durchaus, aber nicht dass wir dann selber dann es dort vertreten haben, sondern, dass die Parteien es als ihr Thema gemacht haben. Man darf ja wohl auch im Jugendhilfeausschuss als Gast beim- sich das anhören aber nix sagen nur dabei sein haben wir auch schon mal genutzt (...) aber so kann man sich schon auch Gehör verschaffen." (Kita-I, S. 18, Z. 10–23)

Die Untersuchungsgruppen haben die Hoffnung, über Vermittler ihre Belange weitertragen zu können, um somit eine Veränderung in ihrer Institution herbeizuführen. Strohmeier (2008, S. 108) fordert hier, dass auch Eltern verstärkt mit ihren Wünschen und Nöten einbezogen werden sollten. Die Fachkräfte aus frühpädagogischen Betreuungsinstitutionen könnten hier als Vermittler für die Bedürfnisse agieren.

Die Institutionen sind aufgrund ihrer mangelnden städtischen Entscheidungsgewalt[114], beziehungsweise ihres mangelnden Mitspracherechtes somit darauf angewiesen, dass übergeordnete Instanzen, wie zum Beispiel der Träger oder Politiker, sich für die Belange der Institutionen einsetzen. Doch nur wenn eine Einbeziehung von Fachkräften, die die Belange von Familien an politische Instanzen weitertragen erfolgt, kann es eine (Familien-)Politik geben, die nicht an den Bedarfen vorbei gestaltet ist. Die interviewten Fachkräfte schaffen sich daher gleichermaßen „Sprachrohre" um ihre Belange, beziehungsweise die Belange der Familien, weiterzutragen. Diese Belange werden im Idealfall weitergetragen und führen zu einer Konsequenz, welche wiederum die ursächlichen Bedingungen und den übergeordneten Kontext des zentralen Phänomens „Kitas sind (keine) Inseln" beeinflusst.

---

114   Siehe Kapitel 6.2.2.4 „Stadtteilpolitischer Einbezug".

7 Zusammenfassung der zentralen Ergebnisse

Die durchgeführte rekonstruktive Untersuchung brachte zentrale Erkenntnisse für das sozialräumliche Verständnis von Fachkräften in Kindertageseinrichtungen hervor.

Es zeigte sich deutlich, dass die Begrifflichkeiten Sozialraum und Sozialraumorientierung lediglich bei der Untersuchungsgruppe der Familienzentren NRW selbstverständlich genutzt wurden. Die Fachkräfte der Untersuchungsgruppe der traditionellen Kindertageseinrichtungen nutzten die Begriffe nicht eigenständig und teilweise waren sie ihnen auch komplett unbekannt. Als homogen erwies sich das dahinterliegende sozialräumliche Verständnis von Sozialraum/Sozialraumorientierung. Es zeigte sich, dass die Fachkräfte ein relationales Verständnis von Raum haben. Demnach verstehen sie den Sozialraum nicht als einen verdinglichten Ort, sondern als einen Sozialraum, der von der Interaktion von Menschen lebt und von ebendiesen geschaffen wird. Alle Akteure sind, wie es auch schon Kessl und Reutlinger (2010, S. 27ff.) ausführten, im selben Maße an der Konstruktion von Räumen beteiligt, welche, wie Löw (2001) es beschreibt, aktiv sowie beweglich sind und stetigen Veränderungsprozessen unterliegen. Darüber hinaus erwies sich, dass vonseiten der Fachkräfte Sozialräumen ein differenter Grad der Öffnung zugewiesen wird, wonach es „geschlossene" Sozialräume in Form von Gruppen oder Kindertageseinrichtungen und „offene" Sozialräume in Form von Nahräumen gibt.

Zentrale Erkenntnis der Studie sind die zwei Ebenen, die Innen- und die Außenperspektive, die sich im Datenmaterial präsentierten. Die Kindertageseinrichtung wird einerseits in der Innenperspektive als ein eigenständiger Sozialraum in sich begriffen, mit seinen Akteuren und seiner eigenen Kultur und andererseits, im Sinne der Außenperspektive, bewegt sich die Kindertageseinrichtung in einem größeren Sozialraum. Die herausgearbeiteten sozialräumlichen Ebenen bedingen sich gegenseitig und werden durch die sie bildenden Akteure belebt. Die Ebenen stellen keine Sozialräume dar, die auf ihre Materialität reduziert sind, sondern werden als soziale Handlungskontexte begriffen, welche abhängig sind von den jeweiligen vorherrschenden Bedingungen. Im Fokus der Theorie und Betrachtung der Sozialräume stehen somit, wie es auch Kessl und Reutlinger (2010, S. 29f./25) betiteln, die sozialen Bedingungen. Um den Titel und das zentrale Phänomen der Studie „Kitas sind (keine) Inseln" aufzugreifen, sind Kindertageseinrichtungen eigenständige Sozialräume, beziehungsweise Inseln, die von den Akteuren gebildet werden. Diese Aussage ist, wie bereits eingehend im Kapitel 6.2 „Das Phänomen ‚Kitas sind (keine) Inseln'" erläutert, eine Metapher für das Verständnis über die Institution im sozialräumlichen Kontext. Die Unterscheidung der zwei Perspektiven ist nicht als statisch oder als feste Grenzziehung zu verstehen, vielmehr sind diese Sozialräume eng miteinander verwoben und die Insel Kindertageseinrichtung ist offen und beweglich und kann niederschwellig begangen und verlassen werden. Dies begründet das In-Klammern-Setzen des Begriffes „Keine".

In Bezug auf die Innenperspektive die „Kita als Sozialraum" bilden die Fachkräfte, Kinder und Familien als Akteure im Sinne eines relationalen Raumverständnisses den Sozialraum „Kindertageseinrichtung". Die Institution Kindertageseinrichtung bietet Kindern vielfältige Aneignungs- und Erfahrungsräume, um sich die Welt gegenständlich und symbolisch anzueignen. Wie es bereits Reutlinger und Deinet (2005, S. 310) formulierten, eignen sich Kinder aktiv in Wechselbeziehung von Subjekt und Umwelt Räume an, die ihnen im Rahmen ihrer Familie nicht geboten werden können. Räume sollen somit, im Sinne des Raums als drittem Erzieher, anregungsreich gestaltet werden. Darüber hinaus zeigte sich in der Studie, dass die Fachkräfte, im Sinne von Gegebenheiten schaffen, den Kindern gesellschaftliche Strukturen räumlich vermitteln. Verinselte Räume werden den Kindern erlebbar gemacht. In der pädagogischen Arbeit von Kindertageseinrichtungen kann Raum somit nicht ausschließlich als ein Strukturelement begriffen werden, sondern Raum steht immer in einem konkreten Bezug zum thematischen Angebot. Um den Begriff von Honig (2002) aufzunehmen, prägt die Instituetik die Kindertageseinrichtung als sozialen Raum. Der pädagogische Rahmen für kindliche Lernprozesse wird in einem hohen Maße von den Strukturen und Ordnungen, die die Institutionen vorgeben, dementsprechend der Altersspanne der Kinder und die Form der Öffnung der Gruppen, beeinflusst. Diese Aspekte einer sozialräumlichen Orientierung im Sinne der Instituetik haben einen indirekten Einfluss auf das didaktische Verständnis. In einer heterogenen Altersmischung, wie sie im KiBiz verankert ist, leben die Kinder in einem familienähnlichen Konstrukt, so werden ihnen, wie es auch Grundmann (1995, S. 12ff.) sowie Krappmann und Peukert (1995, S. 7ff.) erläutern, natürliche Umwelterfahrungen geboten. Das familienähnliche Konstrukt als pädagogisches Setting wird von den Fachkräften als besonders positiv bewertet, da Kinder sich nach ihrer Ansicht in einem solchen Rahmen sozial positiver entwickeln. Zunehmend sprechen die Fachkräfte von der Öffnung der Gruppenstrukturen. In der Ausgestaltung zeigt sich, dass die Öffnung als ein bedeutsames Element angesehen wird, um Kindern auch über die Kindertageseinrichtung hinaus weiträumige Erfahrungen zu ermöglichen. Es wird eine natürliche Verbindung zum Lebensalltag der Kinder hergestellt. In der pädagogischen Arbeit wird daher bewusst die Institution verlassen, um den Kindern vielfältige städtische und naturnahe Aneignungsmöglichkeiten zu bieten. Durch alltagspraktische Handlungen wie Einkaufen oder Spazierengehen bringen sich die Kinder in das gesellschaftliche Leben mit ein. Eine ebensolche kindorientierte Pädagogik ermöglicht Kindern Teilhabe am alltäglichen Leben, vielfältige Erfahrungsräume und erfahrbare Sinnzusammenhänge. Die Öffnung bedeutet hier in Bezug auf die Innenperspektive sowie auch in Bezug auf die Außenperspektive eine Öffnung der Kindertageseinrichtung hin zum Sozialraum. Das Konzept der Öffnung scheint somit ein zentrales Strukturelement hinsichtlich einer sozialräumlichen Orientierung darzustellen. Neben der Ermöglichung von Aneignungsprozessen im Sinne einer pädagogischen und räumlichen Öffnung von Kindertageseinrichtung, spielen zeitliche Bezugsvariablen wie der Tages-, Wochen-,

Monats- und Jahresrhythmus eine tragende Rolle in der Gestaltung des pädagogischen Alltages. Die Fachkräfte sehen es darüber hinaus als wesentlich an, die Akteure, die den Sozialraum Kindertageseinrichtung bilden, sprich die Kinder und Familien, mit ihren heterogenen Lebenssituationen partizipativ in die Gestaltung von Lernarrangements mit einzubeziehen, damit sich ihnen vielfältige Lernmöglichkeiten und Erfahrungsräume vor den jeweiligen Lebenswirklichkeiten eröffnen. Insbesondere in Bezug auf die Kinder zeigt sich, dass sich hier auf den Begriff der Partizipation und der Demokratie bezogen wird. Die Fachkräfte sehen Kinder somit als eigenständig handelnde Individuen. Der Sozialraum Kindertageseinrichtung stellt eine ergänzende Bildungs-, Betreuungs- und Erziehungsinstanz zur Familie dar, der Chancengleichheit von Kindern in der Gesellschaft fördern kann. In vereinzelten Lebenssituationen übernimmt die Kindertageseinrichtung sowohl bei gut als auch bei weniger gut situierten Familien eine familienersetzende Funktion. Dies insbesondere dann, wenn Kinder eine lange Verweildauer in der Institution haben und/oder die Familie ihrem Erziehungsauftrag nicht ausreichend nachkommt. Die Elternschaft wird dennoch unter keinen Umständen illegitim.

In Bezug auf die Ebene der Außenperspektive die „Kita im Sozialraum" ist die Kindertageseinrichtung eingebettet in einen Nahraum und ist Teil desselben. Die Bewohnerinnen und Bewohner des Nahraumes, die Akteure der Kindertageseinrichtung sowie Akteure von weiteren Institutionen bilden diesen Sozialraum. Eltern werden in den Erziehungsprozess ihrer Kinder im Sinne einer sogenannten Erziehungspartnerschaft mit eingebunden. Darüber hinaus sollen Eltern insbesondere bei der Untersuchungsgruppe der Familienzentren NRW Unterstützung bei der Bewältigung ihres Lebensalltages erfahren. Im Sinne einer sozialräumlichen Ausrichtung wird die Arbeit an den Bedarfen und Bedürfnissen sowie den Gegebenheiten des jeweiligen Sozialraumes ausgerichtet. Den Sozialräumen wird hier vonseiten der Fachkräfte eine differente „Qualität" zugeschrieben. Basis für eine Sozialraumarbeit von Kindertageseinrichtung ist eine niederschwellige Gestaltung der Institution und der Angebote dieser. Ein Zugang soll ohne psychische Hemmschwellen und räumliche Barrieren möglich sein. Die Fachkräfte versuchen hier durch ein sensibles Wahrnehmen von Problemlagen und Ressourcen des Sozialraumes sowie der Bedürfnisse und Bedarfe der Akteure passgenaue Angebote zu initiieren. Hier stehen sie vor der Schwierigkeit, dass der von den Fachkräften definierte Sozialraum, in welchem sich die Einrichtung befindet, überwiegend nicht identisch mit dem Stadtteil, der Gemeinde (bei konfessionellen Einrichtungen) oder den städtisch festgelegten Sozialräumen im Rahmen der Jugendhilfeplanung ist. Vonseiten der Fachkräfte fordert dies ein individuelles „Eingrenzen" des eigenen Sozialraumes, um die entsprechenden Bedarfe der Akteure sensibel wahrzunehmen und dementsprechend Handlungen folgen zu lassen. Diese Grenzziehungsprozesse erfolgen anhand von Bebauungs- und Milieustrukturen, die sich im Nahraum abzeichnen. Durch ebensolche Unterscheidungen von Räumen werden diese nach Mayer-Tasch (2013, S. 40f.) erst als Räume wahrgenommen und anerkannt. Ein solches Ziehen von Grenzen vonseiten der Fachkräfte ist jedoch nicht als statisch zu verstehen. Grenzen können wegfallen, sich verschieben oder neu hervortreten. Sozialraumarbeit in Kindertageseinrichtungen setzt intensive Kooperations- und Vernetzungsstrukturen voraus. Insbesondere bei Familienzentren sind diese, durch die Vorschreibungen des Gütesiegelkriterienkatalogs, sehr vielfältig. Im Projekt Familienzentrum NRW ist ein klarer Netzwerkgedanke formuliert (vgl. u. a. Breuksch & Engelberg 2008, S. 189). Doch auch traditionelle Kindertageseinrichtungen, so zeigt sich in der Studie, sind in Netzwerke eingebunden. Während bei Familienzentren viele Kooperationen auf die Zielgruppe der Erwachsenen oder der Familie als Ganzes abzielen, stehen bei traditionellen Kindertageseinrichtungen verstärkt Kooperationen die Kinder betreffend im Fokus. Die Funktion von Netzwerken besteht darin, die Ressourcen vor Ort optimal zugunsten aller Akteure zu nutzen. Das impliziert nach Früchtel, Budde und Cyprian (2007, S. 111) einerseits Ressourcen der einzelnen Akteure sowie andererseits Ressourcen aus der „Stadtteilperspektive“. Die Institutionen haben das Ziel, durch Kooperations- und Vernetzungsstrukturen den Akteuren den Weg zu Hilfsangeboten zu erleichtern. Auch hier wird die Qualität der Sozialräume hinsichtlich der differenten Ressourcen unterschieden. Differenziert wird hier zwischen Netzwerkpartnern in der unmittelbaren und mittelbaren Umgebung. Die Fachkräfte müssen sich im Sinne einer Sozialraumarbeit über den eigenen Verantwortungsbereich bewusst sein und ebenso andere Zuständigkeiten verorten können. Intensive Netzwerkstrukturen bedingen, dass Familien die Institutionen in ihrer Lebenswelt als eine zusammenagierende Einheit wahrnehmen. Eben diese Institutionen operieren somit miteinander und ergänzen sich hinsichtlich ihrer Aufgabenbereiche. Eine sozialräumlich orientierte Arbeit in frühpädagogischen Institutionen fordert so von den Fachkräften einen differenzierten, sensiblen Blick.

In der Studie war darüber hinaus von elementaren Interesse, ob Kindertageseinrichtungen, die das Gütesiegel Familienzentrum NRW tragen ein anderes Verständnis von Sozialraumorientierung haben als traditionelle Kindertageseinrichtungen, die das Gütesiegel nicht tragen und wie sich dieses gegebenenfalls in der Konsequenz in der praktischen Umsetzung zeigt, um beantworten zu können, ob Familienzentren NRW und traditionelle Kindertageseinrichtungen andere Arbeitsweisen in Bezug auf Sozialraumorientierung aufweisen. Hinsichtlich dieser Fragestellungen wurde zu Beginn der Studie mit einer stärkeren Differenz der Untersuchungsgruppen gerechnet, doch bereits in den ersten Feldphasen erwies sich, dass die Differenz, also die Institutionsform der Untersuchungsgruppen für das sozialräumliche Verständnis nicht ausschlaggebend ist. Es zeigten sich wohl Unterschiede, die auch in der aufgestellten Theorie beschrieben worden sind, jedoch erwiesen sich diese im Datenmaterial als nicht so stark, als dass man diesen Aspekt als wesentliches Differenzmerkmal hätte herausstellen können. Die Außenperspektive der „Kita im Sozialraum“ bewies sich bei der Untersuchungsgruppe der Familienzentren NRW an einigen Stellen als intensiver. So haben Familienzentren beispielsweise, aufgrund der im Gütesiegel festgelegten Parameter, umfangreichere Kooperations- und Vernetzungsstrukturen mit Akteuren die insbesondere für Eltern und Familien Angebote vorhalten, beziehungsweise die auch von Bewohnerinnen und Bewohnern aus dem Nahraum genutzt werden können. Unter Berücksichtigung der im Kapitel 2.2.3 „Das Gütesiegel ‚Familienzentrum NRW‘“ aufgeführten Aspekte des

Gütesiegelkriterienkataloges hinsichtlich der Ausrichtung der Angebote am Sozialraum erfüllen aber auch traditionelle Kindertageseinrichtungen einen Großteil der Basis- und/oder Aufbaustrukturen, wie zum Beispiel Kooperation mit anderen Kindertageseinrichtungen, Kooperationen mit Seniorenheimen, Teilnahme an ortsteilbezogenen Arbeitskreisen, Verfügbarkeit über qualitative und quantitative Informationen über das Umfeld und der sozialen Lage, Anpassung der Angebote an die gegebenen Bedingungen, Verfügbarkeit über Kenntnisse weiterer familien- und kindorientierter Angebote im Umfeld und Überprüfung der eigenen Angebote mit Blick auf das Umfeld. Zusammenfassend lässt sich daher an dieser Stelle festhalten, dass das Gütesiegel die Fachkräfte hinsichtlich einer sozialräumlichen Ausrichtung der Einrichtung sensibilisiert, da sie gewisse festgelegte Kriterien erfüllen müssen. Wie intensiv eine Sozialraumarbeit in frühpädagogischen Betreuungsinstitutionen gelebt wird, ist jedoch abhängig von den Möglichkeiten des Sozialraumes, der Trägerstruktur und der Einstellung der Fachkräfte zum sozialräumlichen Arbeiten. So zeigte sich, dass die Institutionen unterschiedlich intensiv im Sozialraum vernetzt sind, d. h bereits bestehende Strukturen, wie beispielsweise ein Arbeitskreis „Sozialraum" erleichtern es Betreuungsinstitutionen sich sozialräumlich zu orientieren. Darüber hinaus hat der Träger einen unterschiedlich starken Einfluss auf die Kooperationsstrukturen, indem er beispielsweise selbst Kooperationen insbesondere für die Familienzentren schließt oder vorgibt. Ebenfalls erwies sich das Engagement der Fachkräfte hinsichtlich des Eingehens von Kooperationen, wie bereits in Kapitel 6.2.4.3.3 „Engagement der Fachkräfte" dargelegt, als intervenierende Bedingung.

Ausgehend von dem Phänomen „Kitas sind (keine) Inseln" bilden somit die Innenperspektive die „Kita als Sozialraum" sowie die Außenperspektive die „Kita im Sozialraum" den Kern des sozialräumlichen Verständnisses in der institutionellen Frühpädagogik. Die Studie gibt somit Antwort auf Fragen nach den Deutungsmustern und Handlungsstrategien von frühpädagogischen Fachkräften unter Berücksichtigung der differenten Institutionsformen. Hier wird insbesondere die Frage nach den Umsetzungsstrategien der sozialräumlichen Anforderungen, welche an Familienzentren NRW gestellt werden, geklärt.

8 Bilanz der Studie mit Blick auf die Konsequenzen für die institutionelle Frühpädagogik

In der Studie „„Kitas sind (keine) Inseln'– Das sozialräumliche Verständnis aus Sicht von traditionellen Kindertageseinrichtungen und Familienzentren NRW" wurde anhand einer umfangreichen qualitativen Untersuchung das sozialräumliche Verständnis und die damit implizierte Arbeitsweise von Expertinnen und Experten aus traditionellen Kindertageseinrichtungen einerseits und Familienzentren NRW andererseits heraus-gearbeitet. Die Ergebnisse sind bezogen auf die fehlende Forschungslage ein bedeut-samer Schritt, um sich dem Thema des sozialräumlichen Verständnisses in frühpädago-gischen Institutionen anzunähern.

Die Kindertageseinrichtung als ein pädagogischer Ort, der unter Einbeziehung der El-tern und der Familien einen institutionellen Rahmen für Kinder von null Jahren bis zum Eintritt in die Schule bietet hat in den vergangenen Jahren einen grundlegenden Wandel erfahren. Nach Diller (2005 zit. in Robert Bosch Stiftung 2011, S. 15) verstehen sich Kindertageseinrichtungen heute „nicht mehr primär als Betreuungseinrichtung, sondern sehen ihre anspruchsvolle Aufgabe in der familienergänzenden Bildung, Betreuung und Erziehung von Kindern. Darüber hinaus streben sie an, sich zu Familienzentren weiter-zuentwickeln und ihre Sozialraumorientierung zu stärken." Einrichtungen, die somit früher ausschließlich die Betreuung von Kindern im Fokus hatten, müssen heute kom-plementäre Leistungen erbringen. Sie werden zu Einrichtungen der frühkindlichen Bil-dung und Erziehung und wandeln sich zu Dienstleistungs- und Familienzentren, die zugängig für alle Familien im Stadtteil sein sollen.

Eine sozialräumliche Ausrichtung von Kindertageseinrichtung wird in der Fachwissen-schaft derzeit postuliert und als unerlässlich angesehen. Paradoxerweise gibt es hier für den Begriff der Sozialraumorientierung in der Frühpädagogik keine allgemeingültige Definition und keine Handlungsanleitung bezogen auf sozialräumliches Arbeiten. Eine sozialräumliche Ausrichtung von Kindertageseinrichtungen ist daher einerseits unerläss-lich, um Kinder in ihren Bildungsprozessen nicht isoliert von ihren Familien und ihrem Lebensumfeld zu betrachten, andererseits jedoch werden Kindertageseinrichtungen mit den steigenden Anforderungen der sozialräumlichen Ausrichtung allein gelassen. Es wird eine Neuausrichtung gefordert, bei der inhaltliche und handlungspraktische Ansät-ze nicht thematisiert werden. Der Begriff der sozialräumlichen Orientierung ist somit derzeit in der Frühpädagogik eine Phrase die nicht gefüllt ist. Die Dissertation hat sich diesem Forschungsdesiderat angenommen und leistet einen wesentlichen Beitrag zur Diskussion um die Deutungsmuster und Bedeutung der Einbeziehung des Sozialraumes im Bereich der Frühpädagogik.

In der Studie wurde deutlich, dass institutionelle Kindertagesbetreuung in einem hohen Maße auf gesellschaftliche Transformationsprozesse reagiert. Der alleinige Fokus auf das Kind ist nicht mehr ausreichend, wenn Kindertageseinrichtung nachhaltig und insbesondere auch präventiv etwas verändern will. Dies ist nur möglich im Rahmen einer partnerschaftlichen Einbeziehung der Erziehungsberechtigten und unter Berücksichtigung der sozialräumlichen Strukturen. Der bloße Betreuungsgedanke ist nicht mehr aktuell. Ziel ist eine familienergänzende Bildung und familienunterstützende Erziehung in institutionellen Betreuungsinstitutionen. Mit dem Projekt Familienzentrum NRW wollte das Land Nordrhein-Westfalen der Forderung nach einer Bildung, Betreuung und Erziehung von Kindern vor Eintritt in die Schule unter Einbeziehung der Eltern und des Sozialraums nachkommen. Durch das Schaffen von Zentren für die Familie als Ganzes, der Bündelung von Angeboten im Sozialraum zum Nutzen aller und durch eine Verknüpfung von frühpädagogischen Bildungsinstitutionen und Familienbildung, sollen Eltern und Bürger des Nahraumes aktiver in den Alltag der Kindertageseinrichtung mit einbezogen werden.

Die Thematik der sozialräumlichen Orientierung in der institutionellen Kindertagesbetreuung ist in Ansätzen, ähnlich wie das Projekt Familienzentrum NRW, als ein Top-down-Prozess zu sehen, zwar lassen sich Bezüge zu Raum und Räumlichkeit in der Historie und Pädagogika der Pädagogik der frühen Kindheit erkennen, doch letztendlich ist es eine einerseits politische Forderung durch beispielsweise das Projekt Familienzentrum NRW, welches eine sozialräumliche Orientierung fordert, und andererseits wird eine sozialräumliche Ausrichtung zunehmend von der Fachwissenschaft und in frühpädagogischen Programmatiken postuliert. Die Fachkräfte in der Praxis sehen sich hier mit steigenden Anforderungen konfrontiert und fühlen sich aufgrund mangelnder Definitions- und Handlungsanweisungen allein gelassen. Sie sehen die Notwendigkeit des Einbezuges des Sozialraumes und vor allem des sensiblen Wahrnehmens der Ressourcen und Problemlagen des Nahraumes, sind aber hier gefordert individuelle Strukturen zu entwickeln, da ihnen die administrativen Daten oder Sozialraumanalysen, sofern sie ihnen zur Verfügung stehen, als nicht hilfreich erscheinen.

In der Studie erwies sich, dass die Begriffe Sozialraum und Sozialraumorientierung von der Untersuchungsgruppe der Familienzentren NRW selbstverständlich genutzt wurden. Im Unterschied dazu nutzte die Untersuchungsgruppe der traditionellen Kindertageseinrichtungen die Begriffe erst nachdem sie von der Interviewerin vorgegeben wurden oder ihnen waren die Begriffe nicht bekannt. Trotz dieser differenten Nutzung der Begriffe Sozialraum/Sozialraumorientierung erwiesen sich die Deutungs- und Handlungsmuster als relativ homogen. Die Annahme, dass somit mit dem Gütesiegel, welches Familienzentren verliehen wird eine „andere" fachliche Ausrichtung erreicht wird, führt somit fehl. Dies ist eine überraschende und zentrale Erkenntnis, da dies den Schluss nach sich zieht, dass der vom Land initiierte Top-down-Prozess kein „anderes" Verständnis von Sozialraum bei den in Familienzentren tätigen Leitungskräften nach sich zieht. Sie sind lediglich sensibilisiert hinsichtlich der vom Land geförderten Punkte zur Erfüllung der Leistungen in Bezug auf die sozialräumliche Orientierung.

Wie bereits im vorangegangen Kapitel erläutert, kristallisierten sich in der Studie zwei Perspektiven einer sozialräumlichen Orientierung heraus. So einerseits die Innenperspektive, im Rahmen dessen die „Kita als Sozialraum" als ein autonomer Sozialraum in sich verstanden wird sowie andererseits die Außenperspektive die „Kita im Sozialraum", die den Fokus darauf legt, dass die Kindertageseinrichtung in einen größeren Sozialraum eingebettet ist. Beide Ebenen sind eng miteinander verwoben und wirken gegenseitig auf sich ein. Die Akteure bilden im Rahmen beiden Perspektiven die Sozialräume. Diese werden somit nicht bezüglich ihrer Materialität reduziert, sondern als soziale Handlungskontexte begriffen (vgl. Marquard 2009), welche abhängig von den jeweiligen vorherrschenden Bedingungen sind. Unterschieden Kasüschke und die Autorin dieser Arbeit (2013, S. 129) aus dem theoretischen Blickwinkel heraus noch vier verschiedene Ebenen sozialräumlichen Handelns, so konnten in der vorliegenden empirischen Analyse zwei Perspektiven herausgearbeitet werden, die weit über Handlungsweisen hinausgehen. Die empirisch herausgearbeiteten Perspektiven schließen die theoretisch herausgearbeiteten Handlungsebenen (Erwachsenen-Kind-Interaktion, Instituetik, Perspektive der Kita auf ihr Umfeld, Blick auf die Kita von außen) mit ein und konkretisieren sie mit den Handlungs- und Deutungsmustern der befragten Expertinnen und Experten.

Durch eine sozialräumliche Ausrichtung wird den Kindern in frühpädagogischen Betreuungsinstitutionen ein positiver, ganzheitlicher Bildungsprozess ermöglicht, bei dem auch im Sinne einer Bildungslandschaft formale, nicht formale und informelle Bildungsorte fließend ineinander übergehen. Eltern erhalten Unterstützung und Begleitung in ihrem Alltag und werden aktiv in den Bildungsprozess mit eingebunden, was sich auf die Kinder nachhaltig und positiv auswirkt. Die Fachkräfte sind für die Aufgaben, die sie zunehmend in ihrem beruflichen Alltag zu bewältigen haben, jedoch, nach eigener Aussage, nicht entsprechend ausgebildet. Hierzu gehört in ausgeprägter Weise der Einbezug des Sozialraumes in die Arbeit der Kindertageseinrichtung, dies trifft auf Fachkräfte aus traditionellen Kindertageseinrichtungen ebenso zu wie auf Fachkräfte aus den Familienzentren NRW. Auch wenn nicht zwingend alle Aufgabenfelder neu sind, so fehlt es der Fachpraxis an Handlungs- und Arbeitsweisen in Bezug auf die Sozialraumarbeit. Ihnen wird durch Gesetze und Konzepte und dem damit vorausgehenden gesellschaftlichen und politischen Wandel eine neue Prämisse auferlegt, die sie sich eigenständig erarbeiten müssen. Grundsätzlich kann nach Ansicht der befragten Fachkräfte eine traditionelle Kindertageseinrichtung eine ebenso vielfältige und effektive Arbeit leisten wie ein Familienzentrum NRW. Die Fachkräfte haben in Bezug auf ihr erweitertes Aufgabengebiet und der Erweiterung des Blickwinkels auf das System Familie teils das Gefühl, dass sie Aufgaben aus dem Feld der Sozialen Arbeit übernehmen. Für sie findet eine Verschiebung ihres primären Aufgabenbereiches statt, dem fühlen die Fachkräfte sich unterschiedlich stark gewachsen. Daher ist es von hoher Wichtigkeit, sich hier den Grenzen der eigenen Profession bewusst zu sein um professionell handlungsfähig bleiben zu können. Zu beachten ist, dass es dem Berufsfeld, trotz politischer Brisanz, an gesellschaftlicher Anerkennung und „gerechter" Entlohnung fehlt. Die neu geschaffenen Studiengänge, die Fachkräfte zu „Kindheitspädagoginnen und Kindheitspädagogen" ausbilden, sollen einerseits eine Antwort auf die neuen Anforderungen sein (vgl. Rauschenbach 2006, S. 30), doch eine politisch angestoßene Fort- und Weiterbildungsinitiative für die erfahrenen Fachkräfte in den Kindertageseinrichtungen vor Ort bleibt aus. Hier wird der Anspruch der Einbeziehung des Sozialraumes konterkariert. Zwar sollen durch die in der KiBiz Novelle am 1. August 2014 eingeführten neuen „plusKita" insbesondere Einrichtungen in benachteiligten Sozialräumen besonders durch zusätzliches Personal gefördert werden, festgelegte Aufgabenschwerpunkte oder Fort- und Weiterbildungen sind mit diesen zusätzlichen Fachkraftstunden jedoch nicht verbunden (vgl. MFKJKS 2014). Die Debatte um eine sozialräumliche Ausrichtung und die professionelle Umsetzung und Reflexion dieser muss sich daher einreihen in die Debatte der Professionalisierung der Fachkräfte. Die Fachkräfte werden mit neuen Anforderungen in Konzepten und Projekten konfrontiert und werden bei der Umsetzung in der praktischen Arbeit weitestgehend sich selbst überlassen. Hier sind die Träger gefordert den Fachkräften einerseits breitgefächerte Möglichkeiten in Fort- und Weiterbildung zu ermöglichen sowie andererseits die strukturelle Basis zu schaffen, damit die Fachkräfte eine räumlich-reflexive Haltung entwickeln können. Eine Sozialraumarbeit verlangt eine situationsbedingte, reflektierte und legitimierte Arbeitsweise (vgl. Kessl & Reutlinger 2010, S. 126ff.). Die Fachkräfte müssen einen allumfassenden Blick auf ihren Handlungsraum haben und nach Kessl und Reutlinger (2010) in besonderer Weise auf die darin geltenden Macht- und Herrschaftskonstellationen. Nur so kann eine sozialräumliche Ausrichtung im Feld der institutionellen frühpädagogischen Betreuung auf einen professionellen Standard gelangen.

Die Dissertation gibt Aufschluss über das Verständnis einer sozialräumlichen Orientierung in der Pädagogik der frühen Kindheit. Mit ihren bedeutsamen Erkenntnissen kann sie der Fachwissenschaft als Grundlage für weiterreichende, daran angrenzende Forschungsfragen dienen. Darüber hinaus bietet sie der Fachpraxis eine Reflexionsfolie, um die eigene Einstellung zum sozialräumlichen Arbeiten zu reflektieren und gegebenenfalls, mit Blick auf die Strategien, sich im Sinne einer Handlungsanregung, individuell Aspekte aufzugreifen, um diese in der eigenen Arbeit umzusetzen. Konzeptionellen Verantwortungsträgern können ausgehend von der Studie frühpädagogische institutionelle Konzepte hinsichtlich ihrer sozialräumlichen Ausrichtung überprüfen und erweitern. Insgesamt bedarf es einer weiteren Konkretisierung der sozialräumlichen Arbeitsweisen von Fachkräften und in besonderer Weise der Handlungsanleitungen für die Fachpraxis. Die Studie kann hierfür mit ihren Erkenntnissen eine Ausgangsbasis darstellen. Sie zeigt auf, welche starke Bedeutung der Sozialraum für die Institution Kindertageseinrichtung hat. Die Struktur des Sozialraumes ist Kern der Ausrichtung der pädagogischen Arbeit in den Kindertageseinrichtungen. Dieser muss vonseiten der Fachkräfte detailliert analysiert werden um bedarfsgerecht agieren zu können. Bei einer solchen Analyse bedarf es einer intensiveren Begleitung der Fachkräfte vor Ort. Sie sind motiviert und engagiert, aber ihnen fehlt hier häufig das Handwerkszeug Sozialraumorientierung in der alltäglichen Arbeit vor Ort umzusetzen. Sie sehen sich selbst nicht als Experten von Sozialraumarbeit an, aufgrund der dargestellten Brisanz der Thematik müssen sie aber zu ebensolchen gemacht werden. Fort- und Weiterbildungen unter dem Blickwinkel einer gelingenden Sozialraumarbeit sind hier unerlässlich. Dies auch insbesondere unter dem Aspekt, dass das Berufsfeld der pädagogischen Fachkräfte derzeit eine Professionalisierung durchläuft und sich das Aufgabenspektrum von Fachkräften in frühpädagogischen Institutionen vom ausschließlichen Blick auf das Kind erweitert, hin zu einem Blick, der die Familie und den Sozialraum ebenfalls mit einschließt. Hier konkrete Ideen für Umsetzungsmöglichkeiten und Handlungsanleitungen für die pädagogische Fachpraxis zu entwickeln, um pädagogische Fachkräfte besser in ihrer Ausgestaltung der sozialräumlichen Arbeit zu unterstützen und entlasten zu können und diese wiederum in der Praxis zu erproben und zu evaluieren, ist sowohl eine interessante forschungsrelevante als auch ein praxisorientierte Aufgabe, die die Autorin der vorliegenden Studie ermutigen, sich weiter mit der Thematik Sozialraumorientierung in der institutionellen Frühpädagogik auseinanderzusetzen.

Kinder als primäre Zielgruppe von Kindertageseinrichtungen profitieren letztendlich in besonderer Weise davon, wenn sie nicht isoliert als Nutzer betrachtet werden, sondern im Kontext ihrer Familie und ihres sozialen Umfeldes, also im Sinne einer sozialräumlichen Orientierung ein „Dorf" geschaffen wird, welches das Aufwachsen von Kindern unterstützt.

Literatur

Abels, Heinz & König, Alexandra (2010). *Sozialisation. Soziologische Antworten auf die Frage, wie wir werden, was wir sind, wie gesellschaftliche Ordnung möglich ist und wie Theorien der Gesellschaft und der Identität ineinander spielen.* Wiesbaden: VS Verlag.

Aden-Grossmann, Wilma (2002). *Kindergarten. Eine Einführung in seine Entwicklung und Pädagogik* (2. Auflage). Weinheim/Basel: Beltz.

Aden-Grossmann, Wilma (2010). Profile von Kindertageseinrichtungen in der Bundesrepublik Deutschland – eine Momentaufnahme – Zum pädagogischen Profil von Elterninitiativen gestern und heute. In Kasüschke, Dagmar (Hrsg.), *Didaktik in der Pädagogik der frühen Kindheit.* Köln/Kronach: Carl Link/Wolters Kluwer (S. 283–291).

Ahrens, Daniela (2008). Georg Simmel – phänomenologische Vorarbeiten für eine Sozialraumforschung. In Kessl, Fabian & Reutlinger, Christian (Hrsg.), *Schlüsselwerke der Sozialraumforschung. Traditionslinien in Text und Kontexten.* Wiesbaden: VS Verlag (S. 78–93).

Altgeld, Karin; Krüger, Tim & Menke, André (2009). *Von der Kindertageseinrichtung zum Dienstleistungszentrum. Ein internationaler Länderreport.* Wiesbaden: VS Verlag.

Altgeld, Thomas (2004). *Expertise: Gesundheitsfördernde Settingansätze in benachteiligten städtischen Quartieren.* Verfügbar unter: http://www.gesundheitnds.de/downloads/altgeld.settingexpertise.pdf (Zugriff am 21.10.2013).

Anders, Yvonne & Roßbach, Günther (2013). Frühkindliche Bildungsforschung in Deutschland. In Stamm, Margrit & Edelmann, Doris (Hrsg.), *Handbuch frühkindliche Bildungsforschung.* Wiesbaden: VS Verlag (S. 183–196).

Apel, Peter; Messerich, Ulla & Pach, Reinhard (1981). *Kinder in der Stadt.* Dipl.-Arbeit. Universität Dortmund, Abt. Raumplanung (Hrsg.).

AWO (Arbeiterwohlfahrt) Bundesverband (Hrsg.) (2004). *Qualitätsentwicklung für lokale Netzwerkarbeit. Eine Arbeitshilfe für die Praxis.* Bonn: Selbstverlag.

Baacke, Dieter (1984). *Die 6- bis 12-jährigen. Einführung in die Probleme des Kindesalters.* Weinheim/Basel: Beltz.

Baecker, Dirk (2005). *Form und Formen der Kommunikation.* Frankfurt am Main: Suhrkamp.

Bargel, Tino; Fauser, Richard & Mundt, Jörn (1982). Lokale Umwelten und familiale Sozialisation: Konzeptualisierung und Befunde. In *Umweltbedingungen familialer Sozialisation. Beiträge zur sozialökologischen Sozialisationsforschung.* Stuttgart: Enke (S. 204–236).

Bargel, Tino; Kuthe, Manfred & Mundt, Jörn (1977). Zur Bestimmung sozialisationsrelevanter Areale (Soziotope) – Modelle, Verfahren und Probleme. In *Politisches Klima und Planung.* Frankfurt am Main: Campus (S. 119–154).

Bassarak, Herbert (2006). Jugendarbeit planen, gestalten und steuern – Grundlagen kommunaler Jugendarbeit, Netzwerkpolitik und Sozialraumorientierung. In Kolhoff, Ludger; Wendt, Peter-Ulrich & Bothe, Iris (Hrsg.), *Regionale Jugendarbeit. Wege in die Zukunft.* Wiesbaden: VS Verlag (S. 199–233).

Beck-Schlegel, Gertrud (2012). Vom Lebensraum des Großstadtkindes zur Martha Muchow-Stiftung. Wissenschaftsbiografische Notizen. In Behnken, Imbke & Honig, Michael-Sebastian (Hrsg.), *Martha Muchow & Hans Heinrich Muchow. Der Lebensraum des Großstadtkindes*. Weinheim/Basel: Beltz Juventa (S. 191–197).

Beher, Karin (2006). Die Fachkräfte: Aufgabenprofile und Tätigkeitsanforderungen. In Diller, Angelika & Rauschenbach, Thomas (Hrsg.), *Reform oder Ende der Erzieherinnenausbildung*. München: Verlag Deutsches Jugendinstitut (S. 79–94).

Behnken, Imbke & Zinnecker, Jürgen (2001). Gesellschaftliche Lagen und Räume – Bürger und Arbeiter. In Behnken, Imbke & Zinnecker, Jürgen (Hrsg.), *Kinder, Kindheit. Lebensgeschichte. Ein Handbuch*. Seelze: Kallmeyer (S. 910–911).

Berg-Laase, Günter; Berning, Maria; Graf, Ulrich & Jacob, Joachim (1985). *Verkehr und Wohnumfeld im Alltag von Kindern. Eine sozialökologische Studie zur Aneignung städtischer Umwelt am Beispiel ausgewählter Stadtteile in Berlin*. Pfaffenweiler: Centaurus.

Berger, Manfred (1999). *Henriette Schrader-Breymann – Leben und Wirken einer Pionierin der Mädchenbildung und des Kindergartens*. Frankfurt am Main: Brandes & Apsel Verlag.

Bernfeld, Siegfried (1925). *Sisyphos oder die Grenzen der Erziehung*. Frankfurt am Main 1976.

Bernfeld, Siegfried (1929). Der soziale Ort und seine Bedeutung für Neurose, Verwahrlosung und Pädagogik. Erstmals In Imago 15. Neu in Werder L. v. & Wolff, R. (1974) (Hrsg.), *Antiautoritäre Erziehung und Psychoanalyse, Band 2*. Frankfurt am Main. Außerdem in Ders.: Sämtliche Werke Band II. Weinheim 1996 (S. 255–272).

Bernfeld, Siegfried (1967). *Sisyphos oder die Grenzen der Erziehung*. Frankfurt am Main: Suhrkamp.

Bernfeld, Siegfried (1969). *Antiautoritäre Erziehung und Psychoanalyse. Ausgewählte Schriften in drei Bänden*. Darmstadt: März Verlag.

Berse, Christoph (2002). Chancen und Probleme der Bildung von Sozialräumen. In Deinet, Ulrich & Krisch, Richard (Hrsg.), *Der sozialräumliche Blick der Jugendarbeit. Methoden und Bausteine zur Konzeptentwicklung und Qualifizierung*. Opladen: Leske & Budrich (S. 191–201).

Berse, Christoph (2011). Kommunale Bildungslandschaften – Eine geeignete Konzeptfigur für die Förderung mehrdimensionaler Bildung? In Bollweg, Petra & Otto, Hans-Uwe (Hrsg.), *Räume flexibler Bildung. Bildungslandschaft in der Diskussion*. Wiesbaden: VS Verlag (S. 39–50).

Betz, Tanja (2010). Kompensation ungleicher Startchancen: Erwartungen an institutionalisierte Bildung, Betreuung und Erziehung für Kinder im Vorschulalter. In Cloos, Peter & Karner, Britta (Hrsg.), *Erziehung und Bildung von Kindern als gemeinsames Projekt. Zum Verhältnis familialer Erziehung und öffentlicher Kinderbetreuung*. Baltmannsweiler: Schneider Verlag Hohengehren (S. 113–134).

Bibliographisches Institut (2014). *Insel*. Verfügbar unter: http://www.duden.de/rechtschreibung/Insel (Zugriff am 14.01.14).

Blankenburg, Nina & Rätz-Heinisch, Regina (2009). Kindertageseinrichtungen – Sozialräumliche Methoden in der Arbeit mit Kindern, Familien und Nachbarn. In Deinet, Ulrich (Hrsg.), *Methodenbuch Sozialraum*. Wiesbaden: VS Verlag (S. 165–188).

Blochmann, Elisabeth (1968). Pädagogik des Kindergartens. In Besser, Luise u. a. (Hrsg.), *Beiträge zur Sozialpädagogik*. Heidelberg: Quelle & Meyer.

Blumer, Herbert (1954). What is wrong with Social Theory? *American Sociological Review*, 19, 1, 3–10.

Bock-Famulla, Kathrin; Langness, Anja & Schöne, Mandy (2008). Kinder brauchen eine ganze Kommune – Erfahrungen aus dem Modellprojekt >>Kind & Ko<<. In Diller, Angelika; Heitkötter, Martina & Rauschenbach, Thomas (Hrsg.), *Familie im Zentrum. Kinderfördernde und elternunterstützende Einrichtungen – aktuelle Entwicklungslinien und Herausforderungen*. München: Verlag Deutsches Jugendinstitut (S. 211–220).

Bock-Famulla, Kathrin; Langness, Anja; Schöne, Mandy & Stieve, Claus (2008). Einleitung. In Bertelsmann Stiftung (Hrsg.), *Kommunale Netzwerke für Kinder. Ein Handbuch zur Governance frühkindlicher Bildung*. Gütersloh: Verlag Bertelsmann Stiftung (S. 11–16).

Bock, Karin (2002). Die Kinder- und Jugendhilfe. In Thole, Werner (Hrsg.), *Grundriss Soziale Arbeit. Ein einführendes Handbuch*. Wiesbaden: VS Verlag (S. 299–315).

Böhm, Andreas (2000). Theoretisches Codieren. In Flick, Uwe; von Kardorff, Ernst & Steinke, Ines (Hrsg.), *Qualitative Forschung. Ein Handbuch* (6. Auflage). Reinbeck: Rowohlt (S. 475–485).

Böhme, Christina & Schuleri-Hartje, Ulla-Kristina (2002). Zusammenleben in Stadtteilen mit besonderem Entwicklungsbedarf. In *Soziale Stadt – Info 8. Deutsches Institut für Urbanistik*, 4, S. 2–13.

Böhnisch, Lothar (1996). *Pädagogische Soziologie. Eine Einführung*. Weinheim/München: Juventa.

Böhnisch, Lothar & Münchmeier, Richard (1987). *Wozu Jugendarbeit?* Weinheim/München: Juventa.

Böllert, Karin (2008). Aufwachsen in öffentlicher Verantwortung. In Otto, Hans-Uwe & Rauschenbach, Thomas (Hrsg.), *Die andere Seite der Bildung. Zum Verhältnis formellen und informellen Bildungsprozessen*. Wiesbaden: VS Verlag (S. 209–222).

Böllert, Karin (2011). Der sozialpädagogische Bildungsbegriff regionaler Bildungslandschaften. In Bollweg, Petra & Otto, Hans-Uwe (Hrsg.), *Räume flexibler Bildung. Bildungslandschaft in der Diskussion*. Wiesbaden: VS Verlag (S. 113–123).

Bollweg, Petra & Otto, Hans-Uwe (2011). Bildungslandschaft: Zur subjektorientierten Nutzung und topologischen Ausgestaltung. In Bollweg, Petra & Otto, Hans-Uwe (Hrsg.), *Räume flexibler Bildung. Bildungslandschaft in der Diskussion*. Wiesbaden: VS Verlag (S. 13–35).

Bolman, Lee G. & Deal, Terrence E. (1997). *Reframing Organizations. Artistry, Choice, Leadership* (2. Auflage). San Francisco.

Bos, Wilfried; Hornberg, Sabine; Arnold, Karl-Heinz u. a. (Hrsg.) (2007). *IGLU 2006. Lesekompetenzen von Grundschulkindern in Deutschland im internationalen Vergleich*. Münster: Waxmann.

Bos, Wilfried; Lankes, Eva-Maria; Prenzel, Manfred u. a. (Hrsg.) (2003). *Erste Ergebnisse aus IGLU. Schülerleistungen am Ende der vierten Jahrgangsstufe im internationalen Vergleich*. Münster: Waxmann.

Braun, Karl-Heinz (1994). Schule und Sozialarbeit in der Modernisierungskrise. In „*Neue Praxis*", 2, S. 107ff.

Braun, Karl-Heinz (1997). Regionale Bildungslandschaften in komplexen Gesellschaften? In Braun, Karl-Heinz & Krüger, Heinz-Hermann (Hrsg.), *Pädagogische Zukunftsentwürfe*. Opladen: Leske & Budrich (S. 225–245).

Breuksch, Bernt-Michael & Engelberg, Katja (2008). Netzwerkaufbau für die Weiterentwicklung von Kindertageseinrichtungen zu Familienzentren in Nordrhein-Westfalen. In

Schubert, Herbert (Hrsg.), *Netzwerkmanagement. Koordination von professionellen Vernetzungen. Grundlagen und Beispiele.* Wiesbaden: VS Verlag (S. 188–205).

Brock, Inés (2011). *Die Beziehung zwischen Eltern und frühpädagogischen Fachkräften in Kindertageseinrichtungen. Psychodynamische Aspekte der Beziehungsgestaltung. Expertise.* München: WiFF.

Brock, Inés (2013). Die Rolle von Fachkräften in der professionellen Bildungsbegleitung. In Kompetenzteam Wissenschaft des Bundesprogramms >>Elternchance ist Kinderchance<<; Correll, Lena & Lepperhoff, Julia (Hrsg.), *Frühe Bildung in der Familie. Perspektiven der Familienbildung.* Weinheim/Basel: Beltz Juventa (S. 118–129).

Bronfennbrenner, Urie (1981). Die Ökologie der menschlichen Entwicklung. Natürliche und geplante Experimente. Herausgegeben von Kurt Lüscher. Stuttgart: Klett-Cotta.

Bruhns, Kirsten (1985). *Kindheit in der Stadt.* München: Academic.

Brüsemeister, Thomas (2008). *Qualitative Forschung. Ein Überblick* (2., überarbeitete Auflage). Wiesbaden: VS Verlag.

Büchel, Felix; Spieß, C. Katharina & Wagner, Gerd (1997). Bildungseffekte vorschulischer Kinderbetreuung. In *Kölner Zeitschrift für Soziologie und Sozialpsychologie,* 49, S. 528–539.

Bundesminister für Jugend, Familien, Frauen und Gesundheit (BMJFFG) (Hrsg.) (1990). *Achter Jugendbericht.* Verfügbar unter: http://www.dji.de/bibs/8_Jugendbericht.pdf (Zugriff am 02.12.2013).

Bundesministerium der Justiz und für Verbraucherschutz (BMJV) (Hrsg.), *Sozialgesetzbuch (SGB) - Achtes Buch (VIII) - Kinder- und Jugendhilfe - (Artikel 1 des Gesetzes v. 26. Juni 1990, BGBl. I S. 1163).* Verfügbar unter: http://www.gesetze-im-internet.de/sgb_8/ BJNR111630990.html (Zugriff am 13.12.2012/16.01.2013).

Bundesministerium für Familie, Senioren, Frauen und Jugend (BMFSFJ) (Hrsg.) (1998). *Bericht über die Lebenssituation von Kindern und die Leistungen der Kinderhilfen in Deutschland. Zehnter Kinder- und Jugendbericht.* Verfügbar unter: http:/www.bmfsfj.de/ doku/Publikationen/kjb/data/download/10_Jugendbericht_gesamt. pdf (Zugriff am 02.12.2013).

Bundesministerium für Familie, Senioren, Frauen und Jugend (BMFSFJ) (2002). *Elfter Kinder- und Jugendbericht. Bericht über die Lebenssituation junger Menschen und die Leistungen der Kinder- und Jugendhilfe in Deutschland.* Berlin: Eigenverlag.

Bundesministerium für Familie, Senioren, Frauen und Jugend (BMFSFJ) (2005). *Zwölfter Kinder- und Jugendbericht: Bericht über die Lebenssituation junger Menschen und die Leistungen der Kinder- und Jugendhilfe in Deutschland.* Berlin: Eigendruck des Ministeriums. Verfügbar unter: http://www.bmfsfj.de/doku/Publikationen/kjb/data/download-/kjb_060228_ak3.pdf (Zugriff am 23.05.2014).

Bundesministerium für Familie, Senioren, Frauen und Jugend (BMFSFJ) (2013). *Gute Kinderbetreuung.* Verfügbar unter: http://www.bmfsfj.de/BMFSFJ/Kinder-und-Jugend/ kinderbetreuung.html (Zugriff am 16.01.2014).

Bundesministerium für Familie, Senioren, Frauen und Jugend (BMFSFJ) (2013a). *Vierter Zwischenbericht zur Evaluation des Kinderförderungsgesetzes.* Verfügbar unter: http://www.bmfsfj.de/RedaktionBMFSFJ/Broschuerenstelle/Pdf-Anlagen/Kif_C3_B6G-Vierter-Zwischenbericht-zur-Evaluation-des-Kinderf_C3_B6rderungsgesetzes-,property=pdf,bereich=bmfsfj,sprache=de,rwb=true.pdf (Zugriff am 16.01.2014).

Burdorf-Schulz, Jutta & Müller, Renate (2004). Das Pen Green Centre in Corby, U.K., und der Aufbau eines ersten Early Excellence Centres in Berlin. In Hebenstreit-Müller, Sabine & Kühnel, Barbara (Hrsg.), *Kinderbeobachtung in Kitas – Erfahrungen und Methoden im ersten Early Excellence Centre in Berlin*. Berlin: Dohrmann (S. 15–28).

Cassirer, Ernst (1931). Mythischer, ästhetischer und theoretischer Raum. In Cassirer, Ernst (1931), *Symbol, Technik, Sprache*. Hamburg: Lehmanns Verlag (S. 93–119).

Cassirer, Ernst (1931/1985). Mythischer, ästhetischer und theoretischer Raum. In Cassirer, Ernst (Hrsg. v. Orth, Ernst Wolfgang & Krois, John Michael), *Symbol, Technik, Sprache. Aufsätze aus den Jahren 1927-1931*. Hamburg: Meiner (S. 93–117).

Cloos, Peter & Karner, Britta (2010). Erziehungspartnerschaft? Auf dem Weg zu einer veränderten Zusammenarbeit von Kindertageseinrichtungen und Familien. In Cloos, Peter & Karner, Britta (Hrsg.), *Erziehung und Bildung von Kindern als gemeinsames Projekt. Zum Verhältnis familialer Erziehung und öffentlicher Kinderbetreuung*. Baltmannsweiler: Schneider Verlag Hohengehren (S. 169–189).

Cloos, Peter & Tervooren, Anja (2013). Frühe Bildung im Spannungsfeld von Bildungspolitik und Bildungstheorie. In Sektion Sozialpädagogik und Pädagogik der frühen Kindheit (Hrsg.), *Konsens und Kontroversen. Sozialpädagogik und Pädagogik der frühen Kindheit im Dialog*. Weinheim/Basel: Beltz Juventa (S. 38–44).

Cloos, Peter; Oehlmann, Sylvia & Hundertmark, Maren (2013). Vertikale Durchlässigkeit in der Ausbildung von ErzieherInnen in Niedersachsen. In Cloos, Peter; Oehlmann, Sylvia & Hundertmark, Maren (Hrsg.), *Von der Fachschule in die Hochschule. Modularisierung und Vertikale Durchlässigkeit in der kindheitspädagogischen Ausbildung*. Wiesbaden: VS Verlag (S. 21-44).

Coelen, Thomas (2007). *Ganztagsbildung (Kommunale Jugendbildung). Ein Rahmenkonzept für die Praxis. Stuttgart, Vortrag beim Fachkongress „Bildungspartnerschaft in der Entwicklung"*, 22.10.2007. Verfügbar unter: www.ljrbw.de/ljr/projekte/kommunales/-download/vortrag_fachtag_coelen.pdf (Zugriff am 02.12.2009).

Coelen, Thomas & Otto, Hans-Uwe (Hrsg.) (2008). *Grundbegriffe Ganztagsbildung. Das Handbuch*. Wiesbaden: VS Verlag.

Colberg-Schrader, Hedi & Krug, Marianne (1986). *Lebensnahes Lernen im Kindergarten. Zur Umsetzung des Curriculum Soziales Lernen* (3. Auflage). München: Kösel Verlag.

Colberg-Schrader, Hedi; Krug, Manfred & Pelzer, Susanne (1991). *Soziales Lernen im Kindergarten*. München: Kösel Verlag.

Colberg-Schrader, Heidi & Oberhuemer, Pamela (2000). Ein Modell für Kindertageseinrichtungen der Zukunft? Ein Besuch im englischen Pen Green. In Colberg-Schrader, Heidi & Oberhuemer, Pamela (Hrsg.), *Qualifizierung für Europa*. Baltmannsweiler: Schneider Verlag Hohengehren (S. 89–92).

Corbin, Juliet & Strauss, Anselm (1990). Grounded Theory Research: Procedures, Canons and Evaluative Criteria. In *Zeitschrift für Soziologie* 19/6, S. 418-427.

Correll, Lena; Hiemenz, Bea & Lepperhoff, Julia (2012). *Die Bedeutung des Sozialraums für frühe Förderung und frühkindliche Bildung*. Verfügbar unter: http://www.sozialraum.de/-die-bedeutung-des-sozialraums-fuer-fruehe-foerderung-und-fruehkindliche-bildung.php (Zugriff am 07.10.2013).

Dangschat, Jens S. & Frey, Oliver (2005). Stadt- und Regionalsoziologie. In Kessl, Fabian; Reutlinger, Christian; Maurer, Susanne & Frey, Oliver (Hrsg.), *Handbuch Sozialraum*. Wiesbaden: VS Verlag. (S. 143–163).

Deinet, Ulrich (1998). Das sozialräumliche Muster in der Offenen Kinder- und Jugendarbeit. In Deinet, Ulrich & Sturzenhecker, Benedikt (Hrsg.), *Handbuch offene Kinder- und Jugendarbeit*. Wiesbaden: VS Verlag (S. 217–229).

Deinet, Ulrich (1999). *Sozialräumliche Jugendarbeit. Eine praxisbezogene Anleitung zur Konzeptentwicklung in der Offenen Kinder- und Jugendarbeit.* Opladen: Leske & Budrich.

Deinet, Ulrich (2002). Der qualitative Blick auf Sozialräume als Lebenswelten. In Deinet, Ulrich & Krisch, Richard (Hrsg.), *Der sozialräumliche Blick der Jugendarbeit. Methoden und Bausteine zur Konzeptentwicklung und Qualifizierung.* Opladen: Leske & Budrich (S. 31–44).

Deinet, Ulrich (2002a). Die Sozialraumdebatte in der Jugendhilfe. In Deinet, Ulrich & Krisch, Richard (Hrsg.), *Der sozialräumliche Blick der Jugendarbeit. Methoden und Bausteine zur Konzeptentwicklung.* Opladen: Leske & Budrich (S. 13–30).

Deinet, Ulrich (2002b). „Aneignung" und „Lebenswelt" – der sozialräumliche Blick der Jugendarbeit. In Merten, Roland (Hrsg.), *Sozialraumorientierung. Zwischen fachlicher Innovation und rechtlicher Machbarkeit.* Weinheim/München: Juventa (S. 151–166).

Deinet, Ulrich (2002c). Zusammenarbeit mit der Jugendhilfeplanung. In Deinet, Ulrich & Krisch, Richard (Hrsg.), *Der sozialräumliche Blick der Jugendarbeit. Methoden und Bausteine zur Konzeptentwicklung und Qualifizierung.* Opladen: Leske & Budrich (S. 179–189).

Deinet, Ulrich (2005). „Aneignung" und „Raum" – zentrale Begriffe des sozialräumlichen Konzepts. In Deinet, Ulrich (Hrsg.), *Sozialräumliche Jugendarbeit. Grundlagen. Methoden und Praxiskonzepte* (2., völlig überarbeitete Auflage). Wiesbaden: VS Verlag (S. 27–57).

Deinet, Ulrich (2007). Aneignung und Raum – sozialräumliche Orientierung von Kindern und Jugendlichen. In Deinet, Ulrich; Gilles, Christoph & Knopp, Reinhold (Hrsg.), *Neue Perspektiven in der Sozialraumorientierung. Dimension – Planung – Gestaltung.* Berlin: Frank & Timme Verlag (S. 44–63).

Deinet, Ulrich (2009). „Aneignung" und „Raum". Verfügbar unter: http://www.sozialraum. de/deinet-aneignung-und-raum.php (Zugriff am 08.11.2013). Deinet, Ulrich (2009a).

Jugendeinrichtungen als Aneignungsräume. In Deinet, Ulrich (Hrsg.), *Sozialräumliche Jugendarbeit. Grundlagen, Methoden und Praxiskonzepte* (3., überarbeitete Auflage). Wiesbaden: VS Verlag (S. 115–132).

Deinet, Ulrich (2010). Aneignungsraum. In Reutlinger, Christian; Fritsche, Caroline & Lingg, Eva (Hrsg.), *Raumwissenschaftliche Basics.* Wiesbaden: VS Verlag (S. 35–44).

Deinet, Ulrich (2010a). *Von der schulzentrierten zur sozialräumlichen Bildungslandschaft.* Verfügbar unter: http://www.sozialraum.de/von-der-schulzentrierten-zur-sozial-raeumlichen-bildungslandschaft.php (Zugriff am 14.10.2013).

Deinet, Ulrich (2011). Der sozialräumliche Blick auf Kindheit und Kindertageseinrichtung. In Robert, Günther; Pfeifer Kristin & Drößler, Thomas (Hrsg.), *Aufwachsen in Dialog und sozialer Verantwortung.* Wiesbaden: VS Verlag (S. 291–310).

Deinet, Ulrich & Icking, Maria (2011). Jugendarbeit als Brücke zu Bildung im öffentlichen Raum. In Bollweg, Petra & Otto, Hans-Uwe (Hrsg.), *Räume flexibler Bildung. Bildungslandschaft in der Diskussion.* Wiesbaden: VS Verlag (S. 71–85).

Deinet, Ulrich & Krisch, Richard (2007). Der sozialräumliche Blick der Kinder- und Jugendarbeit. In Deinet, Ulrich; Gilles, Christoph & Knopp, Reinhold (Hrsg.), *Neue Perspektiven in der Sozialraumorientierung. Dimension – Planung – Gestaltung.* Berlin: Frank & Timme Verlag (S. 148–165).

Deinet, Ulrich & Krisch, Richard (Hrsg.) (2002). *Der sozialräumliche Blick der Jugendarbeit: Methoden und Bausteine zur Konzeptentwicklung und Qualifizierung.* Opladen: Leske & Budrich.

Deinet, Ulrich & Reutlinger, Christian (2004). Einführung. In Deinet, Ulrich & Reutlinger, Christian (Hrsg.), *'Aneignung' als Bildungskonzept der Sozialpädagogik. Beiträge zur Pädagogik des Kindes- und Jugendalters in Zeiten entgrenzter Lernorte.* Wiesbaden: VS Verlag.

Deinet, Ulrich & Reutlinger, Christian (2005). Aneignung. In Kessl, Fabian; Reutlinger, Christian; Maurer, Susanne & Frey, Oliver (Hrsg.), *Handbuch Sozialraum.* Wiesbaden: VS Verlag (S. 295–312).

Denzik, L. (1989). Growing Up in the Post-Modern Age. In *Acta Sociologica*, 32/2, S. 155–180.

Deutscher Bildungsrat (1973). *Empfehlungen der Bildungskommission. Strukturplan für das Bildungswesen.* Stuttgart: Klett.

Deutscher Städtetag (2007). *Aachener Erklärung des Deutschen Städtetages anlässlich des Kongresses „Bildung in der Stadt".* Verfügbar unter: http://ec.europa.eu/education-/migration/germany9_de.pdf (Zugriff am 21.10.2013).

Deutscher Verein für öffentliche und private Fürsorge e. V. (2005). *Handlungsempfehlung „Niedrigschwelliger Zugang zu familienunterstützenden Angeboten in Kommunen".* Berlin. Verfügbar unter: http://www.deutscher-verein.de/05-empfehlungen/pdf/empfehlung-niedrigschwelliger-angebote.pdf (Zugriff am 23.05.2011).

Deutscher Verein für öffentliche und private Fürsorge e. V. (2007). *Diskussionspapier des Deutschen Vereins zum Aufbau Kommunaler Bildungslandschaften.* Verfügbar unter: http://www.deutscherverein.de/05empfehlungen/empfehlungen_archiv/empfehlungen20 07/pdf/Diskussionspapier_des_Deutschen_Vereins_zum_Aufbau_Kommunaler_Bildung slandschaften.pdf (Zugriff am 14.10.2013).

Deutscher Verein für öffentliche und private Fürsorge e. V. (2009). *Empfehlungen des Deutschen Vereins zur Weiterentwicklung Kommunaler Bildungslandschaften.* Verfügbar unter: http://www.deutscher-verein.de/05-empfehlungen/empfehlungen_archiv/2009/pdf/-DV%2019-09.pdf (Zugriff am 14.10.2013).

Deutsches Jugendinstitut (2008). *Zahlenspiegel 2007. Kinderbetreuung im Spiegel der Statistik. München: Deutsches Jugendinstitut.* Verfügbar unter: http://www.bmfsfj.de/doku/ Publikationen/zahlenspiegel2007/01-Redaktion/PDF-Anlagen/ Gesamtdokument,property=pdf,bereich=zahlenspiegel2007,sprache=de,rwb-=true.pdf (Zugriff am 25.10.2014).

Diana, Frank-Meyer & Reyer, Jürgen (2010). Das Verhältnis öffentlicher Kleinkinderziehung zur Familie und zur Schule aus historisch-systematischer Sicht. In Cloos, Peter & Karner, Britta (Hrsg.), *Erziehung und Bildung von Kindern als gemeinsames Projekt. Zum Verhältnis familialer Erziehung und öffentlicher Kinderbetreuung.* Baltmannsweiler: Schneider Verlag Hohengehren (S. 26–40).

Diller, Angelika (2005). *Eltern-Kind-Zentren. Die neue Generation kinder- und familienfördernder Institutionen. Grundlagenbericht im Auftrag des BMFSFJ. Deutsches Jugendinstitut e. V., Abt. Kinder und Kinderbetreuung Eltern-Kind-Zentren,* München. Verfügbar unter: www.dji.de/bibs/411_Grundlagenbericht_Eltern-Kind-Zentren.pdf (Zugriff am 14.12.2010).

Diller, Angelika (2006). *Eltern-Kind-Zentren. Grundlagen und Rechercheergebnisse.* München: Verlag Deutsches Jugendinstitut.

Diller, Angelika (2010). Familienzentren und Co. Veränderte Organisationsformen und ihr Beitrag zur Veränderung des Verhältnisses von familialer und öffentlicher Erziehung. In Cloos, Peter & Karner, Britta (Hrsg.), *Erziehung und Bildung von Kindern als gemeinsames Projekt. Zum Verhältnis familialer Erziehung und öffentlicher Kinderbetreuung.* Baltmannsweiler: Schneider Verlag Hohengehren (S. 137–152).

Diller, Angelika & Rauschenbach, Thomas (Hrsg.) (2006). *Reform oder Ende der Erzieherinnenausbildung?* München: Verlag Deutsches Jugendinstitut.

Diller, Angelika & Schelle, Regine (2009). *Von der Kita zum Familienzentrum. Konzepte entwickeln – erfolgreich umsetzen.* Freiburg im Breisgau: Herder.

Dippelhofer-Stiem, Barbara & Kahle, Irene (1995). *Die Erzieherin im evangelischen Kindergarten. Empirische Analysen zum professionellen Selbstbild des pädagogischen Personals, zur Sicht der Kirche und zu den Erwartungen der Eltern.* Bielefeld: Kleine Verlag.

Dörfler, Mechthild (1994). Der offenen Kindergarten. Ideen zur Öffnung aus Theorie und Praxis. In Deutsches Jugendinstitut (Hrsg.), *Orte für Kinder. Auf der Suche nach neuen Wegen in der Kinderbetreuung.* Weinheim/München: Verlag Deutsches Jugendinstitut.

Dreier, Annette (1994). *Reggio-Pädagogik. Analyse und Interpretation einer Konzeption vorschulischer Bildung.* Berlin (unveröffentlichte Dissertation).

Dreier, Annette (2006). *Was tut der Wind, wenn er nicht weht. Begegnung mit der Kleinkindpädagogik in Reggio Emilia* (5. Auflage). Berlin: Luchterhand.

Ehmke, Timo; Hohensee, Fanny & Heidemeister, Heike u. a. (2004). Familiäre Lebensverhältnisse, Bildungsbeteiligung und Kompetenzerwerb. In PISA-Konsortium Deutschland (Hrsg.), *PISA 2003. Der Bildungsstand der Jugendlichen in Deutschland – Ergebnisse des zweiten internationalen Vergleichs.* Münster: Waxmann (S. 226–253).

Eichrodt, Anke (2008). *Innovationswerkstatt Kita – Transferprozesse des Early Excellence Modells.* Berlin: Dohrmann Verlag.

Eigmüller, Monika (2006). Der duale Charakter der Grenze. Bedingungen einer aktuellen Grenztheorie. In Eigmüller, Monika & Vobruba, Georg (Hrsg.), *Grenzsoziologie. Die politische Strukturierung des Raumes.* Wiesbaden: VS Verlag (S. 55–74).

Elias, Norbert (1970). *Was ist Soziologie?.* München: Juventa.

Esch, Karin; Klaudy, Elke-Katharina & Stöbe-Blossey, Sybille (2005). *Bedarfsorientierte Kinderbetreuung. Gestaltungsfelder für die Kinder- und Jugendpolitik.* Wiesbaden: VS Verlag.

Esch, Karin; Mezger, Erika & Stöbe-Blossey, Sybille (Hrsg.) (2005). *Kinderbetreuung – Dienstleistung für Kinder. Handlungsfelder und Perspektiven.* Wiesbaden: VS Verlag.

Flick, Uwe (2002). *Qualitative Sozialforschung. Eine Einführung* (6. Auflage). Reinbeck: Rowohlt.

Freinet, Célestin (1979). *Die moderne französische Schule* (2. Auflage). Paderborn: Ferdinand Schöningh-Verlag.

Frey, Oliver (2004). Urbane öffentliche Räume als Aneignungsräume. Lernorte eines konkreten Urbanismus. In Deinet, Ulrich & Reutlinger, Christian (Hrsg.), *Aneignung als Bildung in Zeiten entgrenzter Lernorte. Beiträge zum Bildungsverständnis der Sozialpädagogik.* Opladen: Leske & Budrich (S. 219–234).

Frey, Oliver; El Khafif, Mona & Witthöft, Gesa (2004). Space.Ing. Gebaute Räume und Sozialräume in der Wiener Stadterneuerung. In *Dérive – Zeitschrift für Stadtforschung,* 17, S. 31–34.

244

Fried, Lilian (2002). Präventive Bildungsressource des Kindergartens als Antwort auf interindividuelle Differenzen bei Kindergartenkindern. In Liegle, Ludwig & Treptow, Rainer (Hrsg.), *Welten der Bildung in der Pädagogik der frühen Kindheit und in der Sozialpädagogik*. Freiburg: Lambertus Verlag (S. 339–348).

Fried, Lillian; Dippelhover-Stiem, Barbara; Honig, Michael-Sebastian & Liegle, Ludwig (2003). *Einführung in die Pädagogik der frühen Kindheit*. Weinheim: Beltz.

Friedrich, Jürgen (1993). *Stadtanalyse. Soziale und räumliche Organisation der Gesellschaft* (3. Auflage). Opladen: Leske & Budrich.

Friedrichs, Jürgen (1998). Do Poor Neighbourhoods on Residents Poorer? Context Effects of Poverty Neighbourhoods on Residents. In Andreß, Hans-Jürgen (Hrsg.), *Empirical Poverty Research in a Comparative Perspective*, Ashgate: Aldershot (S. 77–99).

Fröhlich-Gildhoff, Klaus, Nentwig-Gesemann, Iris & Haderlein, Ralf (2008). Forschung in der Frühpädagogik: Sinn- Standards- Herausforderungen. In Fröhlich-Gildhoff, Klaus, Nentwig- Gesemann, Iris & Haderlein, Ralf (Hrsg.), *Forschung in der Frühpädagogik. Freiburg im Breisgau*: FEL Verlag (S. 13–36).

Fröhlich-Gildhoff, Klaus; Kraus-Gruner, Gabriele & Rönnau, Maike (2006). Gemeinsam auf dem Weg. Eltern und Erzieher(innen) gestalten Erziehungspartnerschaft. In *Kindergarten heute*, 10, S. 6–15.

Fröhlich-Gildhoff, Klaus; Pietsch, Stefanie; Wünsche, Michael & Rönnau-Böse, Maike (2011). Entwicklung, Umsetzung und Evaluation des Curriculums „Zusammenarbeit mit Eltern". In Fröhlich-Gildhoff, Klaus; Pietsch, Stefanie; Wünsche, Michael & Rönnau-Böse, Maike (Hrsg.), *Zusammenarbeit mit Eltern in Kindertageseinrichtungen. Ein Curriculum für die Aus- und Weiterbildung*. Freiburg: Verlag Forschung – Entwicklung – Lehre.

Fröhlich-Gildhoff, Klaus & Glaubitz, Daniela (2006). Systematische Selbstreflexion als Alternative zum „Kindergarten-TÜV". In *Frühe Kindheit*, 9/4, S. 26–27.

Fröhlich-Gildhoff, Klaus; Rönnau, Maike & Dörner, Tina (2008). *Eltern stärken mit Kursen in Kitas*. München: Reinhardt.

Früchtel, Frank; Budde, Wolfgang & Cyprian, Gudrun (2007a). *Sozialer Raum und Soziale Arbeit. Fieldbook: Methoden und Techniken*. Wiesbaden: VS Verlag.

Früchtel, Frank; Cyprian, Gudrun & Budde, Wolfgang (2007). *Sozialer Raum und Soziale Arbeit. Textbook. Theoretische Grundlagen*. Wiesbaden: VS Verlag.

Füssenhäuser, Cornelia (2005). *Werkgeschichte(n) der Sozialpädagogik: Klaus Mollenhauer – Hans Thiersch – Hans-Uwe Otto. Der Beitrag der ersten Generation nach 1945 zur universitären Sozialpädagogik*. Baltmannsweiler: Schneider Verlag Hohengehren.

Gerstacker, Ruth & Zimmer, Jürgen (1978). Der Situationsansatz in der Vorschulerziehung. In Dollase, Rainer (Hrsg.), *Handbuch der Früh- und Vorschulpädagogik*. Düsseldorf: Pädagogischer Verlag Schwann (S. 189–205).

Giener-Grün, Anita & Karber, Anke (2013). Lebensweltorientierung im Kindergarten – Eine elementarpädagogische Einrichtung aus sozialpädagogischer Perspektive. In Wustmann, Cornelia; Karber, Anke & Giener, Anita (Hrsg.), *Kindheit aus sozialwissenschaftlicher Perspektive*. Graz: Grazer Universitätsverlag (S. 133–149).

Glaser, Barney G. (1978). *Theoretical Sensitivity*. Mill Valley.

Glaser, Barney G. (2001). *The grounded theory perspective: conceptualization contrasted with description*. Mill Valley CA: Sociology Press.

Gläser, Jochen & Laudel, Grit (2010). *Experteninterviews und qualitative Inhaltsanalyse* (4. Auflage). Wiesbaden: VS Verlag.

Göhlich, Michael (1993). *Reggio-Pädagogik – Innovative Pädagogik heute. Zur Theorie und Praxis der kommunalen Kindertagestätten von Reggio Emilia* (5. Auflage). Frankfurt am Main: Fischer Rita.

Gomby, D.S. u. a. (1995). Long-term outcomes of early childhood programs: Analysis and recommendations. In *Future of Children*, 5, S. 6–24.

Göschel, Albrecht (1980). Zur historischen Entwicklung der Verteilung von Infrastruktureinrichtungen. In *Großstadtkulturen und ungleiche Lebensbedingungen in der Bundesrepublik Deutschland. Verteilung und Nutzung sozialer Infrastruktur.* Frankfurt am Main/New York (S. 93–128).

Göschel, Albrecht; Ulfert, Herlyn; Jürgen, Krämer; Thomas, Schardt & Günter, Wendt (1980). Zum Gebrauch von sozialer Infrastruktur im städtebaulichen und sozialen Kontext. In Herlyn, Ulfert (Hrsg.) *Großstadtkulturen und ungleiche Lebensbedingungen in der Bundesrepublik Deutschland. Verteilung und Nutzung sozialer Infrastruktur.* Frankfurt am Main/New York (S. 129–201).

Griebel, Wilfired & Niesel, Renate (2004). *Transitionen. Fähigkeiten von Kindern im Tageseinrichtungen fördern. Veränderungen erfolgreich bewältigen.* Weinheim: Beltz.

Grundmann, Matthias (1995). Sozialökologie und kindliche Erfahrungswelten. Argumente für eine altersgemischte Kinderbetreuung. In Krappmann, Lothar & Peukert, Ursula (Hrsg.), *Altersgemischte Gruppen in Kindertagesstätten. Reflexionen und Praxisberichte zu einer neuen Betreuungsform.* Freiburg im Breisgau: Lambertus (S. 12–33).

Grunwald, Klaus & Thiersch, Hans (2004). Vorwort. In Grunwald, Klaus & Thiersch, Hans (Hrsg.), *Praxis Lebensweltorientierter Soziale Arbeit. Handlungszugänge und Methoden in unterschiedlichen Arbeitsfeldern.* Weinheim/München: Juventa (S. 5–7).

Grunwald, Klaus & Thiersch, Hans (2005). Lebensweltorientierung. Zur Entwicklung des Konzeptes Lebensweltorientierte Soziale Arbeit. In Otto, Hans-Uwe & Thiersch, Hans (Hrsg.), *Handbuch Sozialarbeit Sozialpädagogik.* (3. Auflage). Unter Mitarbeit von Klaus Grunwald, Karin Böllert, Gaby Flösser & Cornelia Füssenhäuser. München/Basel: Ernst Reinhardt (S. 1136–1148).

Haas, Monika (2009). KiBiz und die Folgen – Auswirkungen auf die Arbeit in Kindertageseinrichtungen aus Sicht einer Kita-Leitung. In Landschaftsverband Rheinland (Hrsg.), *Jugendhilfereport – Ein Jahr KiBiz – Eine erste Bilanz*, 02/09, S. 5–8.

Hamburger, Franz (2008). *Einführung in die Sozialpädagogik* (2., überarbeitete Auflage). Stuttgart: Kohlhammer Verlag.

Hamburger, Franz & Müller, Heinz (2006). „Die Stimme der AdressatInnen" im Kontext der sozialraumorientierten Weiterentwicklung der Hilfen zur Erziehung. In Bitzan, Maria; Bolay, Eberhard & Thiersch, Hans (Hrsg.), *Die Stimme der Adressaten – Empirische Forschung über Erfahrungen von Mädchen und Jungen mit der Jugendhilfe.* Weinheim/München: Juventa (S. 13–38).

Hampe-Grosser, Andreas (2004). Sozialraumorientierung – ein holistisches Gewebe? Ansichten zur Ressourcenreform in der Jugendhilfe. In *Sozialmagazin*, 29/6, S. 46–53.

Hansen, Rüdiger; Knauer, Raingard & Friedrich, Bianca (2004). *Die Kinderstube der Demokratie. Partizipation in Kindertageseinrichtungen.* Kiel: Hansadruck.

Hansen, Rüdiger; Knauer, Raingard & Sturzenhecker, Benedikt (2011). *Partizipation in Kindertageseinrichtungen. So gelingt Demokratiebildung mit Kindern!* Weimar/Berlin: Verlag das Netz.

Hanssen, Kirsten & Oberhuemer, Pamela (2003). Träger und Trägerstrukturen im System der Kindertageseinrichtungen. In Fthenakis E., Wassilios; Hanssen, Kirsten, Oberhuemer, Pamela; Schreyer, Inge (Hrsg.), *Träger zeigen Profil. Qualitätshandbuch für Träger von Kindertageseinrichtungen*. Weinheim/Basel/Berlin: Beltz (S. 13–15).

Harms, Gerd; Preissing, Christa & Richtermeier, Adolf (1985). *Kinder und Jugendliche in der Großstadt. Zur Lebenssituation 9- bis 14-jähriger Kinder und Jugendlicher – Stadtlandschaften als Bezugsrahmen pädagogischer Arbeit: Berlin-Wedding und Berlin-Spandau, Falkenhagener Feld*. Berlin: Fortbildungsinstitut für die pädagogische Praxis.

Häußermann, Hartmund & Siebel, Walter (2000). Wohnverhältnisse und Ungleichheit. In Harth, Annette; Scheller, Gitta & Tessin, Wulf (Hrsg.), *Stadt und soziale Ungleichheit*. Opladen: Leske & Budrich (S. 120–140).

Hebborn, Klaus (2009). Bildung in der Stadt: Bildungspolitik als kommunales Handlungsfeld. In Bleckmann, Peter & Durdel, Anja (Hrsg.), *Lokale Bildungslandschaften. Perspektiven für Ganztagsschulen und Kommunen*. Wiesbaden: VS Verlag (S. 221–231).

Hebborn, Klaus (2011). Die kommunale Bildungslandschaft – Ein Entwicklungskonzept für qualitative Bildungsentwicklung, Beratung und Übergänge in den Kommunen. In Bollweg, Petra & Otto, Hans-Uwe (Hrsg.), *Räume flexibler Bildung. Bildungslandschaft in der Diskussion*. Wiesbaden: VS Verlag. (S. 139–155).

Hebenstreit-Müller, Sabine (2008). Early Excellence: Modell einer Integration von Praxis-Forschung-Ausbildung. In Rietmann, Stephan & Hensen, Gregor (Hrsg.), *Tagesbetreuung im Wandel – Das Familienzentrum als Zukunftsmodell* (2., durchgesehene Auflage). Wiesbaden: VS Verlag (S. 238–250).

Hebenstreit-Müller, Sabine & Lepenies, Annette (2007). Einleitung. In Hebenstreit-Müller, Sabine & Lepenies, Annette (Hrsg.), *Early Excellence: Der positive Blick auf Kinder, Eltern und Erzieherinnen – Neue Studien zu einem Erfolgsmodell*. Berlin: Dohrmann Verlag (S. 7–12).

Heitkötter, Martina; Rauschenbach, Thomas & Diller, Angelika (2008). Veränderte Anforderungen an Familien – Ausgangspunkt für integrierte Infrastrukturangebote für Kinder und Eltern. In Heitkötter, Martina; Rauschenbach, Thomas & Diller, Angelika (Hrsg.), *Familie im Zentrum – Kinderfördernde und elternunterstützende Einrichtungen – aktuelle Entwicklungslinien und Herausforderungen*. Wiesbaden: VS Verlag (S. 9–14).

Hemmerling, Annegert (2007). *Der Kindergarten als Bildungsinstitution – Hintergründe und Perspektiven*. Wiesbaden: VS Verlag.

Henneberg, Rosy; Klein, Lothar & Vogt, Herbert (2008). *Freinetpädagogik in der Kita – Selbstbestimmtes Lernen im Alltag*. Seelze: Klett/Kallmeyer.

Henneberg, Rosy; Klein, Lothar & Vogt, Herbert (2010). Freinet-Pädagogik. In Kasüschke, Dagmar (Hrsg.), *Didaktik in der Pädagogik der frühen Kindheit*. Köln/Kronach: Carl Link/Wolters Kluwer (S. 144–174).

Herlyn, Ulfert (1974). Einleitung: Wohnquartiere und soziale Schicht. In Herlyn, Ulfert (Hrsg.), *Stadt und Sozialstruktur*. München: Nymphenburger (S. 16–41).

Hinte, Wolfgang (2002). Fälle, Felder und Budgets. Zur Rezeption sozialraumorientierter Ansätze in der Jugendhilfe. In Merten, Roland (Hrsg.), *Sozialraumorientierung. Zwischen fachlicher Innovation und rechtlicher Machbarkeit*. Weinheim/München: Juventa (S. 91–126).

Hochuli Freund, Ursula & Stotz, Walter (2013). *Kooperative Prozessgestaltung in der Sozialen Arbeit. Ein methodenintegratives Lehrbuch* (2., durchgesehene Auflage). Stuttgart: Kohlhammer.

Hoffmann-Riem, Christa (1984). *Das adoptierte Kind. Familienleben mit doppelter Elternschaft*. München: Fink.

Höltershinken, Dieter; Hoffmann, Hilmar & Prüfer, Gudrun (1997). *Kindergarten und Kindergärtnerin in der DDR. Band I und II.* Neuwied/Kriftel/Berlin: Hermann Luchterhand.

Honig, Michael-Sebastian (2002). Instituetik frühkindlicher Bildungsprozesse – Ein Forschungsansatz. In Liegle, Ludwig & Treptow, Rainer (Hrsg.), *Welten der Bildung in der Pädagogik der frühen Kindheit und in der Sozialpädagogik.* Freiburg im Breisgau: Lambertus (S. 181–194).

Honig, Michael-Sebastian (2012). Frühpädagogische Einrichtungen. In Andresen, Sabine; Hurrelmann, Klaus; Palentien, Christian & Schröer, Wolfgang (Hrsg.), *Pädagogik der frühen Kindheit.* Weinheim/Basel: Beltz.

Horney, Walter; Ruppert, Johann Peter & Schultze, Walter (Hrsg.) (1970). *Pädagogisches Lexikon in zwei Bänden. Erster Band A-J.* Gütersloh: Bertelsmann Fachverlag.

Jansen, Dorothea (2010). Netzwerk, soziales. In Kopp, Johannes & Schäfers, Bernhard (Hrsg.), *Grundbegriffe der Soziologie* (10. Auflage). Wiesbaden: VS Verlag (S. 209–214).

Jares, Lisa (2011). *Fachlicher Diskurs zur Bedeutung des Begriffes der „Niederschwelligkeit" in Frühpädagogik und Familienbildung – am Beispiel der Familienzentren NRW – Eine qualitativ-empirische Studie* (Unveröffentlichte Masterthesis).

Jörg, Hans (2007). Meine Begegnung mit Freinet und der Freinet-Pädagogik. In Hellmich, Achim & Teigler, Peter (Hrsg.), *Montessori-, Freinet-, Waldorfpädagogik – Konzeption und aktuelle Praxis* (5., überarbeitete Auflage). Weinheim/Basel: Beltz (S. 93–113).

Karner, Britta (2013). Modularisierung der ErzieherInnenausbildung Diskussionslinien und Initiativen in Deutschland. In Cloos, Peter; Oehlmann, Sylvia & Hundertmark, Maren (Hrsg.), *Von der Fachschule in die Hochschule. Modularisierung und Vertikale Durchlässigkeit in der kindheitspädagogischen Ausbildung.* Wiesbaden: VS Verlag (S. 67–86).

Karner, Britta & Cloos, Peter (2010). Öffentlich verantwortete Kinderbetreuung und ihr Verhältnis zur familialen Erziehung. In Cloos, Peter & Karner, Britta (Hrsg.), *Erziehung und Bildung als gemeinsames Projekt. Zum Verhältnis familialer Erziehung und öffentlicher Kinderbetreuung.* Baltmannsweiler: Schneider Verlag Hohengehren. (S. 1–7).

Kasüschke, Dagmar (2010). Krippenkinder in Interaktion mit anderen Kindern – Lernen und Spielen in altersgemischten Gruppen. In Weegmann, Waltraud & Kammerland, Carola (Hrsg.), *Die Jüngsten in der Kita. Ein Handbuch zur Krippenpädagogik.* Stuttgart: Kohlhammer (S. 208–219).

Kasüschke, Dagmar & Fröhlich-Gildhoff, Klaus (2008). *Frühpädagogik heute – Herausforderung an Disziplin und Profession.* Kronach: Carl Link/Wolters Kluwer.

Kasüschke, Dagmar & Jares, Lisa (2010). Pädagogik in Kindertageseinrichtungen: Raum, Struktur und Handlungen im Sozialen. In Kasüschke, Dagmar (Hrsg.), *Didaktik in der Pädagogik der frühen Kindheit.* Kronach: Carl Link/Wolters Kluwer (S. 225–263).

Kessl, Fabian (2011). Bildungslandschaften als Arrangement pädagogischer Orte? In Bollweg, Petra & Otto, Hans-Uwe (Hrsg.), *Räume flexibler Bildung. Bildungslandschaft in der Diskussion.* Wiesbaden: VS Verlag (S. 87–98).

Kessl, Fabian & Maurer, Susanne (2010). Praktiken der Differenzierung als Praktiken der Grenzbearbeitung. Überlegungen zur Bestimmung Sozialer Arbeit als Grenzbearbeiterin. In Kessl, Fabian & Plößer, Melanie (Hrsg.), *Differenzierung, Normalisierung, Andersheit: Soziale Arbeit als Arbeit mit den Anderen.* Wiesbaden: VS Verlag (S. 154–169).

Kessl, Fabian & Reutlinger, Christian (2007). *Sozialraum. Eine Einführung.* Wiesbaden: VS Verlag.

Kessl, Fabian & Reutlinger, Christian (2010). *Sozialraum. Eine Einführung* (2., durchgesehene Auflage). Wiesbaden: VS Verlag.

Kessl, Fabian; Otto, Hans-Uwe; Kutscher Nadia & Ziegler Holger (2004). *Bildungsprozesse im sozialen Kontext unter dem Aspekt der Bedeutung des Sozialraums für das Aufwachsen von Kindern und Jugendlichen? Expertise für den Achten Kinder- und Jugendbericht der Landesregierung Nordrhein-Westfalen.* Verfügbar unter: http://www.aba-fachverband.org/fileadmin/user_upload/user_upload%202010/fachpolitik/-Bildungsprozesse%20im%20sozialen%20Kontext_BI.pdf (Zugriff am 14.12.2013).

Killich, Stephan (2007). Formen der Unternehmenskooperation. In Becker, Thomas; Dammer, Ingo; Howaldt, Jürgen; Killich, Stephan & Loose, Achim (Hrsg.), *Netzwerkmanagement. Mit Kooperation zum Unternehmenserfolg* (2. Auflage). Berlin/Heidelberg: Springer (S. 13–22).

Klinkhammer, Nicole (2008). Beispiele flexibler und erweiterter Kinderbetreuung in der Bundesrepublik: ähnliche Ansätze, verschiedene Bedingungen und Wege der Finanzierung. In Diller, Angelika; Heitkötter, Martina & Rauschenbach, Thomas (Hrsg.), *Familie im Zentrum. Kinderfördernde und elternunterstützende Einrichtungen – aktuelle Entwicklungslinien und Herausforderungen.* München: Verlag Deutsches Jugendinstitut (S. 241–266).

Knauer, Raingard; Sturzenhecker, Benedikt & Hansen, Rüdiger (2012). *Mitentscheiden und Mithandeln in der Kita. Gesellschaftliches Engagement von Kindern fördern* (2. Auflage). Gütersloh: Verlag Bertelsmann Stiftung.

Koch, Josef & Wolff, Mechthild (2005). Erziehungshilfen und lokale Integration. In Kessl, Fabian; Reutlinger, Christian; Maurer, Susanne & Frey, Oliver (Hrsg.), *Handbuch Sozialraum.* Wiesbaden: VS Verlag (S. 375–392).

Koch, Josef u. a. (2002). *Mehr Flexibilität, Integration und Sozialraumbezug in den erzieherischen Hilfen. Zwischenergebnisse aus dem Bundesmodellprojekt INTEGRA.* Frankfurt am Main.

Konau, Elisabeth (1977). *Raum und soziales Handeln. Studien zu einer vernachlässigten Dimension soziologischer Theoriebildung.* Göttingen: Enke.

Krappmann, Lothar & Peukert, Ursula (1995). Zur Einführung. In Krappmann, Lothar & Peukert, Ursula (Hrsg.), *Altersgemischte Gruppen in Kindertagesstätten. Reflexionen und Praxisberichte zu einer neuen Betreuungsform.* Freiburg im Breisgau: Lambertus (S. 7–9).

Krappmann, Lothar & Wagner, Johanna (1983). *Erprobungsprogramme im Elementarbereich. Bericht über eine Auswertung von Modellversuchen.* Bonn: Bund-Länder-Kommission für Bildungsplanung und Forschungsförderung.

Krenz, Armin (2005). *Was Kinder brauchen. Aktive Entwicklungsbegleitung im Kindergarten* (5., vollständig überarbeitete und aktualisierte Auflage). Weinheim/Basel: Beltz.

Krieg, Elsbeth (2004). (Hrsg.), *Lernen von Reggio – Theorie und Praxis der Reggio-Pädagogik im Kindergarten.* Frankfurt am Main: Verlag Hans Jacobs.

Krisch, Richard (2002). „Über die pädagogische Aufschließung des Stadtraumes: Sozialräumliche Perspektiven von Jugendarbeit". In Liegle, Ludwig; Thiersch, Hans & Treptow, Rainer (Hrsg.), *Welten der Bildung in der Pädagogik der frühen Kindheit und in der Sozialpädagogik.* Freiburg im Breisgau: Lambertus (S. 258–274).

Krisch, Richard (2009). *Sozialräumliche Methodik der Jugendarbeit. Aktivierende Zugänge und praxisleitende Verfahren.* Weinheim/München: Juventa.

Kuckartz, Udo (2005). *Einführung in die computergestützte Analyse qualitativer Daten.* Wiesbaden: VS Verlag.

Lamnek, Siegfried (2005). *Qualitative Sozialforschung* (4., vollständig überarbeitete Auflage). Weinheim/Basel: Beltz.

Lamnek, Siegfried (2010). *Qualitative Sozialforschung* (5. Auflage). Weinheim/Basel: Beltz.

Landhäuser, Sandra (2009). *Communityorientierung in der Sozialen Arbeit. Die Aktivierung von sozialem Kapital.* Wiesbaden: VS Verlag.

Lang, Sabine (1985). *Lebensbedingungen und Lebensqualität von Kindern.* Frankfurt am Main: Campus Verlag.

Lange, Jens (2008). Strukturmerkmale von Kindertageseinrichtungen. In *Deutsches Jugendinstitut: Zahlenspiegel 2007. Kinderbetreuung im Spiegel der Statistik.* München: Deutsches Jugendinstitut. Verfügbar unter: http://www.bmfsfj.de/doku/Publikationen-/zahlenspiegel2007/01-Redaktion/PDF-Anlagen/Gesamtdokument,property=pdf,bereich-=zahlenspiegel2007,sprache=de-,rwb=true.pdf (Zugriff am 25.10.2014).

Langhanky, Michael; Frieß, Cornelia; Hußmann, Marcus & Kunstreich, Timm (2004). *Erfolgreich sozialräumlich handeln – Die Evaluation der Hamburger Kinder- und Familienhilfezentren.* Bielefeld: Kleine Verlag.

Ledig, Michael & Zehnbauer, Anne (1994). Einleitung. Zu diesem Reader. In Deutsches Jugendinstitut (Hrsg.), *Orte für Kinder. Auf der Suche nach neuen Wegen in der Kinderbetreuung.* München: Verlag Deutsches Jugendinstitut (S. 13–26).

Ledig, Michael; Nissen, Ursula & Kreil, Mathilde (1987). *Kinder und Wohnumwelt. Eine Literaturanalyse zur Straßensozialisation.* München: Verlag Deutsches Jugendinstitut.

Ledig, Michael; Schneider, Kornelia & Zehnbauer, Anne (1996). Orte für Kinder: Pluralisierung von Betreuungsformen. Öffnen von Institutionen. In *Zeitschrift für Pädagogik.* 48/3, S. 347–364.

Lefebvre, Henri (2005). *The production of space.* Oxford (Erstveröffentlichung 1974).

Lepenies, Annette (2008). Der Early Excellence-Ansatz in England und Deutschland – am Beispiel von Pen Green. In Whalley, Margy und das Pen Green Centre Team (Hrsg.), *Eltern als Experten ihrer Kinder – Das Early Excellence – Modell in Kinder- und Familienzentren.* Berlin: Dohrmann Verlag (S. 7–18).

Liegle, Ludwig (2006). *Bildung und Erziehung in der frühen Kindheit.* Stuttgart: Kohlhammer.

Liegle, Ludwig (2010). Familie und Tageseinrichtung für Kinder als soziale Orte der Erziehung und Bildung. Gemeinsamkeiten – Unterschiede – Wechselwirkung. In Cloos, Peter & Karner, Britta (Hrsg.), *Erziehung und Bildung als gemeinsames Projekt. Zum Verhältnis familialer Erziehung und öffentlicher Kinderbetreuung.* Baltmannsweiler: Schneider Verlag Hohengehren (S. 63–79).

Lindner, Eva J.; Sprenger, Karin & Rietmann, Stephan (2008). Familienzentren in Nordrhein-Westfalen – Ein Überblick über die Pilotphase. In Rietmann, Stephan & Hensen, Gregor (Hrsg.), *Tagesbetreuung im Wandel – Das Familienzentrum als Zukunftsmodell* (2., durchgesehene Auflage). Wiesbaden: VS Verlag (S. 277–291).

Lingenauber, Sabine (2007). *Einführung in die Reggio-Pädagogik. Kinder, Erzieherinnen und Eltern als konstitutives Sozialaggregat* (4. Auflage). Bochum/Freiburg: Projektverlag.

Lingg, Eva & Stiehler, Steve (2010). Nahraum. In Reutlinger, Christian; Fritsche, Caroline; & Lingg, Eva (Hrsg.), *Raumwissenschaftliche Basics.* Wiesbaden: VS Verlag (S. 169–179).

Lorenz, Waltraud (2008). Aufwachsen in Benachteiligung: Kinder und Jugendliche in Armutslagen. In Rietmann, Stephan & Hensen, Gregor (Hrsg.), *Tagesbetreuung im Wandel. Das Familienzentrum als Zukunftsmodell* (2., durchgesehene Auflage). Wiesbaden: VS Verlag (S. 89–98).

Löw, Martina (2001). *Raumsoziologie*. Frankfurt am Main: Suhrkamp.

Löw, Martina & Sturm, Gabriele (2005). Raumsoziologie. In Kessl, Fabian; Reutlinger, Christian; Mauerer, Susanne & Frey, Oliver (Hrsg.), *Handbuch Sozialraum*. Wiesbaden: VS Verlag (S. 31–48).

Luhmann, Niklas (1987). *Soziale Systeme. Grundriß einer allgemeinen Theorie*. Frankfurt am Main: Suhrkamp.

Luhmann, Niklas (1998). *Die Gesellschaft der Gesellschaft. Zwei Halbbände*. Frankfurt am Main: Suhrkamp.

Luthe, Ernst-Wilhelm (2009). *Kommunale Bildungslandschaften. Rechtliche und organisatorische Grundlagen*. Berlin: Erich Schmidt Verlag.

Macher, Jürgen-Hans (2007). *Methodische Perspektiven auf Theorien des sozialen Raumes. Zu Henri Lefebvre, Pierre Bourdieu und David Harvey*. Neu-Ulm: AG SPAK Bücher.

Mack, Wolfgang (2009). Bildung in sozialräumlicher Perspektive. Das Konzept Bildungslandschaften. In Bleckmann, Peter & Durdel, Anja (Hrsg.), *Lokale Bildungslandschaften. Perspektiven für Ganztagsschulen und Kommunen*. Wiesbaden: VS Verlag (S. 57–66).

Malaguzzi, Loris (1984). *Zum besseren Verständnis der Ausstellung: 16 Thesen zum pädagogischen Konzept*. Berlin: FIPP-Verlag.

Manderscheid, Katharina (2008). Pierre Bourdieu – ein ungleichheitstheoretische Zugang zur Sozialraumforschung. In Kessl, Fabian & Reutlinger, Christian (Hrsg.), *Schlüsselwerke der Sozialraumforschung. Traditionslinien in Text und Kontexten*. Wiesbaden: VS Verlag (S. 155–171).

Marquard, Peter (2009). *Auf den Nutzer kommt es an*. Verfügbar unter: http://www.sozialraum.de/auf-den-nutzer-kommt-es-an.php (Zugriff am 02.12.2013).

Matthias, Grundmann & Kunze, Iris (2003). Systematische Sozialraumforschung: Urie Bronfenbrenners Ökologie der menschlichen Entwicklung und die Modellierung mikrosozialer Raumgestaltung. In Kessl, Fabian & Reutlinger, Christian (Hrsg.), *Schlüsselwerke der Sozialraumforschung. Traditionslinien in Text und Kontexten*. Wiesbaden: VS Verlag (S. 172–188).

Matthiesen, Ulf (Hrsg.) (2004). *Stadtregion und Wissen. Analysen und Plädoyers für eine wissensbasierte Stadtpolitik*. Wiesbaden: VS Verlag.

Mayer-Tasch, Peter Cornelius (2013). *Raum und Grenze*. Wiesbaden: VS Verlag.

Maykus, Stephan (2008). Frühe Förderung und Bildung von Kindern – Potenziale von Familienzentren aus sozialpädagogischer Sicht. In Rietmann, Stephan & Hensen, Gregor (Hrsg.), *Tagesbetreuung im Wandel – Das Familienzentrum als Zukunftsmodell* (2., durchgesehene Auflage). Wiesbaden: VS Verlag (S. 69–87).

Mayntz, Renate & Scharpf, Fritz. W. (1995). Steuerung und Selbstorganisation in staatsnahen Sektoren. In Mayntz, Renate & Scharpf, Fritz. W. (Hrsg.), *Gesellschaftliche Selbstregelung und politische Steuerung*. Frankfurt am Main: Campus Verlag.

Medick, Hand (2006). Grenzziehungen und die Herstellung des politischen Raumes. Zur Begriffsgeschichte und politischen Sozialgeschichte der Grenzen in der Frühen Neuzeit. In Eigmüller, Monika & Vobruba, Georg (Hrsg.), *Grenzsoziologie. Die politische Strukturierung des Raumes*. Wiesbaden: VS Verlag (S. 37–51).

Meinsen, Stefan (2008). Von der Betreuungseinrichtung zum Familienzentrum. Den Wandel erfolgreich gestalten. In Rietmann, Stephan & Hensen, Gregor (Hrsg.), *Tagesbetreuung im Wandel. Das Familienzentrum als Zukunftsmodell* (2., durchgesehene Auflage). Wiesbaden: VS Verlag (S. 169–181).

Merchel, Joachim (2001). „Beratung im ‚Sozialraum'. Eine neue Akzentsetzung für die Verortung von Beratungsstellen in der Erziehungshilfe?". In *Neue Praxis*, 31/4, S. 369–387.

Meuser, Michael & Nagel, Ulrike (1991). ExpertInneninterviews – vielfach erprobt, wenig Bedacht – Ein Beitrag zur qualitativen Methodendiskussion. In Garz, Detlef (Hrsg.), *Qualitativ-empirische Sozialforschung*. Opladen: Westdeutscher Verlag (S. 441–471).

Mey, Günter & Mruck, Katja (2010). Grounded-Theory-Methodologie. In Mey, Günter & Mruck, Katja (Hrsg.), *Handbuch Qualitative Forschung in der Psychologie*. Wiesbaden: VS Verlag. (S. 614–626).

Meyer-Ullrich, Gabriele; Schilling, Gabi & Stöbe-Blossey, Sybille (2008). *Der Weg zum Familienzentrum. Eine Zwischenbilanz der wissenschaftlichen Begleitung*. Berlin: PädQUIS.

Ministerium für Familie, Kinder, Jugend, Kultur und Sport des Landes Nordrhein-Westfalen (MFKJKS) (2011). *Was sich zum 1. August 2011 ändert: Revision des Kinderbildungsgesetzes – erste Stufe*. Düsseldorf (Publikation: 2020).

Ministerium für Familie, Kinder, Jugend, Kultur und Sport des Landes Nordrhein-Westfalen (MFKJKS) (2013). *Wege zum Familienzentrum Nordrhein-Westfalen – Eine Handreichung. Düsseldorf* (Publikation: 2041).

Ministerium für Familie, Kinder, Jugend, Kultur und Sport des Landes Nordrhein-Westfalen (MFKJKS) (2014). *Gesetz zur Änderung des Kinderbildungsgesetzes und weiterer Gesetze.* Verfügbar unter: http://www.mfkjks.nrw.de/web/media_get.php?-mediaid=32292&fileid=109435&sprachid=1 (Zugriff am 20.10.2014).

Ministerium für Familie, Kinder, Jugend, Kultur und Sport des Landes Nordrhein-Westfalen (MFKJKS) & Ministerium für Schule und Weiterbildung des Landes Nordrhein-Westfalen (MSW) (2010). *Mehr Chancen durch Bildung von Anfang an – Entwurf – Grundsätze zur Bildungsförderung für Kinder von 0 bis 10 Jahren in Kindertageseinrichtungen und Schulen im Primarbereich in Nordrhein-Westfalen*. Düsseldorf (Publikation: 1122).

Ministerium für Generation, Familie, Frauen und Integration des Landes Nordrhein-Westfalen (MGFFI) (2008). *Wege zum Familienzentrum Nordrhein-Westfalen – Eine Handreichung*. Düsseldorf (Publikation: 1058).

Ministerium für Generationen, Familie, Frauen und Integration des Landes Nordrhein-Westfalen (MGFFI) (2009). *Kinder früher fördern – Das neue Kinder Bildungsgesetz in Nordrhein-Westfalen – Mehr Chancen, mehr Gerechtigkeit, mehr Bildung*. Düsseldorf (Publikation: 1057).

Ministerium für Generation, Familie, Frauen und Integration des Landes Nordrhein-Westfalen (MGFFI) (2009a). *Familienzentren in Nordrhein-Westfalen – Neue Zukunftsperspektiven für Kinder und Eltern – Ergebnisse der wissenschaftlichen Begleitung im Überblick*. Düsseldorf (Publikation: 1092).

Ministerium für Generationen, Familie, Frauen und Integration des Landes Nordrhein-Westfalen (MGFFI) (2010). *Familienzentren in Nordrhein-Westfalen – Ein neuer Weg der Förderung von Kindern und Familien*. Düsseldorf (Publikation: 1113).

Ministerium für Generation, Familie, Frauen und Integration des Landes Nordrhein-Westfalen (MGFFI) (2010a). *Bildung, Teilhabe, Integration – Neue Chancen für junge Menschen in Nordrhein-Westfalen. 9. Kinder- und Jugendbericht der Landesregierung.* Düsseldorf (Publikation: 1118).

Ministerium für Generation, Familie, Frauen und Integration des Landes Nordrhein-Westfalen (MGFFI) (2011). *Gütesiegel Familienzentrum Nordrhein-Westfalen.* Düsseldorf (Publikation: 2018).

Ministerium für Generation, Familie, Frauen und Integration des Landes Nordrhein-Westfalen (MGFFI) (2013). *Wege zum Familienzentrum Nordrhein-Westfalen – Eine Handreichung.* Düsseldorf (Publikation: 2041).

Ministerium für Schule, Jugend und Kinder des Landes Nordrhein-Westfalen (MSJK) (2003). *Bildungsvereinbarung NRW.* Verfügbar unter: http://www.gew.de/-Binaries/Binary35452/NRW-Bildungsvereinbarung.pdf (Zugriff am 13.12.2013).

Ministerium für Volksbildung: Bekanntmachung mit dem gesellschaftlichen Leben (1967/1985) In Grossmann, Wilma (1992). (Hrsg.), *Kindergarten und Pädagogik. Grundlagentexte zur deutsch-deutschen Bestandsaufnahme.* Weinheim/Basel: Beltz.

Muchow, Martha (1932). „Das kindliche Spiel und die Organisation des Spiels im Kindergarten unter psychologischem Gesichtspunkt betrachtet". In *Kindergarten*, 73, S. 88–99.

Muchow, Martha & Muchow, Hans Heinrich (1935). *Der Lebensraum des Großstadtkindes.* Hamburg: Riegel.

Müller, Burkhard (2002). Siegfried Bernfelds Begriff der „Instituetik" als Orientierungspunkt für ein Programm der Bildung der Affekte. In Liegle, Ludwig & Treptow, Rainer (Hrsg.), *Welten der Bildung in der Pädagogik der frühen Kindheit und in der Sozialpädagogik.* Freiburg im Breisgau: Lambertus (S. 157–166).

Müller, Lorenz & Plöger, Thomas (2008). *Die Kinderstube der Demokratie. Wie Partizipation in Kindertageseinrichtungen gelingt.* Film, 32 Minuten. Deutschland.

Münder, Johannes (2001). Sozialraumorientierung und das Kinder- und Jugendhilferecht. Rechtsgutachten im Auftrag von IGFH und SOS-Kinderdorf e. V.: In *Sozialraumorientierung auf dem Prüfstand. Dokumentation der Fachtagung 21. Mai 2001.* Frankfurt am Main (S. 9–124).

Mundt, Jörn (1980). *Vorschulkinder und ihre Umwelt.* Weinheim/Basel: Beltz.

Muri, Gabriela & Friedrich, Sabine (2009). *Stadt(t)räume – Alltagsräume? Jugendkultur zwischen geplanter und gelebter Urbanität.* Wiesbaden: VS Verlag.

Olk, Thomas & Stimpel, Thomas (2011). Kommunale Bildungslandschaften und Educational Governance vor Ort. Bildungspolitische Reformpotenziale durch Kooperation und Vernetzung formeller und informeller Lernorte? In Bollweg, Petra & Otto, Hans-Uwe (Hrsg.), *Räume flexibler Bildung. Bildungslandschaft in der Diskussion.* Wiesbaden: VS Verlag (S. 169–188).

Pasternack, Peet & Strittmatter, Viola (2013). Hochschul- und Bologna-kompatibel? Kompetenzorientierung in der ErzieherInnenausbildung an Fachschulen für Sozialpädagogik: Eine Analyse niedersächsischer Modulhandbücher. In Cloos, Peter; Oehlmann, Sylvia & Hundertmark, Maren (Hrsg.), *Von der Fachschule in die Hochschule. Modularisierung und Vertikale Durchlässigkeit in der kindheitspädagogischen Ausbildung.* Wiesbaden: VS Verlag (S. 127–153).

Pott, Elisabeth & Rauschenbach, Thomas (o. J.): Anforderungen an Frühe Hilfen und Soziale Frühwarnsysteme. In Nationales Zentrum Frühe Hilfen (Hrsg.), *Nationales Zentrum*

Frühe Hilfen. Köln. Verfügbar unter: http://www.fruehehilfen.de/fileadmin/-user_upload/fruehehilfen.de/pdf/NZFH_Imagebroschuere.pdf (Zugriff am 13.12.2013).

Preissing, Christa (Hrsg.) (2003). *Qualität im Situationsansatz – Qualitätskriterien und Materialien für die Qualitätsentwicklung in Kindertageseinrichtungen.* Weinheim/Basel/Berlin: Beltz.

Preyer, Gerhard & Mathias Bös (2002). Introduction: Borderlines in time of Globalization. In Dies. (Hrsg.), *Borderlines in a globalized world. New perspectives in a sociology of the world-system.* Den Haag: Kluwer Academic Publishers.

Prott, Roger & Hautumm, Annette (2004). *12 Prinzipien einer erfolgreichen Zusammenarbeit von Erzieherinnen und Eltern.* Weimar/Berlin: Verlag das Netz.

Przyborski, Aglaja & Wohlrab-Sahr, Monika (2010). *Qualitative Sozialforschung. Ein Arbeitsbuch* (3. Auflage). München: Oldenbourg Wissenschaftsverlag.

Rauschenbach, Brigitte & Wehland, Gerhard (1989). *Zeitraum Kindheit. Zum Erfahrungsraum von Kindern in unterschiedlichen Wohngebieten.* Heidelberg: Roland Asanger Verlag.

Rauschenbach, Thomas (2006). Ende oder Wende? Pädagogisch-soziale Ausbildung im Umbruch. In Diller, Angelika & Rauschenbach, Thomas (Hrsg.), *Reform oder Ende der Erzieherinnenausbildung.* München: Verlag Deutsches Jugendinstitut (S. 13–34).

Rauschenbach, Thomas (2008). Neue Orte für Familien – Institutionelle Entwicklungslinien eltern- und kinderfördernder Angebote. In Diller, Angelika; Heitkötter, Martina & Rauschenbach, Thomas (Hrsg.), *Familie im Zentrum. Kinderfördernde und elternunterstützende Einrichtungen – aktuelle Entwicklungslinien und Herausforderungen.* München: Verlag Deutsches Jugendinstitut (S. 133–155).

Rauschenbach, Thomas & Borrmann, Stefan (2010). Wenn die Privatsache Kinderbetreuung öffentlich wird. Zur neuen Selbstverständlichkeit institutioneller Kinderbetreuung. In Cloos, Peter & Karner, Britta (Hrsg.), *Erziehung und Bildung von Kindern als gemeinsames Projekt. Zum Verhältnis familialer Erziehung und öffentlicher Kinderbetreuung.* Baltmannsweiler: Schneider Verlag Hohengehren (S. 11–25).

Regel, Gerhard & Kühne, Thomas (2007). *Pädagogische Arbeit im offenen Kindergarten.* (5., vollständig überarbeitete Auflage). Freiburg: Herder.

Reutlinger, Christian (2006). Sozialpädagogische Räume – sozialräumliche Pädagogik. Chancen und Grenzen der Sozialraumorientierung. In Deinet, Ulrich; Gilles, Christoph & Knopp, Reinhold (Hrsg.), *Neue Perspektiven in der Sozialraumorientierung. Dimensionen – Planung – Gestaltung.* Berlin: Frank & Timme (S. 23–43).

Reutlinger, Christian (2006a). Gespaltene Stadt und die Gefahr der Verdinglichung des Sozialraums – eine sozialgeographische Betrachtung. In Projekt „Netzwerke im Stadtteil" (Hrsg.), *Grenzen des Sozialraums. Kritik eines Konzepts – Perspektiven für Soziale Arbeit.* Wiesbaden: VS Verlag (S. 87–106).

Reutlinger, Christian (2009). Bildungslandschaften – raumtheoretisch betrachtet. In Böhme, Jeanette (Hrsg.), *Schularchitektur im interdisziplinären Diskurs. Territorialisierungskrise und Gestaltungsperspektiven des schulischen Bildungsraums.* Wiesbaden: VS Verlag (S. 119–139).

Reutlinger, Christian (2009a). Sozialraumorientierung in der Kinder- und Jugendhilfe – sozialgeographische Konkretisierungen. In Deinet, Ulrich (Hrsg.), *Sozialräumliche Jugendarbeit. Grundlagen, Methoden und Praxiskonzepte* (3., überarbeitete Auflage). Wiesbaden: VS Verlag (S. 75–92).

Reutlinger, Christian (2010). *Bildungslandschaften raumtheoretisch betrachtet.* Verfügbar unter: http://www.sozialraum.de/bildungslandschaften-raumtheoretisch-betrachtet.php (Zugriff am 14.10.2013).

Reutlinger, Christian (2011). Bildungsorte, Bildungsräume und Bildungslandschaften im Spiegel von Ungleichheit – Kritischer Blick auf das «Räumeln» im Bildungsdiskurs. In Bollweg, Petra & Otto, Hans-Uwe (Hrsg.), *Räume flexibler Bildung. Bildungslandschaft in der Diskussion.* Wiesbaden: VS Verlag (S. 51–70).

Reyer, Jürgen (1987). Kindheit zwischen privat-familialer Lebenswelt und öffentlich veranstalteter Kleinkinderziehung. In Erning, Günther; Neumann, Karl & Reyer, Jürgen (Hrsg.), *Geschichte des Kindergartens. Band II: Institutionelle Aspekte, systematische Perspektiven, Entwicklungsverläufe.* Freiburg im Breisgau: Lambertus (S. 232–256).

Richter, Helmut & Coelen, Thomas (2007). Kommunale Identitätsbildung. Von der (Re-) Sozialisierung des Territorialen. In Kessl, Fabian & Otto, Hans-Uwe (Hrsg.), *Territorialisierung des Sozialen. Regieren über soziale Nahräume.* Opladen: Leske & Budrich (S. 215–232).

Riege, Marlo & Schubert, Herbert (2005). Zur Analyse sozialer Räume. Ein interdisziplinärer Integrationsversuch. In Riege, Marlo & Schubert, Herbert (Hrsg.), *Sozialraumanalyse. Grundlagen. Methoden. Praxis* (2. Auflage). Wiesbaden: VS Verlag (S. 7–68).

Rietmann, Stephan (2008). Das interdisziplinäre Paradigma. Fachübergreifende Zusammenarbeit als Zukunftsmodell. In Rietmann, Stephan & Hensen, Gregor (Hrsg.), *Tagesbetreuung im Wandel – Das Familienzentrum als Zukunftsmodell.* (2., durchgesehene Auflage). Wiesbaden: VS Verlag (S. 39–58).

Rietmann, Stephan & Hensen, Gregor (2008). Einleitung. In Rietmann, Stephan & Hensen, Gregor (Hrsg.), *Tagesbetreuung im Wandel. Das Familienzentrum als Zukunftsmodell* (2., durchgesehene Auflage). Wiesbaden: VS Verlag (S. 9–12).

Rimm-Kaufmann, Sara E. & Pianta, Robert C. (2000). An ecological perspective on the transition to kindergarten: A theoretical framework to guide empirical research. In *Journal of Applied Developmental Psychology*, 21/5, S. 491–511.

Robert Bosch Stiftung (Hrsg.) (Redaktion: Binder, Andrea; Stelzmüller, Simone & Dohlus, Eva) (2011). *Qualifikationsprofile in Arbeitsfeldern der Pädagogik der Kindheit.* Stuttgart: Robert Bosch Stiftung.

Rosbach, Hans-Günther (2005). Effekte qualitativ guter Betreuung, Bildung und Erziehung im frühen Kindesalter auf Kinder und ihre Familien. In Sachverständigenkommission Zwölfter Kinder- und Jugendbericht (Hrsg.), *Material zum zwölften Kinder- und Jugendbericht: Bildung, Betreuung und Erziehung von Kindern unter sechs Jahren. Band 1.* München: Verlag Deutsches Jugendinstitut (S. 55–174).

Roßbach, Günther-Hans (2011). Auswirkungen öffentlicher Kindertagesbetreuung auf Kinder. In Wittmann, Svendy; Rauschenbach, Thomas & Leu, Hans Rudolf (Hrsg.), *Kinder in Deutschland.* Weinheim/München: Juventa.

Roßbach, Hans-Günther (2006). Institutionelle Übergänge in der Frühpädagogik. In Fried, Lilian & Roux, Susanne (Hrsg.), *Pädagogik der frühen Kindheit. Handbuch und Nachschlagewerk.* Weinheim: Beltz (S. 280–292).

Sachs, Wolfgang (1981). Über die Industrialisierung der freiwüchsigen Kindheit. In *paed. Extra,* 7/8, S. 24–28.

Sann, Alexandra & Schäfer, Reinhild (2008). Frühe Hilfen für Familien und soziale Frühwarnsysteme. In Bastian, Pascal; Diepholz, Annerieke & Lindner, Eva (Hrsg.), *Frühe Hilfen für Familien und soziale Frühwarnsysteme.* Münster: Waxmann.

Santen van, Eric & Seckinger, Mike (2003). *Kooperation: Mythos und Realität einer Praxis. Eine empirische Studie zur interinstitutionellen Zusammenarbeit am Beispiel der Kinder- und Jugendhilfe.* München: Verlag Deutsches Jugendinstitut.

Santen van, Eric & Seckinger, Mike (2005). Sozialraumorientierung ohne Sozialräume? In Projekt „Netzwerke im Stadtteil" (Hrsg.), *Grenzen des Sozialraums. Kritik eines Konzepts – Perspektiven für Soziale Arbeit.* Wiesbaden: VS Verlag (S. 49–71).

Schäfer, Klaus (2009). Herausforderungen bei der Gestaltung kommunaler Bildungslandschaften. In Bleckmann, Peter & Durdel, Anja (Hrsg.), *Lokale Bildungslandschaften. Perspektiven für Ganztagsschulen und Kommunen.* Wiesbaden: VS Verlag (S. 233–249).

Schäfer, Klaus (2011). Aufstieg durch Bildung. Neue Chancen der Bildungsförderung durch Bildungslandschaften? In Bollweg, Petra & Otto, Hans-Uwe (Hrsg.), *Räume flexibler Bildung. Bildungslandschaft in der Diskussion.* Wiesbaden: VS Verlag (S. 157–168).

Schipmann, Werner (2002). „Sozialraumorientierung" in der Jugendhilfe. Kritische Anmerkungen zu einem (un-)zeitgemäßen Ansatz. In Merten, Roland (Hrsg.), *Sozialraumorientierung. Zwischen fachlicher Innovation und rechtlicher Machbarkeit.* Weinheim/München: Juventa (S. 127–150).

Schmidt-Denter, Ulrich (2002). Vorschulische Förderung. In Oerter, Rolf & Montada, Leo (Hrsg.), *Entwicklungspsychologie.* Weinheim: PsychologieVerlagsUnion (S. 740-755).

Schneider, Johann (2005). *Sozialraum Stadt. Sozialraumorientierung kommunaler (Sozial-)Politik – eine Einführung in die Sozialraumanalyse für Soziale Berufe.* Frankfurt am Main: Fachhochschulverlag.

Schöler, Hermann (2009). *Vertikale Durchlässigkeit in den Bachelor-Studiengängen zur Frühkindlichen Bildung? Ja! – Aber wie?* Verfügbar unter: www.ph-heidelberg.de/org/felbi/Vertikale-Durchlaessigkeit.pdf (Zugriff am 15.03.11).

Schöning, Werner (2008). *Sozialraumorientierung. Grundlagen und Handlungsansätze.* Schwalbach: Wochenschau Verlag.

Schreyer, Inge; Oberhuemer, Pamela & Hanssen, Kirsten (2003). Das TQ-Projekt im Rahmen der Nationalen Qualitätsinitiative. In Fthenakis E., Wassilios; Hanssen, Kirsten, Oberhuemer, Pamela & Schreyer, Inge (Hrsg.), *Träger zeigen Profil. Qualitätshandbuch für Träger von Kindertageseinrichtungen.* Weinheim/Basel/Berlin: Beltz (S. 16–18).

Schröer, Wolfgang & Böhnisch, Lothar (2002). *Die soziale Bürgergesellschaft. Zur Einbindung des Sozialpolitischen in den zivilgesellschaftlichen Diskurs.* Weinheim/München: Juventa.

Schubert, Herbert (2008). Kooperation und Vernetzung: Kriterien und Instrumente. In Diller, Angelika; Heitkötter, Martina & Rauschenbach, Thomas (Hrsg.), *Familie im Zentrum. Kinderfördernde und elternunterstützende Einrichtungen – aktuelle Entwicklungslinien und Herausforderungen.* München: Verlag Deutsches Jugendinstitut (S. 69–86).

Schubert, Herbert (2008a). Netzwerkkooperation – Organisation und Koordination von professionellen Vernetzungen. In Schubert, Herbert (Hrsg.), *Netzwerkmanagement. Koordination von professionellen Vernetzungen. Grundlagen und Beispiele.* Wiesbaden: VS Verlag (S. 7–10).

Schwarz, Silke (2014). *Gerechtigkeit als Universalkonzept? Kritische und kultursensible Analysen von Gendermainstreaming nach einer Katastrophe.* Wiesbaden: VS Verlag.

Seckinger, Mike (2001). Kooperation – eine voraussetzungsvolle Strategie in der psychosozialen Arbeit. In *Praxis der Kinderpsychologie und Kinderpsychiatrie,* 50/4, S. 279–292.

Sennett, Richard: Interview: Freiheit statt Kapitalismus. In *Die Zeit* 15/2000. Verfügbar unter: http://www.zeit.de/2000/15/200015.beck_sennett_.xml (Zugriff am 27.02.2014).

Simmel, Georg (1890). *Über sociale Differenzierung.* In *Simmel, Georg: Aufsätze 1887–1890. (Georg Simmel Gesamtausgabe, Band 2).* Frankfurt am Main: Suhrkamp, 1989 (S. 109–295).

Simmel, Georg (1894). *Das Problem der Soziologie.* In *Simmel, Georg: Aufsätze 1894–1900. (Georg Simmel Gesamtausgabe, Band 5).* Frankfurt am Main: Suhrkamp, 1992 (S. 52–61).

Simmel, Georg (1903). Soziologie des Raumes. In Schmoller, Gustav (Hrsg.), *Jahrbuch für Gesetzgebung, Verwaltung und Volkswirtschaft im Deutschen Reich.* Leipzig: Duncker & Humblot.

Simmel, Georg (1983). *Soziologie. Untersuchungen über die Formen der Vergesellschaftung (1908)* (6. Auflage). Berlin: Duncker & Humblot (S. 467).

Simmel, Georg (1992). Der Raum und die räumlichen Ordnungen der Gesellschaft (1908). In *Rammstedt* (1992) (S. 687–790).

Spangler, Gottfried (1994). Individuelle und soziale Prädiktoren schulbezogenen Verhaltens von Kinder im ersten Grundschuljahr: Eine Längsschnittstudie. In *Zeitschrift für Entwicklungspsychologie und Pädagogische Psychologie*, 26, S. 112–131.

Spatscheck, Christian (2009). Methoden der Sozialraum- und Lebensweltanalyse im Kontext der Theorie- und Methodendiskussion der Sozialen Arbeit. In Deinet, Ulrich (Hrsg.), *Methodenbuch Sozialraum.* Wiesbaden: VS Verlag (S. 33–44).

Stenger, Ursula (2010). Zur Didaktik in der Reggiopädagogik. In Kasüschke, Dagmar (Hrsg.), *Didaktik in der Pädagogik der frühen Kindheit.* Köln/Kronach: Carl Link/Wolters Kluwer (S. 114–143).

Stieve, Claus (2009). *Netzwerke frühkindlicher Bildung. Merkmale erfolgreicher kommunaler Kooperationen.* Verlag Bertelsmann Stiftung.

Stöbe-Blossey, Sybille (2008). Familienzentren in Nordrhein-Westfalen – eine neue Steuerung von niedrigschwelligen Angeboten für Kinder und Familien. In Diller, Angelika; Heitkötter, Martina & Rauschenbach, Thomas (Hrsg.), *Familie im Zentrum. Kinderfördernde und elternunterstützende Einrichtungen – aktuelle Entwicklungslinien und Herausforderungen.* München: Verlag Deutsches Jugendinstitut (S. 195–209).

Stoll, Siegfried (1995). *Der Situationsansatz im Kindergarten – Möglichkeiten seiner Verwirklichung.* Berlin: FIPP Verlag.

Strätz, Rainer; Derks-Killemann, Gisela & Bourgeois, Susanne (1992). Natur und Umwelt im Kindergarten (1991). In Grossmann, Wilma (Hrsg.), *Kindergarten und Pädagogik. Grundlagentexte zur deutsch-deutschen Bestandsaufnahme.* Weinheim/Basel: Beltz (S. 182–191).

Straus, Florian (2005). Soziale Netzwerke und Sozialraumorientierung. In Projekt „Netzwerke im Stadtteil" (Hrsg.), *Grenzen des Sozialraums. Kritik eines Konzepts – Perspektiven für Soziale Arbeit.* Wiesbaden: VS Verlag (S. 72–85).

Straus, Florian & Höfer, Renate (2005). Netzwerk und soziale Projekte. In Kessl, Florian; Reutlinger, Christian; Maurer, Susanne & Frey, Oliver (Hrsg.), *Handbuch Sozialraum.* Wiesbaden: VS Verlag (S. 471–491).

Strauss, Anselm L. (1991). *Grundlagen qualitativer Sozialforschung.* München: Wilhelm Fink Verlag.

Strauss, Anselm L. (1994). *Grundlagen qualitativer Sozialforschung.* München: Wilhelm Fink Verlag.

Strauss, Anselm L. (1998). *Grundlagen qualitativer Sozialforschung. Datenanalyse und Theoriebildung in der empirischen und soziologischen Forschung.* München: Wilhelm Fink.

Strohmeier, Klaus Peter (2008). Familie und Familienpolitik im Sozialraum. In Diller, Angelika; Heitkötter, Martina & Rauschenbach, Thomas (Hrsg.), *Familie im Zentrum. Kinderfördernde und elternunterstützende Einrichtungen – aktuelle Entwicklungslinien und Herausforderungen.* München: Verlag Deutsches Jugendinstitut (S. 107–130).

Strübing, Jörg (2008). *Grounded Theory. Zur sozialtheoretischen und epistemologischen Fundierung des Verfahrens der empirisch begründeten Theoriebildung* (2., überarbeitete und erweiterte Auflage). Wiesbaden: VS Verlag.

Syassen, Heide Marie (2009). Vom Kindergarten zum Familienzentrum – Wandel des gesellschaftlichen Auftrags und seiner konkreten Umsetzung. In Knauf, Helen (Hrsg.), *Frühe Kindheit gestalten – Perspektiven zeitgemäßer Elementarbildung.* Stuttgart: Kohlhammer (S. 31–44).

Teigler, Peter (2007). Freinet-Pädagogik, psychologische Lernmotivations-Theorie und Viktor E. Frankls „Wille zum Sinn". In Hellmich, Achim & Teigler, Peter (Hrsg.), *Montessori-, Freinet-, Waldorfpädagogik – Konzeption und aktuelle Praxis* (5., überarbeitete Auflage). Weinheim/Basel: Beltz (S. 114–140).

Textor, Martin R. (2005). *Elternarbeit im Kindergarten. Ziele, Formen, Methoden.* Norderstedt: Books on Demand GmbH.

Textor, Martin R. (2009). *Elternarbeit im Kindergarten. Ziele, Formen, Methoden* (2. Auflage). Norderstedt: Books on Demand GmbH.

Textor, Martin R. (o. J.). *Kindergarten – Dienstleistungsunternehmen oder Bildungseinrichtung?* Verfügbar unter: http://www.kindergartenpaedagogik.de/917.html (Zugriff am 25.11.2013).

Thiedeke, Udo (2006). Grenzen des Grenzenlosen Entgrenzungen und Wiederbegrenzungen medialer Kommunikation. In Eigmüller, Monika & Vobruba, Georg (Hrsg.), *Grenzsoziologie. Die politische Strukturierung des Raumes.* Wiesbaden: VS Verlag (S. 199–216).

Thiersch, Hans (1992). *Lebensweltorientierte Soziale Arbeit. Aufgaben der Praxis im sozialen Wandel.* Weinheim/München: Juventa.

Thiersch, Hans (1993). Strukturierte Offenheit. Zur methodenfrage einer lebensweltorientierten Sozialen Arbeit. In Rauschenbach, Thomas; Ortmann Friedrich & Karsten, Maria-Eleonora (Hrsg.), *Der sozialpädagogische Blick. Lebensweltorientierte Methoden in der Sozialen Arbeit.* Weinheim/München: Juventa (S. 11–28).

Thiersch, Hans (1998). „Lebensweltorientierte soziale Arbeit und Forschung", In Rauschenbach, Thomas & Thole, Werner (Hrsg.), *„Sozialpädagogische Forschung".* Weinheim/München: Juventa (S. 81–96).

Thiersch, Hans & Thiersch, Renate (2001). „Dimensionen der Sozialraumorientierung. Entwicklungsperspektiven für Kindereinrichtungen". In Konrad, Franz-Michael (Hrsg.), *Kindheit und Familie.* Münster: Waxmann (S. 139–160).

Thiersch, Hans; Grunwald, Klaus & Köngeter, Stefan (2010). Lebensweltorientierte Soziale Arbeit. In Thole, Werner (Hrsg.), *Grundriss Soziale Arbeit. Ein einführendes Handbuch.* (2., überarbeitete und erweiterte Auflage) (S. 175–196).

Thiersch, Renate (2002). Sozialräumliche Aspekte von Bildungsprozessen – Sozialraumorientierung als Aufgabe für Kindertageseinrichtungen. In Liegle, Ludwig & Treptow, Rainer (Hrsg.), *Welten der Bildung in der Pädagogik der frühen Kindheit und in der Sozialpädagogik.* Freiburg im Breisgau: Lambertus (S. 242–257).

Thole, Werner & Cloos, Peter (2006). Akademisierung des Personals für das Handlungsfeld Pädagogik der Kindheit. In Diller, Angelika & Rauschenbach, Thomas (Hrsg.), *Reform oder Ende der Erzieherinnenausbildung*. München: Verlag Deutsches Jugendinstitut (S. 47–78).

Tietze, Wolfgang (Hrsg.) (1998). *Wie gut sind unsere Kindergärten? Eine Untersuchung zur pädagogischen Qualität in deutschen Kindergärten*. Neuwied/Kriftel/Berlin: Luchterhand.

Tietze, Wolfgang & Roßbach, Hans-Günther (1991). Die Betreuung von Kindern im vorschulischen Altern. In *Zeitschrift für Pädagogik*, 37/2, S. 555–579.

Tietze, Wolfgang; Lee, Hee-Jeong & Schreiber, Norbert (2008). *Familienzentren NRW – Allgemeine pädagogische Qualität und die Qualität als Familienzentrum – Arbeitsbereich 7 der wissenschaftlichen Begleitung*. Pädquis.

Tietze, Wolfgang; Roßbach, Hans-Günther & Grenner, Katja (2005). *Kinder von 4 bis 8 Jahren. Zur Qualität der Erziehung und Bildung in Kindergarten, Grundschule und Familie*. Weinheim/Basel: Beltz.

Treptow, Rainer (2002). „Schaffung kultureller Tatsachen". Siegfried Bernfelds Beitrag zur pädagogischen Struktur- und Prozessreflexivität. In Liegle, Ludwig & Treptow, Rainer (Hrsg.), *Welten der Bildung in der Pädagogik der frühen Kindheit und in der Sozialpädagogik*. Freiburg im Breisgau: Lambertus (S. 167–180).

Tschöpe-Scheffler, Sigrid & Wirtz, Wolfgang (2008). Familienbildung – institutionelle Entwicklungslinien und Herausforderungen. In Diller, Angelika; Heitkötter, Martina & Rauschenbach, Thomas (Hrsg.), *Familie im Zentrum. Kinderfördernde und elternunterstützende Einrichtungen – aktuelle Entwicklungslinien und Herausforderungen*. München: Verlag Deutsches Jugendinstitut (S. 157–177).

Ullrich, Wolfgang & Brockschnieder, Franz-J. (2009). *Reggio-Pädagogik auf einen Blick – Einführung für Kita und Kindergarten*. Freiburg im Breisgau: Herder.

Unterkofler, Ursula (2012). Theorie-Praxis-Bezüge als Forschungsgegenstand. Grounded Theory Ethnographie als Strategie empirisch begründeter Theorieentwicklung in der Sozialen Arbeit. In Heimgartner, Arno; Loch, Ulrike & Sting, Stephan (Hrsg.), *Empirische Forschung in der Sozialen Arbeit*. Wien/Berlin: LIT Verlag (S. 107–120).

Vaskovics, Laszlo A. (1988). Veränderungen der Wohn- und Wohnumweltbedingungen in ihren Auswirkungen auf die Sozialisationsleistungen der Familie. In Nave-Herz, Rosemarie (Hrsg.), *Wandel und Kontinuität der Familie in der Bundesrepublik Deutschland*. Stuttgart: Enke (S. 36–60).

Verein für Sozialplanung e. V. (VSOP) (1998). *Fachpolitische Stellungnahme. Sozialraumanalyse und Sozialraumplanung*. Speyer.

Viernickel, Susanne u. a. (2011). *Profis für Krippen*. Freiburg: FEL-Verlag.

Vogelsberger, Manfred (2002). *Kindertagesbetreuung*. Paderborn/München/Wien/Zürich: Ferdinand Schöningh.

von der Burg, Udo & Hülshoff, Rudolf (1979). *Geschichten der Pädagogik*. Düsseldorf: August Bagel Verlag.

Vreugdenhil, Kees (2009). Warum Kinder zum Lernen auch das Gemeinwesen brauchen. In Bleckmann, Peter & Durdel, Anja (Hrsg), *Lokale Bildungslandschaften. Perspektiven für Ganztagsschulen und Kommunen*. Wiesbaden: VS Verlag (S. 145–159).

Wadenfels, Bernhard (1999). *Vielstimmigkeit der Rede – Studien zur Phänomenologie des Fremden* (4. Auflage). Frankfurt am Main: Suhrkamp.

Wehinger, Ulrike (2007). *Das Konzept der Early Excellence Centres. Handbuch für Erzieherinnen,* Ausgabe 44 (S. 1–17). Olzog Verlag. Verfügbar unter: http://www.early-excellence.de/binaries/addon/25_handbuch_wehinger.pdf (Zugriff am 25.05.2011).

Werlen, Benno & Reutlinger, Christian (2005). Sozialgeographie. In Kessl, Fabian; Reutlinger, Christian; Maurer, Susanne & Frey, Oliver (Hrsg.), *Handbuch Sozialraum.* Wiesbaden: VS Verlag (S. 49–66).

Whalley, Margy (2008). Neue Betreuungsformen, neue Arbeitsweisen – das Pen Green Centre. In Whalley, Margy und das Pen Green Centre Team (Hrsg.), *Eltern als Experten ihrer Kinder – Das Early Excellence – Modell in Kinder- und Familienzentren.* Berlin: Dohrmann (S. 21–30).

Wiesner, Reinhard; Grube, Christian & Kößler, Melanie (2013). *Der Anspruch auf frühkindliche Förderung und seine Durchsetzung. Folgen der Nichterfüllung des Anspruchs. Herausgeber Freiherr von Stein Akademie.* Wiesbaden: Kommunal- und Schul-Verlag.

Wigger, Annegret (2010). Grenze. In Reutlinger, Christian; Fritsche, Caroline & Lingg, Eva (Hrsg.), *Raumwissenschaftliche Basics. Eine Einführung in die Soziale Arbeit.* Wiesbaden: VS Verlag (S. 81–90).

Zehnbauer, Anne (1994). Lebensnahes Lernen oder leben lernen. In Deutsches Jugendinstitut (Hrsg.), *Orte für Kinder. Auf der Suche nach neuen Wegen in der Kinderbetreuung.* Weinheim/München: Verlag Deutsches Jugendinstitut (S. 57–73).

Zeiher, Helga (1983). Die vielen Räume der Kinder. Zum Wandel räumlicher Lebensbedingungen seit 1945. In Preuss-Lausitz, Ulf u. a. (Hrsg.), *Kriegskinder, Konsumkinder, Krisenkinder. Zur Sozialisationsgeschichte seit dem Zweiten Weltkrieg.* Weinheim/Basel: Beltz (S. 176–195).

Zeiher, J. Hartmund & Zeiher, Helga (1998). *Orte und Zeiten der Kinder. Soziales Leben im Alltag von Großstadtkindern.* Weinheim/München: Juventa.

Zinnecker, Jürgen (1979). Straßensozialisation. Versuch einen unterschätzten Lernort zu thematisieren. In *Zeitschrift für Pädagogik*, 25/5, S. 727–746.

Zinnecker, Jürgen (1997). Sorgende Beziehungen zwischen Generationen im Lebensverlauf. Vorschläge zur Novellierung des pädagogischen Codes. In Lenzen, Dieter & Luhmann, Niklas (Hrsg.), *Bildung und Weiterbildung im Erziehungssystem.* Frankfurt am Main: Suhrkamp.

Zinnecker, Jürgen (2012). Recherchen zum Lebensraum des Großstadtkindes. Eine Reise in verschüttete Lebenswelten und Wissenschaftstraditionen (1978). In Behnken, Imbke & Honig, Michael-Sebastian (Hrsg.), *Martha Muchow & Hans Heinrich Muchow. Der Lebensraum des Großstadtkindes.* Weinheim/Basel: Beltz Juventa (S. 19–63).

Abbildungsverzeichnis